领导科学概论

（第三版）

主　编　彭向刚
副主编　袁明旭　朱丽峰

高等教育出版社·北京

内容简介

在经济社会转型发展和全球化曲折进步的时代，中国领导者的领导能力面临严峻的挑战。本书力求回应大变革时代对领导力的考验，致力于普及领导科学和提升领导艺术，以揭示领导本质、分析领导特征为逻辑起点，以认识领导规律、改进领导工作为内容主线，以解析领导职能、描述领导过程为篇章结构，以改善领导方法、提高领导艺术水平为实践指向，以优化领导绩效、实现领导使命为最终归宿。全书在第二版的基础上着重进行了分篇结构的调整和内容表达的完善，以确保体系完整而具有科学性、内容新颖而凸显时代感、语言生动而极具感染力、论证充分而富于说服力、着眼实践而增强应用性。全书知识体系完整，表达方式深入浅出，适合作为高等院校政治学与行政学、公共管理等专业的教学用书，也可作为党政干部培训、MPA 教育以及广大读者的自学教材和参考书。

图书在版编目(CIP)数据

领导科学概论 / 彭向刚主编. -- 3 版. -- 北京：高等教育出版社，2019.5
ISBN 978-7-04-051714-9

Ⅰ.①领… Ⅱ.①彭… Ⅲ.①领导学-高等学校-教材 Ⅳ.①C933

中国版本图书馆 CIP 数据核字(2019)第 067091 号

LINGDAOKEXUE GAILUN

策划编辑 周亚权 责任编辑 周亚权 封面设计 于文燕
版式设计 马敬茹 责任校对 张慧玉 刁丽丽 责任印制 耿 轩

出版发行	高等教育出版社	网 址	http://www.hep.edu.cn
社 址	北京市西城区德外大街 4 号		http://www.hep.com.cn
邮政编码	100120	网上订购	http://www.hepmall.com.cn
印 刷	北京七色印务有限公司		http://www.hepmall.com
开 本	787mm × 960mm 1/16		http://www.hepmall.cn
印 张	21	版 次	2017 年 9 月第 1 版
字 数	360 千字		2019 年 5 月第 3 版
购书热线	010-58581118	印 次	2019 年 12 月第 3 次印刷
咨询电话	400-810-0598	定 价	40.90 元

本书如有缺页、倒页、脱页等质量问题，请到所购图书销售部门联系调换

物 料 号 51714-00

再 版 序 言

当今世界,唯一不变的东西就是变。经济全球化遭遇挫折,中国转型发展面临新挑战,大国关系、世界格局以及国内主要矛盾和新时代发展目标、总体部署都发生了许多新变化。本书 2013 年出版至今已经过去了 5 年多。在这 5 年中,本书重印了多次,深受高等院校学生和党政部门以及企业培训学员的欢迎。我们按照学习贯彻党的十九大精神和习近平新时代中国特色社会主义思想的要求,并根据出版社的建议,对本书进行了再次修订。

作为编者,我们仍然力图在保持学科视野和知识体系完整的基础上,贯彻新思想新理念,回应新问题新挑战,吸纳新观点新成果,反映改革进展和时代要求,致力于理论与实际的有机结合,兼顾在校学生的专业教学与在职人员的培训教育,突出适应现代领导理念的提升、领导科学知识的普及和领导经验的总结,领导素质的提高以及领导工作改进的需要。

修订中,我们对本书内容进行了部分调整,主要是把原第六章“领导作风”压缩为一节并入第五章“领导素质”中,将原第九章“领导监督”去掉,相关内容选择性并入其他章节。此外,在“领导理论”“领导体制”“领导素质”“领导决策”部分吸收了习近平新时代中国特色社会主义思想以及党和国家机构改革的新进展新成果,近年来领导科学领域研究取得的新共识新知识等也在本次修订中得到不同程度的体现。同时,着眼于逻辑结构的合理性和内容表达的精炼性,对比较累赘的论述、过时的观点、重复的内容、概括性不强的知识点等进行了必要的修改,以使本书的结构更加合理,表达更加精炼,知识更加准确,逻辑更加严密。尽管这些细节的斟酌颇费心力,但是,我们感到很值得。

全书共分十一章,以领导作为逻辑起点,渐次展开,以提高领导绩效为归宿,展示出知识体系的开放性、系统性以及理论内容的实践导向性。本书的逻辑体系是:绪论——主要介绍和阐述领导的产生与发展;领导科学的产生与发展;领导科学的研究对象、性质和任务;学习、研究领导科学的意义和方法。领导概论——主要介绍和论述领导的本质与特征,领导的要素与职能,领导的基本原则。领导理论——主要介绍和分析中国古代领导思想的精华,马克思主义领导理论特别是习近平新时代中国特色社会主义思想中有关现代领导的理念、观点、思想、方法，现代西方的领导理论。领导体制——主要介绍和探讨领导体制的内容和作用，领导体制的主要类型，领导体制的历史变迁，以及新时代党和国家机构改革。领导素质——主要介绍和论述领导角色的含义与定位，领导个体的素质，领导集体的素质结构，提高领导者素质的途径与方法。领导决策——主要介绍和论述领导决策的含义、类型与模式，领导决策的原则、程序与方法，领导决策体制及其完善。领导用人——主要介绍和论述选才用人在领导活动中的地位，用人者的品质要求，人才选拔的原则、标准、制度和方法，人才使用的原则与制度。领导方法——主要介绍和阐述领导方法的含义与特征，领导思维方法，领导工作方法。领导艺术——主要介绍和阐述领导艺术的含义与特征，领导艺术的内容与形式，提高领导艺术水平的途径。领导激励——主要介绍和论述领导激励的含义与作用，领导激励的理论与原则，领导激励的方式与方法。领导绩效——主要介绍和论述领导绩效的含义与意义，领导绩效考评的意义与内容，领导绩效考评的原则与方法。

本书的再版，参考并吸收了目前许多领导科学方面的最新研究成果。我们仍然怀着深深的谢忱和空杯的心态，恳请各位同行和广大读者批评指正。

彭向刚

2018年10月于北京

目　录

第一章 绪 论

领导科学的产生与发展有其深刻的历史必然性。领导科学就是对领导活动规律的认识和反映，是对领导经验的概括与总结，是专门研究领导活动的理论、原则、方法、艺术和绩效等的综合性应用学科。学习和研究领导科学具有十分重要的现实意义，需要掌握正确的研究方法。

第一节 领导科学的产生与发展

领导科学的产生和发展，有其社会历史条件。在我国，领导科学的产生和发展也有其现实条件和原因，并经历了30余年的发展过程。

一、领导科学产生和发展的社会历史条件

任何一门学科的产生都不是偶然的。恩格斯说，科学的发生和发展一开始就是由生产决定的。他还说，社会需要会比十所大学更能把科学推向前进。科学是从社会生产与发展的实践中升华出来的，其命运归根结底决定于它是否来源于社会实践和能否满足时代的需要。领导活动自古有之，对领导活动的历史纪录也比比皆是，但对人类领导活动及其规律进行科学的研究，并形成一门独立的科学，始于20世纪中期。领导科学的产生终归是根源于现代社会化大生产活动和现代科学技术的发展要求，以及社会分工的进化和发展。社会需要是这门科学产生和发展的直接动力。

(一) 领导科学的产生与发展是现代社会化大生产的产物

近代社会以来,特别是20世纪30年代以后,发达国家现代化大生产的规模越来越大,专业化分工越来越细,社会联系越来越密切,社会生产力迅猛发展。概括说来,现代社会化大生产活动主要有以下三个特点:

第一,现代社会化大生产活动日益复杂,呈现出大科学、大企业、大工程的发展特征。“大科学”这个概念是由美国科学家普赖斯(D. J. Price)在1963年出版的《小科学、大科学》一书中提出来的,而后成为科学学及其相关领域中的一个通用概念。所谓大科学,就是指科学研究的规模越来越大、涉及面越来越广、综合性越来越强,包括像高能物理那样的需要大型技术装备和精密仪器的基础理论研究和像海洋科学、环境科学、航空航天那样的需要多学科的协同研究。所谓大企业,就是由市场规划、研究开发、生产储运、营销维修等各部门,以及主体工厂和若干分厂组成的规模庞大的生产经营系统,有的跨国公司甚至成为自成体系的“经济王国”。所谓大工程,指各种大型的水利、电力、铁路、桥梁等工程项目,有的不仅在国内跨越数省,甚至跨国、跨洲,需要投入巨大的人力、物力和财力,由若干行业和单位联合分工承办才能完成。大科学、大企业、大工程的共同特点是:规模宏大,结构复杂,信息量巨大,因素众多。面对如此高度综合的系统,单凭个人的经验与智慧是无法胜任领导活动的,领导者必须有一套科学的原理与方法作为领导活动的指导、依据和媒介。

第二,现代社会化大生产活动发展快,变化大。现代社会随着科学技术的发展,生产力水平极大提高,社会发展变化速度越来越快。尤其是电子计算机在生产中的广泛应用以及机电一体化的发展,使生产方式发生了新的革命性变革。科技发明转化为产品生产的周期越来越短,由第一次世界大战前的30年和第二次世界大战后的7年,到现在的3~5年甚至短到2~3年;机器设备和工业产品的更新率大大加速,如计算机自从1946年问世以来,经历了快速的发展和更替,计算速度每隔6年增加10倍,存储量每隔6年增加60倍,现在又出现了5G通信云计算。特别是伴随着经济全球化的日益加深,各国之间、各地区之间、各个企业之间的联系越来越广泛,影响变化的因素越来越多,面对的竞争形势瞬息万变。多变的社会活动要求领导者能够通观全局、审时度势、果断而准确地进行决策,这就必须借助于科学的领导原理与方法。

第三,现代社会化大生产活动的覆盖广泛,影响深远。现代社会化大生产是建立在整体化、综合化和科学化基础之上的,不仅规模大,而且影响也大。一旦出现问题,对社会各个领域都会产生巨大而深远的影响,有些影响和后果甚至是灾难性的和无可挽回的。因此，无论从联系的广泛性还是从后果的严重性来看，现代的领导者都不能不重视科学的领导原则、原理和方法。同时，还必须建立适应高度现代化、社会化的大生产活动发展所需要的领导体制，以增强驾驭复杂形势和应对高风险的能力，避免重大领导活动的失误，最大限度地提高领导效能。

（二）领导科学的产生与发展是现代科学技术进步的产物

19 世纪末 20 世纪初，由于力学、物理学的巨大发展，带来了一场科学革命。尤其是第二次世界大战后，自然科学的发展进入了一个新的阶段，出现了原子能、电子计算机和空间技术，发生了影响深远的新技术革命。现代科学技术发展的新趋势是：高度分化和高度综合。一方面，各门学科分类越来越细，分支越来越多；另一方面，各种学科彼此渗透，相互联结，高度综合，不断开辟科学研究的新方向、新领域，产生了许多边缘科学、综合科学、交叉科学。科学技术已经渗透到社会生活的各个方面，经济、政治、军事、教育、文化各个领域，无不深受现代科学技术的影响。特别是当代生物研究、工程自动控制技术、通信网络系统的发展，产生了系统论、控制论和信息论等新兴学科。这为科学领导提供了基础理论和方法论。电子计算机以及智能机器系统的出现，使人们可以利用数学模型进行各种运行的“模拟试验”，如现代军事指挥上的战斗模拟，就是利用电子计算机模拟战斗中的复杂因素，从而获得战术上的最佳方案的。在这个时期，美国行政学家赫伯特·A. 西蒙（Herbert A. Simon）提出了决策程序与原则的“开创性研究”。所有这些理论和技术手段的发展，无疑都是领导活动从经验上升到科学的必要条件，对于领导科学的产生起到了积极的推动作用。

（三）领导科学的产生与发展是现代社会分工发展与深化的结果

社会分工是生产发展、科学发展的重要因素，也是整个社会发展的重要杠杆。社会分工有两个发展方向：一个是按照劳动部门的不同进行的横向分工；另一个是按照劳动过程的不同阶段进行的纵向分工。人类历史上最早发生的是农业与畜牧业以及后来的农业与手工业、体力劳动与脑力劳动相分离的横向分工。正如恩格斯所说，这些分工在带来社会大分裂的同时，也带来社会文明的大发展。而社会的纵向分工相对来说产生的要晚，发展也比较缓慢，人们对它的认识与研究就更少。曾有学者将现代社会管理活动的三大分工表述为决策与执行的分工、决策与咨询的分工及决策与监督的分工，其中决策与执行的分工是导致领导与管理分离的直接社会根源，是领导科学产生的极其重要的客观基础。

尽管决策与执行是任何人类实践活动都存在的两个过程，但对二者进行真正意义上的纵向社会分工却是近现代社会才产生的。首先，原始社会中不存在这种分工。原始社会中群体的共同劳动虽然也有人决策、有人执行，但这只是偶然的、暂时的，不是劳动部门的专门化与固定化。而社会分工的实质却正是劳动部门的专门化与固定化，正如马克思与恩格斯所说："当分工一出现之后，任何人都有自己一定的特殊的活动范围"①，"每个人可以只从事他最拿手的工作"②。显然，在原始社会不存在这种分工。其次，奴隶社会和封建社会也不存在规范的社会纵向分工。在小生产时代的私有制社会里，无论在政治上、经济上还是思想文化上，都实行高度集权的专制主义，以封建君主为代表的生产资料占有者，往往集决策、执行、反馈等诸多权力于一身。这是小生产时代中领导与管理二位一体的根本原因。在这种情形下，当然不存在规范意义上的决策与执行的分工，也更谈不上决策与执行的分离。最后，在资本主义早期仍然沿袭家长制。马克思说，资本家之所以成为工业的司令官，是因为他是资本家。他们一身兼任立法者、审判官和执行吏。决策、执行和评价、监督，一切都由资本家一个人说了算。所以，那时的资本主义管理就其形式来说仍是专制的。

决策与执行的纵向分工开始于 19 世纪资本主义大生产时代。这种分工首先发生在军事领域，即司令部和参谋部的分设、帅才与将才的分离，也就是军事上决策与执行、领导与管理在组织机构与人才方面的固定分工。其次发生在经济领域，这开始于 19 世纪中期的雇佣经理制。美国通用汽车公司总裁，被称为"现代组织之父"的阿尔弗雷德·斯隆（Alfred P. Sloan）建立的"集中决策、分散管理"的事业部制，把决策与执行以及领导与管理的分工，以组织机构的法定形式固定了下来。最后发生在科技领域。科技领域的这种分工要晚一些，产生于 20 世纪的大科学时代。政治领域的这种分工则要早得多，可以追溯到资本主义国家立法机构与行政机构、司法机构的分设。

20 世纪中期，决策与执行的纵向分工发展到新的阶段，那就是决策与执行的固定分工，发展到决策内部再分工、执行内部再分工的新阶段，即决策内部"谋"与"断"的分离，执行内部"组织"与"操作"的分工。"软专家"集团制就是这种分工的组织形式。

总之，决策与执行是人类实践活动内在的客观过程，而两者的分工却是历

① 《马克思恩格斯选集》第 1 卷，人民出版社 2012 年版，第 165 页。

② 《马克思恩格斯全集》第 32 卷，人民出版社 1998 年版，第 301 页。

史的产物。决策与执行的纵向分工是历史的必然，也是历史的进步。由此产生的领导（决策专门化）与管理（执行专门化）的分离以及领导科学的产生与发展，也是历史的必然与历史的进步。

（四）领导科学的产生与发展是领导经验与艺术的积累、总结与升华的结果

在人类社会长期的历史发展中，历代统治者都积累了丰富的领导经验与艺术，这些经验与艺术散见于历代思想、政治典籍中。我国古代的儒家、道家、法家、史家和兵家都曾对领导活动做过记录与思考。例如，孔子编选的《尚书》记载了商、周时期奴隶主的政治和行政统治的经验；《春秋》三传、《国语》和《战国策》中所反映的领导经验与思想，迄今对后人仍有启示；北宋司马光编撰的《资治通鉴》更是一部关于治国安邦经验与事例汇总的巨著。这些著作都已涉及领导的经验和思想观点，在人类领导思想史上有着重要的地位。然而，由于小生产方式的历史局限性，决定了他们不可能创建领导科学的理论体系，所记载的领导经验与艺术也仅是凭借领导者的个人阅历、个人智慧和个人经验。在国外，对领导问题的研究自古也不乏其人。如，从柏拉图的《理想国》、亚里士多德的《政治学》、马基雅维利的《君主论》、洛克和孟德斯鸠的“三权分立”学说，到卢梭的《社会契约论》和“天赋人权”思想，他们都从一定的阶级立场出发，对人类社会的领导行为及其产生发展过程等问题做了研究和论述，但他们或者不能上升为系统的理论，或者受社会阶级的局限不能得出科学的结论。

到了近现代，随着生产的社会化和科学技术的迅速发展，人类社会的领导艺术升华到一个新的阶段。一方面，由于资本主义的生产方式突破了小生产方式的狭隘界限，世界市场的开拓、企业规模的扩大、跨国企业集团的诞生，使生产管理日益科学化，现代管理学应运而生。另一方面，随着欧美各国工业的迅速发展，人口越来越集中，城市规模逐步扩大，国际经济交往与文化交流越来越频繁，导致领导职能增加、领导责任加重、领导方式复杂，整个社会越来越要求领导活动科学化。现实生活的需要推动着领导科学的产生和发展。为了适应社会发展和科技进步的趋势，领导理论研究不断发展和完善。20 世纪 30 年代以来，现代西方领导理论研究取得了许多进展，大致经历了四个发展阶段，即领导特质研究阶段、行为研究阶段、权变研究阶段和多流派发展阶段。进入 21 世纪后，还出现了许多新型领导理论，比如：分担式领导理论（shared leadership theory）、复杂型领导理论（complexity leadership theory）、关系型领导理论（relational leadership theory）、本真型领导理论（authentic leadership theory）等。[1] 本书第三章对此做了详细介绍。这些研究为领导科学的产生和发展积累了许多实证的研究成果，注入了许多现代元素。

此外，无产阶级革命运动的领导实践，也为领导科学的产生和发展积累了丰富的领导经验与艺术，为领导科学的发展提供了总结、提升的基础。马克思和恩格斯在领导第一国际的工人运动中，列宁和斯大林在领导俄国社会主义革命和建设过程中，以毛泽东为代表的老一辈革命家在领导中国革命与建设的实践中，都积累了许多宝贵的领导经验，显示了精湛的领导艺术。这些都极大地丰富了人类领导艺术和领导经验的宝库，为领导科学的产生与发展作出了贡献。对此，本书第三章也有专门论述。

综上所述，领导科学是适应社会化大生产的客观要求，伴随着社会分工的发展，在吸取了古今中外领导思想中的合理成分并借助于现代科学技术推动的基础上产生的，同时也是在现实的领导实践中不断丰富和发展起来的。

二、领导科学在我国产生和发展的现实条件和原因

领导科学作为一门新兴学科，在我国的出现和蓬勃发展也不是偶然的，这是我国社会主义现代化建设事业发展的客观要求，有着一系列现实条件和原因。

（一）领导科学的兴起是研究我国现代化建设进程中领导活动规律的客观要求

马克思曾指出："理论在一个国家实现的程度，总是取决于理论满足这个国家的需要的程度。"[2]领导科学在我国的产生与发展，从根本上来说是研究我国现代化建设进程中领导活动客观规律的需要。

1978年12月召开的中国共产党十一届三中全会，成功地实现了党的工作重心的转移，开始了社会主义现代化建设的新阶段。各级领导者担负着组织和领导人民群众探索中国特色社会主义道路，实现社会主义现代化的神圣使命和历史责任，必须通过学习和研究领导科学，掌握领导经济建设和社会发展的本领。所谓现代化，既包括用现代的科学技术武装国民经济各个部门，实

---

① 参见文茂伟：《当代英美组织领导力发展：理论与实践》，浙江大学出版社2011年版，第13—55页。

② 《马克思恩格斯文集》第1卷，人民出版社2009年版，第12页。

现劳动资料的现代化、经济结构的现代化、劳动力结构的现代化,也包括国民经济管理、社会管理的现代化。由于生产力和科学技术的迅速发展,社会发展的复杂性、多变性必然反映到各级领导活动中。正如列宁在俄国十月革命胜利之初所指出的,由于社会主义是建立在机器大工业生产的基础上,因此它必须要求自己的国家机关有能够适应机器大工业所要求的那样的管理,这就是精确、诚实、迅速。为此,从指导思想到领导方式,从领导职能到领导体制,从领导者的工作作风到品格修养等各个方面,都需要发生相应地变化,从"会革命"转变到"会建设"上来。在新时代,我们仍要继续坚持以马克思主义理论为指导,这是我们事业能够不断前进的根本保证。但是,马克思主义只能指导而不能代替具体的科学,包括领导科学。社会主义现代化建设的各个领域的领导活动都是有其特殊规律的,都需要给予科学的总结。因此,为实现社会主义现代化建设的发展目标,对领导科学的研究就成了时代的迫切需要,尤其是各级领导者的迫切需要。

(二)领导科学的兴起是建立马克思主义领导学的客观要求

马克思主义关于科学领导的理论早已存在。革命导师在领导革命和建设的实践中,为完成面临的领导任务写下了很多理论著作,这些著作包含着丰富的领导学理论,它是马克思主义理论体系中的重要内容。特别是在中国革命和建设的长期实践中,以毛泽东为主要代表的中国共产党人,创造性地把马列主义基本原理运用于中国领导活动,极大地丰富了马克思主义的领导理论。例如,毛泽东关于全心全意为人民服务的论述;关于"出主意、用干部"是领导的基本职能的论述;关于决策必须遵循认识运动规律的论述;关于制定和实施战略、策略的论述;关于任人唯贤、德才兼备的干部路线的论述;关于思想政治工作的基本原则和方法的论述;关于民主集中制是党的根本领导制度的论述;关于领导和群众相结合等一整套"马克思主义的科学领导方法"的论述;关于领导者必须加强党性、思想意识、马列主义理论修养,发扬"三大作风"的论述,等等。这些都是极为宝贵的理论,对今天的领导工作仍具有普遍的指导意义。

但是,由于长期处于革命和战争的年代,加上后来"文化大革命"的冲击,第一代领导人的论述没来得及做出系统的科学整理,使之成为体系完整的一门独立科学。随着现代化建设事业的发展,中国共产党又积累了许多新的经验,如明确提出"领导就是服务"的论断;对毛泽东关于领导方法理论的深入研究和实践;把现代科学方法的新成果同传统的基本领导方法相结合的新探索;推动领导决策民主化和科学化的新进展;加强民主和法制建设的新举措,等等。这些都需要进一步研究总结，作出新的概括。这种新的概括是在马克思主义指导下，在新的科学技术条件下，立足于中国的实际情况进行的，当然会推动领导科学在我国的产生和发展。

（三）领导科学的兴起是提升中国共产党领导艺术的现实需要

在长期的革命斗争实践中，革命导师批判地继承了人类历史上绚丽多姿、丰富多彩的军事和政治领导艺术，形成了一整套马克思主义的领导艺术。以毛泽东为代表的中国老一辈革命家，在领导中国革命和建设进程中，形成了许多关于领导艺术的深刻论断。例如，领导者要善于顾全大局、审时度势；领导者要善于调查研究；领导者要学习在各种环境中领导群众，善于团结群众的多数，善于调动一切积极因素；要善于抓住主要矛盾和工作重心；善于运用政策和策略；善于处理“十大关系”等。今天，在全球化背景下，领导者面临许多新情况、新问题，只有具备高超的领导艺术，才能审时度势、统揽全局、科学决策。因此，各级领导者都必须加强领导艺术的研究。但是，领导艺术的掌握和运用与领导者的个人素质关系甚为密切，具有明显的随机性和个性化。在多重因素交织的复杂社会环境下，仅凭个人的领导艺术进行重大决策，往往会带有一定的主观性和盲目性。因此，有必要集中研究中国共产党丰富的领导艺术宝库，将比较稳定的、能够规范化的、普遍有效的部分沉淀下来，将合乎规律的因素进行理论总结，使之上升为严密的科学理论体系。此外，发展和研究领导科学是建立领导工作专业、培养大批合格的领导干部的客观要求。领导工作是特殊的社会分工，是相对独立的专业，领导干部迫切需要专业化的领导科学理论作为指导，不断提高领导水平，实现领导工作的最佳效能。中国的事情能不能办好，从一定意义上说关键在人，特别是在于领导人才。选拔培养领导人才是关系到革命和建设事业是否后继有人、能不能兴旺发达的大问题。邓小平历来把这个问题作为事关大局的战略问题来对待。他提出了“要按照‘革命化、年轻化、知识化、专业化’的标准，选拔德才兼备的人进班子。”①列宁认为：“在现代社会中，假如没有‘十来个’富有天才（而天才人物不是成千成百地产生的）、经过考验、受过专业训练和长期教育并且彼此配合得很好的领袖，无论哪个阶级都无法进行坚持不懈的斗争。”②同样，在中国现代化建设进程中，也迫切需要培养这样的领导人才。领导科学在培养领导人才方面具有重要的基础性作用。

---

① 《邓小平文选》第3卷，人民出版社1993年版，第380页。

② 《列宁选集》第1卷，人民出版社2012年版，第401页。

（四）领导科学的兴起得益于重视科学、尊重知识、讲究实际的社会环境

新中国经历一段曲折发展之后，中国共产党十一届三中全会开始纠正过去指导思想上“左”的和主观主义的错误，拨正了中国巨轮的航向，使之重新回到正确的航道上来，我国开始出现了政通人和、百业俱兴的大好局面。在学术研究方面，强调解放思想、开拓创新，鼓励“百花齐放，百家争鸣”，不扣帽子、不打棍子、不抓辫子，容许失败，宽容失误，切实贯彻尊重知识、尊重人才的方针，等等。这种宽松的环境为总结领导工作正反两方面的历史经验和教训，创立新的领导科学理论，提供了活跃的气氛和难得的历史机遇。

（五）领导科学的兴起是相关学科交叉影响的必然结果

领导科学在我国的兴起和发展，是在马克思主义的辩证唯物主义和历史唯物主义指导下、吸收相关学科的研究成果基础上实现的。这些相关学科包括管理学、政治学、法学、经济学、决策科学、心理学和社会学、人才学等。

管理学。1911 年，美国工程师泰勒（Frederick W. Taylor）发表的《科学管理原理》一书，标志着现代管理思想的产生。管理学逐步从科学管理发展到管理科学，建立了许多分支学科，如经济管理、行政管理、企业管理、工程管理、科研管理等，创立了一系列管理理论和管理方法。改革开放以来，我国很多学者和实际工作者翻译、写作了许多管理学著作，其中很多都涉及对领导者和领导行为的科学研究。管理学专业的迅速恢复和管理学科的快速发展，为领导科学的兴起奠定了重要基础。

政治学。政治学是历史悠久和学理成熟的学科。现代政治学是构成领导科学最深厚的学理基础之一。政治学在我国的恢复重建与稳步发展，对我国的民主法制建设和政治体制的改革完善发挥了重要作用。政治学对国家、阶级、政党、政府、政治家等问题的深入研究，为我国领导体制的改革和领导科学的发展指明了方向，奠定了坚实的理论基础。

法学。法学是现代社会科学中发展迅速的学科，也是对现代社会影响很深的一门学科。现代社会是法治社会。法治社会以法律制度的健全为基本前提，以法律权威的至上性为社会治理的特点，以依法治理为社会权力运用的基本方式。领导科学在研究领导现象时，一般都要以作为研究对象的领导者所在社会与时代的法律制度为基础，必须在法治的框架内对一个领导者是否合格或优秀进行定位。同时，现代社会的领导者都必须在法治的范围内运用权力。因此，法学为领导科学的发展奠定了重要的法治基础。

经济学。现代经济学的快速发展，为我们借用经济学的丰富学理来理解现代社会的运行过程，提供了既有宏观理论、又有微观分析的有力工具。领导科学研究的展开必须借助于经济学的帮助。一方面,经济学尤其是政治经济学对国家(政府)作用及其限度的研究、对国家—市场—社会关联性的深入分析,为领导科学对领导的活动背景、领导机制的研究奠定了基础;另一方面,经济学特别是部门经济学对社会经济的理性研究,为领导科学具体分析领导活动展开的各种宏观和微观条件,提供了借鉴与征引的对象。

决策科学。决策科学和预测科学的兴起,对建立科学的决策程序,提高决策能力,促进领导决策民主化、科学化,减少领导工作的失误,进行了有益的探索,为领导科学中关于领导职能的研究提供了宝贵的思想资料。

心理学和社会学。心理学研究人的行为和动机,社会学从社会发展、社会变迁与人的行为的关系角度研究人,把个人放在社会环境中加以研究。这些领域所取得的研究成果,有助于领导者了解人的动机、需要,为领导者任用干部、调动下属积极性提供了有益的启示。对团体动力、组织理论、权力和冲突等问题的研究,又为领导者科学地设计组织机构,妥善地解决各种矛盾,正确地使用手中的权力,提供了值得参考的研究成果。

人才学。人才学围绕人才的成长规律、人才的选拔和使用、人才的流动与培养,进行了大量的卓有成效的研究。这些研究成果对于改进领导班子结构,优化干部的培养、选拔和人才的交流、使用,都起到了很好的促进作用,为领导科学中研究领导者选才用人的机制提供了有益的启示和借鉴。

三、领导科学在我国产生和发展的历程

20世纪70年代末80年代初,在改革春风的沐浴下,一些既有马克思主义理论修养又有现代自然科学基础的学者敏锐地感到,现代化建设中的领导活动在深度和广度上都是综合性极强的社会实践活动,涉及经济社会发展的各个领域和各个方面。指导现代化建设的各级领导者首先需要接受包括领导科学在内的科学理论和科学方法的武装。因此,建立和发展中国特色的领导科学,既有实际需要,又有现实条件。

最早开拓这个领域的是我国知名科学家刘吉教授,他在1980年撰写了一篇题为《现代领导艺术》的论文。最早提出“领导科学”概念并作了开拓性研究的,则是我国另一位知名科学家赵红州教授,他撰写了我国第一篇全面论述领导科学与领导艺术的论文《领导科学与领导艺术》。领导科学作为一门课程的名称,诞生于1983年召开的全国首届“未来学”学术讨论会上。推动和关怀领导科学成长的是中共中央及其组织部、宣传部。1981年11月,在中组

部和中宣部联合召开的部分省、直辖市、自治区干部教育座谈会上，第一次明确提出了“各级党校要筹备开设领导科学课”的建议。1982 年 10 月，在中共中央、国务院关于中央党政机关干部教育工作的决定中，把领导科学列为党政干部必读的公共业务基础课，即把学习领导科学第一次写入中央文件。1983年，全国第一个领导科学教研室在黑龙江省委党校正式创建。我国第一本领导科学理论专著是 1983 年 5 月广西人民出版社出版的《领导科学基础》，它是由夏禹龙、刘吉、冯之浚、张念椿四位教授撰写的。1984 年冬，我国第一期领导科学师资培训班在北京举办。1985 年 2 月，我国第一份领导科学专业刊物——《领导科学》开始创办。1985 年 4 月，我国首届领导科学学术讨论会在河南洛阳召开。1985 年 10 月，中国展望出版社出版了王惠岩教授主编的《领导科学》教材。从此以后，研究领导科学的论文、著作、辞典等，纷纷问世，《领导科学》《领导工作研究》等专业性刊物以及领导科学研究会等学术性组织也开始出现。各省、直辖市、自治区的党校和 200 多所高等院校的政治学、公共管理学等专业相继开设了领导科学课程。领导科学的著作、教材类图书至今已达1 000种以上。此外，从国外引进和翻译的领导学书籍在国内也大量涌现，诸如，亨利 · 明茨伯格等著的《领导》（恩铭译，中国人民大学出版社）、詹姆斯 · 麦格雷戈 · 伯恩斯所著的《领导论》（常健等译，中国人民大学出版社）、芭芭拉 · 凯勒曼所编的《领导力的本质》（林颖、周颖等译，格致出版社、上海人民出版社）、理查德 · 尼克松所著的《领袖们》（施燕华等译，海南出版社）、理查德 · L. 达夫特所著的《领导学》（杨斌等译，电子工业出版社），等等。限于篇幅，这里不再一一列举。

虽然领导科学这一新兴学科还不够完善和成熟，但就其发展趋势而言，在马克思主义理论指导下，在中国现代化建设实践中，我国领导科学的研究必将本着“古为今用，洋为中用，以我为主，博采众长，融合提炼，自成一家”的精神，发展成为一门具有中国特色的马克思主义领导科学。

第二节　领导科学的研究对象、性质和任务

领导科学作为一门科学，具有自身特定的研究对象和研究范围，具有区别于其他学科的性质和任务。

一、领导科学的研究对象和研究范围

毛泽东说:“科学研究的区分,就是根据科学对象所具有的特殊的矛盾性。因此,对于某一现象的领域所特有的某一种矛盾的研究,就构成某一门科学的对象。”①作为一门科学,要有别的学科没有包括或没有深入探索的内容;要有它特定的研究对象和范围;要有对特定的研究对象和范围所涉及的事实的本质概括和客观规律的揭示,以形成一种发展着的知识体系。领导科学的研究对象是现代领导活动,其根本任务是揭示领导活动中各种因素之间的内在的、本质的、必然的联系,即领导活动的规律。

(一) 领导科学的研究对象

什么是“科学”? 概括地说,科学是正确反映自然、社会、思维等客观规律的知识体系。什么是规律? 列宁说:“规律就是关系……本质的关系或本质之间的关系。”②江泽民在谈到领导科学的定义时曾指出:什么是领导科学?我认为领导科学就是领导工作中合乎规律性的东西。领导科学是研究现代领导工作规律及其方法的一门学问。领导科学的研究对象是现代领导活动,其根本任务是揭示领导活动的规律。领导活动是指领导者为实现预定目标,对被领导者进行组织、引导和指挥的一种行为过程。领导活动是领导者、被领导者、组织目标、客观环境、领导体制、方式方法等几个方面相互影响、相互作用的过程。这种相互影响、相互作用的过程中所体现的各要素之间的必然联系,就是领导活动的规律。

领导活动作为领导科学研究的特定对象,在哲学中已经涉及,但只是从哲学最一般的意义上研究领袖与群众的关系,而不是对具体的领导活动规律的把握;在政治学中已经涉及,但只是从如何取得和运用国家权力的角度研究政治家的活动规律,而不包括对一般领导活动的探讨;在管理学中也已经涉及,但同样并没有把领导活动独立出来做深入系统的探索。领导科学则是把领导活动作为一个相对独立的系统,从这个系统的整体性出发,追踪领导系统的动态过程,对影响领导活动的各种因素做全面的综合考察,从而探讨领导活动规律的一门学问。所以,简单地说,领导科学就是研究领导活动及其一般规律的学问。

---

① 《毛泽东选集》第 1 卷,人民出版社 1991 年版,第 309 页。

② 《列宁全集》第 55 卷,人民出版社 1990 年版,第 128 页。

（二）领导科学的研究范围

围绕领导活动的规律问题，领导科学主要研究以下内容：

1. 领导的本质与目的；
2. 领导活动的基本要素及其相互关系；
3. 领导的职能与作用；
4. 领导者及其素质；
5. 领导活动过程及机制；
6. 领导方法和领导艺术。

围绕上述内容，各种版本的教材根据自己的逻辑思路，构建了不同的体例或体系：有的比较细致而丰富，有的比较粗犷而简约；有的侧重理论框架和知识体系的严谨，有的侧重研究前沿的跟踪和深入；有的侧重知识的普及，有的侧重方法与艺术的训练。应该说，大多数教材的差异只是风格上不同、知识体系的时代感不同、内容上的侧重点不同。当然，这里面也不排除作者在某些问题上确实存在着学理和观点上的争鸣。无论是风格的独树一帜、知识的推陈出新、内容的丰富拓展，还是学理上的深入探究与观点上的创新争鸣，都是领导科学发展和完善过程中所需要的，也都有助于中国特色的领导科学的进步。但是，无论怎样，领导科学作为一门相对独立的新兴学科，总要有与自己的研究对象相一致、相联系的核心内容与学科边界，上述所列举的六个方面，应该是大多数人所能接受的领导科学研究的内容范围。

本书围绕上述六个方面的主要内容，在广泛吸收已有研究成果的基础上，根据领导科学研究的最新进展和领导工作的实际需要，编排了十一章的内容：

第一章，绪论。主要介绍和阐述领导科学的产生与发展，领导科学的研究对象、性质和任务，领导科学研究的意义和方法。

第二章，领导概论。主要介绍和论述领导的产生与发展，本质、特征与要素，职能与作用，领导的基本原则。

第三章，领导理论概要。主要介绍和分析中国古代领导思想的精华，马克思主义领导理论，现代西方的领导理论。

第四章，领导体制。主要介绍和探讨领导体制的内容和作用，领导体制的主要类型，领导体制的历史变迁，特别是党的十九大以来关于深化党和国家机构改革的目标、原则、内容及发展趋势。

第五章，领导素质。主要介绍和论述领导角色的含义与定位，领导个体的素质及养成，领导集体的素质结构及优化，领导作风建设，全面提高领导素质的途径。

第六章，领导决策。主要介绍和论述领导决策的含义、类型与模式，领导决策的原则、程序与方法，领导决策体制及其完善。

第七章，领导用人。主要介绍和论述选才用人在领导活动中的地位，用人者的品质要求，人才选拔的原则、标准、制度和方法，人才使用的原则与制度。

第八章，领导方法。主要介绍和阐述领导方法的含义与特征，领导思维方法，领导工作方法。

第九章，领导艺术。主要介绍和阐述领导艺术的含义与特征，领导艺术的内容与形式，提高领导艺术水平的途径。

第十章，领导激励。主要介绍和论述领导激励的含义与作用，领导激励的理论与原则，领导激励的方式与方法。

第十一章，领导绩效。主要介绍和论述领导绩效的含义与意义，领导绩效考评的意义与内容，领导绩效考评的原则与方法，我国当前领导绩效考评研究。

二、领导科学的性质和任务

（一）领导科学的性质

领导科学是实践性、综合性很强的应用性学科。

首先，领导科学是实践性很强的学科。领导科学是和现代领导实践紧密相连并为解决领导工作的实际问题而进行研究的学科。领导科学的所有理论内容都不是人们头脑里固有的。不论领导的产生和性质，还是领导的职能和组织；不论领导者的作风和素养，还是领导的方法和艺术，都是人们在长期的、大量的、反复的领导实践基础上进行系统的总结、升华和概括的结果。领导科学的理论一经产生，便对实际领导工作产生指导和规范作用。

其次，领导科学是综合性很强的学科。这是由领导活动本身的特点所决定的。领导活动是一项高度综合的实践活动，它要解决的问题几乎都是综合性的问题。在现代社会化大生产的条件下，这种综合性就更加突出了。领导科学这门学科的综合性质，不仅体现在领导活动本身所涉及的对象上，而且体现在现代领导者的综合素质和领导科学知识体系的综合性上。大量实践表明，领导者面临的问题大多是复杂多变的。要从战略上解决这些复杂的综合性问题，就需要领导者具备多方面的知识和在此基础上高超的领导艺术。所以，以领导活动规律及其应用为研究对象的领导科学，是一门新的综合性学科。

最后，领导科学是一门马克思主义应用性学科。领导科学不是一个基础理论学科，而是和领导实践紧密联系、并为解决领导实际问题而进行研究的学科，所以，它是一门应用学科。领导科学融多学科知识于一体，目的就在于培养领导者的多方面实践能力，即综合领导能力。领导科学的综合性与领导艺术的统一，体现了领导科学的应用性。一个领导者的综合能力越高，领导艺术水平就越高，实际应用能力就越强。领导科学以马克思主义作为自己的理论基础，马克思主义的生命力不仅在于认识世界，更重要的是指导人们去有效地改造世界。马克思主义的基本理论在社会生活诸多方面的应用，形成了一系列的应用科学，如政治学、经济学、社会学、文艺学、军事学、法学等。领导科学自然地就成了马克思主义学说体系中很重要的新成员。我们学习和研究领导科学，就要把应用性作为出发点和归宿。

（二）领导科学的任务

领导科学的性质决定了领导科学的任务。领导科学的任务就是为了指导领导工作实践。

第一，领导科学教学和研究要致力于发现和总结领导规律，生产和传承领导科学知识，促进领导工作的质量和效率，推动领导工作的科学化。

第二，领导科学教学和研究要致力于培养和造就一大批符合现代化建设需要的领导人才，提高领导者队伍的综合素质和领导能力。

第三，领导科学教学和研究要以中国现代化建设的实践为发展动力，致力于积极拓展领导科学的研究领域，改进领导科学的教学和研究方式，不断探索领导工作的客观规律，在总结中外领导工作经验和教训的基础上，发展具有中国特色的现代领导科学。

第三节　领导科学研究的意义和方法

学习和研究领导科学具有十分重要的现实意义。学习和研究领导科学必须掌握正确的方法。

一、学习和研究领导科学的意义

（一）学习和研究领导科学是社会历史发展的必然要求

人类社会发展到今天，领导活动对社会实践所具有的特殊而重要的价值越来越被人们普遍认可，领导工作越来越成为社会的一项相对独立的分工，成千上万人从事着这项特殊的专业化职业。领导者的领导知识、经验和能力关系到民族的兴衰、国家的存亡和事业的成败，古今中外的领导者无不重视对领导经验与知识的积累与创造。当今人类社会已经进入21世纪，进入全球化时代，这种背景对领导观念、领导方式提出许多新挑战。因此，必须认真学习和研究领导科学。

（二）学习和研究领导科学是推动中国现代化建设的需要

当前，中国正处于社会急剧变革的时代，尤其是中国加入世界贸易组织之后，国际性的横向联系、信息交流、市场竞争、人才竞争以及跨国跨境的法律事务等问题都交织在一起，使得领导活动变得更加具有挑战性。在这种时代背景下，要完成中国现代化建设的任务，除了依靠马克思主义及其与中国革命和建设的具体实践相结合的创新理论，依靠中国共产党的政策指引，依靠现代科学技术的发展与应用，依靠全国人民的辛勤劳动和创造，更要靠科学的管理和有效的领导。学习和研究领导科学，探索和总结领导工作的一般规律，从理论上开阔领导者的视野，帮助领导者掌握先进的领导方法，这是实现领导工作科学化和提高领导水平的最根本的要求。

（三）学习和研究领导科学是加强党的执政能力建设的需要

加强党的执政能力建设的关键是建设高素质的干部队伍。第一，从执政党的主体上看，一个政党有没有执政能力和执政能力水平如何，关键在于有没有一支高素质的干部队伍。这支干部队伍的整体素质如何，直接影响党的各项路线、方针、政策的质量及其落实，影响广大人民群众对执政党的态度和感情，从而影响到党执政的社会基础和群众基础。第二，从党的执政方式看，只有高素质的领导干部，才能善于做到科学执政、民主执政、依法执政。第三，从党的执政使命看，能否建设一支既有理论素养又有实践经验，既有领导水平又有创新能力的高素质领导干部队伍，是全面建成小康社会进而实现中华民族伟大复兴这项前无古人的伟大事业成败的关键。第四，从党的执政经验看，在不同的历史时期，无论执政环境和具体任务有多大的差别，党都必须紧紧抓住建设高素质干部队伍这个关键，这是一条重要经验。

（四）学习和研究领导科学是建设高素质专业化干部队伍，增强各级领导干部执政能力的需要

党的十九大报告作出党和国家事业进入新时代的判断。面对新形势新任务，党和国家的各级组织和各级领导干部经受着执政考验、改革开放考验、市场经济考验、外部环境考验，存在着精神懈怠危险、能力不足危险、脱离群众危险、消极腐败危险。面对“四种考验”和“四大风险”，亟须加强高素质专业化干部队伍建设。为了更好履行新时代的新使命，增强各类组织对外部环境的适应性，切实提高各级领导干部的专业化、职业化领导水平，党中央按照“政治过硬”和“本领高强”的原则，提出了增强各级领导干部执政本领的要求，包括学习本领、政治领导本领、改革创新本领、科学发展本领、依法执政本领、群众工作本领、狠抓落实本领、驾驭风险本领等八种本领，这是新时代干部队伍建设的风向标和提升职业能力的新标杆。学习和研究领导科学，正是建设高素质专业化干部队伍和提升职业化领导本领的迫切需要和重要保证。

（五）学习和研究领导科学是深化党和国家机构改革，推进国家治理体系和治理能力现代化的需要

深化党和国家机构改革是全面深化改革的重要内容，直接关系国家治理体系的完善和治理能力的提升。党和国家机构是党执政的重要组织载体，需要通过改革，完善坚持党的领导的体制机制，把党的领导贯彻落实到党和国家机关全面正确履行职责的各领域各环节，确保党始终总揽全局、协调各方，从制度上保证党的长期执政和国家长治久安。推进国家治理体系和治理能力现代化就是保证党领导人民有效治理国家的制度体系现代化和运用国家制度体系管理国家事务和社会事务、管理经济和文化事业的能力现代化。认真学习和掌握领导科学，能够更好地推动实现以国家治理体系和治理能力现代化为导向，以推进党和国家机构职能优化协同高效为着力点，改革机构设置，优化职能配置，深化转职能、转方式、转作风，提高效率效能，加快构建系统完备、科学规范、运行高效的党和国家机构职能体系的重要目标。

（六）学习和研究领导科学是回应国际国内新形势新挑战的需要

当前，世界正处于大发展大变革大调整时期，世界多极化、经济全球化、社会信息化、文化多样化深入发展，全球治理体系和国际秩序变革加速推进。同时，世界面临的不稳定性不确定性突出，世界经济增长动能不足，贫富分化日益严重，地区热点问题此起彼伏，恐怖主义、网络安全、重大传染性疾病、气候变化等非传统安全威胁持续蔓延。在国内，中国特色社会主义开启新时代、社会主要矛盾已经转化为人民日益增长的美好生活需要和不平衡不充分的发展之间的矛盾，主要表现为经济增长内生动力还不够足，创新能力还不够强，发展质量和效益不够高；脱贫攻坚任务艰巨，农业农村基础仍然薄弱，城乡区域发展和收入分配差距依然较大；在空气质量、环境卫生、食品药品安全和住房、教育、医疗、就业、养老等方面，群众还有很多不满意的地方；政府职能转变还不到位，政府工作存在不足，等等。这就迫切要求各级领导干部通过掌握科学的领导理论和方法，提高治国理政的能力，增强履职尽责的本领，回应国际国内发展变化的新形势和新挑战。

二、学习和研究领导科学的方法

领导科学作为新兴学科，在中国兴起和发展的时间不长，但已引起各级领导干部的重视。学习和研究领导科学越来越成为干部管理的重要内容和许多领导者的自觉行动。

领导科学的综合性特点决定了领导科学的研究方法涉及面非常广泛，且处于不断的发展变化之中；同时，随着科学技术及经济社会的发展，领导科学的研究方法也在不断更新。总体来说，领导科学的研究方法主要包括以下内容：

1. 领导科学研究的方法论基础

学习和研究领导科学，必须坚持以马克思主义学说为理论基础，坚持以马克思主义的基本原理与中国革命和建设的具体实际相结合的创新理论为指导。这主要是因为：第一，领导活动因社会制度不同而性质不同。在社会主义制度下研究领导科学，就要遵循社会主义方向，以促进中国现代化建设并最终实现共产主义为目的。如果不以马克思主义学说为理论基础，不坚持以马克思主义学说与中国革命和建设的具体实际相结合的创新理论为指导，就会偏离研究的目的与方向，误入歧途。第二，马克思主义既是世界观又是方法论。只有运用马克思主义的立场、观点、方法，才能正确而有效地履行领导职能，运用科学的领导方法与艺术，取得好的领导效果。第三，马克思主义经典作家关于领导问题的相关论述，对研究领导科学有着直接的指导意义，是确立马克思主义领导观念与方式的重要理论依据。因此，必须坚持解放思想、实事求是的思想路线，冲破传统观念和各种条条框框的束缚，以中国改革开放和现代化建设的实际问题为中心，为发展和完善中国特色的领导科学而努力。

2. 学习和研究领导科学的具体方法

第一，实证方法。又称调查研究方法。这种方法是以实事求是的精神，通过实际的调查研究收集大量资料，并进行定性与定量相结合的分析与研究，本着具体情况具体分析的原则，探求领导的特点与规律。利用现代科技手段开展调查研究，如运用电子计算机进行信息处理，是这种研究方法的主要特征。

第二，历史方法。这种方法就是用历史的观点对领导活动进行观察与研究，注重考察领导和领导科学的起源、发展与演变的过程以及这一过程对社会的影响与作用，透过历史的轨迹，提升对领导规律的认识，达到以史为鉴的目的。运用这种方法，学习和研究领导科学要特别重视继承中华民族优秀的文化遗产，坚持古为今用。

第三，比较方法。这种方法主要通过对不同的领导体制、模式等的比较分析，研究不同国家、不同组织之间在领导理念、原则、职能、体制、方式与手段等方面的差异，探寻实现民主领导、科学领导的途径与方法。运用这种研究方法要特别注意不同对象之间的可比性与可比程度。

第四，案例方法。这种方法的特点是以客观公正的第三者的立场与态度，通过广泛收集各种资料，对已经发生的真实而典型的领导事件进行分析与研究，从正反两个方面发掘案例的价值，丰富领导科学的研究内容，指导领导工作的实践。该方法的关键在于资料真实、全面，能够充分反映事件全过程的各个主要因素及其相互关系。困难在于不容易获得真实而完整的第一手资料，也很难保证资料分析者价值取向的正确性以及专业水平的适应性。

第五，系统方法。系统就是由若干相互关联的要素以特定的结构方式所组成的整体。系统方法就是坚持把事物看作一个整体系统，并从该系统的结构关系出发考察其中的各个组成部分。在领导科学的研究中运用这种方法，是因为领导活动本身就是一个系统，即由领导活动的主体、结构与过程等要素组成的整体。这个系统同时又处于社会环境的大系统中，并且本身又包括次级子系统。因此，只有运用系统研究方法，才能兼顾整体与局部，处理好领导活动的内外部关系。

第六，借鉴方法。学习和研究领导科学，必须注意吸收国外先进的领导经验。正如邓小平 1992 年视察南方时指出："社会主义要赢得与资本主义相比较的优势，就必须大胆吸收和借鉴人类社会创造的一切文明成果，吸收和借鉴当今世界各国包括资本主义发达国家的一切反映现代社会化生产规律的先进经营方式、管理方法。"①邓小平的这一思想同样适用于学习和研究领导科学。

以上是研究领导科学的一些基本方法，适用于领导科学的整体研究。此外，在领导科学的不同研究领域，还具有自身特殊的研究方法，如生理研究方法、心理研究方法、行为研究方法、量化研究方法等。

---

① 《邓小平文选》第 3 卷，人民出版社 1993 年版，第 373 页。

第二章 领导概论

"领导"是领导科学中一个最基本的范畴,是领导科学研究的逻辑起点,也是构成领导科学知识体系的基石。因此,学习和研究领导科学必须正确认识和理解领导的本质与特征、要素与职能、原则和作用,认识和掌握领导活动的基本规律。

第一节 领导的产生与发展

领导活动是适应人类生存和发展需要的产物,并伴随人类社会的发展而发展,现代领导活动呈现出一系列适应社会进步的发展趋势。

一、领导产生与发展的历史回顾

作为一种社会现象,领导活动自古有之。但从整个人类社会历史的发展进程来看,由于不同历史时期的领导活动总是不可避免地受到当时社会的物质条件、生产方式、思想观念、道德标准、政治制度、科学文化水平等诸多因素的影响和制约,不同历史时期和不同社会制度下就会有不同性质和方式的领导活动。领导活动的发展是一个漫长而复杂的历史过程,现分为几个基本历史阶段简述如下:

(一)原始社会领导的产生

领导的产生是人类生存发展不断演化的结果。地球上人类的出现,是以会制造和使用工具为标志的。人们用经过自己加工制作的石块或木棍等简陋工具,去进行渔猎、采集野果、抵御野兽的侵袭,共同维持着最起码的生存条件,共同过着原始的群体生活,所以,人类的生产和劳动一开始就是社会性的。为了协调个人的活动,维持人们最基本的物质生活需求,适应群体的生存与发展,就不能没有统一的指挥和协调。因此,几乎从地球上出现人类时起,便产生了以部落形式而存在的人类原始社会和部落首领的领导活动。

原始社会的人们都按照一定的亲缘关系,结成人数多少、规模大小不等的群落,后人称其为氏族,进而形成部落。部落的最高领导机构叫作部落议事会,这是一种由本部落成年男女参加并享有平等议事权的集会,其最高首领——酋长,一般由本部落中最受敬重的长者、智者、贤者、勇者担任,由部落议事会选举产生,下设若干首领分管本部落各种公共事务。如果发现其中有不称职者或不按本部落多数成员的意愿办事者,由部落议事会随时罢免或撤换。包括酋长在内的任何领导者,除了部落议事会所赋予的为部落成员服务的职权外,不能享有其他任何个人特权和特殊利益,物质待遇等都与本部落全体成员完全平等。

(二)阶级社会领导的发展

随着社会历史的发展和生产力的提高,尤其是剩余产品的出现和积累,部落上层人物开始逐渐利用职权霸占财物、牲畜以致土地,普通氏族成员随之逐渐走向贫困,沦为贵族的附属物,从而为私有制社会的产生奠定了基础,原始的集体领导、平等关系、共同劳动、分配消费的民主社会生活逐步走向瓦解。人类历史开始进入阶级社会,奴隶社会就是阶级社会的开端。奴隶主作为当权的领导者,高居全社会之上,对广大的奴隶进行残酷的压迫和剥削,这时的领导更替制度已由民主的选举转为父传子的“世袭制”,其职能主要包括:强行组织生产、指挥战争和防御外敌侵袭,对内镇压奴隶与平民的反抗,协调奴隶主阶级的内部矛盾等。领导者和被领导者之间是严格的等级关系,奴隶阶级处于极其悲惨的被压迫、被剥削、被奴役甚至被买卖和屠杀的境地。领导方式主要是通过国家机器,依靠官吏、警察、法律、监狱等强制和暴力手段,实行专制独裁统治。

这种家长式的专制领导,是奴隶社会和封建社会中的主要领导方式,是同小生产方式相适应的。资本主义社会是从封建社会脱胎出来的,初期也沿袭了家长式的专制领导。18 世纪工业革命以后,由于科学技术的进步,资本家个人的外行领导越来越不能适应形势发展的需求,于是专家式的领导便应运而生,不久,专家个人领导又被专家集体领导所取代。这一方面反映了资本主义生产力发展的客观要求,另一方面其活动过程则表现为资本价值的增值过程,是为资本家的剥削和发财致富服务的。

(三) 社会主义社会领导的自我完善

在社会主义条件下,领导者是社会的公仆,是人民的勤务员,“领导就是服务”。社会主义领导制度是伴随社会主义制度的不断改革和完善而逐步发展的。社会主义制度是人类社会历史上迄今最先进的社会制度,但也并不是完美无缺的,还需要在改革中不断完善。这主要是因为:首先,历史是不能割断的,它也是从旧社会基础脱胎发展而来,因而不可避免地会在不同程度上带有某些旧社会的痕迹;其次,世界上的一切事物都是不断发展的,先进的社会主义制度也不可能永远停留在一种固定不变的模式和水平上,否则,社会历史就不能发展和进步了;再次,如同一切客观事物都在发展变化一样,人们对事物的认识也在不断发展和提高;最后,领导者也是人,不可避免地会受到来自不同的社会环境因素的影响和制约,个人的素质、能力、经验以及思想、文化、道德水平等,都是千差万别的,是很不平衡的。总之,无论是社会主义本身的发展过程,还是人们对它的认识过程,都有一个从不完善到完善、从不成熟到成熟的过程,而且这个过程是永无止境的。比如,过去全国人民搞了几十年社会主义建设,却陷入了一个僵化的认识误区,把市场经济看成资本主义的固有特征,而把计划经济看成社会主义所特有的。这充分说明,人们的思想认识要随着社会的发展和进步而不断地发展和提高,社会主义本身也需要在发展中完善,当然,社会主义领导也需要在改革中不断发展和完善,邓小平早在20世纪80年代初就专门论述过“党和国家领导制度的改革”①问题,原因亦在于此。一切社会事物都在发展,停顿就意味着掉队。“一步到位”的思想是不切实际的空想。当前中国的改革也包含着社会主义领导的自我完善这一重要内容。

二、现代领导发展的基本趋势

随着生产的高度社会化和科学技术的飞速进步,现今的领导者面对的是一个情况复杂、结构多样、发展迅速的社会,传统的经验型个人领导已很难适应社会形势发展的需要,现代领导越来越表现出以下四个变革趋势:决策工作专门化,领导主体集团化,领导方式民主化,领导方法科学化。

(一) 决策工作专门化

20世纪之前,决策与执行、立法与行政的分离还只是在政治领域,而现在

① 《邓小平文选》第2卷,人民出版社1994年版,第320—343页。

则扩展到经济、科技、教育、军事等各个领域。在科技领域,决策与执行的分离产生于第二次世界大战(简称“二战”)期间,其标志是科学帅才的出现;在经济领域,决策与执行分离的标志是“分权事业部制”的产生。20 世纪 20 年代通用汽车公司总裁斯隆在“经理制”的基础上提出“集中决策,分散管理”,建立“分权事业部制”,其实质是决策权与执行权的分离,即所有权与经营管理权的分离。斯隆也被誉为带来“组织革命”的“现代组织之父”。诺贝尔经济学奖得主赫伯特·西蒙进而提出“决策工作专门化”的论点,即一切形式的领导都专门从事决策,而不是决策的执行与操作。

“决策工作专门化”和无所不管、事必躬亲的传统领导方式相比,领导职能和任务在范围上虽然窄化了,但由于决策工作需要掌握的信息量大而多变,给习惯于独立做出决策的领导者带来巨大的困难和挑战。在这种情况下,咨询机构和咨询业就应运而生。

咨询、参谋自古有之,但古代咨询都是官方的自我咨询、内部咨询,其人员或机构都是官员或官方的下属机构。现代咨询除官方内部咨询外,还有非官方的外部咨询,即民间咨询,如美国兰德公司(Research and Development, RAND)①。在咨询建议的自主性、客观性方面,外部咨询显然优于内部咨询。

决策与执行分离,决策内部“谋”与“断”分离,这是决策工作专门化的重要体现,也是现代民主领导和科学领导产生的现实基础。“领导”不再与“管理”混为一谈,领导活动有其特有的领域、规律,这为确定和研究领导科学的对象、职能、方法、艺术提供了客观依据。20 世纪产生的许多新兴科学,如运筹学、系统论、行为科学、管理科学、心理科学等,又为领导决策提供了新的科学方法。

(二)领导主体集团化

集团化是民主领导的前提,西方领导学理论中的领导人素质、权限、责任、配置、结构等都是由领导集团化引发出的问题。在小生产时代,政治上实行的是君主专制,“朕即国家”,经济上实行的也是专制的家长制。今天,任何领域的领导已不再是一个人,而是一个集体,是由“软专家”组成的集团。在西方经济领域中,充分完备的股份制公司,由于股权的分散化,劳工和非股东专家进入决

① 兰德公司正式成立于 1948 年 11 月,总部设在美国加利福尼亚州的圣莫尼卡,在华盛顿设有办事处。它是美国最重要的以军事为主的综合性战略研究机构,先以研究军事尖端科学技术和重大军事战略而著称于世,继而又扩展到内外政策各方面,逐渐发展成为一个研究政治、军事、经济、科技、社会等各方面的综合性思想库,被誉为现代智囊的“大脑集中营”“超级军事学院”以及世界智囊团的开创者和代言人,堪称当今美国乃至世界最负盛名的决策咨询机构。

策集团,使得任何个人企图控制企业、实行个人说了算的家长式统治几乎是不可能的。美国通用汽车公司的股东有100万个,但最大的股东也只占有总股份的1%。日本松下公司创始人松下幸之助拥有公司的股票也不超过总股的3%。在这样的组织内,领导的集团化成为现实的组织形态,这为领导决策的民主化科学化提供了可能。

(三)领导方式民主化

现代领导集团和传统的个人领导的界限,不仅是简单的人数多少问题,更是集团内部权力如何分配的问题。权力垄断、权责脱节是专制统治的根本特征,而权力分享、权责一致则是民主体制的特征。政治领域立法权和行政权的分离,经济领域的企业"分权事业部制"及民间咨询机构的出现,都是领导方式民主化趋势的主要表现。

民主化趋势的另一表现是监督的独立化。传统的监督机构都是决策部门的下属机构,只能看决策者的眼色行事。而现代的监督机构越来越要求不仅独立于决策机构之外,而且是平行的,甚至地位更高。20世纪40年代兴起的系统论、信息论、控制论,尤其是控制论为监督独立化提供了新理论、新视角、新思路、新方法。除了独立的监督机构以外,还有社会舆论、消费者、政府部门和相关法律的监督。因此,平行监督、外部监督和信息透明成为监督独立化的主要表现,是当代领导活动发展的重要趋势,也是维持组织稳定、长治久安的重要手段之一。

领导方式的民主化必然要求法治化。近代以前的领导方式,主要是领导者以个人的意志理事治国,领导方式多为"人治"型。那时有关领导学方面的著作大多是对帝王将相的政治活动以及个人领导经验的记录和总结。人治主导下的领导方式使得领导活动带有较大的主观随意性。克服领导的随意性和"家长制",真正实行民主领导或实现领导的民主化,就必须加强法制,切实做到法治领导。因为,民主是法治的内容和本质,法治是民主的体现和保障,民主与法治的统一在领导活动上集中体现为法治领导或领导的法治化。法治化的领导方式是一种维护民主、铲除专制、安定社会、提高领导绩效的现代领导方式。

(四)领导方法科学化

科学化趋势是相对于传统的经验领导而言的,表现在两个方面:一是遵循严格的程序。无论是制定决策还是实施决策,都有一定的程序。西蒙把决策划分为四个阶段,即信息、咨询、决断、审查。他认为,四个阶段可以交叉,但总的过程是有先有后的,不得任意颠倒。严格的决策程序是决策科学化的重要内容,而先定性后查证,边设计边施工等都是不科学或反科学的。二是运用科学的理论、技术和方法,如信息论、运筹学、大数据等。决策过程的各阶段还有相应的信息理论与方法、咨询理论与方法、决断理论与方法等。例如,同样是调查研究,只因方法不同,获得的信息就可能完全不同。这个问题在相当大的程度上与决策和执行的科学化相关。

第二节 领导的本质、特征与要素

领导的本质决定领导活动的方向和目的。领导的特征是领导活动本质的具体外在表现。领导的要素是构成领导这一有机系统的相关因素。掌握和理解领导的本质、特征与要素,是学习领导科学的基础。

一、领导的本质

领导,作为一种社会中普遍存在并与人类群体活动共生相伴的现象,是一种特殊的社会实践或社会分工。马克思曾指出:“一切规模较大的直接社会劳动或共同劳动,都或多或少地需要指挥,以协调个人的活动,并执行生产总体的运动——不同于这一总体的独立器官的运动——所产生的各种一般职能。一个单独的提琴手是自己指挥自己,一个乐队就需要一个乐队指挥。”①这是马克思主义经典作家对领导活动一般性质的精辟概括,明确地揭示了领导活动在人类社会群体中的特殊地位和作用。它不是直接的社会劳动,而是间接的指挥协调性的劳动;它不是一般社会成员都能胜任的实践活动,而是人群中有权威的出类拔萃的人物才能胜任的工作;它不是仅着眼于个别和局部的运动,而是更多地着眼于总体的运动;它不是个别职能,而是一般职能。因此,可以说,只要有社会群体和群体的活动,就需要组织与领导。

那么,到底什么是领导呢?“领导”是一个多义词,可以是名词,也可以是动词。名词的“领导”是指领导者;动词的“领导”则是指领导活动。这里所讲的“领导”是指领导活动,其字面含义主要是“率领”和“引导”的意思。作为一种社会实践活动,领导就是指领导者为了实现某一特定群体的共同目标,在一定的客观环境影响下,采取恰当的方式方法,率领和引导被领导者完成预定

① 《马克思恩格斯选集》第2卷,人民出版社2012年版,第8页。

任务的创造性实践过程。简言之,领导就是让别人把正确的事情办成的活动。领导的本质,就其自然属性而言,是根源于人类共同生活和共同劳动的需要,是一种影响力;就其社会属性而言,领导是有阶级性和社会制度差异的。

在我国,领导的本质就是服务,领导者就是全心全意为人民服务的公仆。邓小平明确指出:“领导就是服务”,与权力与责任相比,服务在更深的层次上反映了社会主义领导者的本质。社会主义的领导者,不论职位高低,都是人民的勤务员,所做的一切,都是为人民服务。因此,社会主义的领导者就是“对社会负责的公仆”,为人民服务是一切社会主义领导活动的出发点和最终归宿。“领导就是服务”这一命题,充分体现了历史唯物主义的群众观和实践观,也体现了中国共产党的思想路线和工作路线。“从群众中来,到群众中去”,这“一来一去”,是领导工作的全过程,也是认识与决策的全过程,更是领导服务的全过程。所以,归根结底,服务是社会主义领导的本质特征,是区别并优越于其他阶级领导的最根本性的标志。

二、领导的特征

深入理解领导的含义和本质,需要进一步认识和把握领导的特征。领导活动作为一种特殊的社会实践形式,具有以下几个特征:

第一,领导是一定社会组织或团体中的特殊劳动。人类从开始自觉劳动那天起,就以群体的形式存在着,而这种群体形式多为一定的社会组织或团体。一个组织或团体是有一定目的的,但目的往往是抽象的,必须确立具体目标及其实现的途径和步骤;一个目标的实施过程是动态的,必须总揽全局,整体控制;一项社会活动受到内部和外部多种因素的影响和制约,必须协调关系,因势利导。因此,每一个组织或团体中都需要也必然产生一种特殊的劳动即领导。可见,领导产生于并服务于组织或团体,离开一定的组织或团体,就无所谓领导;没有领导或领导不当,任何组织或团体都是不能存在和发展的。

第二,领导是一种有目的的社会行为。领导活动是人类为了达到某种群体目标而进行的改造自然、改造社会的自觉活动。这种活动是调整人与人的关系、处理人与自然关系的社会行为。一个流落到荒岛上的人,尽管为了生存而进行各种自觉活动,但那些活动不涉及与其他人进行协调的问题,因而是孤立的,不具有社会性,因而也就不存在领导行为。

第三,领导是一种动态、有序的行为过程,具有有序性和过程性。领导活动的过程性以及领导活动和领导角色的规范性,决定了领导活动不是简单地发号施令，而是一种复杂有序的行为过程。领导活动包括一系列相互联系的环节，从研究现状、确立目标到搜集信息、拟订方案，从分析方案、制定决策到组织机构、知人善任，直到实施方案、总结评估，这是一个规范有序的过程，同时也是一个十分复杂的过程。领导者在开展领导活动的过程中，不仅要遵循领导工作的规则、制度，而且要遵循领导者的角色规范。领导活动要受到领导者、被领导者、组织目标、领导体制、客观环境和方式方法等多种因素的影响和制约，是各种因素相互影响、相互作用的动态过程。

第四，领导进行总体行为控制的活动，是高层次的社会管理。人们改造自然、改造社会的活动形式是多种多样的，但领导活动的职能是制定群体活动目标，并对群体活动进行总体行为的组织与控制。就像乐队指挥并不是对每个演奏者进行个别细琐的指导，而是就整个乐队进行总体行为控制一样，领导活动就是把整体的意志集中到指挥者身上，并由他在总体上组织群体成员协调动作。正是这一点使领导活动与一般的社会管理活动不同，领导着眼于全局、战略和长远，管理则着眼于局部、策略和眼前；领导侧重于谋划和决断，管理侧重于贯彻与落实；领导主要体现的是影响力，管理主要追求的是执行力；领导决定做正确的事情，管理负责把正确的事情办好；领导主要推动变革，管理主要保障秩序。可见，领导具有管理的一般属性，但又高于管理。当然，大多数领导者都兼具领导与管理的双重角色和双重使命。

第五，领导具有二重性，即领导的一般属性和领导的具体属性。由于领导活动是人类社会的群体活动，因此，在任何一种社会制度中，领导的主要标志都是统一的意志和一定的权力，都具有组织、指挥和决策等共同职能。这是社会共同劳动和共同生活的自然需要，存在于人类社会的始终，是领导的一般特征（属性）。人类社会是自然历史过程，领导活动也是一个具体的历史过程。一定的领导活动是建立在一定生产关系基础上的，它归根结底要反映一定生产方式的内在要求。不同社会制度的领导活动不能不带有其鲜明的特点，如阶级社会中领导的统治性和社会主义社会中领导的服务性。当然，领导的这种具体属性不是固定不变的，是伴随社会关系的变化而变化的。

领导的二重性是相互依存的。领导的一般属性存在于领导的具体属性之中，领导的具体属性以领导的一般属性为基础。但是，领导的本质主要是由其具体的社会属性决定的，因为在领导的二重性中，受一定社会经济关系制约的社会属性占主导地位，起决定作用。

三、领导的要素

领导是一个有机系统,包含着许多基本要素,主要有领导者、被领导者、组织目标、客观环境、领导体制、方式方法等。这些要素之间存在着本质的必然的联系,这种联系就是领导活动中"合乎规律性的东西",体现为领导的客观规律。

(一) 领导者

领导者是领导活动的主体。"火车跑得快,全靠车头带"。领导者在领导活动中发挥着主导作用。所谓领导者,通常是指在人类群体活动中负责组织、指挥和协调的人员,其主要职能是通过制定决策和选才用人来为群体服务。从人数上分,领导者可以是个人,也可以是集体。作为个人领导者,必须具备良好的素质和能力,接受严格训练,经过实际工作的锻炼,并能按照领导活动的客观规律办事;作为集体领导者,必须是一个结构合理、团结协作的集体,是一个坚强的、有凝聚力的组织核心,是一个优秀的领导班子。从概念的外延上分,领导者有广义和狭义之分。从广义上说,凡是正在率领或引导人们朝着一定目标前进的人,都是领导者;狭义的领导者,是指由一定的组织正式任命(或委任)、具有一定职权、负有相应责任和代表组织利益的个人或集团。本书所讲的主要是狭义领导者。

领导者,首先意味着行使权力。权力是领导者施行领导的基本条件;领导者履行领导职责,就应当拥有决策权、指挥权。正如马克思所说:"凡是有许多个人进行协作的劳动,过程的联系和统一都必然要表现在一个指挥的意志上"。①但是,必须反对那种认为领导者就等于权力,甚至认为领导者就是特权的观念。马克思主义者从来不反对领导者应有一定的权力和权威,而反对的是对权力与权威的滥用。领导者的权力主要包括两部分:一是组织法定权,即平常所说的职权,是由组织机构正式授予,并受法律的保护和支持,具有明显的强制性,与特定的个人没有必然的联系,只是领导者实施领导的基本条件。组织法定权可以分解为指挥权、人事权、财权、奖惩权等。其特点是对别人的影响带有强制性、不可抗拒性,以外部压力形式发生作用。在它的作用下,被领导者的心理和行为主要表现为被动和服从。二是人格影响权,即领导者在实施领导活动的过程中,基于个人的知识、经验和品德修养而形成的人格魅

---

① 《马克思恩格斯选集》第2卷,人民出版社2012年版,第560页。

力,它能够影响和改变被领导者的心理和行为。领导者的优秀人格对被领导者产生的正向效应,在心理上体现为对领导者怀有敬佩感、信赖感和服从感;在行为上体现为对领导者自觉追随、主动归顺和自愿服从。人格影响权可以分解为专长影响权、业绩影响权、品格影响权、思想影响权等。列宁曾说:"保持领导不是靠权力,而是靠威信,毅力,靠比较丰富的经验、比较渊博的学识以及比较卓越的才能。"①人格影响权是获得组织法定权的基础,也是组织法定权得以有效运用和持续拥有的保证。

其次,领导者意味着履行责任。责任和权力是紧密联系着的同一个事物的两个方面,领导者担任多高的职务,具有多大的权力,相应地也就要承担多大的责任。在这个意义上说,领导活动就是履行领导者责任的行为。权力是进行领导活动的前提条件,是尽职尽责的手段,而责任才是领导活动的真正动力。不尽责,便是失职,就没有起到领导者的作用,就应追究其责任。真正称职的领导者必须做到恪尽职守。列宁曾指出:"任何时候,在任何情况下,实行集体管理都必须极严格地一并规定每个人对明确划定的工作所负的个人责任。借口集体管理而无人负责,是最危险的祸害"。② 可见,应该普遍实行领导岗位责任制,使每个领导者增强责任观念,明确责任范围,竭力恪守职责,不辜负党和人民的重托,完成自己的历史使命。毛泽东对此非常重视,他说:"我们的责任,是向人民负责。每句话,每个行动,每项政策,都要适合人民的利益,如果有了错误,定要改正,这就叫向人民负责。"③

综上所述,权力与责任构成了领导者的完整概念。其中权力是基本手段和必要条件,责任是核心内容和真正动力。责权必须对称。有责无权,则无法尽责;有权无责,便会滥用权力,滋生腐败。

(二) 被领导者

被领导者就是指在一定的组织中处于被领导地位的个人或团体,即领导者的下级或下属。被领导者可分为两类:一是绝对被领导者,即在一切社会组织中不担任任何领导职务和领导责任、更无领导权力的人,如普通工人、农民、科研人员、解放军战士等(当然,这并不排除他们成为广义的领导者);二是相对被领导者,即担任一定领导职务的被领导者,如省长领导下的市长、县长等。领导者和被领导者都是领导活动的参与者。被领导者既接受领导者的领导,

---

① 《列宁全集》第7卷,人民出版社1986年版,第9页。

② 《列宁专题文集　论无产阶级政党》,人民出版社2009年版,第347页。

③ 《毛泽东选集》第4卷,人民出版社1991年版,第1128页。

又参与领导活动,监督领导者的工作。绝不能把领导者与被领导者的关系仅仅归结为命令与服从、甚至是统治与被统治的主从关系。被领导者并不是完全被动的,而同样是达到组织目标的历史主动力量。因为领导者的意愿和决策只有通过被领导者的行动才能实现。得不到被领导者支持的领导者,是很难有所作为的。所以,大凡高明的领导者都特别注意发掘和调动被领导者的主动性。列宁曾指出:“一个国家的力量在于群众的觉悟。只有当群众知道一切,能判断一切,并自觉地从事一切的时候,国家才有力量”①。这就是说,领导者虽然具有远见卓识,但对历史必然性的认识与把握只有在变成群众的自觉行动时,才能发挥出推动社会历史前进的巨大力量。因此,被领导者对于组织目标及其实现的关心程度,完成本职工作的自觉性、主动性的发挥程度,以及被领导者的素养、能力的提高程度,从根本上决定着领导绩效。中国现代化建设的宏伟事业,除了提高领导者的素质和工作水平外,尤其重要的是要提高全民族的科学文化水平、主人翁的责任感和认真负责的职业精神。

(三)组织目标

组织目标是组织发展的战略定位,是对事业发展蓝图的规划与设计,是组织的性质、职能与组织成员的愿望、要求、意志的集中体现,是领导者集中了被领导者的意愿,在一定客观环境制约下产生的共识,也是领导活动的动力。它贯穿于领导活动的全过程。领导者虽然有层次、行业、类型的不同,但不同层次、行业、类型的领导者都把实现各自的组织目标作为自己的根本职责。我们评价领导活动的绩效,正是要看他实现组织目标的状况如何。领导者能否代表广大被领导者谋划和提出一个具有全局性、战略性、科学性的目标,这个目标与组织职能是否适应,能否为广大被领导者认可和接受,直接影响领导活动的成败。

领导活动的组织目标应该具有以下特点:一是目标要有代表性。即能够充分反映组织的性质和功能,与组织的发展战略相契合;能够反映组织成员大多数人的意愿和要求,代表大家共同的利益和愿望。二是目标要有挑战性。即能够推动和引领组织及成员实现自我超越。这样的目标才能激发下属的信心、勇气和创造力,振奋精神,鼓舞士气。如果目标设定的标准比较低,就不能满足组织成员的成就欲,不足以激发潜能,超越自我。三是目标要有可行性。即目标具备实现的可能与条件。理想的阶梯必须搭在现实的土地上。再好的目标失去了可行性依据,就变成了镜中花、水中月。所以,领导者设置目标时

① 《列宁选集》第3卷,人民出版社1995年版,第347页。

要考虑组织所处的客观环境和现实条件，不能脱离实际。如果目标过于高远，不具备实现的条件与可能，让人觉得可望而不可及，就失去了激励的作用。四是目标要具有系统性。即目标本身可分成总目标、分目标或长远目标、阶段性目标，以及不同部门和岗位的责任目标。领导者设置目标必须做到：清楚明白，系统而具体，可以分解，可以考评；不仅能够用目标的纽带整合组织资源，而且能以组织合力支撑目标的实现。五是目标要有凝聚力。即目标能够对群众产生吸引力。设置目标的过程，要充分保障被领导者的参与权利和参与机会；目标设定后，要做好宣传动员工作，使目标深入人心，具有广泛的群众基础，形成目标的凝聚力。六是目标要有回溯性。一旦目标的实现受到阻碍，领导者要善于引导，客观分析原因，及时进行回溯分析，适当调整目标，避免引发被领导者非理智的破坏性行为。

（四）客观环境

客观环境是影响和制约领导工作的各种客观条件的总和，一般分为宏观和微观两个方面。宏观条件是指领导者所处的时代和社会，包括自然条件、社会历史状况，即生产力、生产关系的发展水平，还包括政治形势、经济状况、文化水平、科学技术、历史传统等。微观条件是指施行领导活动所依赖的具体工作环境，如组织机构、共事者、上下级、人际关系、物质条件、人员素质等。这些都是领导活动得以开展的基础，是不可忽视的重要因素。任何领导活动都是在一定的客观环境中进行的。无论是目标的确定，还是决策的实施，都要受到环境的限制。斯大林曾说："伟大人物只有善于正确地认识这些条件，懂得怎样改变这些条件，才有一些价值。如果他们不认识这些条件而想凭借自己的幻想去改变这些条件，那么他们这些人就会陷于堂·吉诃德的境地。"①这就是说，任何高明的领导者，其领导活动都要受环境的限制。客观环境为领导活动提供了历史舞台，成就了领导者顺应时势的丰功伟绩，也形成了领导者难以逾越的时空限域和历史局限。所以，卓有成效的领导者，必须善于驾驭客观环境，善于从实际出发，实事求是，与时俱进。既要积极进取，又要量力而行；既要有所作为，又要尊重规律；既要加快发展，又要循序渐进；既要高瞻远瞩，又要审时度势；既要敢于冲破旧的思想观念和落后的规章制度的束缚，勇于开拓进取，富于创造性，又要善于联系实际，注意体现时代性，把握规律性。

（五）领导体制

领导体制也可以看做广义的领导环境的组成部分。这里，为了突出领导

---

① 《斯大林选集》下卷，人民出版社 1979 年版，第 299 页。

体制对领导活动的制约作用,将其单独作为一个领导因素来加以说明。

所谓领导体制,就是指领导系统中以领导权限划分为基础所形成的组织机构设置和制度安排。领导体制是领导活动的组织载体和制度框架,是领导者与被领导者之间建立联系、发生作用的桥梁和纽带,是领导活动顺利开展的组织依托和工具,在领导活动中具有十分重要的地位和作用。领导的各项职能都是在一定的领导体制下定位并借助于领导体制实现的;领导者的作用也受到领导体制的影响和制约。既定的领导体制往往具有很强的稳定性,对领导者的活动具有先在的、强势的制约作用。所以,领导体制是制约领导活动的重要因素,领导者必须在适应领导体制的前提下发挥领导作用。当然,领导者也必须根据客观环境的变化,推动领导体制的变革和优化。

(六)方式方法

方式方法就是领导者为实施领导活动所采用的具体措施和手段的总和。领导活动总要采用恰当的方式方法,通过一定的途径才能把相关因素联系在一起,才能达成预期的领导目标,完成领导者的使命。

领导活动所涉及的六个基本要素是相互依存、相互制约、相互影响、相互促进的,缺少任何一个要素或各要素之间的关系不理顺,都会导致领导活动受挫甚至失败。领导者要努力寻求这些要素之间本质的、必然的联系,认识到由上述因素及其相互关系所形成的领导主导律、人才兴业律、强者吸引律、团队协作律、目标引导律、环境制约律、利益平衡律和领导权变律等领导活动的基本规律,并自觉按领导活动的客观规律办事。

第三节 领导的职能与作用

领导职能是现代领导活动所应该实现的基本职责,领导作用是领导职能所产生的主要影响。切实履行领导职能是发挥领导作用的基础。

一、领导的基本职能

领导职能是领导者在领导活动实践中为达到一定的领导目标,实现一定的领导效能所应承担的社会职责。各类领导工作既有共同的基本职能,又因为各自不同的领域和层次而具有各自不同的特殊职能。领导的基本职能主要有以下六个方面:

（一）科学决策

领导者在正确理论指导下，按照科学、民主、法定的体制与程序，运用科学的方法与先进的技术手段，选择和决定未来行动方案的过程，这就是领导决策。决策是领导者的基本职责，包括调查研究，发现问题；分析预测，确定目标；统筹兼顾，拟制方案；科学评估，择优定案；试点检验，普遍实施；信息反馈，追踪决策；监督检查，总结验收等若干相互联系的环节。决策职能贯穿领导活动的始终，其中制定战略，对组织发展方向及长远目标进行设想与谋划尤为重要。无论是一个国家、一个地区，还是一个社会组织都应该有其自身的发展战略。因此，制定战略是现代领导特别是高层次领导履行其决策职能的集中体现。

（二）选才用人

毛泽东说："领导者的责任，归结起来，主要地是出主意、用干部两件事。"①知人善任是领导者的重要职责之一，亦是领导工作的重要内容。这项职责主要体现为领导者正确地知人识人，公正地选人用人，经常地察人育人，恰当地评价人和激励人等若干环节。

（三）健全机构

健全组织体系和治理结构是领导必须高度重视的职责。为了保证战略目标的顺利实现和总体任务的顺利完成，无论哪一个社会组织，都必须组建一套科学、合理、有效的组织机构。职责清楚、分工明确、相互配合、协调一致、便于指挥和管理的组织机构，是领导工作存在的前提和赖以运行的载体，包括纵向的层次结构和横向的职能机构。领导者通过组织机构实施指挥协调的职能。

（四）完善制度

健全机构为决策的科学制定和顺利实施提供了组织保证，但要使各个组织机构协调一致地正常运转，还必须建立一套科学、合理、完善的制度与规则，用条文形式把各种有关的组织纪律、责任分工、工作规程、管理运行等做出明文规定，成为全体人员的行为规范和准则。科学合理的制度应该是一套相互配合、结构严密的稳定系统。制度能否发挥其应有的作用，关键在于：第一，制度是否健全，有没有制度盲区或空白。第二，制度是否科学合理，能否为大多数人所接受。第三，制度是否有权威，能否被不折不扣地执行。

（五）培育文化

组织文化是指组织的价值观和基本信念，这种价值观和信念指导组织的

---

① 《毛泽东选集》第 2 卷，人民出版社 1991 年版，第 527 页。

一切活动和行为。组织文化是支撑组织发展和目标实现的重要保证。美国学者 Sashkin 在《幻想型领导》(The Visionary Leadership)一文中认为:“组织领导者的本职工作就是定义、构造和获得下属对一套共同的价值观、信念、变革的规范、目标和共同工作的人的认同”。领导者必须高度重视组织文化的培育和建设。组织文化建设的重要途径和手段就是加强思想教育工作。领导者不仅要善于率领大家想事情、做事情,而且要善于团结人,善于影响和改造人,善于培养人。思想教育工作关系到人的生命健康和事业成功,关系到人际关系的和谐与社会秩序的稳定,关系到生产力的解放和发展。在不同的社会发展阶段和不同的历史时期,思想教育工作有不同的侧重点和不同的时代内容,但主题永远是围绕当时的中心任务或主要工作来改善和提高人的精神世界。领导者开展思想教育工作的任务主要应该围绕社会主义核心价值体系,开展以下教育:以党的创新理论为核心的马克思主义基本理论教育;以正确的世界观、人生观和价值观为核心的理想信念教育;以构建社会主义和谐社会为核心的现代社会价值观教育;以组织纪律性为核心的民主法制教育;以国情教育和形势教育为主要内容的爱国主义教育;以树立社会主义荣辱观为核心的伦理道德教育;以深化改革、加快发展和保持稳定为核心的路线、方针、政策教育;以爱岗敬业为核心的职业道德教育;以艰苦奋斗精神为核心的优良传统教育等。思想教育工作要遵循以下一些原则:坚持以发展着的马克思主义为指导;坚持解放思想,以人为本;坚持围绕中心,服务大局;坚持改革,适应时代;坚持理论联系实际,务求实效;坚持说服引导,正面教育为主;坚持正确导向,唱响主旋律;坚持科学性、超前性、说理性和平等性;保持连续性增加投入;坚持领导带头,责任落实。

(六)检查总结

检查总结是两个不同而又密切相关的概念,其中,检查就是查清领导活动中各项目标、计划、方案、法规等贯彻实施的基本情况;而总结则是对检查所取得的素材进行综合分析和研究,并得出基本结论。每项领导活动的结果如何,必须通过检查总结才知道。如果不认真检查总结,就可能导致决策目标难以实现,领导者失职、渎职。检查总结的重要意义在于:

首先,它是督促计划实施的有效手段。实践证明,在上级领导的指示和计划方案等的贯彻实施的过程中,阳奉阴违、口是心非、七折八扣、拖延不办等现象时有发生。所以,只有当它们取得预期效果时才能算是真正落实兑现了。这在相当程度上有赖于检查总结,所以这是一种不可缺少的、极其重要和有效的督促手段。

其次，它是改进领导工作的可靠依据。现实的领导工作究竟怎么样，有什么经验教训和实际问题，应该怎样改进和提高，领导者往往是“当局者迷”，未必十分清楚。唯有进行认真的检查总结，才能提供最可靠的依据。

最后，它是开拓前进的重要基础。领导者原定的战略决策、目标规划、计划方案等，往往需要通过实践的检验，不断修正才能逐步完善。在实践中被新的形势所否定和推翻而“另起炉灶”、重新制定的事也是常有的，而每前进一步几乎都是检查总结的成果，可见，检查总结是开拓前进的基础。

检查总结的形式与方法有很多，如组织召开总结会、成立专门的检查组、收集分析有关资料、听取汇报等。在检查总结工作中，特别要强调“五个结合”，即主观设想与客观效果相结合、跟踪检查与阶段检查相结合、分析与综合相结合、领导与专家相结合、领导与群众相结合。检查总结的基本标准是实践。实践是检验真理的唯一标准，也是检验一切战略决策、目标规划、计划方案、法规制度等是否科学合理的标准。如果没有在实践中取得较好效果，那就表明领导者的决策还有待改进，还需要根据反馈信息和新的因素进行修改完善甚至推倒重来。通过检查总结，弘扬成绩和经验，反思问题和教训，把事业继续推向前进。

二、领导的主要作用

（一）领导是保障社会组织和社会生活协调有序

社会组织是一个复杂的社会系统，有许多人共同进行各种各样的社会活动。马克思在论述资本主义生产管理的二重性时指出：“凡是有许多个人进行协作的劳动，过程的联系和统一都必然要表现在一个指挥的意志上，表现在各种与局部劳动无关而与工场全部活动有关的职能上，就像一个乐队要有一个指挥一样。”①要保证社会组织活动的协调和统一，就必须使成百上千人的意志服从于一个人的意志。这就需要领导的统一意志和统一指挥。社会的发展和科技的进步所涉及的领域和因素越来越广，日常事务日趋复杂，人员不断增加，统一意志和统一指挥的必要性和重要性日益突出。社会组织既有高层、中层、基层等纵向不同层次的区别，又有政治、行政、业务等横向领域的划分。但是，形成统一的意志，实施统一的指挥，对所有社会组织都是“放之四海而皆准”的共同要求。

---

① 《马克思恩格斯选集》第 2 卷，人民出版社 2012 年版，第 560 页。

（二）领导贯穿并影响社会组织和社会生活的全过程

在大千世界中，社会组织的活动是千姿百态、丰富多彩的。然而，就具体过程分析，社会活动是一个通过各个环节环环相扣而连接起来的链条，其中主要环节有建立组织、选才用人、收集信息、确立目标、制订计划、组织实施、检查监督、控制调节、总结完善等。这个过程，实质就是一个不断地制定决策、执行决策的过程，是一个决策—执行—再决策—再执行的循环往复的过程。决策即“出主意”。“使这一切主意见之实行，必须团结干部，推动他们去做”①，即“用干部”。所以，“出主意”“用干部”是领导者的基本职责。正是这种领导职责构成了有效的社会组织活动，并贯穿于社会组织活动过程的始终。

（三）领导正确与否关系到社会组织活动的成败

社会组织是由诸多因素构成的大系统，每一个因素的状况都对它产生影响。由于领导具有“统领”“引导”的整体性组织功能，尤其是领导决策规定了组织目标及其达到目标的途径和措施，因而它成为组织行为的指南和准则。组织效能是由领导决策目标和组织效率决定的。因此，必须还要保证决策目标的正确。否则，“南辕北辙”的社会活动，效率愈高，损失则愈大。古今中外，这样的事例屡见不鲜。

第四节 领导的基本原则

领导活动本身存在着一定的客观规律性，达成领导目标必须遵循一定的领导原则，按照客观规律办事。领导原则集中体现了领导者在领导活动过程中所遵循的基本准则，影响和制约着领导工作的大方向和领导活动的全过程。

所谓领导原则，就是概括反映领导规律的领导工作运作准则，是领导者必须坚持和自觉遵循的指导思想。它是从大量的领导实践活动中总结出来的，是领导活动规律的反映，对领导活动具有普遍的指导作用。正确认识、掌握和科学运用领导原则是做好现代领导工作的基础。

领导原则可分为一般领导原则和具体领导原则。具体领导原则是指反映领导活动的某一方面规律的原则，如领导决策原则、领导用人原则等。一般领导原则是对贯穿于领导活动各个方面共同规律的反映，带有普遍性特点。这里主要分析和研究现代领导活动的一般原则。

---

① 《毛泽东选集》第 2 卷，人民出版社 1991 年版，第 527 页。

一、以人为本原则

领导工作作为一种特殊的社会活动,都是在领导者和被领导者相互作用的过程中进行的,领导者与被领导者都是人,领导活动一刻也离不开人。比如,决策目标需要人去制定和实现;路线政策需要人去制定和贯彻执行;科学技术需要人去掌握和运用;人才的管理和使用更是直接的干部人事工作;如此等等。离开了人的作用,这一切便都是毫无意义的空谈。所以,领导工作的成败主要取决于如何调解好人与人、人与事、人与物、人与环境之间的关系,充分调动人的主动性、积极性和创造性。因此,坚持以人为本是由领导工作中的主要矛盾决定的,是社会主义社会对领导者的本质要求。

以人为本是科学发展观的核心,是针对"以物为本"而提出的发展理念。以人为本原则,实质是一种人文精神或者说人文主义世界观。其根本要义是:人是发展的目的、发展的主体,而不仅仅是发展的手段;要坚持以人为中心,一切从人出发,把人作为观念、行为和制度的主体;人的解放和自由,人的尊严、幸福和全面发展,应当成为个人、群体、社会和政府的终极关怀。以人为本不仅是世界观,而且是方法论。在领导工作中坚持以人为本的原则,要求做到:

第一,以人为目的,以人为主体。人作为一切工作的出发点。这里的"人",就是作为社会主义现代化建设主体的人民群众。领导者在工作中要自觉坚持发展为了人民,发展依靠人民,发展成果由人民共享的领导理念,坚持一切为了群众,一切依靠群众,从群众中来、到群众中去的群众路线,创造全体人民"共建共享"的社会主义和谐社会。

第二,人是主体,先人后事。改革开放和社会主义现代化建设的主体是广大人民群众。人力资源是推动现代化建设的第一资源,人才队伍是领导者成就事业的第一资本。没有人一事无成,没有优秀的人力资源是最大的贫穷。事业的发展依靠人,依靠人力资源的开发和人才队伍的成长。领导者在工作中不能只见物不见人,习惯于伸手要房子、要设备、要经费,而从不认真研究队伍建设,尤其是不注重培养和激励人才。毛泽东曾说:"只要有了人,什么人间奇迹也可以造出来。"①当各种物质资源处于十分有限的状态,应该优先保障人的需要,保障人的生存和发展的需要,尤其要优先保障贡献率突出的优秀人才的需要,体现"先人后事"的原则。有的地方和单位,喜欢投资建设一些

① 《毛泽东选集》第 4 卷,人民出版社 1991 年版,第 1512 页。

所谓政绩工程、形象工程，而不愿优先解决群众需求强烈的民生问题，这就不是以人为本。

第三，珍惜人才，重用精英。领导者要善于发现和依靠关键人才。意大利著名经济学家帕累托（Vilfredo Pareto）在研究英国经济和社会时发现一个有趣的现象：20%的人占有80%的资源，创造和控制着80%的财富。后来，美国哈佛大学吉普夫教授、管理学家朱伦工程师将这一发现概括为“80/20法则”。他们继而发现，无论什么地方，总是20%的人决定企业的收入，20%的人决定一个公司的兴衰，20%的人决定着一个社会的进程。按照这一法则，领导者要善于发现和依靠关键人才，重用精英分子，并根据效率优先、兼顾公平和按劳分配的原则，理直气壮地实施资源配置的倾斜政策，向重要岗位、关键部门和优秀人才倾斜。

第四，人尽其才，各尽所能。领导者在依靠少数关键人才的同时，要使所有人各尽其能。努力做到：事得其人，人得其位；人尽其才，才尽其用；用尽其功，功尽其大。实现“人人有事做、事事有人管”的良好局面。

第五，激发潜能，消解惰性。达尔文的生物进化论发现了优胜劣汰、物竞天择的规律。这一规律在某种程度上也适用于人类社会。竞争才能有创新，竞争才能出优势，竞争才能有活力。美国学者劳伦斯·彼得等在论述管理学的“金科玉律”时讲述两个例子，说明竞争才有活力的道理。一个例子是关于鲶鱼的效应。以前，挪威人从深海捕捞的沙丁鱼，总是没有到达岸边就已经口吐白沫，渔民们想了很多办法，想让沙丁鱼活着上岸，但是都失败了。然而，有一条渔船总能带着活鱼上岸，并因此价格昂贵。这条船有什么秘密呢？后来，人们发现他们在沙丁鱼槽里放进了鲶鱼。鲶鱼作为沙丁鱼的天敌，出于天性而不断地追逐沙丁鱼。在鲶鱼的追逐下，沙丁鱼拼命游动，激发了内部的活力，从而活了下来。另一个是美洲虎的故事。秘鲁的国家森林公园里生活着一只年轻的美洲虎，为了很好地保护这种濒临灭绝的珍稀动物，秘鲁人专门开辟了一块近50平方公里的森林公园，专门作为美洲虎的生活天堂。公园里沟壑纵横、森林茂密，并有许多人工饲养的牛、鹿、羊、兔等供美洲虎食用，生活条件极好。然而奇怪的是，美洲虎在这么好的生活环境中却从来没有展示过自己的“王者”风范，也不见它纵横于雄川大山，啸傲于莽莽丛林，只见其整天待在装有空调的虎房里，或打盹儿，或耷拉着脑袋，睡了吃，吃了睡，无精打采。为了改变这种状况，饲养人员想了很多办法都不奏效。有一天，饲养人员去请教一位动物学家，动物学家看了美洲虎的生活环境后，建议在森林公园里再放一只让它感到有敌意的动物。饲养人员采纳了动物学家的建议，把一只豹子放进了虎园，这一招果然管用，自从豹子放进虎园的那天起，美洲虎不是高声咆哮着冲向山顶，就是虎视眈眈的巡视和游荡，那种威猛刚烈、霸气十足的本性又被重新唤起。这两个例子说明：没有竞争就没有生机，没有忧患就没有作为。所以，领导者在工作中必须引进竞争机制，打破四平八稳的“安全感”，打破会使人们慢慢死去的消极的平衡与惰性。

第六，与人为善，人文关怀。以人为本的原则包含着提倡用善意和真诚处理人际关系。以人为本的原则要求不能喊空口号，不能贴标签，要贴近实际，贴近生活，贴近基层。要强调人文关怀，强调信任、理解和宽容；强调沟通、交流与合作，预防误会，消除隔阂，促进团结。尤其是各级领导干部，必须从党性出发，从大局出发，坚持与人为善，不要与人为恶。对于那些心情不舒畅、心中有怨气、心里有顾虑的同事或下属，要多接触、多沟通、多开导，而不要火上浇油，不要伤口撒盐；还要善于团结那些批评过自己、与自己有过意见分歧的人一道为事业发展而共同努力工作。

二、民主集中制原则

民主集中制是社会主义国家政权的基本组织原则和领导制度。所谓民主集中制，就是在民主的基础上集中和在集中指导下的民主相结合的原则。既保障个人意愿、主张的充分表达和积极性、创造性的充分发挥，又保证组织意志、智慧的凝聚和行动的一致。民主集中制鼓励个人积极参加组织的各项政策和决策的讨论，参与组织事务的管理，鼓励个人意愿和个人主张的充分表达。既能使组织成员对掌握的情况和各自的认识进行相互交流、取长补短、集思广益，克服各自认识上的局限，在开阔视野和思路的基础上达成共识，又能通过思想的相互碰撞、相互启发，在进行更深入思考的基础上形成新的意见。

民主集中制作为领导原则，是领导者必须遵循的一种组织规则，主要表现在领导者与被领导者、上级与下级、个人与组织等之间的相互关系上。其具体要求如下：

第一，坚持统一领导原则。坚持民主集中制原则，要求领导活动在一定时期内必须有统一的意志、统一的目标、统一的行为规范。首先，要处理好集权和分权的关系，在统一领导的基础上适度分权。对那些事关全局的指挥权和决断权必须集中把握，而对那些涉及局部的、在下级职权范围内的则要适度地分权。其次，要处理好原则性和灵活性的关系。统一领导要求在总的目标方向上、共同的行为规范上达到统一，并不是说事无巨细都要做到绝对一致。真正的统一领导应该是“统而不死”“活而不乱”。

第二，注重民主公开的作用。坚持民主集中制原则，要求在领导活动中必须高度重视发扬民主，公开办事制度，公开办事结果，接受群众监督，使得领导与群众之间相互信任、相互了解。首先，在决策制定过程中，必须切实做到以充分的民主讨论为基础。决策过程应通过各种形式、各种渠道，让群众展开充分讨论，形成一种民主的气氛。通过民主公开，不仅可以使领导决策得到群众的理解和认可，还可寻求领导与群众的心灵共振，加深领导与群众的情感交流，有利于树立领导权威，促进领导活动目标的实现。其次，公开办事程序，方便群众对领导实行民主监督。公开办事程序，让群众了解岗位责任的性质要求，知道工作制度的程序规范，对于自己应当办的事心中有数，遵章办理，合规操作，避免盲目和重复，能够较好地配合领导者完成工作，更重要的是有助于群众对领导者的监督。

第三，采取集体领导和分工负责相结合的方法。集体领导与分工负责相结合，是民主集中制原则对领导活动的基本要求。所谓集体领导与分工负责相结合是指：凡是重大的和涉及全局问题的决策，都必须由领导班子集体讨论，按照民主集中制原则做出决定。然后把各项工作任务分工落实给各个领导成员分头负责，明确各领导成员的职责和权力范围，使其各负其责、互相配合，更好地实现共同目标。这种方法既有利于实行民主领导，又便于对领导者个人进行考核和评价，有效防止和克服各种官僚主义。为此，各级领导者必须正确区别一般问题和重大问题，既不能让重大问题由个人或少数人独断专行，又不可事无巨细一概交由领导集体讨论，也不能借口“集体领导”推卸领导者个人的责任，产生无人负责和推诿扯皮的现象；必须明确领导班子成员各自的职责内容、权力范围和相应的责任，上级领导不能借口集体领导而不适当地干预下级领导职权范围以内的事务；必须加强各领导成员之间的联系与交流，相互支持、密切配合，不能借口分工负责搞各自为政，甚至形成小团体，闹独立；必须制订科学、合理的考核标准，进行定期考核并形成制度，把考核结果和奖惩挂钩，奖优罚劣，严格问责。

三、法治原则

法治原则是指领导者在开展领导活动、行使领导权力、履行领导职责的过程中，实现从人治到法治的转变，崇尚宪法和法律在国家政治、经济和社会生活中的权威，遵照宪法和法律的规定管理国家和社会公共事务，保证国家各项工作都依法进行。其实质是对法律精神和法治价值的认同与贯彻。领导工作坚持法治原则的具体要求如下：

第一，树立法律至上观念，维护宪法和法律的权威。法律至上是人类法治发展进程中提出的重要口号和基本原则之一，其意在强调法律在整个社会规范体系中具有至高无上的地位，其他任何社会规范都不能否定法律的效力或与法律相冲突，这是法治社会的主要特征。中国尽管在立法上取得了很大的进展，基本解决了有法可依的问题，但是"权大于法"的观念在部分领导者中仍根深蒂固，法律还未能真正成为权力运行的依据和界限。由此可见，中国的法治建设仍然是一个树立法律权威的过程，这要求全体社会成员都要依照法律办事，让法律成为社会最重要的行为规范。尤其是领导干部，更应确立和坚定法律信仰，增强法律至上观念，维护宪法和法律的权威，自觉接受法律制度的约束。

第二，树立法律面前人人平等的理念。法律面前人人平等，是法律至上的内在要求。公民的法律地位一律平等，任何组织和个人都没有超越宪法、法律的特权，任何组织和个人的违法行为都必须受到追究。领导者在领导活动中应当遵循公平、公正的原则，平等对待各类主体，不偏私、不歧视、不搞特权。

第三，尊重和保障人权。保障人权是法治国家的显著标志。树立并增强人权保障观念，要求领导者真正树立人民权利至上、人民意志与利益高于一切、人权与公民权利神圣不可侵犯的观念，将保障人民的生存权、财产权、平等权、发展权、尊严权等基本的公民权利和政治权利作为领导工作的出发点和归宿，坚决遏制各种侵犯或践踏人权的领导行为。

第四，规范领导，依法用权。依法治国的核心是各级领导者都依法领导、依法用权、依法办事，将领导者的活动限制在法律的范围内，真正破除"权大于法"和以人治代替法治的观念及做法。领导者践行法治原则，必须坚持职权由法定、有权必有责、用权被监督、违法受追究、侵权须赔偿，做到"有法必依、执法必严、违法必究"。

四、科学原则

尊重规律，崇尚科学，是现代领导活动的基本原则。以科学作为领导原则同当前中国贯彻落实科学发展观的目标要求是一致的。在中国，坚持科学的领导原则，必须以科学发展观为指导。具体要求如下：

第一，坚持尊重规律，实事求是的科学态度。实践证明，尊重规律就获得成功，违背规律就走向失败。尊重规律，一要正确认识和尊重基本国情，科学分析和正确判断在新的发展阶段中出现的新问题、新情况，正确应对经济全球化进程中面临的新机遇、新挑战，全面认识工业化、信息化、城镇化、市场化和国际化深入发展的新形势、新任务，更加坚定地走科学发展道路。二要坚持实事求是，从实际对象出发，探求事物的内部联系及其发展的规律性，认识事物的本质。不坚持实事求是，不尊重客观规律，盲目乐观或盲目悲观都是有害的。三要处理好客观规律与人的主观能动性的关系。人具有一定的主观能动性，人的主观能动性是受客观条件、客观规律制约的。人们只有尊重规律、认识规律、把握规律，按照规律办事，才能最大限度地发挥人的能动性和创造性。反之，就会受到客观规律的惩罚。

第二，坚持统筹兼顾，系统思维的科学方法。现代领导者经常面临的是层次结构越来越复杂、空间规模越来越大、时间节奏越来越快、后果和影响越来越广泛深远的问题。如果不把领导活动看做一个有机的动态系统，没有从宏观到微观、从全局到局部、从当前到长远的统筹规划，不会运用系统的领导方法来开展领导工作，就不可能实现有效的领导。因此，为了适应现代领导活动的高度综合化、复杂化和整体化的客观需要，现代领导者必须坚持树立系统思维，运用系统方法来考察和处理领导活动中的各种问题，从整体上把握领导活动的规律和趋势。首先，正确把握领导系统中整体和局部的关系。领导者要把自己所领导的一切对象都作为一个有机整体，从整体与部分之间、整体与外部环境之间的相互联系、相互作用、相互制约的关系中综合地考虑问题、研究问题。同时，承认系统内部各要素对系统整体的独特作用，在充分把握好整体性的同时，还要注意把握好局部和层次，明确分工，善于放权，建立责任制，协调好各个局部工作之间的关系，以求最佳效果。其次，要优化领导体系的整体结构与功能。领导者要善于协调系统内部诸要素之间、系统内部和外部之间的相互关系，实现整体功能的最大化。最后，要注重领导系统的动态性和开放性。领导者要用发展变化的眼光去认识和处理问题，准确地把握各种内外条件发展变化的趋势，充分地认识环境对领导活动可能产生的影响，正确地处理领导系统与环境系统之间的各种关系，从而采取相应的对策，努力保持领导系统与外部环境的适应性，促进领导工作的可持续发展。

第三，坚持效率与效益相统一的价值追求。效率与效益相统一，就是指领导者在预定的时间内，使投入的人、财、物、信息、时间等资源，得到最充分和有效的利用，又好又快地实现领导目标。首先，领导者要善于支配各类与领导活动相关的资源。领导者要全面地看问题，分清主次轻重，了解矛盾的主要方面和次要方面，明确事情的轻重缓急，将有限的资源用于产生最大效益的地方；健全信息机构，注意捕捉各种信息，确保信息渠道畅通；做到人事相宜，最大限度地发挥下属积极性和创造性，增强组织的整体合力；把领导效率和经济效益与社会效益结合起来，争取在有限的时间内，做出更大的贡献。其次，领导者要善于利用时间。领导者要树立现代时间观念，增强工作紧迫感，加快领导工作节奏。同时，要善于管理好自己的时间，集中使用自主掌控的时间，善于运筹帷幄，集中精力和时间办最重要的事情。最后，领导者要善于设置合理的组织机构。通过健全职能部门，明晰职责分工，理顺权责关系，优化人员编制，完善运行机制，建设“精简、统一、效能”的组织体系。

第三章　领导理论概要

自从有了人类社会，便有了领导活动，也就有了人们对领导活动的思考，有了领导思想和领导理论。领导思想和领导理论既是人们对领导现象认识的结晶，也是指导人们深入研究领导活动的基础和工具，是人们从事领导活动的行动指南。我们应该学习、研究、继承和发展古今中外的领导思想。本章主要介绍中国古代的领导思想、马克思主义领导思想以及现代西方领导理论。

第一节　中国古代领导思想精华概要

中国五千年悠久的历史和文明，给我们留下了丰富的领导思想遗产。中国传统领导思想形成的政治、经济、社会和文化基础是君主专制下的极权政治、等级制度、小农经济的生产方式、宗法制的社会结构、以儒家文化为主体的政治意识形态，以及“表儒里法”的统治方式。在此基础上形成的领导思想体现为以伦理道德关系为核心的“内圣外王”之道，以森严的等级制为社会政治生活的基本结构，提倡“民为邦本”，强调“为政者”的道德修养，注重领导权术和谋略的运用，缺乏对领导制度和领导本质的研究。传统领导思想具有较强的经验性、伦理性、人治性、封闭性和保守性等特点。纵览中国古代儒家、法家、道家等思想流派有关领导的思想，既有精华，也有糟粕，我们择其精要介绍如下。

一、宣扬以民为本

儒家强调统治者要以民为本，施行仁政，才能维持长期的统治和社会的安定。民众是统治的基础,“君,舟也,民,水也,水所以载舟,水所以覆舟”,就是这种思想比较形象的表达。在这种观点看来,君主与民众之间是舟与水的关系,君主一旦失去民众的支持,迟早将失去统治地位。

(一) 民为邦本,顺乎民意

领导理论中的一个基本问题,是如何看待被领导者的地位和作用。中国历代统治者和思想家都提倡重视民众的力量和作用,认为民众是国家的根本,要以民为本,顺乎民意,取信于民,赢得民心。孔子说:“民以君为心,君以民为体”。孔子的学生子夏将“君民关系”喻为“鱼水关系”,提醒执政者不要脱离民众:“鱼失水则死,水失鱼犹为水也。”

概括起来说,民本思想的主要内容包括:其一,得民心者得天下,失民心者失天下。国家能否治理得好,关键在执政者能否赢得民心。《管子》中指出:“政之所兴,在顺民心;政之所废,在逆民心”,所以要治理好国家,“必当下顺民心”。宋代程颐云:“为政之道,以顺人心为本。”历史表明,民心向背关乎统治是否稳固和长久,关乎国家的兴衰成败。政局的治与乱,事业的兴与衰,国家的存与亡,以及“为政者”个人的荣辱得失,莫不系于此。其二,顺乎民心,取信于民。统治者欲得民心,必须顺乎民意,获得民众的信任。孔子认为,民众的信任比粮食、军备更重要,是治国理政第一位的大事。西汉初期思想家贾谊在《新书·大政上》中认为,民众是国家的根本,“闻之于政也,民无不为本也。国以为本,君以为本,吏以为本。故国以民为安危,君以民为威侮,吏以民为贵贱,此之谓民无不为本也”。其三,统治者要信任民众、相信民众,就要开诚布公,以诚待民,无伪诈之心。

(二) 富民教民,民安邦固

既然民众是国家的基础和根本,那么统治者的基本职责就应该是富裕民众,教化民众。

1. 富民

民富,才能国富。只有民众富裕了,生产才会有发展,国家才会更富裕。《荀子》云:“民富则田肥以易,田肥以易则出实百倍。”

民富,才能君富。《论语》云:“百姓足,君孰与不足? 百姓不足,君孰与足?”《荀子》云:“下贫则上贫,下富则上富”,只有让老百姓先富起来,方能实现“上下俱富”。

民富,才能国安。《管子》云:“民富则易治也,民贫则难治也”,百姓丰衣足食,安居乐业,国家就安定。

怎样才能富民呢? 首先,要体恤民众疾苦。孔子要求执政者对民众要

"仁爱",孟子要求统治者要重视民众、关心民众,"民为贵,社稷次之,君为轻"①,并且统治者要施利于民,因为"民之为道者也,有恒产者有恒心,无恒产者无恒心。"②其次,要兴利民之举。所做的事情要对老百姓有利,要多做些于民有利的实事、好事,正确处理取民与予民的关系。最后,要有富民之策。统治者不仅要有富民之心,而且要有富民之策、富民之举。要轻徭薄赋,取民有制;劳役适度,不误农时;体察下情,关心民生,帮助民众发展生产,使百姓拥有土地等基本生活资料。

2. 教民

孔子认为,在经济上使民众富裕起来之后,统治者的第二件大事就是对民众进行教化,即"富之""教之"。民富,不一定国安,为了国家的稳定和统治的久远,还必须教化民众,使民众服从统治。孟子认为,有无教化是区别人类与禽兽的根本标准:"饱食暖衣;逸居而无教,则近于禽兽","上无礼,下无学,贼民兴,丧无日矣。"通过对民众的教化可以改善执政者与民众的关系,从而赢得民心。"善政不如善教之得民也。善政,民畏之;善教,民爱之。善政得民财,善教得民心。"教化的核心内容是仁、义、礼、智、信、忠、孝、廉、耻等规范。

二、重视权谋

中国古代领导思想以领导权术的思考为核心和重点,重视对领导权谋的关注和运用,即重视"治术""权谋",缺乏对领导本质和制度的研究。

(一) 儒法相济,德刑相辅

德治与法制、王道与霸道是中国先秦时期儒法两家提出的相互对立的政治主张,后来成为封建统治者的基本治国方略。儒家主张实行礼治、德治、仁政、王道。这种治国方略的核心是主张以德治国,以德服人,通过德治达到天下太平,国泰民安。孔子主张"为政以德",孟子认为"以德行仁者王"。儒家以德治国的主要内容和特点是:第一,强调依靠君主和各级官吏个人的能力品德来治理国家,不大重视法制的作用。他们认为:"有治人,无治法","法不能独立,类不能自行;得其人则存,失其人则亡。"把国家的兴亡、人民的安危祸福寄托在个人或少数人即明君、贤臣、清官、廉吏的身上。第二,主张礼治,用温和的手段来统治人民,主要方法是礼仪教化、等级名分、典章制度、行为规范

① 《孟子·尽心下》。

② 《孟子·滕文公上》。

等。第三,要求统治者有爱民之心。主张爱民恤民,使百姓安居乐业。第四,提倡伦理至上,以德治国。将道德政治化、政治伦理化,把伦理纲常作为治国的根本,把修养教化作为管理社会的主要手段。

与儒家相反,法家主张法制、霸道。其核心是依靠严刑峻法来达到国家大治。其主要观点和特点是:第一,重视法制。认为人性本恶,"民固骄于爱、听于威矣",认为用说服教育的方法使人向善是不可能的,只有靠严刑峻法才能管理好老百姓。第二,提倡重法严刑。韩非子强调必须用暴力进行威慑,"峭其法而严其刑""罚莫如重,使民畏之",最后达到"以刑止刑",天下大治。第三,重视官吏的奉法。"吏不良,有法而莫守","奉法者强则国强,奉法者弱则国弱。"

需要指出的是,儒家和法家虽然在治国主张上根本对立,但在长达两千多年的君主专制统治过程中,历代的统治者一般都把两者结合起来运用,根据统治的实际需要,交替使用,外儒内法,儒法相济,德刑相辅。

(二)注重领导谋划

决策是一项关系事业成败、国家兴衰的重要活动。领导者的一个决定,小则关系组织的兴衰,大则关系国家的安危。司马迁说:"安危在出令";张居正指出,高层领导者的"一举一措乃天下向背所系"。因此,在决策谋划的过程中,强调注重以下要点:第一,凡事预则立,不预则废。主张做任何事都必须预先进行周密的谋划。《孙子兵法》中指出:"多算胜,少算不胜,而况于无算乎?"《中庸》里说:"凡事预则立,不预则废。"《旧唐书》中也指出:"先谋后事者逸,先事后谋者失。"第二,知己知彼,百战不殆。全面深入地了解各方面情况,掌握基本信息,是领导谋划的前提。《孙子兵法》云:"知己知彼,百战不殆。"领导者决策中要注重信息的收集、整理、分析、研究和利用。第三,兼听则明,偏听则暗。领导者知识、经验、智慧有限,只有兼听广纳,博采众议,集思广益,才能防止决策失误。汉代桓宽说:"谋及下者无失策。"清代思想家唐甄说:"以众人之明为一明,以众人之聪为一聪。"在博采众长、兼容并蓄的多谋基础上,领导者还要有主见,善于决断。正如辛弃疾所说的"谋贵众,断贵独",并且要不失时机,当机立断。古人认为,适时决策,事半功倍;举措失时,事倍功半。《国语》中说:"得时无怠,时不再来,天予不取,反为之灾。"《列子》中也说:"凡得时者昌,失时者亡。"

三、主张德政

在两千多年的君主专制统治时期,儒家思想一直占统治地位,它主张行“仁政”,讲“礼治”“德治”,重视领导者的品德修养。

(一)修身正己,为政以德

中国传统治国之道把“修身齐家”作为“治国平天下”的基础和前提,要求为政者必须加强修养,完善人格,提升品德。孔子说:“政者,正也。子帅以正,孰敢不正”,“其身正,不令而行;其身不正,虽令不从。”领导者必须具有高尚的道德修养,才能以德服人;为政以德,才能造福社会和人民。为此,领导者应处理好以下关系:第一,公与私。要求立政为公,不谋私利,不徇私情,不行私人权术,不计私仇私怨。第二,言与行。要求谨言慎行,知行合一,言行一致,身教重于言教。第三,义与利。要求“见利思义”“不义而富且贵,于我如浮云。”第四,勤与惰。要求“称身就位”“计能受禄”,不尸位素餐,警惕“少德而多宠”“才下而位高”“无功而受禄”。

(二)清正廉明,为政之本

为政者必须廉洁奉公。吏治清明,这是政权巩固、经济发展、社会进步的重要保证;而吏治腐败,则是民不聊生、国破家亡的祸根。因此,历代统治者无不要求官吏清正廉洁。历史上,反腐倡廉的措施主要有:第一,重教育,对官员在入仕前和入仕后都加强廉政思想的灌输和训诫;旌表廉吏,树立榜样,以正风气;执政者以身作则,严于律己。第二,重预防,防微杜渐,及时治理,“勿使积重难返。”这被后人所继承,《三国志》中有“勿以恶小而为之,勿以善小而不为”的警示。第三,重高官,抓上层,治下先治上,正人先正己,“正朝廷以正百官,正百官以正万民”。第四,重法制,严刑峻法,重法治贪。

四、注重吏治

吏,是中国古代大小官员的通称。历代统治者为了本王朝的长治久安,高度重视对各级官吏的监督管理,注重吏治的制度化建设,希望通过严格的监督和有效的制度安排达到理政驭民的政治目标。因此,中国古代的思想家们在重视对官吏治理的基础上,围绕着选吏、考课、监察以及法律等制度的健全与完善,提出了一些重要的观点和主张。

“治国先治吏”是历代统治者、思想家的共识。法家代表人物韩非曾明确指出:“吏者,民之本、纲者也,故圣人治吏不治民。”①这是说仁德的圣君只需管理好下级官吏,不必过多地直接管理民众。治吏是治国的根本,“吏者,民之本纲也”,治吏如纲,严于“治吏”,就是抓住了治国的“纲”,纲举则目张,吏正则国治,吏治则民治。因此,抓住了吏治的整肃,就是抓住了治国的关键。一个政权的兴衰存亡,都决定于君主是否抓住了这个“本纲”。吏治的败坏往往是社会动乱的根源,因此,“闻有吏虽乱而有独善之民,不闻有乱民而有独治之吏。”②同时,治吏比治民更复杂、更艰难,“天下难治,人皆以为民难治也,不知难治者非民也,官也。”

(一) 治吏先选官,重视选贤任能

治民必先治吏,治吏始于选吏。历代统治者都比较重视人才,把人才的选拔和使用作为维护其统治的重要手段。隋朝时建立了科举制度,用于考核与选拔人才。选贤任能的思想包括:第一,人才为本。人才是国家兴衰、事业成败的关键因素。《管子》云:“天下者无常乱,无常治,不善人在则乱,善人在则治”,所以“争天下者,必先争人。”荀子总结说:“尊圣者王,贵贤者霸,敬贤者存,慢贤者亡。”唐太宗指出:“为政之要,惟在得人,非用其人,必难至治。”范仲淹说:“得贤杰而天下治,失贤杰而天下乱。”第二,任人唯贤。中国古代除了皇帝是世袭制之外,在选拔各级官吏时都要求遵循任人唯贤的原则,在用人标准方面,强调德才兼备。《管子》主张德、功、能三者兼顾。墨子将德、官(处理政务的能力)、劳、功四者并列。荀子提出“论德而定次,量能而授官”,认为德、能不可或缺。唐太宗要求官吏“才行兼备”。第三,知人善任。统治者要做到选贤任能,必须要学会识别人才、发现人才,掌握观察人、了解人、考核人的方法。这主要体现在“察人七途、取人八忌”上。“察人七途”是指鉴其表、听其言、察其行、观于友、询于众、试于事、考于绩。“取人八忌”是指忌以貌取人、忌以爱憎观人、忌以固定模式律人、忌以出身资历相人、忌以一时一事论人、忌以传闻毁誉鉴人、忌以假象判人、忌以私心察人等。第四,掌握用人之道。统治者要善于使用人才,做到人尽其才,才尽其用。其要点是:扬长避短,因事择人,用人不疑,疑人不用。人有长短,世无全才,用人的关键要善于扬长避短。人才有不同的类型,必须因事设职,因职择人;适才适用,取长补短;以诚相待,充分信任。

---

① 《韩非子·外储说右下》。

② 《韩非子·外储说右下》。

（二）赏罚并行，奖惩分明

奖惩是一种调动人的积极性的重要方法。奖励是运用积极的方式通过正面的鼓励来调动积极性，惩罚是运用消极的方式通过反面的刺激来驱动人的行为。古人认为，奖惩具有统御、引导、鞭策、教化等多种功能，因此，非常重视运用这种手段来进行领导。第一，赏罚并行，功过相称。赏与罚，奖与惩，二者互相依存，相辅相成，不可分割。奖赏的作用是褒扬、鼓舞，从正面进行激励；惩罚的功能是威慑、惩戒，从反面进行督促。赏罚并施，才能引导人做好事，禁止人干坏事，使人进有所得，退有所失，各尽其能。唐太宗说："国家大事，惟赏与罚。赏当其劳，无功者自退；罚当其罪，为恶者咸惧。"另一方面，赏罚要公正，必须功过相称。赏有所依，罚有所据。奖之薄厚，惩之轻重，须与功过相称，既不能小功大赏，大功小赏，也不能重罪轻罚，轻罪重罚，并且赏罚应不分亲疏贵贱，一视同仁，只有公正，不徇私情，才能真正起到激励作用。第二，奖惩分明，及时守信。奖赏和惩罚要分明，使受奖者得到真正的实惠，该重奖则重奖，使之引人羡慕效仿；使受罚者受到真正损失，以儆戒他人，不敢重犯。如果奖惩不痛不痒，贤者就会不屑一顾，恶者就会有恃无恐。奖惩还应该及时守信，有功则奖，有过则罚，要及时兑现，立竿见影。否则，时过境迁，效用大减。该奖则奖，当罚则罚，信守诺言，才能真正调动人们的积极性。

（三）以法治吏，严格管理

"刑者，国家之所贵重"，是"治乱之本"。法律是专制君主治民治吏的工具，它不仅治理民众，同样也约束官吏。因此，专制君主"履道握要，以御海内"，一方面，必须要求"臣下奉宪，无所失坠"，使法律得以贯彻执行；另一方面，又借助刑律惩贪奖良，督促官吏廉洁奉公、恪尽职守。古代统治者和思想家比较注重从严"治吏"，严格监督管理官吏，形成韩非所称道的政治清明局面，即"官不敢枉法，吏不敢为私，货赂不行，是境内之事尽如衡石也"，"臣有奸者必知，知者必诛。"为此，一要以法治吏。韩非认为以法治吏是确保吏治清正的根本，"臣无法则乱于下"，"圣人之治也，审于法禁，法禁明著，则官治"，"人主之所导制其臣者，二柄而已矣。二柄者，刑德也。"在以法治吏过程中，韩非特别强调要实行严刑峻法，加重刑罚，严格依法办事，不搞赦免。犯法之人，不分等级亲疏，"一断于法""法不两适"。二要厉行考课。考课即考核，也称考绩、考查，是统治者对在职官吏任职期间政绩和功过的考核，以决定其升降黜免的制度，也是君主督促官吏尽忠尽职、建功立业、提高统治效能的基本手段。考课是赏罚的依据，"夫有官必有课，有课必有赏罚。有官而无课，是无官也；有课而无赏罚，是无课也。"三要严密监督。监督是从严治吏的关键。历代统治者都高度重视加强对官吏的监察，认为监察是治吏的利器，“察吏为求治之本”。并且建立起了一整套由君主直接控制的“纠察百官善恶，政治得失”的监察体系，使文武百官处于多重严密监察之中。这种官吏监察制度被唐睿宗称为“彰善瘅恶，激浊扬清”，“政之理乱，实由此焉。”①

第二节　马克思主义领导理论

马克思主义的诞生，不仅为认识领导活动提供了新的视角和理论方法，而且马克思主义经典著作中有关领导的理论也成为了现代领导科学研究的重要内容。

一、马克思、恩格斯的领导理论

马克思和恩格斯虽然没有对领导活动进行过专门系统的研究，但在其理论中涉及了领导实践尤其是无产阶级领导实践的一些原则和问题，为领导科学的发展提供了重要的理论源泉和指导。

（一）领导权威的社会必然性

马克思、恩格斯在研究人类社会历史发展进程尤其是资本主义社会化大生产进程的基础上，揭示了领导的起源和领导权威产生与存在的历史必然性。马克思指出：“一切规模较大的直接社会劳动或共同劳动，都或多或少地需要指挥，以协调个人的活动，并执行生产总体的运动——不同于这一总体的独立器官的运动——所产生的各种一般职能。”②如同一个乐队需要一个指挥一样，领导作为人类社会复杂的管理活动，它是社会生产发展的产物。任何领导活动，为了实现决策、组织、协调、监督、控制等职能，都需要领导权威。正如恩格斯在《论权威》中所指出的：领导“一方面是一定的权威，不管它是怎样形成的，另一方面是一定的服从，这两者都是我们不得不接受的，而不管社会组织以及生产和产品流通赖以进行的物质条件是怎样的。”③只要考察一下人类社会的发展进程，就可以看到一种使各个分散的活动越来越为人们的联合活动

---

① 《唐大诏令集·令御史录奏内外官职事诏》。

② 《马克思恩格斯选集》第2卷，人民出版社2012年版，第208页。

③ 《马克思恩格斯选集》第3卷，人民出版社2012年版，第276页。

所代替的趋势,联合活动就是组织起来,而没有权威是不能组织起来的。马克思、恩格斯强调了领导权威产生的历史必然性,认为这是一种人类社会的历史进步,随着社会生产的发展,领导的权威性不仅将长期存在,而且会日趋完善。

(二) 领导的二重性

马克思和恩格斯认为领导的本质是由领导活动的性质决定的。每个时代的领导活动都具有自然属性和社会属性的二重性质,领导的本质也具有二重性。从自然属性看,领导活动是一种指挥、组织和协调活动;从社会属性上看,即从社会生产关系的角度看,资本主义社会的领导不同于社会主义社会的领导。马克思指出,资本主义社会的领导,不仅是工业的领导者,而且是资本关系的人格化。社会主义社会的领导,一方面是组织、指挥社会的生产和发展;另一方面,无产阶级领导者又是“社会的负责的公仆”“社会本身的负责的勤务员”,领导者的本质是充当人民的“公仆”“勤务员”,为人民服务。

(三) 领导的普遍职能和特殊职能

马克思、恩格斯认为,与领导活动的二重性相对应,领导活动有两大基本职能:一是由社会共同劳动产生的一般领导职能,如组织、指挥、协调、引导等;二是由特定的社会生产关系性质所决定的领导职能,如在资本主义社会中领导的监督职能等。第一种职能在任何社会形态下都存在,是永恒的,具有一般性和普遍性;第二种职能是具体的、历史的,反映了不同社会形态下领导活动的不同特征,具有特殊性。

二、列宁的领导理论

列宁在俄国社会主义革命和建设中坚持和发展了马克思主义,对社会主义领导活动及其规律进行了新的探索,阐述了实现无产阶级政党领导的基本原理。

(一) 领导者是人民的公仆

列宁指出,社会主义的领导应该是“人民公仆”,社会主义的政府应该是“廉价政府”。在社会主义社会条件下,生产资料归劳动群众所有,领导者是人民群众中的一部分,他们来自于群众并为群众服务。领导者根据按劳分配的原则取得社会给予的一定报酬,只不过在工作职能上与普通群众不同而已。“一切公职人员毫无例外地完全由选举产生并可以随时撤换,把他们的薪金减到普通的‘工人工资’的水平”①。被领导者对于领导活动的成败具有不可

① 《列宁专题文集　论马克思主义》,人民出版社 2009 年版,第 216 页。

忽视的重要作用。“在我们看来,一个国家的力量在于群众的觉悟。只有当群众知道一切,能判断一切,并自觉地从事一切的时候,国家才有力量。”①由此看来,在社会主义条件下,领导者与被领导者的关系,更主要的是表现为服务与被服务的关系。列宁还指出,领导不能靠自封,也不是自然而然就拥有的,需要做艰苦细致的工作。在《共产主义运动中的“左派”幼稚病》一文中,列宁明确指出,党要取得广大群众的信任和拥戴,需要三个条件:一是靠无产阶级先锋队的觉悟;二是靠党同广大劳动群众的密切联系;三是实行党的正确的政治领导,而广大劳动群众根据切身经验也确信其正确。列宁还指出,作为人民的政府应该是“廉价政府”,其特征是“取消支付给官吏的一切办公费和一切金钱上的特权,把国家所有公职人员的薪金减到‘工人工资’的水平。这里恰巧最明显地表现出一种转变:从资产阶级的民主转变为无产阶级的民主,从压迫者的民主转变为被压迫阶级的民主,从国家这个对一定阶级实行镇压的‘特殊力量’转变为由大多数人——工人和农民用共同的力量来镇压压迫者”②。

(二)党的领导是一种总体性领导

列宁在《国家与革命》中明确指出:党在社会主义建设事业中是“导师、领导者和领袖”。党对国家机关实施“总的领导”,即总方针总政策的领导;党和苏维埃政府的职能要分开,“必须十分明确地划分党(及其中央)和苏维埃政权的职责;提高苏维埃工作人员和苏维埃机关的责任心和独立负责精神,党的任务则是对所有国家机关的工作进行总的领导,不是像目前那样进行过分频繁的、不正常的、往往是琐碎的干预。”③

(三)民主集中制是领导的基本原则

列宁提出,无产阶级政党和社会主义国家的组织原则和领导体制是民主集中制。在俄国的建党活动中,列宁首次提出了“民主集中制”的概念,在他的倡议下,民主集中制作为党的根本组织原则载入了布尔什维克的党章。按照这一原则,中央领导全党,少数服从多数,下级服从上级,部分服从整体。列宁认为,把民主和集中对立起来是错误的。不要民主的集中,就是官僚主义的集中;不要集中的民主,就是把民主歪曲为无政府主义。

(四)领导者必须具有较高的综合素质

列宁在总结俄国革命和建设的经验时指出,领导者的素质是有效实现领

---

① 《列宁选集》第3卷,人民出版社2012年版,第347页。

② 《列宁专题文集 论马克思主义》,人民出版社2009年版,第215页。

③ 《列宁专题文集 论无产阶级政党》,人民出版社2009年版,第336页。

导职能的关键,必须不断提高领导者的素质修养。“要管理就要懂行,就要精通生产的全部情况,就要懂得现代水平的生产技术,就要受过一定的科学教育。”①领导者的素质包括:政治上的成熟性和积极性;最密切地联系劳动群众,知道并理解群众的利益,赢得他们的绝对信任;能把人民团结在自己周围;在技术上和生产组织上是内行;受过科学的教育;具有行政工作的能力;办事认真、负责;坚决和果断的性格。

(五)领导者要讲究领导方法

列宁指出,无产阶级政党要实现正确领导,必须讲究领导方法、领导艺术和重视领导作风。在这方面,列宁提出了许多重要思想,主要有:第一,从实际出发,重视调查研究。第二,尊重群众的首创精神,密切联系群众。第三,坚持批评与自我批评,勇敢地改正缺点和错误。第四,坚持说服教育的方法,反对强迫命令作风。第五,善于抓住主要矛盾,抓住工作重点。第六,坚持原则性与灵活性、统一性与多样性相结合。

三、毛泽东的领导理论

作为领导中国革命和社会主义建设的领导人,毛泽东不仅有着高超的领导艺术、丰富的领导经验,而且还创造性地把马克思主义与中国的具体实际相结合,形成了自己的领导思想。

(一)领导的本质是全心全意为人民服务

毛泽东认为,社会主义社会领导的本质是全心全意为人民服务。领导者是人民的公仆、勤务员,是教育者,是学生。社会主义社会领导者与被领导者的关系,不是剥削与被剥削、压迫与被压迫、统治与被统治的关系,而是公仆与主人的关系,这是人类历史上一种全新的领导关系。毛泽东在《为人民服务》一文中明确指出:“我们这个队伍完全是为着解放人民的,是彻底地为人民的利益工作的。”②党的干部只有全心全意为人民服务的义务,而没有高踞于群众之上、谋取私利的任何特权。各级领导干部要“全心全意地为人民服务,一刻也不脱离群众;一切从人民的利益出发……这些就是我们的出发点。”③

(二)实事求是是基本的领导原则

毛泽东认为实事求是是领导的基本原则。毛泽东在领导中国革命的实践

① 《列宁专题文集　论社会主义》,人民出版社 2009 年版,第 390 页。

② 《毛泽东选集》第 3 卷,人民出版社 1991 年版,第 1004 页。

③ 《毛泽东选集》第 3 卷,人民出版社 1991 年版,第 1094—1095 页。

中,把马克思主义普遍真理与中国革命的具体实际相结合,确立了实事求是的思想路线,使之成为中国共产党领导革命和建设的基本原则。在土地革命战争初期,毛泽东明确使用了“实事求是”这一概念,提出领导中国革命的科学的态度是实事求是。1941 年,毛泽东在《改造我们的学习》一文中第一次对实事求是作了界定,“‘实事’就是客观存在着的一切事物,‘是’就是客观事物的内部联系,即规律性,‘求’就是我们去研究。我们要从国内外、省内外、县内外、区内外的实际情况出发,从其中引出其固有的而不是臆造的规律性,即找出周围事变的内部联系,作为我们行动的向导。”①在领导活动中坚持实事求是的基本原则,必须要做到一切从实际出发,反对主观主义、教条主义,坚持理论联系实际,坚持实践是检验领导活动正确与否的唯一尺度。

(三)领导的基本职能是决策用人、思想政治工作

毛泽东认为,决策、用人和思想政治工作是领导的基本职能。“领导者的责任,归结起来,主要地是出主意、用干部两件事”②,“掌握思想教育,是团结全党进行伟大政治斗争的中心环节。如果这个任务不解决,党的一切政治任务是不能完成的。”③在领导活动中,领导者既要科学决策,善于用人,又要学会做思想政治工作。第一,科学决策是领导的首要问题。领导活动实际上就是领导者决策和组织下属落实决策的过程,决策是最实质的领导。“共产党领导机关的基本任务,就在于了解情况和掌握政策两件大事。”④了解情况就是调查研究,认识世界;掌握政策就是制定政策、实施政策,改造世界。调查研究是决策的基础,“没有调查,没有发言权。”⑤没有调查研究,就没有决策权,就失去了领导权。第二,选才用人育人是领导者的重要职责。人才是最宝贵、具有决定意义的资本。能否真正有效地、正确地选拔人才和使用人才,是领导活动成败的关键。毛泽东历来重视干部的选拔、使用和培养,将其放在重要的战略地位。“政治路线确定之后,干部就是决定的因素”⑥,领导干部是实现党的领导的中坚力量。在干部的选拔上,必须坚持德才兼备、又红又专的标准,考察其对革命事业的忠诚和实际工作的能力。在干部的使用上,必须坚持任人唯贤、五湖四海的路线,使用干部必须与培育干部相结合,不仅要善于识别

---

① 《毛泽东选集》第 3 卷,人民出版社 1991 年版,第 801 页。
② 《毛泽东选集》第 2 卷,人民出版社 1991 年版,第 527 页。
③ 《毛泽东选集》第 3 卷,人民出版社 1991 年版,第 1094 页。
④ 《毛泽东选集》第 3 卷,人民出版社 1991 年版,第 802 页。
⑤ 《毛泽东文集》第 2 卷,人民出版社 1993 年版,第 382 页。
⑥ 《毛泽东选集》第 2 卷,人民出版社 1991 年版,第 526 页。

干部、使用干部,而且还要关心、爱护、培育干部。第三,思想政治工作是一切工作的生命线。毛泽东认为,人民群众是推动无产阶级革命进程的根本动力,但人民群众不可能自发地产生革命意识和共产主义思想,因此,对群众进行思想政治教育就成了党的基本职责之一。"政治工作是一切经济工作的生命线"①,思想政治工作的根本任务就是用马克思主义的世界观和方法论武装群众,它是办好一切事情的重要保障,是提升人的思想水平和精神境界的根本途径,是中国共产党的领导优势。

(四)政策和策略是领导的基本手段,是党的生命

毛泽东一直高度重视政策,认为政策是领导的基本手段,是实现党的各项目标和任务的主要工具和途径,是领导和领导权的具体体现,没有政策就没有行动的准则,就无法实施有效领导,无法实现党的目标和纲领。"政策和策略是党的生命,各级领导同志务必充分注意,万万不可粗心大意"②,"政策是革命政党一切实际行动的出发点,并且表现于行动的过程和归宿。一个革命政党的任何行动都是实行政策。不是实行正确的政策,就是实行错误的政策;不是自觉地,就是盲目地实行某种政策。"③政策是党的生命,必须高度重视政策的合理性、科学性和正确性,重视政策的制定与执行。党的政策必须反映和代表人民的利益,领导决策的价值取向必须符合人民的利益和愿望;制定政策必须立足于客观实际与科学分析,"按照实际情况决定工作方针,这是一切共产党员所必须牢牢记住的最基本的工作方法"④;要善于创造性地执行政策,坚持原则性与灵活性的统一。

(五)群众路线是基本的领导方法

毛泽东高度重视领导方法问题,"我们不但要提出任务,而且要解决完成任务的方法问题。我们的任务是过河,但是没有桥或没有船就不能过。不解决桥或船的问题,过河就是一句空话。不解决方法问题,任务也只是瞎说一顿。"⑤掌握科学的领导方法至关重要,毛泽东首次提出了"马克思主义的科学的领导方法"的命题,认为正确处理社会主义领导者与被领导者之间矛盾的基本方法,是群众路线的方法。"从群众中集中起来又到群众中坚持下去,以形成正确的领导意见,这是基本的领导方法。在集中和坚持过程中,必须采取

---

① 《毛泽东文集》第6卷,人民出版社1999年版,第449页。

② 《毛泽东选集》第4卷,人民出版社1991年版,第1298页。

③ 《毛泽东选集》第4卷,人民出版社1991年版,第1286页。

④ 《毛泽东选集》第4卷,人民出版社1991年版,第1308页。

⑤ 《毛泽东选集》第1卷,人民出版社1991年版,第139页。

一般号召和个别指导相结合的方法，这是前一个方法的组成部分。”①群众路线的基本方法具体表现在三个方面：其一，领导与群众相结合的方法。其二，一般号召与个别指导相结合的方法。其三，领导骨干和广大群众相结合的方法。

（六）作风就是战斗力

领导作风直接关系到党的路线方针政策的正确性，关系到党的生死存亡，它是一种无形的力量，对被领导者的思想和行为具有重要的导向作用。在党的历史上，毛泽东深切地感受到了陈独秀、王明、张国焘等人的家长制作风的危害，特别是王明等人的主观主义、宗派主义、教条主义等恶劣作风的巨大危害，因此十分注重领导干部的作风建设，认为作风就是战斗力，提出了党的三大作风：理论与实际相结合、密切联系群众、批评与自我批评。在1949年革命即将胜利的前夜，毛泽东郑重地告诫全党：务必使同志们继续地保持谦虚、谨慎、不骄、不躁的作风，务必使同志们继续地保持艰苦奋斗的作风。新中国成立后，毛泽东把党的领导作风建设提高到了一个新的高度，认为治国就是治吏，“礼义廉耻，国之四维，四维不张，国将不国。”如果一些领导干部寡廉鲜耻，贪污无度，胡作非为，而国家却对此治理无法，那么天下一定大乱。为此，毛泽东高度重视领导干部的思想作风建设，经常开展整风运动。

四、邓小平的领导理论

在新的历史时期，邓小平继承和发展了马克思主义的领导理论，并表现出鲜明的时代特征。

（一）领导就是服务

邓小平指出：“领导就是服务”，这是对社会主义领导本质的明确概括。邓小平认为，要使人民对服务满意，领导者就必须代表人民的根本利益，并把它作为一切领导工作的出发点和归宿，无论在制定政策还是在执行政策时，无论是在理论上还是在行动上，都必须把人民的利益放在首位，尊重人民的首创精神，善于汲取人民群众的智慧。评价服务的好坏与否，必须以“人民拥护不拥护”“人民赞成不赞成”“人民高兴不高兴”“人民答应不答应”为依据。

（二）解放思想和实事求是的领导原则

解放思想和实事求是是领导工作的基本原则。邓小平反复指出，马克思

---

① 《毛泽东选集》第3卷，人民出版社1991年版，第900页。

主义、毛泽东思想的精髓和活的灵魂,就是实事求是,一切从实际出发,理论联系实际,具体问题具体分析。“按照实际情况决定工作方针,这是一切共产党员所必须牢牢记住的最基本的思想方法、工作方法”①,“过去我们搞革命所取得的一切胜利,是靠实事求是;现在我们要实现四个现代化,同样要靠实事求是。”②作为实事求是的实践者和改革家,邓小平讲究实干兴邦,厌恶清谈,憎恨形式主义,强调只有踏踏实实、埋头苦干,甩开膀子,大胆地试,大胆地闯,才是一条真正实现现代化的道路。如果不坚持解放思想、实事求是的原则,不敢于在实践中大胆实验就品头论足,势必坐失良机。为此,必须坚决摒弃那种离开实践、离开实效而空谈社会主义的做法。

(三) 制度对领导工作的根本性作用

邓小平认为领导制度至关重要,它从根本上规范着领导活动及领导行为。领导制度是个带有根本性、全局性、稳定性和长期性的问题,“我们过去发生的各种错误,固然与某些领导人的思想、作风有关,但是组织制度、工作制度方面的问题更重要。这些方面的制度好可以使坏人无法任意横行,制度不好可以使好人无法充分做好事,甚至会走向反面。即使像毛泽东同志这样伟大的人物,也受到一些不好的制度的严重影响,以至对党对国家对他个人都造成了很大的不幸。我们今天再不健全社会主义制度,人们就会说,为什么资本主义制度所能解决的一些问题,社会主义制度反而不能解决呢?这种比较方法虽然不全面,但是我们不能因此而不加以重视。斯大林严重破坏社会主义法制,毛泽东同志就说过,这样的事件在英、法、美这样的西方国家不可能发生。他虽然认识到这一点,但是由于没有在实际上解决领导制度问题以及其他一些原因,仍然导致了‘文化大革命’的十年浩劫。这个教训是极其深刻的。不是说个人没有责任,而是说领导制度、组织制度问题更带有根本性、全局性、稳定性和长期性。这种制度问题,关系到党和国家是否改变颜色,必须引起全党的高度重视。”③他呼吁必须改革和完善现行的领导制度,不断进行制度创新,领导干部要模范地执行制度,要在国家宪法和法律规定的范围内实施领导,真正按制度办事。要改革和完善干部的选举制和任期制,要健全干部的管理和考核制度,建立健全干部监督制度。必须“从制度上保证党和国家政治生活的民主化、经济管理的民主化、整个社会生活的民主化”④,如果制度上不能解决

① 《邓小平文选》第 2 卷,人民出版社 1994 年版,第 114 页。
② 《邓小平文选》第 2 卷,人民出版社 1994 年版,第 143 页。
③ 《邓小平文选》第 2 卷,人民出版社 1994 年版,第 333 页。
④ 《邓小平文选》第 2 卷,人民出版社 1994 年版,第 336 页。

这个问题，在相当长的时间内，让“一个国家的命运建立在一两个人的声望上面，是很不健康的，是很危险的。不出事没问题，一出事就不可收拾。”①

（四）配备好领导班子事关重大

邓小平指出，“领导班子就是作战指挥部”，“指挥部不强，作战就没有力量”，“领导班子问题，是关系到党的路线能不能贯彻执行的问题。如果这个问题解决得不好，不要说带领群众前进，就是开步走都困难。因此，我们首先强调要把领导班子的问题解决好。”②邓小平关于建设一个富有生气和战斗力的领导班子的思路是这样的：首先，要选好一把手。任何一个领导集体都必须有一个核心，没有核心的领导集体是靠不住的。其次，要合理配置副职。最后，配备领导干部时必须坚持德才兼备、任人唯贤、群众公认、注重实绩的原则。

（五）领导作风关系到党和国家的生死存亡

邓小平把党风、领导作风建设提到了前所未有的高度。早在1956年邓小平就对领导干部提出了警告：“执政党的地位，很容易使我们同志沾染上官僚主义的习气”③，增加脱离实际和脱离群众的危险。1980年，邓小平又明确指出：“我赞成陈云同志讲的，执政党的党风问题是有关党的生死存亡的问题。”④领导作风不正必然导致党风不正，党风不正必然导致社会风气的败坏，最终将导致亡党亡国。加强领导作风建设，树立良好的领导作风，是一项重大的系统工程，必须强调制度建设和领导干部的自我约束。

（六）选才用人事关长远

治国之道，唯在用人。邓小平高度重视领导的选才用人问题。“我们一定要认识到，认真选好接班人，这是一个战略问题，是关系到我们党和国家长远利益的大问题。如果我们在三几年内不解决好这个问题，十年后不晓得会出什么事。要忧国、忧民、忧党啊！要看到这是个带根本性质的问题。”⑤选拔人才、培养接班人，首先要更新观念，解放思想，开阔视野，从国家、人民的利益出发。要正确把握选才用人的标准。“要按照‘革命化、年轻化、知识化、专业化’的标准，选拔德才兼备的人进班子。”⑥邓小平认为要真正在制度上解决选

---

① 《邓小平文选》第3卷，人民出版社1993年版，第311页。

② 《邓小平文选》第2卷，人民出版社1994年版，第9页。

③ 《邓小平文选》第1卷，人民出版社1994年版，第214页。

④ 《邓小平文选》第2卷，人民出版社1994年版，第358页。

⑤ 《邓小平文选》第2卷，人民出版社1994年版，第222页。

⑥ 《邓小平文选》第3卷，人民出版社1993年版，第380页。

拔培养接班人的问题，就要从政治体制改革的高度，建立和完善选才用人制度，实现领导班子新老交替的程序化、制度化和法律化，使之不因个人的偏好而变更，形成选才用人新陈代谢的良好循环机制，最大限度地减少用人上的不正之风。要善于使用人才，关爱人才，培养人才。

五、马克思主义领导理论的新进展

马克思主义不是僵化的科学，而是不断发展的科学，同样，马克思主义领导理论也是不断发展的理论。列宁曾在《我们的纲领》一文中提到："我们决不把马克思的理论看做某种一成不变的和神圣不可侵犯的东西；恰恰相反，我们深信：它只是给一种科学奠定了基础，社会党人如果不愿落后于实际生活，就应当在各方面把这门科学推向前进。"①在世纪之交，以江泽民为核心的党的第三代领导集体，在科学总结东欧剧变和苏联解体的教训，以及中国共产党成立以来的历史经验的基础上，结合中国特色社会主义新的实践，与时俱进，开拓创新，提出了"三个代表"重要思想。江泽民领导思想着眼于发展与创新，坚持理论与实践的统一，领导与群众的统一，世界观与方法论的统一，贯穿了"三个代表"重要思想，继承和发展了马克思主义领导理论。江泽民领导思想主要包括：党和人民群众利益相统一的领导主题论思想，民主化、科学化的现代领导决策论思想，现代领导人才论思想，唯物辩证的领导方法论思想，统筹全局、综合协调的领导控制论思想，以及放眼世界的时代观和大局观，依法治国和以德治国相结合的思想，等等。在新世纪新阶段，以胡锦涛为总书记的党的领导集体，在中国改革发展的关键时期，针对各种复杂问题，大胆探索，勇于创新，善于总结，并在理论上不断创新，极大地丰富了马克思主义领导思想的宝库。其领导思想可以概括为：执政为民是马克思主义领导观的根本问题，构建社会主义和谐社会的领导目标定位，科学发展观是指导发展的世界观和方法论，加强执政能力建设是一项战略任务等。

党的十八大以来，以习近平同志为核心的党中央以巨大的政治勇气和强烈的使命担当，围绕坚持和发展中国特色社会主义这一主题，进行了艰辛的理论探索，取得一系列重大的理论创新成果，形成了习近平新时代中国特色社会主义思想。这是马克思主义中国化的最新成果，是我们党和国家必须长期坚持的指导思想。在这一思想体系中，有许多关于领导理论方面的新论断，例

---

① 《列宁选集》第1卷，人民出版社2012年版，第274页。

如，在领导原则方面，强调坚持党的全面领导，坚持以人民为中心，坚持优化协同高效，坚持全面依法治国；在领导理念方面，提出了“创新、协调、绿色、开放、共享”五大发展理念和坚持“人民至上”的发展思想；在领导干部队伍建设方面，按照推进国家治理体系和治理能力现代化这一改革的总目标要求，提出了好干部的标准，即信念坚定、为民服务、勤政务实、敢于担当和清正廉洁，按照政治过硬和本领高强的原则，提出了高素质专业化干部队伍的八个执政本领要求，即学习本领、政治领导本领、改革创新本领、科学发展本领、依法执政本领、群众工作本领、狠抓落实本领与驾驭风险本领，以此为基础还提出了领导干部履职担当的一系列职业能力；在领导决策方面，强调重大决策要坚持以马克思主义理论为指导，立足中国国情，遵循“公众参与、专家论证、风险评估、合法性审查、集体讨论决定”的基本程序，实行重大决策终身负责制；在领导用人方面，提出坚持正确选人用人导向，匡正选人用人风气，突出政治标准，严把选人用人政治关、品行关、作风关、廉洁关，改进干部推荐考察方式，提拔重用牢固树立“四个意识”和“四个自信”、坚决维护党中央权威、全面贯彻执行党的理论和路线方针政策、忠诚干净担当的干部，选优配强各级领导班子；在领导法治方面，提出要加强党对全面依法治国的集中统一领导，更好发挥法治固根本稳预期利长远的保障作用，维护宪法权威，推进科学立法、公正司法、严格执法和全民守法，尤其要抓住领导干部这个关键少数，将法律知识、法治思维和法治能力纳入领导干部考核内容，要求各级领导干部做尊法学法守法用法的模范，充分发挥领导干部在坚持依法治国和以德治国中的关键作用；在领导方法方面，党中央带头学习马克思主义哲学，要求各级领导干部要通过学习掌握马克思主义的立场、观点、方法，学会和应用战略思维、创新思维、辩证思维、法治思维和底线思维，提高战略思维能力、综合决策能力、驾驭全局能力，做到知行合一，增强工作的科学性、预见性、主动性，避免陷入少知而迷、不知而盲、无知而乱的困境等。

第三节　现代西方领导理论

现代西方领导理论产生于现代化大生产和管理科学高度发展的时代，为我们认识领导现象提供了不同的视角和认识工具。现代西方领导理论主要有领导特质理论、领导风格理论和领导权变理论等，并且在不断地发展变化。

一、现代西方领导理论发展概况

（一）现代西方领导理论的发展过程

现代西方领导理论的研究可以追溯到19世纪的资产阶级产业革命时期，迄今已有100多年的历史。现代西方领导理论的发展大体上经历了四个阶段。第一阶段：从19世纪末到20世纪40年代中期。这个时期领导理论研究的重点是确定与"伟人"相关的特质要素，即对已经成为领导者的人进行研究，找出领导者区别于非领导者的天生特质，这种对领导的研究带有强烈的"伟人"视角。人们把这一时期关于领导者素质的研究统称为领导特质理论（Trait Theory），将这一时期称为特质研究时期。第二阶段：从20世纪40年代中期到70年代早期。研究的重点集中于领导行为，探讨什么样的领导行为模式或领导行为风格才有助于提高领导绩效，人们把这一时期关于领导行为的研究称为领导行为理论（Behavior Theory），将这一时期称为领导行为研究时期。第三阶段：从20世纪70年代早期到90年代。这一时期研究的重点是影响领导绩效的情境因素，如工作任务、团体类型、下属特征等。人们一般将这一时期称为权变理论（Contingency or Situational Theory）研究时期。第四阶段：从20世纪90年代至今。这一时期的研究可以说比较分散，人们从多方面、多角度、多层次来研究影响领导绩效的各种因素，产生了多种领导理论，如交易型领导理论（Transactional Leadership Theory）、变革型领导理论（Transformational Leadership Theory）以及自我领导和超级领导理论等，形成了领导理论的百花齐放的繁荣景象。

（二）现代西方领导理论研究的特点

1. 一个研究宗旨

现代西方领导理论的研究不论有多少流派、有多少观点，经历了多少不同的发展阶段，但在其理论差异的背后有一个共同点，即研究的基本宗旨都是一个：通过辨识影响领导有效性的各种因素，寻求提高领导绩效的有效途径和方法。几乎所有的研究都围绕着这样一个目的而展开，无论是领导特质理论、领导行为理论，还是领导权变理论、价值理论等，概莫能外。围绕着这样一个核心和宗旨，研究者不断探索制约领导有效性的各种因素，从领导的素质特征到领导的行为模式，从领导活动与环境的互动到领导的价值取向等，拓展了领导科学研究的领域和范围，在领导科学研究的广度和深度上取得了前所未有的成就，在领导科学研究的方法上也不断创新，使领导科学的研究成为一个世界性的热点问题。

2. 两种研究范式

西方尤其是美国领导理论的研究，主要有两种研究范式：一是从领导者（Leader）的角度入手来研究领导理论（Leadership），二是从领导活动（Lead）的角度来研究领导理论。领导科学的创立初期，主要是从领导者的视角出发来进行研究，不仅时间长、研究者多，而且成果多、影响大。西方领导理论在20世纪80年代以前基本上都是从领导主体的角度来研究领导素质、领导作用、领导方法的。尽管这种研究也离不开领导活动，但研究的重点在于领导者的能力和素质、领导权力和权威、领导方法和艺术等，这些内容不仅构成了领导理论的传统内容，而且成为领导理论不断创新的生长点。近30多年来，这种情况有所改变，不少学者从领导活动的角度来研究领导理论，尤其是研究领导活动与领导环境之间的互动，并取得了很大的成就。

3. 两种理论形态

西方领导理论比较明显地存在着两种不同的形态：领导科学和领导艺术。领导科学强调用科学的、实证的方法来研究领导者或领导活动，侧重于领导的原则、规律和特点。如科维的领导学，主要以领导原则为中心，注重领导规律和特点的探索和分析。领导艺术主要从经验的角度来探求如何提高领导的有效性，侧重于领导理论的可操作性和实用性。一般来说，西方国家领导艺术研究成果的影响远远超过领导科学研究。如近年来在世界上影响较大的彼得·圣吉（Peter M. Senge）的《第五项修炼》，就是一种领导艺术理论。领导艺术并非领导经验的简单总结与提炼，它同样需要深厚的理论底蕴。如彼得·圣吉提出学习型组织的领导者要掌握五项修炼的实务和艺术，而每一项修炼都有相应的领导理论做指导。在几乎每一本领导艺术的论著中都包含着大量的领导案例，作者从领导者和领导活动的具体实践案例中，抽象概括出一些简明深刻的结论，然后再把这些理论和艺术运用到实践中去进行验证、调整和完善。领导艺术虽然不注重体系的完整性和内容的系统性，但仍有它独特的理论形态，成为领导理论的重要内容。

4. 三大研究领域

西方领导理论的研究从诞生起就主要集中在三大领域：军事领导领域、企业领导领域和政府领导领域。其中，企业领导领域的研究得到更多的重视，所取得的成果最为丰富，也最引人注目。如：世界管理学大师德鲁克（Peter Drucker）的《管理实践》《卓有成效的管理者》，肯·布兰查德（Kenneth Blanchard）和斯宾塞·约翰逊（S. Johnson）的《一分钟经理人》，约翰·科特

(J. P. Kotter)的《总经理》《领导变革》《变革的力量》《现代企业领导的艺术》,彼得·圣吉的《第五项修炼》等。在政府领导方面的研究成果主要有塔克的《政治领导》,尼克松(R. M. Nixon)的《领导者》,詹姆斯·麦格雷戈·伯恩斯(James MacGregor Burns)的《领袖论》等。军事领导领域的研究成果主要有埃德加·普里尔(A. Presido)的《十九颗星——对美国四位名将的研究》和蒙哥马利(Bernard Law Montgomery)的《领导艺术之路》等。这种状况与西方的现实社会特征是一致的。西方社会企业高度发达,无论在数量上还是在影响上、规模上,在世界上都占绝对优势,并且企业的生存竞争非常激烈,这迫使企业不断提高技术水平,不断改进管理方式,不断创新领导模式,从而推动了企业领导科学的深入发展。西方领导理论主要来源于企业的领导研究成果,并在此基础上促进了政府的领导改革,推动政府行政领导科学的发展。企业的领导活动与政府的行政领导活动有着许多共通的地方,在市场经济条件下更是如此,如企业要决定未来的发展方向,确定战略发展计划,政府也要为国家确定社会的发展方向,决定社会的发展战略;企业要为顾客提供优质价廉的产品和服务,政府也要为社会提供公共产品和服务;企业要关注效率,政府也要注重效率,等等。因此,西方各国的政府行政改革经常借鉴企业领导的一些理论和方法。如西方比较盛行的"政府再造"(Reengineering Government)活动,就是运用企业的领导方法和精神来改造政府,提高政府的效率,改善政府的形象。但是,毕竟两者属于不同的领域,在领导的规律、领导的原则等方面存在着较大的差异,不能完全等同,更不能简单地互相照搬照抄,而只能借鉴和改造。随着社会的日趋稳定和世界的相对和平,大规模战争发生的可能性已经大为减少,因此,人们对军事领导领域的研究日渐减少,成果也不多。但进入21世纪以来,随着地缘政治的升温,全球化竞争中围绕战略性资源展开的较量,越来越将军事竞争推向前沿,相信军事领导方面的研究会越来越受到重视。

5. 多元发展趋势

近20年来,尤其是进入21世纪以来,领导理论在西方各国越来越受到高度重视,领导科学的研究者和社会各界的有识之士普遍认为,领导力是制胜21世纪的强大武器,谁拥有高超的领导艺术和超强的领导力,谁就能更容易称雄世界。由此可以判断,领导理论在新的世纪将得到迅速的发展并取得更多的成果,领导理论将更加繁荣。虽然研究的目的和宗旨仍围绕领导的有效性问题,但视野将更加开阔,更加注重宏观领导,如对跨国公司、主权国家乃至国际组织领导的研究,而且将更加重视领导的人文价值、伦理价值的研究。在研究的范式上，将超越领导者和领导活动这两个研究范式，会从更多的视角来研究提高领导有效性的途径和方法，如从被领导者的角度研究领导活动。在研究领域上，将从企业、政府领导进一步扩展到第三部门、非政府组织以及国际组织等领域，研究范围将更加广泛。在存在形态上，领导科学和领导艺术两者将逐步融合，其界限会变得十分模糊并融为一体，人们既重视领导科学的研究，也关注领导艺术的探讨，更注重两者的结合。

二、领导特质理论

领导特质理论是运用实验手段对“伟人论”进行科学化处理的产物。“领导是天生的”，这种信念在19世纪末至20世纪上半叶占主导地位，这也是领导特质理论的出发点和基本前提。领导特质理论（Trait Theory of Leadership）就是通过对大量领导者的考察、分析和研究，从性格、生理、智力及社会因素等方面寻找领导者特有的素质或应有的品质的理论，有时也被称为领导胜任力理论。它强调领导者先天的个性和行为，认为领导才能是与生俱来的，领导者先天就具有领导他人的特殊才能与素质，是天生的“伟人”。这种特定的领导才能和品质，意味着不管在什么情况下，具有这些特质的人最终将被推向领导者的位置。对人格力量和先天品质的信念，使人们把研究的重点集中在领导者品质的研究上，形成了一些理论观点和假设。到了20世纪80年代，特别是知识经济时代的来临，人们又对特质理论产生了新的兴趣，并继续深入研究，取得了新的成果。

（一）早期领导特质理论

早期一些管理学家和心理学家感觉到领导者与被领导者有许多显著的不同，因此希望通过对领导者的观察与分析，尤其是通过对大量成功的领导者的分析研究，收集关于他们的各种详细的资料，包括人口统计学和个人品质特征方面的资料，并对数以百计乃至千计的领导品质进行了测量，包括年龄、体质、智力、动机、主动性和自信心等各种参数，试图发现领导者所特有而被领导者缺乏的才能和品质。在此基础上确定出领导者的标准，以此作为选拔领导者的依据。该研究一般从以下五个方面入手：

第一，生理特质。如领导者的身高、体重、体质和仪态举止等。

第二，个性特质。如自信、热情、外向、开朗、幽默、正直、负责、勇敢、独立性和内控性等。

第三，智力特质。如领导者的记忆力、判断力、逻辑能力和反应能力等。

第四,工作特质。包括责任感、事业心、首创性等。

第五,社会特质。包括沟通能力、激励能力、协调能力、控制能力等。

在早期的领导理论和假说中,比较著名的是亨利的特质理论,亨利认为成功的领导者一般具有以下十二种特质:

(1)成就欲强烈,把工作当成乐趣,对工作成就的关注和追求超过对金钱报酬和职位晋升的关注和追求;(2)敢于承担责任,勇于担当,愿意迎接工作的挑战;(3)尊重上级,认为上级水平高、经验多,能够帮助自己上进和提高,与上级关系好;(4)组织能力强,把混乱的事情组织得很有条理;(5)决断力强,能在较短的时间内对各种备选方案加以权衡并迅速做出决断;(6)思维敏捷,有较强的预测能力,能从有限的材料中预测出事物的发展动向;(7)自信心强,对自己的能力有充分的自信,目标坚定,不受外界干扰;(8)极力避免失败,不断接受新任务,树立新目标,驱使自己前进;(9)讲求实际,重视现在,比较少地受不确定因素的影响;(10)眼睛向上,对上级亲近而对下级较疏远;(11)对父母没有感情上的牵挂,而且一般不同父母住在一起;(12)忠于组织,忠于职守。

经过 40 多年的研究,尽管不同的研究者都发现和确认了领导者的一些优秀品质,但仍未能找到有效的领导者所应该具有的区别于被领导者的才智、个性、身体等方面的普遍特质,也几乎没有证据表明,领导者是天生的。更多的数据只是表明在一般意义上领导者比其他人更好交往,更具主动性,更为活泼,通常具有一点原创性,较受欢迎,而且具有一点幽默感。① 但所有这些都不能确保一个人能够成为领导者,更不用说成为一个有效的领导者。

虽然这一时期领导特质理论的研究具有很多局限性,没有取得预期的成果,但也确实发现了一些优秀的领导者品质,并在以下方面达成共识:(1)大多数人相信对于所有成功的领导者来说,都具备一系列一致而独特的个性特点。(2)在确定与领导关系密切的特质方面的研究中,得到的结果引人瞩目。研究发现,进取心、领导意愿、正直与诚实、自信、智慧和具备与工作相关的知识,对领导者尤为重要。(3)近半个世纪的研究可以得出这样的结论:具备某些特质确实能提高领导者成功的可能性,但没有一种特质是成功的保证②。

(二)当代领导特质理论

20 世纪 70 年代以来,由于社会环境发生了巨大的变化,全球化、知识经

---

① 参见[美]安弗莎妮·纳哈雯蒂:《领导力》,王新译,机械工业出版社 2003 年版,第 34 页。

② 参见[美]斯蒂芬·P. 罗宾斯:《组织行为学》(第七版),孙建敏等译,中国人民大学出版社 1997 年版,第 320—321 页。

济、风险社会、信息时代等对领导者提出了新的挑战,人们对领导者特质的理论研究又迅速升温。虽然原来的领导特质理论研究结果基本上否认了“伟人论”的观点,但人们始终都认为有效领导者必须具备一定的素质。德鲁克(Peter Drucker)认为,一个有效的领导者必须具有以下五项主要习惯:善于利用时间;注重贡献,确定自己的努力方向;善于发现和用人之所长;分清主次,集中精力;做有效的决策。

美国著名的领导学专家詹姆斯·库泽斯(James M. Kouzes)和巴里·波斯纳(Barry Z. Posner)认为,领导是人类组织中不可或缺的重要事务,为此,领导者必须具有一些特质。他们从1980年开始调查近千家企业及政府行政部门,而后又在1987年和1995年进行了两次调查,经过调查发现,排在前四位的领导特质是:诚实,有远见,懂得鼓舞人心,能力卓越。

领导特质理论研究表明,领导者至少在某些领域确实有天赋和才能,成功的领导者具有某些共同的特质,但这些特质只是领导者应当具备的必要条件,仅有这些天赋和才能是不够的,个人的经验、正确的抉择以及对环境的正确判断也是使这些因素得以充分发挥的重要条件。领导特质理论只能说明具有哪些素质会有较大的机会成为领导者,成为有效的领导者,但能否真正成为领导者、成为有效的领导者,其他制约因素还有很多。领导者的特质只为其成功提供了某种可能,重要的还是后天的学习和实践锻炼。但无论如何,领导特质理论毕竟为培养、培训和选拔领导者提供了一定的标准和依据。

三、领导行为理论

由于领导特质理论的研究没有取得预期结果,也由于20世纪40年代中期行为科学的兴起,研究者从领导特质研究逐渐转向了领导行为的研究,通过考察领导者实际做了什么和怎么做的,来寻找提高领导绩效的答案。领导行为研究具有特质理论研究所不具备的几个有利条件:一是行为能够被观察,比素质更具有客观性。二是行为能够被测量,比素质更精确。三是行为可以通过学习而获得,这与领导素质不同,领导素质是在先天禀赋基础上经过后天长期艰苦锻炼而形成的。由此,人们把研究的重点集中到了领导行为上,使领导行为理论研究占据了主导地位。领导行为理论认为,领导者不是天生造就的,而是后天培养和塑造的,通过对有效的领导行为模式和领导风格的研究,可以按照一些精心设计的培训项目把有效的领导行为模式移植到其他人身上,使之也成为有效的领导者。领导工作绩效主要取决于领导者的行为和风格,而不是领导者的特质。领导行为理论强调什么样的领导行为是有效领导者的行为,而不是判断谁应该是有效的领导者。

(一)有关领导行为的早期研究

对领导行为方式的研究,最早是由著名心理学家勒温(Lewin)和利普特(Lippit)等人进行的,他们通过试验研究不同的领导方式对下属群体行为的影响,认为存在着三种不同的领导工作方式:专制方式、放任方式和民主方式。勒温认为,专制式的领导者是那些独揽大权、自己单独决策的人,他们通过严格的管理来达到工作目标。这种方式容易导致群体成员没有责任感,情绪低落,逆来顺受,消极被动。放任式的领导者不为下属提供明确的方向,由下属构建目标并解决问题,是一种回避权力和责任的领导方式。这种放任式的领导方式效率最低,只能达到社交目标,不能有效地履行领导职责。放任式领导者对下属及其工作几乎没有指导和评价,会引起群体的失望和迷茫,导致工作的混乱和低效。民主式的领导者在决策时,注重与下属商讨,允许下属参加决策。这种民主的领导方式效率最高,不但能够完成工作目标,而且群体成员关系融洽,有凝聚力,工作主动性强,并有创造性。虽然对这三种领导方式可以比较明确地予以界定,但该研究却无法判断出哪一种类型是最有效的,或者在什么环境下应该采取哪一种领导方式,因为每一种领导方式对下属都有不同的影响效果,不同的下属对领导方式也有不同的偏好。

(二)领导行为四分图理论

大量全面且重复较多的领导行为理论研究,来自于20世纪40年代末期美国俄亥俄州立大学。该研究工作是在斯托格迪尔(Stogdill)教授的指导下进行的,研究的目标是确定领导行为在实现群体和组织目标过程中的重要性,采用的方法主要是问卷调查,让下属来描述领导者的行为。研究者们收集了大量的对领导行为描述的数据资料,开始时列出了1 800个因素,后来减少到150个。通过逐步筛选、合并,最后归纳为两个独立的维度:结构维度和关怀维度。结构维度指的是领导者更愿意界定和建构自己与下属的角色差异,强调组织的需要,以达成目标。领导者的主要工作就是抓组织建设,即为下属提供组织结构方面的条件使之做出令人满意的成绩,包括进行组织设计、制订计划和程序、明确职责和关系、建立信息通道、安排并确定工作日程、强调工作的最后期限等。关怀维度指的是领导者尊重和关心下属的看法与情感,更愿意同下属建立相互信任的工作关系,其工作主要以人际关系为中心,关心人,尊重下级意见,注重下属需要。按照这两个维度的内容,研究者们设计了领导行为描述问卷(Leader behavior description question, LBDQ),要求下属说出他们对组织、形势、团体的特点、团体工作成绩的衡量、各种情况下有效的领导行为等问题的看法。最后,他们把领导行为分为四种类型:高关怀,低结构;高关怀,高结构;低关怀,低结构;低关怀,高结构。其中所谓“高关怀”即指领导者高度关怀、尊重下属,建立高度信任的人际关系;而“低关怀”则相反。所谓“高结构”即指领导者高度关注界定和建构自己与下属的角色,高度强调组织的需要,“低结构”则相反。如图 1 所示:

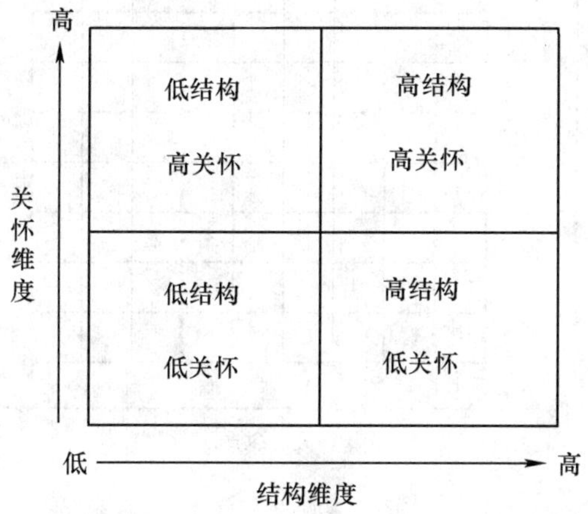

图 1 领导行为四分图

俄亥俄州立大学研究小组的研究结果表明,不同的领导方式对工作效率和下属情绪有直接的影响。斯托格迪尔等人认为,所谓领导行为就是领导者率领群体去实现组织目标的行为。他们发现高结构、低关怀的领导方式容易造成领导和下属的对立情绪,下属的满意度低,缺勤率高且流动性大,工作效率较低。领导行为的这两个维度并不是相互排斥对立的,可以而且应该把两者结合起来。他们认为,一个两方面结构维度都很高的领导者,其工作效率与领导的有效性必然较高。

俄亥俄州立大学的这项研究工作具有重要的意义,他们发现了领导行为的两个最基本的考察维度,他们所提出的四种领导风格也为以后的许多类似研究奠定了基础,后来的许多领导理论,如利克特(Likert)的领导系统模式理论、布莱克和默顿的管理方格理论、坦南鲍姆(Tannenbaum)等人的领导连续统一体理论、PM 领导模型等,都是以此为基础而发展起来的。在此主要介绍一下影响比较大的管理方格理论。

1964 年,美国得克萨斯州立大学心理学教授罗伯特·布莱克(Robert R.

Blake)和简·默顿(Jan Merton)在领导行为两维度的基础上,将每个维度再细分为9等,用坐标线画出,得出81种方格组合(见图2)。他们认为,所有领导者的行为都可以投射到下面这个坐标图上:

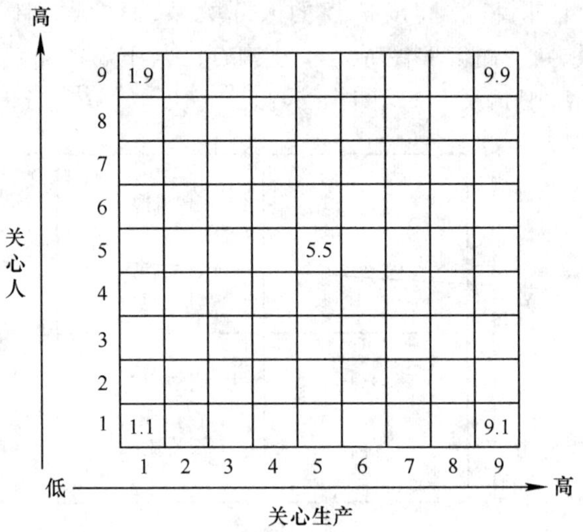

图2　管理方格图

在管理方格图中,共有五种典型的领导方式:

"1.1型领导"——虚弱型管理。1.1型领导者最大的特征是身在其位,不谋其事,对下属和工作都漠不关心,放任自流。这是最低能的领导方式,也是很少见的极端情况。但这种领导者能够胜任日常单调、重复而没有挑战性的工作。在激烈的竞争环境中,这样的领导方式必然导致失败。

"1.9型领导"——俱乐部型管理。这种类型的领导者最大的特征是把对下级的关心放在第一位,重视下级的态度和情感,对下级关心备至,一味迁就,做老好人,不关心工作,认为只要下属精神愉快,生产成效自然好。这种领导的结果可能很脆弱,一旦和谐的人际关系遭到破坏,生产成效就会随之下降。

"5.5型领导"——中庸型管理。这种类型的领导者对人的关心与对生产的关心程度基本保持平衡,既不过分偏重人的因素,也不过分偏重任务,努力保持两者的和谐统一,以免顾此失彼。他们喜欢显示民主作风,不喜欢冲突,希望维持现状,期望保持一般的工作效率和士气,但不能促使下属发挥创新精神。因此,从长远来看,这种类型的领导者难以在激烈的竞争中立足。

"9.1型领导"——任务型管理。这种类型的领导者的最大特征是争强好胜,比较强势,控制他人的欲望特别强烈,只注重工作,强调生产和效率,不注重人的因素，把下属看成是完成任务的机器。对他们来说，任务是第一位的，成功是最重要的。他们常常独断专行，喜欢监督别人，喜欢使用能力强的人，常常发怒，尤其在失败的时候。这种领导方式把人的因素的影响降到最低，在竞争激烈的有限时间内，可能效果显著，但长期下去，这种领导者就会被下属疏远，并造成生产效率的下降。

"9.9 型领导"——团队型管理。这种类型的领导者对人的关心与对工作的关心都达到了最高点。领导者诚心诚意地关心下属，把对人的关心与工作任务的完成和谐地统一起来，使组织的目标和个人的需要最完美、最有效地结合起来，使下属了解组织目标，关心工作成果，进而形成休戚与共、士气旺盛的团队，并能出色地完成任务。这种领导方式既可以增强组织的竞争能力，改善各单位、各部门之间的关系，也可以增进下属间的相互理解与合作，增强下属的创造力，发扬团队精神，强化下属的责任感。这是一种最理想的领导方式，可以在激烈的竞争中获得成功。

布莱克和默顿认为，"9.9 型领导"方式是可以学习的，只要认清自己的风格，客观地分析各种情况，通过一系列步骤，领导者可以转变自己的领导方式，使之成为团队型领导方式，以取得成功。管理方格理论在理论和实践方面都取得了相当的成功，在众多领导理论研究中占有一定的地位。许多组织都采用领导方格理论来培训自己的领导者。

领导行为理论有助于增加对各种不同类型领导行为的理解，注重行为模式而非领导特质，强调领导培训的重要性。但与领导特质理论研究一样，都属于静态层面上的研究，只注重行为而没有考虑环境因素，仅为高度复杂的领导过程提供了一个简单的视野，只考察了领导过程的强化因素，因此，其指导意义也是有限的。

四、领导权变理论

由于领导特质理论和行为理论都没有从根本上解决领导的有效性问题，人们开始重视情境因素对领导活动的影响，并在此基础上逐渐形成了领导权变理论。领导权变理论所关注的是领导者与被领导者的行为与环境之间的相互影响，尤其关注不同的领导方式与各种环境之间的适应性。该理论认为，在领导活动中并不存在着一种普遍适用的"最好的"或"不好的"领导方式，任何领导方式都可能是有效的，也可能是无效的，关键看它与环境是否适应。领导是一个动态过程，而且领导方式应随着下属的特点和情境的变化而变化，这样才能获得较高的领导绩效。领导绩效是领导者、被领导者、环境三个因素之间相互作用的结果。领导权变理论的代表性研究主要有:菲德勒的领导权变模型、赫塞和布兰查德的情境理论、豪斯的路径—目标理论、弗鲁姆和耶顿的领导参与模型等。

(一)菲德勒权变模型

菲德勒(Fiedler)自1951年起,经过十多年的调查研究,提出了领导权变模型理论。他的权变模型是领导理论中最早的,也是迄今最好的研究方法,其最大优点是吸收了过去有关领导行为的研究成果,分清了不同领导方式能够发挥领导效能的情境。其权变模型的基本前提是:领导绩效是领导方式和领导情境相互作用的产物。如果领导方式与情境相适应,这种领导就是有效的;如果领导方式不能满足领导情境的需要,这种领导将失去有效性。因此,领导者必须具有较强的适应能力。菲德勒认为,一个领导者,无论采取何种领导方式,其最终目的都是为了获取最大的领导效能,而要取得理想的领导效能,必须使领导方式与特定的领导情势相适应、相匹配。一个领导者要想取得理想的领导效能,必须通过一定的领导方式对领导情势实施有效控制,使领导风格与领导情势协调匹配。

首先,确认领导风格。菲德勒对1 200个群体进行了广泛调查,他设计了一个“最不愿与之共事者(Least Preferred Co-worker,LPC)问卷”。让一位领导者在所有过去与现在的同事中选取他认为不受欢迎、最难合作的人,以一套截然相反的形容词来描述他们,然后根据程度高低选取相应的得分。通过调查表的得分高低来衡量领导的个性,从而确定领导风格。问卷以等级记分,最后累加得分(LPC)高的人,是关系导向型的领导,是一位宽容且关心人的领导,他们主要以人际关系为目标来激励自己,通过与其他人建立良好的人际关系来实现自我。在LPC上得分低的人则是任务导向型的,是一位对人苛刻、以工作为中心的人。他们主要依靠任务和成就来激发自己的动机,凭借完成任务的好坏来实现自我。

其次,分析情境因素。菲德勒认为,决定领导绩效高低的情境因素有三个:领导者与被领导者的关系、任务结构、领导者的职位权力。第一,领导者与被领导者的关系。菲德勒认为这个因素是最重要的,因为职位权力和任务结构大多可以置于组织的控制之下,但是领导者与被领导者的关系不易控制,如果处理不好,可能影响下级对领导者的信任和爱戴。领导者和下属之间良好的人际关系意味着他们具有一种团队精神,相互支持,凝聚力强。第二,任务结构。它是指工作任务的明确程度和人们对这些任务的负责程度。当下属成员对所承担任务的性质、目的、方法和绩效标准清晰明确时，领导者对工作质量较易控制。模糊不清的任务会带来一种不确定性，从而降低领导者对情境的控制度。第三，职位权力。这是指领导者所拥有的对下属的雇用、解雇、报酬和奖惩等与领导者职位相关联的正式权力，以及领导者从上级和整个组织各个方面取得的支持程度。职位权力是领导者对下属的实有权力。当领导者拥有一定明确的正式的职位权力时，则更容易使群体成员遵从其领导。拥有较多正式权力的领导者比那些权力少的人更容易控制执行。菲德勒指出，根据这三个权变因素可以评估环境是否对领导者有利，领导者与下属关系越好，任务结构化程度越高，职位权力越大，拥有的控制力和影响力也越高，环境对领导者越有利；反之，环境对领导者则不利。这三项权变因素组合起来，可以得到八种不同的情境和类型，每个领导者可以从中找到自己的位置。

最后，进行领导与情境的匹配。菲德勒把八种情境的每一种与三项权变因素分别组合起来，进行各种匹配。他认为，在领导职位权力不足、任务结构不明确、领导与下属关系恶劣的情境因素下，任务导向型的领导者将是最有成效的。在职位权力很高、任务结构明确、领导者与其下属关系良好等情境因素下，任务导向型的领导者也是最有成效的。但当情况属于中等有利时，关系导向型的领导是最有成效的。总之，在情境因素最好或最差的条件下，应选择任务导向型的领导方式，反之，则应选择关系导向型的领导方式。如下表所示：

菲德勒权变模型

情境类型	1	2	3	4	5	6	7	8
领导者与被领导者关系	好	好	好	好	差	差	差	差
任务结构	明确	明确	不明确	不明确	明确	明确	不明确	不明确
职位权力	强	弱	强	弱	强	弱	强	弱
有效领导方式	任务导向	任务导向	任务导向	关系导向	关系导向	不明确	不明确	任务导向

菲德勒认为，个体的领导风格是稳定不变的，个体的 LPC 分数决定了他最适合于何种情境条件，因此，提高领导有效性的途径只有两条：第一条是替换领导者以适应情境。如果领导者不能适应其所在的领导情境，那么只能用另外一个领导者来替换。第二条是改变情境以适应领导者，重新建构任务结构和领导职位权力，使环境符合领导者的风格。

（二）赫塞和布兰查德的情境领导模型

保罗·赫塞（Paul Hersey）和肯尼斯·布兰查德（Kenneth Blanchard）在1981年提出了情境领导模型（Situational Leadership Model），受到广大领导者的推崇，并被作为培训下属的主要手段和方式。情境理论与菲德勒权变理论的不同点在于，它把研究的重点放在被领导者身上，重视下属的作用。认为恰当的领导方式必须根据下属的成熟度来确定，因为领导者是通过被领导者起作用的，领导权力从某种意义上说，来自被领导者，如果被领导者不认同、不接受领导者，无论领导者的观点多么正确，行动计划多么周密，都只能是领导者自己的事，难以变成现实，也就没有什么绩效可谈。领导方式的选择应根据被领导者的成熟度而定。成熟度包括工作成熟度和心理成熟度两方面，这两方面的高低结合形成了四种类型的成熟度结构，领导方式应随着成熟度的变化而进行调整。如下表所示：

被领导者成熟度与领导方式的关系

成熟度	低	中低	中高	高
	低能力 低动机	低能力 高动机	高能力 低动机	高能力 高动机
领导方式	指导式	推销式	参与式	授权式
	高工作 高关系	高工作 低关系	低工作 高关系	低工作 低关系

（三）豪斯的路径—目标理论

路径—目标理论（Path-Goal Theory）是由加拿大多伦多大学教授埃文斯（Martin G. Evans）在1968年提出，后经过罗伯特·豪斯（Robert House）等人在1974年进一步完善而创立的一种领导权变理论。该理论认为，领导者的绩效是以他在多大程度上能激励下属达到组织的目标并使其在工作中得到满足的能力来衡量。领导过程是一个激励下属的过程。领导方式只有适合于不同的下属和环境时才是有效的。该理论的核心是要求领导者体贴关心下属，满足下属需要，用抓组织、关心生产的办法帮助下属寻求恰当路径，以实现预定的目标。

豪斯认为，领导的第一个要点是“目标”，领导者的工作就是为下属提供必要的指导和支持，帮助下属实现目标，并确保他们各自的目标与组织的总目标相一致。第二个要点是“路径”，有效的领导者通过为下属指明实现工作目标的路径,帮助下属排除实现目标过程中的各种障碍和危险,使下属更有效地实现目标,并且在这一过程中还要给予下属各种满足需要的机会。

领导者的行为会影响下属的期望值以及目标效价(目标吸引人的程度),这是领导者激励下属的主要手段。领导者行为会从三个方面对下属的态度或者期待心理产生影响:下属的工作满足感,下属自愿接受领导的程度,下属心目中形成的报酬期望。领导者的工作就是利用结构、支持和报酬,建立和优化有助于下属实现组织目标的工作环境。① 这涉及两个主要因素:一是建立目标方向,二是改善通向目标的路径,以保证目标的实现。其基本内容包括以下五个方面:

1. 领导过程。路径—目标的领导过程如下:领导者确认下属的需要—建立合适的目标—将报酬与目标联系起来—在下属实现目标的过程中,领导者提供帮助—下属获得满意,认可领导者并产生更强的动机—出现更好的绩效—下属和组织的目标均得到实现。

2. 目标设置。目标具有十分重要的作用,目标设置是衡量绩效的标准。目标包括短期目标和长期目标,它可以用来检测完成绩效标准的情况。

3. 路径改善。领导者在决定实现目标的路径之前,需要掌握一些实现目标过程中的权变因素和可供选择的领导方案,特别是必须权衡确定对两类支持的需要:一是任务支持,包括帮助下属组合资源、预算、权力以及其他有助于完成任务的因素;二是心理支持,激励下属自愿和投入地完成此项工作任务。

4. 领导风格。领导者的行为被下属接受的程度,取决于下属是将这种行为视为获得满足的源泉,还是作为未来获得满足的手段。领导者行为的激励作用在于:它使下属的需要满足与有效的工作绩效联系起来,它提供了有效的工作绩效所必需的指导、支持和奖励。为此,豪斯提出了以下四种领导风格:指导型领导、支持型领导、参与型领导、成就取向型领导。

指导型领导(directive leadership):领导者让下属了解组织对他们的期望,对下属工作提出具体的指导性意见,明确岗位责任,安排工作进度,坚持固定的劳动标准,要求下属严格遵守规章制度。

支持型领导(supportive leadership):领导者在营造良好的工作环境的同时,关心下属的健康和需要。领导者要和蔼可亲,平易近人,平等对待下属。

参与型领导(participative leadership):领导者在做出重大决策时,与下属共同磋商,并在决断前充分考虑下属的建议,认真对待和研究他们的要求,使

① 参见刘建军:《领导学原理——科学与艺术》,复旦大学出版社 2001 年版,第 46 页。

其有归属感。

成就型领导(achievement-oriented leadership):领导者善于提出富有挑战性的目标,激发下属最大限度地发挥才能,并对其表现出极大的信任感,相信他们会担起重任,做出努力,实现目标。

同一领导者可根据不同的情境选择不同的领导风格,采用不同的领导方式。

5. 权变因素。路径—目标理论提出了两类情境或者权变变量作为领导行为与领导结果之间的中间变量:一是下属控制范围之外的环境(任务结构、正式权力系统以及工作群体),二是下属个性特点中的一部分(控制点、经验和感知到的能力)。要想使下属提高绩效,环境因素决定了作为补充所要求的领导行为类型,而下属的个性特点决定了对环境和领导行为做出何种解释。在工作环境中,领导者必须确认下属任务是否已经结构化,正式权力系统是否最适合于领导风格,现在的工作群体是否满足了下属的社会和尊重需要。为此,领导者必须评估每个下属的三个主要变量:第一,控制点(locus of control),即找准和确认下属成就的不同来源,是来自个人努力还是来自外部力量,并进行相应的控制。第二,下属接受领导者影响的意愿。如果该变量较高,则指挥型方法更容易取得成功;如果该变量较低,则参与型领导风格更容易获得成功。第三,自我觉察的完成任务能力。对自身能力比较自信的下属适合于支持型领导风格;相反,对自身能力缺乏自信的下属更易受到成就取向型领导者的影响。

当领导者行为与环境结构相比是多余的或者与下属的特性不相一致时,领导绩效均不理想。

路径—目标理论指出了领导活动的另外一些权变变量,并且扩展了领导者行为的选择范围。它的独特之处在于所描述的每一种领导风格都是明确基于一种激励的类型,所存在的不足是整个模型还没有得到实证研究证明,仍然是推测性的。

五、领导理论的最新发展

领导理论经过半个多世纪的演变,从特质理论、行为理论到权变理论,都在试图揭示有效领导背后的真正原因。但从整体来说,这些研究都存在着诸多的局限性,人们仍然在进行着不懈的探索。20 世纪 80 年代以来,社会结构发生了巨大变化,社会成员受教育的程度普遍提高,科学技术尤其是信息技术迅猛发展,并在领导过程中发挥着越来越大的作用。传统的官僚体制模式和领导方式受到挑战,人们积极寻找新的组织形式和领导方式,不断探索新的领导理论和方法,提出了诸如领导归因理论、领导替代理论、魅力领导理论、交易型领导与变革型领导理论等。新的领导理论在关注组织的变革、构建愿景、授权、发展追随者等方面具有许多积极作用。不过,在21世纪之前,这些领导理论还是强调领导者个体对追随者和情境的影响和改造,没有突出组织整体发挥的作用,这种带有精英统治论倾向的特征虽然与原来的领导理论相比有所进步,但也遭受了许多非议。① 进入21世纪以后,经济全球化、政治民主化、社会分散化、信息网络化日益加速,持续快速的变化已经成为这个时代的特征,知识和信息成为了经济社会发展的主要推动力,这些都呼唤着新型的领导结构和领导方式,迫切需要领导理论的创新与发展。为回应时代的呼唤和社会的挑战,人们在领导实践发展和领导理论研究中提出了很多有关现代领导活动及其效能的新主张、新观点,如自我领导和超级领导理论、分担式领导理论、有机领导范式、复杂性领导理论、团队领导理论、关系型领导理论、学习型组织的分权式领导理论、真实领导理论等。下文将对领导理论进展的一些主要内容做一简单介绍。

(一)领导归因理论

归因理论是人们用于理解事物原因与结果之间关系的理论。领导归因理论(Attribution Theory of Leadership)就是指人们把领导活动中的一些现象和结果归因于领导者个体影响的一种学说。运用归因理论的分析框架,研究者发现,人们常常趋向于把领导者描述为具有超常的智慧、随和的个性、良好的表达能力、积极的进取心、充沛的精力、高远的目标、不懈的努力等这样一些特质的精英。不管具体情境如何,人们都倾向于将既高度关心工作又高度关心下属的领导者视为最佳。在组织层面上,归因理论的分析框架说明了为什么人们在某些条件下常常用领导来解释组织的发展状况和结果,当组织的绩效极低或很高时,人们倾向于把它归因于领导。

(二)领导替代理论

史蒂文·克尔(Steven Kerr)和约翰·杰迈尔(John Jemier)提出的领导替代理论,把环境变量分为两组:替代因素和抵消因素,并指出在替代因素作用下,领导者的重要性会被大大削弱,会使领导行为变得多余和不重要。这些因素涉及下属、任务和组织自身存在的一些特点。例如,下属清楚了解自身职

---

① 参见文茂伟:《当代英美组织领导力发展:理论与实践》,浙江大学出版社2011年版,第43页。

责,知道如何工作,具有较强的工作动机和能力,并对工作感到满意等因素。抵消因素则是指下属、任务和组织中阻碍领导发挥作用或者使领导行为无效的一些特点。例如,领导者缺乏对较佳业绩进行奖励的权力就是抵消作用的一种变量;而下属如果对领导者的激励缺乏兴趣,也会导致领导行为没有任何意义。

在早期的理论模型中,史蒂文·克尔和约翰·杰迈尔重点研究支持型领导和指令型领导的替代因素和抵消因素。他们指出,下属、任务和组织的多种属性都可能成为领导行为的替代因素和抵消因素。就下属的特点而言,如果下属能力素质强,接受过专门培训,经验丰富,就几乎没必要对他们加以指导,因为他们已经具备了完成任务的基本技能和方法,并且他们通常也不希望和不喜欢别人去干涉他们的工作。同样,专业人员受到绩效、需要、道德等内部激励之后,自然就会提高绩效。不同的组织、不同的报酬方式,对下属的吸引力也不同,这在一定程度上取决于下属的需要和个性。就任务的特点而言,简单、重复的任务,下属能够很快掌握完成该任务所需的必要技能,无需领导进行大量的培训和指导;当任务本身能自动反馈完成信息时,也毋需领导者经常性地监控与指导。就组织特点而言,组织如果制定了详细而合理的规章制度和政策,下属在认真学习和领会后,就毋需领导者进行过多的指导;如果工作团队有较强的凝聚力,成员间相互支持和帮助,能够进行密切合作,同样也毋需领导者过多的指导。

领导替代理论对各种替代性因素进行了深入思考,为提高组织绩效提供了新的视角。一般来说,任何组织都不希望领导的替代者过于强大,以致完全取代领导者;同时也不希望领导的替代者太弱,甚至没有替代者,迫使下属不得不完全依赖领导者。但不管是何种情况,有效的领导者都应该为下属提供必要的指导和帮助,为组织和下属的发展创造条件。在现代信息社会中,领导替代理论的操作性还有待进一步提高,还需要进一步补充和完善。

(三)魅力领导理论

魅力领导理论(Charismatic Leadership Theory)是领导归因理论的扩展。“魅力”(Charisma)一词源于希腊语,意思为“天赋”。社会学家马克斯·韦伯(Max Weber)最先将魅力与统治方式联系起来。他在研究统治方式的过程中,区分了三种统治的类型:传统型统治、魅力型统治和法理型统治。所谓魅力是指一个人所具有的被视为非凡的品质。魅力领导理论指的是当人们观察到某些行为时,会将其归因于伟人式的或杰出的领导能力。加拿大多伦多大学的豪斯将魅力型领导者的性格概括为四个方面:支配欲、自信、对他人施加影响的需要和对自己信仰的坚定信念。华伦·本尼斯(Warren Bennis)研究了90位美国最杰出和最成功的领导者,发现他们有四种共同的能力:有令人折服的远见和目标意识;能清晰地表达这一目标,使下属明确理解;对这一目标的追求表现出一致性和全身心的投入;了解自己的实力并以此作为资本。纳哈雯蒂将其概括为五个方面:高度自信、对理想有强烈的信念、高度热情和精力充沛、良好的表达与沟通能力、积极的形象和模范作用。麦吉尔大学的杰伊·康格和雷宾德拉·凯南格在领导魅力方面进行了最为全面的分析,指出了魅力型领导者的一些关键特征:自信、远见、清晰表达目标、对目标的坚定信念、不循规蹈矩、勇于变革和对环境保持敏感性。

魅力型领导者一般通过以下方式对下属产生影响:

第一,领导者清晰地描述宏伟的前景,这一前景将组织的现状与美好的未来联系在一起,使下属有一种连续的认识。

第二,领导者向下属传达高绩效的期望,并对下属达到这些绩效表现出充分的信心。

第三,领导者通过言语和活动传达一种新的价值观体系,并以自己的行为给下属树立效仿的榜样。

第四,领导者通过做出自我牺牲和反传统的行为,表明自己的勇气和对未来前景的坚定信念。

一般来说,魅力型领导者与下属的高绩效和高满意度有着明显的相关性,其中高满意度占有更加突出的地位。但魅力型领导者对于下属的高绩效水平来说,并不总是必需的。而且,由于无法对魅力进行精确定义和测量,一些研究者对魅力型领导理论提出了质疑。

(四)交易型领导与变革型领导

交易型领导与变革型领导(Transactional vs. Transformational Leadership),是研究者针对领导方式的变革需要而提出的两个概念。最早是政治学家伯恩斯(James MacGregor Burns)于1978年出版的《领袖论》一书中提出的。交易型领导强调领导者与下属之间的交换关系,领导者通过明确角色和任务要求来指导或激励下属向着既定的目标努力,把为下属提供资源和报酬作为对下属积极性、生产效率和工作成就的交换。在交易型领导的情形下,领导者与下属通过交换来满足彼此的需要,这种交换可能是经济上的、政治上的,也可能是心理上的。交易型领导的一个重要特征在于它是暂时性的,一旦交易完成,就不再有继续将双方联系在一起的要求了。尽管交易型领导会相当有效率,但却不能导致组织或社会的变革。而变革型领导则是通过勾画组织发展愿景和对这一愿景进行热情洋溢的宣传,帮助下属开阔眼界,鼓励下属超越个人利益或者将个人利益与组织利益统一起来,为实现共同的组织目标而奋斗,从而对下属产生深远而特殊的影响。变革型领导通过诉诸追随者的价值和对更高目标的追求来改变现状。从伯恩斯的区分中可以看出,“变革型领导”概念中的“变革”涉及两个层次上的关系:其一是涉及领导者与追随者的关系。领导者要将追随者的需要和价值目标提升到一个更高的层次,这与交易型领导以不改变追随者的需要和价值目标为前提所进行的交换形成对比。其二是涉及领导者的行为与要达到的组织目标的关系。领导者要改变组织的文化、结构、组织方式和行为方式,为组织带来大的变化。如果说交易型领导带有更多的理性色彩,是在交换中谋求一种平衡,那么,变革型领导则带有更多的理想色彩,通过激发人们的想象力,试图为组织提供一种希望和发展动力。

交易型领导与变革型领导的行为特征是不同的。交易型领导依靠确立目标和通过对所要求的绩效许诺奖赏的方式来激励下属。交易型领导主要采用“有条件奖赏”(contingent reward)和“例外管理”(management-by-exception)两种方式进行领导。所谓“有条件奖赏”,就是领导者确定目标,提出根据绩效所给予的奖赏标准,获得必需的资源,以及当达到绩效目标时给予奖赏。所谓“例外管理”,指的是:只有当没有达到绩效标准时,领导者才会与下属进行互动。与交易型领导不同,变革型领导采取以下四种不同的方式进行领导:理想化的影响、动机激发、智力上的激励、个人化的关心。(1)理想化的影响就是变革型领导者能够产生巨大的具有象征意义的力量,追随者愿意认同领导者的这种能力,将领导者理想化,并常常对他们产生一种强烈的心理依附。追随者努力仿效或反映变革型领导者的行为,他们敬佩、尊重、信赖并认同这样的领导者,拥护这些领导者就如同拥护自己的愿景与价值观。(2)动机激发就是指通过为追随者提供意义感与挑战性来指导他们的行为,调整与他们的沟通模式。领导者对未来愿景做出承诺,并展示出巨大的热情与乐观情绪,这种情绪对追随者产生持续的影响,并能培养他们的团队精神,激发他们实现愿景的积极性。(3)智力上的激励是指变革型的领导者激发追随者的革新精神和创造力。(4)个人化的关心是指领导者将追随者当作个体来看待,特别注意满足每一位追随者的成就与成长的需要。

变革型领导者面临的任务通常是使组织的业绩提升到更高的水平,为此,领导者就要进行组织变革,改造组织文化。领导者如何促使变革发生呢?达布林总结了变革型领导者促使变革发生的六种方式:(1)提高人们的意识。变革型领导者促使追随者意识到某种奖赏的重要性和价值,以及获得这种奖赏的途径。(2)帮助人们超越自我利益的眼界。变革型领导者会帮助追随者从组织和组织发展的大局出发去考虑问题。(3)帮助人们寻求自我实现。变革型领导者帮助人们超越对较小满足的关注,去寻求自我的实现。(4)帮助人们理解变革的需要。变革型领导者必须帮助追随者从情感和理智两方面去理解变革的需要。(5)使管理者具有紧迫感。领导者创造一种变革,将主要的管理者凝聚在一起,使他们理解变革的紧迫性。(6)宣传变革的重大意义。领导者通过大量宣传,将变革事业看做是个人和组织表现其价值和活力的机会。

(五)自我领导和超级领导理论

所谓自我领导,顾名思义,就是自己领导自己,即领导者的主要任务和职责就是采用各种方式方法,把被领导者培养和造就成为领导者,使他们具有高度的责任感和自我控制能力,自觉努力地工作,使被领导者由过去的"要我做"变为"我要做"。所谓超级领导,就是领导者带领下属领导他们自己。超级领导适用于那些有责任领导他人的组织领袖。

自我领导和超级领导有着内在联系。理解自我领导是理解超级领导的关键,因为对下属的所有控制最终要靠下属的自我影响起作用。无论控制从何而来,其效果仍然依赖于这些控制在多大程度上能被下属认同和内化。

自我领导有两类策略:第一类是注重有效的行为和行动,即以行为为中心的策略,对下属领导自己完成一些十分困难但又必须完成的任务十分有帮助,包括自定目标、自我提示、自我检查、自我排练。自我排练即在完成一项重要任务之前进行周密的安排和训练,自行实施奖励和惩罚措施。第二类是注重有效的思想和情感,即以认知为中心的策略。认知策略主要是关于下属如何建构自己建设性的管理思维模式,然后通过它影响行为。这种策略分为两部分:一部分是考察如何利用来自任务本身的快乐和自然回报,以形成具有建设性的思想与感受;另一部分则通过信念、自我暗示和想象等方法形成建设性思维。

(六)分担式领导理论

在知识经济禀赋的组织中,团队成员由于工作的需要经常会被分配到不同的项目或组织当中,归属不同的团队,而由不同专业背景的人组成的团队虽然也拥有正式任命的领导,但是其可能只拥有某一种专长,而对其他成员有很强的依赖,在这种情况下领导往往不是由管理地位所决定,而要看个人的影响力和团队对领导力的需求情况。这种领导方式经常涉及同级间的横向影响,有时也涉及向上或向下的影响。由此,出现了分担式领导(Shared Leadership)

理论。分担式领导既关注个人承担的领导角色,也关注作为社会过程的领导,强调组织成员间的相互作用,试图整合这种个体之间动态的相互的作用来实现群体或组织目标。这超出了以前强调具有正式职务领导者作用的传统视角,揭示了传统正式领导者的局限性。不过,随着分担式领导理论的提出和深入研究,一些企业的高层也采用了类似分担式的领导,诸如两个首席执行官,之所以采用是因为分担式领导能够为组织提供多样化的领导风格、领导技术和领导能力,另外还有些企业为了更好地把领导工作转交给下一任也采取把分担式领导方式作为暂时的过渡方式。① 当然,对分担式领导的实证研究还比较少,分担式领导尚处于发展阶段,有待进一步研究。

(七)有机领导范式

传统的管理方式强调有效性、一致性、可控制、可预见和经济规模。这些基于有机模式当中的规则根深蒂固地存在于其组织文化、价值观念和文化假设当中。新兴的经济则要求灵活、创新和活力,这些属性要求是基于一种有机模式的量子文化。这两种组织机构和领导方式是相反的。② 有机领导(Organic Leadership)中的成员领导不是组织规定的领导角色,领导者往往是在意义建构过程中自然出现,这就需要领导者扮演教练和整合者的角色,其更像辅助者,而不是指导者。有机领导不是用无序来取代有序,而是要通过自我控制和自我组织,让成员有一种自治和目的感,所有组织成员的互动就是一种形式的领导,愿景、价值观念和支持这些价值观的文化把各种互动连接起来。在有机领导的范式下,个人和组织以心理情感契约取代以工具理性为基础的契约关系。组织成员身份不再是组织雇员,而是接近公民式样的独立个体,加上灵活多样的工作方式,组织成员工作与生活的界限变得模糊。

(八)复杂性领导理论

复杂性理论的关键所在是世界不仅仅来自我们的主观创造,而且它还是我们每个人和我们的环境相互作用的结果。③ 复杂性领导(Complexity Leadership)是复杂系统动力学研究在大型组织系统的延伸,但并不意味着领导任务的复杂性、领导环境的复杂性、领导心理行为等方面的复杂性等特征。复杂

---

① Maria Arnone, Stephen A. Stumpf, "Shared leadership: from rivals to co-CEOs", *Strategy & Leadership*, 2010, Vol. 38 Iss: 2 pp. 15-21.

② Mark D. Youngblood, "Winning cultures for the new economy", *Strategy & Leadership*, 2000, Vol. 28 Iss: 6pp. 4-9.

③ Angelique Keene, "Complexity theory: the changing role of leadership", *Industrial and Commercial Training*, 2000, Vol. 32 Iss: 1 pp. 15-18.

性领导理论把领导行为嵌入到非正式动力系统中来思考,把“领导”看做是“涌现”的、动态互动的系统,调动一切积极的因素创设条件强化组织的互动,以催生解决问题的新办法。① 复杂性领导理论认为,领导不应该仅仅看成正式权威或职位,还应该看成自然发生的、相互影响的动力。当恰当的复杂自适应系统动力在等级协调情景中得以产生时,能够培育组织及次级单元创新、学习和适应的策略和行为。一个人或一些人不能够在任何情况下都被正式任命为满足组织需要的领导人。领导应该被允许在不同时间、在组织的不同部门成长起来,满足不同情景的需要。② 这种自下而上的领导,充分体现了组织权力的分散,为组织授权程度较高的团队增强了组织的灵活性,使组织能够有效适应环境的变化。

除此之外,还有许多新近发展起来的领导理论值得我们继续探讨。诸如,为了保障组织在知识经济情境中取得可持续的绩效而把自知、坦诚、透明和一致性等作为其核心的真实领导理论;让人们从英雄式领导中摆脱出来,重视为组织成员创造学习和领导机会,激发和持续保持创造性张力,重视不同的人在不同层级和地方的领导作用的学习型组织的分权式领导理论;在整合分担式领导、复杂性领导和后英雄主义领导等基础上,把领导看成领导者和追随者相互影响关系的关系型领导理论;把领导看做团队过程中的投入或是产出的团队领导理论等。

---

① 参见吴宇驹、凌文辁、刘毅、路红:《复杂性领导理论及其在科层结构组织中的应用》,《商业时代》2011 年第 4 期。

② Angelique Keene, “Complexity theory: the changing role of leadership”, *Industrial and Commercial Training*, 2000, Vol. 32 Iss: 1 pp. 15-18.

第四章　领导体制

领导体制是领导活动的组织载体和制度框架，在领导活动中具有十分重要的地位和作用。领导的各项职能都是在一定的领导体制下定位并借助于领导体制实现的，领导者的作用也受到领导体制的影响和制约。当前，领导体制改革成为中国政治体制改革的核心内容和关键因素，学习和研究领导体制具有重要的现实意义。

第一节　领导体制概述

领导体制是领导活动的制度框架，在领导活动中起着根本性的作用。掌握领导体制的基本内容是研究并建立科学合理的领导体制的前提和基础。

一、领导体制的基本内涵

（一）领导体制的含义

所谓领导体制，是指组织系统中以领导权限划分为基础所形成的组织机构设置和制度安排。理解领导体制的概念，应把握以下三个要点：

第一，领导体制实质是领导权限的划分，或者说以领导权限划分为核心。领导体制所涉及的核心问题是如何划分领导权的问题。各级领导部门或领导干部的职责权限要有明确的划分，这是领导活动得以规范有序进行的重要前提。领导系统中的组织机构设置以及一系列制度安排都是围绕领导权限划分而展开的，都是领导权限划分这一实质内容的外在表现形式。实际上，领导权的科学合理的分配也是领导科学所要研究的核心问题之一。领导权的分配科学与否,有三个方面的检验标准:一是权力和责任是否一致。如果权责不一致,领导者所享有的权力大于其应该承担的责任,就容易出现滥用权力、以权谋私等现象。相反,如果领导者所享有的权力小于其应该承担的责任,就容易出现无力或无法完成领导任务的情况,甚至出现无人负责的情形。二是权力和责任的划分是否明确。如果权责划分明确,则便于领导者用权履职,认真负责;如果权责划分不明确,则容易出现领导过程中权力重叠、多头管理或权力真空、无人负责的情况。三是权力和责任的配置是否得当。权责配置得当与否,不仅包括权力与责任之间的配置是否得当,还包括权责与担当者之间的配置是否得当。如果配置得当,就会保证权责对等,事得其人,能够避免畸轻畸重的情形;如果配置不够得当,则会出现权责脱节、人事不相宜的情形。

第二,领导体制是领导系统内部的组织机构设置。领导权限的划分一般都要体现在组织体制或机构体系之中,换句话说,组织机构的体系设置是领导权限划分的载体。从这个意义上说,领导体制就是体现领导权限划分并保证领导权力有序运行的组织工具。领导体制作为一种组织机构设置,它是一种整体的组织架构,是静态的事权分工制度与动态的运行机制相统一的机构体系,包括职责定位、机构设置、人员安排、权责体系、运行规则等。

第三,领导体制是一种制度安排。领导体制是领导功能及其实现条件的制度化表现形式,是以领导权限的划分为核心内容、以实现组织的目标为主要职能的一系列特定的制度安排或制度规范。领导权限的划分实质是一种分工制度或分职制度,机构的设置实质是一套组织制度,人员安排实质是人事、编制制度,权责体系和运行规则实质是组织行为、工作行为的规范体系,也是一种管理制度、责任制度。从这个意义上说,领导体制就是关于领导权限划分和机构设置的制度体系。当然,从更大范围来看,领导体制不仅与组织形态有关,也与社会制度有关。

(二) 领导体制与领导机制、领导制度

领导体制与领导机制是两个既有区别又有联系的概念。

机制也叫机理,原意是指机器的构造和工作原理,来源于英语 mechanism 的意译。在自然科学中被引申为自然现象和事物的作用原理、作用过程及其功能。在社会科学中的引申意义十分复杂,有人认为机制是指事物组成要素之间的相互关系,即结构;有人认为机制是指事物的有规律性运动,即运动模式;有人则认为机制是指事物发挥作用的过程和原理。概言之,机制就是事物之间较为稳定的相互联系和相互作用,是事物有规律性的运动模式。领导机制就是指领导构成要素之间相对稳定的相互联系、相互作用方式,是有规律性

的领导活动模式。

“制度”一词在《现代汉语词典》中的解释有宏观和微观之分。宏观的“制度”是指在一定历史条件下形成的政治、经济、文化等方面的体系；微观的“制度”是指要求大家共同遵守的办事规程或行动准则。制度一词在英语中是“institution”，既有制度、习俗的含义，也有社会公共机构的含义，还表示一种规范化、定型化的行为方式。因此，从宏观来看，领导制度就是一个国家在一定的历史条件下所形成的有关领导活动方面的规范化、定型化的稳定的行为方式体系，属于国家根本制度的重要组成部分。从微观来看，领导制度则泛指在领导活动中要求领导者遵守的办事规程或行动准则。

“体制”一词在《辞海》中的解释是指国家机关、企业和事业单位机构设置、领导隶属关系和管理权限划分等方面的体系、制度、方法、形式等的总称。而《现代汉语词典》把“体制”解释为国家、国家机关、企业、事业单位等的组织制度。体制一词在英语中是“system”，具有体系、体制、系统、制度、方法、方式等意思。领导体制就是指组织系统中以领导权限划分为基础的机构设置及其相互关系等方面的规则体系。

从以上的分析可以看出，领导体制、领导制度、领导机制三者之间有着一定区别。领导体制是宏观意义上的领导制度的体现形式，而微观意义上的领导制度基本等同于领导体制。与根本的领导制度相比较，领导体制属于较低层次，要服从服务于领导制度，是领导制度的具体化和运行规则，领导体制具有较大的灵活性和多样性。领导制度具有一定的阶级性，而领导体制则是中性的，其工具性比较突出。各个国家在建立和稳定根本领导制度的同时，都在不断地探求科学化的领导体制，对现行的领导体制进行改革和完善。中国不断进行各项领导体制改革的理论依据也正在于此。领导机制则是领导体制的基本运行原理和模式，是领导体制具体运行过程和环节的展现。为此，我们把领导体制界定为在一个社会的各种组织内部与领导活动中，为了实现领导职能，在领导权限划分基础上所进行的机构设置、人员配置以及用以规范领导活动方式的制度体系。

二、领导体制的主要内容

领导体制的内容十分广泛，概括起来，主要包括以下五个方面：一是领导组织的原则，二是领导组织结构，三是领导的层次与宽度，四是领导权限与职责的划分，五是领导管理制度。

（一）领导组织的原则

领导组织的原则就是领导体制中以权限划分为基础的组织机构设置的一般原则，是领导组织机构活动客观规律的主要表现形式，是在领导组织机构设置过程中所必须依据和遵循的基本行为准则。领导组织的原则一般包括：

第一，目标性原则。领导组织机构的设计要与组织的目标保持一致。任何组织机构在层次、分支方面的设计，必须有利于组织目标的实现和组织任务的完成。

第二，统一性原则。领导组织机构体系必须完整，既有决策机构、执行机构，还需有咨询机构、反馈机构和监督机构。组织机构的设置须有利于统一领导，保障领导的权威性。

第三，适应性原则。领导组织机构的设立，既要遵循法律法规，依法设置和变革，又要根据客观环境的变化及领导组织自身的特点，及时对组织机构进行调整和改革，使组织在保持相对稳定性的同时，又具有一定的适应环境变化的灵活性。

第四，高效性原则。领导组织的设置要不断降低成本，尽可能提高组织效率。组织设置的目的是为了提高效率，这是组织生存和发展的基础。

（二）领导组织结构

领导组织结构是指领导组织内部各个基本要素之间的组合方式及其相互关系。在领导组织结构中存在着两种最基本的关系：一是纵向的领导隶属关系，它决定了领导的上下级关系；二是横向的领导协作关系，是平行的各部门之间的相互协作关系。

领导组织结构的具体表现形式多种多样，在此主要介绍五种较为常见的组织结构模式，即直线式领导结构、职能式领导结构、复合式领导结构、矩阵式领导结构、事业部式领导结构。

第一，直线式领导结构。这是一种传统的领导体制模式，是金字塔式的等级垂直领导结构。在这种领导体制模式中，领导职位、职权、职责从组织的最高层到最低层按照直线垂直配置，形成等级系列，通过自上而下的命令服从关系，将一切权力集中在组织的最高层。这种组织结构的优点是统一领导，关系清晰，层级分明，责任明确，行动迅速，效率较高。它的缺点是缺乏专业化分工，容易使上级领导陷入日常事务之中，难以集中时间精力思考研究重大问题。这种组织结构形式一般适合于简单、重复、标准化的工作和结构简单的组织。

第二，职能式领导结构。这种组织结构模式是美国科学管理之父泰勒在科学管理理论基础上提出来的。在这种领导模式中,在上级组织的领导下,按照专业分工设置若干职能部门,实行专业分工管理,各职能部门直接对上级领导负责,并在其业务范围内对下级有指挥、协调、监督的权力。这种组织结构的优点是实行专业化分工管理,可以减轻领导的工作负担,使其能集中时间和精力处理本组织中较重要的问题,容易积累起专业方面的知识和经验,适应现代管理活动复杂化的需要。其缺点是易造成多头领导或多重领导,出现政出多门、政策冲突或互相推诿、扯皮的现象,妨碍统一指挥,增加协调的困难,造成管理上的混乱。

第三,复合式领导结构。也叫直线—职能式结构,是法国管理学家亨利·法约尔总结并创建的组织结构形式。这是直线式、职能式两者的复合结构领导方式,它以直线式结构为基础,并在每个领导层级都设立了专门的职能部门,分别执行各种专业职能。这种领导结构模式综合了直线式和职能式的优点,既保持了直线式集中统一指挥的优点,又吸取了职能式发挥专业职能作用的优势,成为现代各种组织普遍使用的一种领导结构模式。但这种结构模式也存在一些缺点:如各职能部门之间缺乏有效沟通,直线部门和职能部门以及职能部门之间职责、职权难以明确界定清晰,容易产生矛盾和冲突。同时,如果职能部门权力过大,容易将其意图强加给管理者,干扰、限制直线管理者的正常工作,导致部门主义,各行其是。而如果直线领导者权限过大,将职能机关置于可有可无的地位,也会带来不良后果。并且这种组织结构模式管理人员过多,管理成本较高。

第四,矩阵式领导结构。也称“规划—目标”式结构,是在直线—职能式结构形式基础上发展起来的一种结构模式,它既保留了职能式组织的形式,又设立了按照项目划分的横向领导系统。矩阵是一个数学概念,在数学中,把多种要素按照纵向和横向进行排列而形成的一个矩形就叫矩阵。在管理活动中,把按照职能划分的职能部门和按照项目划分的部门排列结合起来,就组成了一个矩阵。这是一种垂直领导与水平领导并列的领导结构模式,组织成员受到双重领导,加强了管理活动的纵向联系和横向联系的整体性。

矩阵式领导结构的优点在于能够加强各职能部门之间的信息沟通与职能配合,提高了解决问题的效率;有利于充分发挥职能专家的作用;有利于人才的培养和锻炼;有利于各种专业人员之间取长补短,发挥综合优势;具有较大的灵活性和适应性,能够使组织较快适应社会环境的变化;有利于机构精简,裁撤冗员,提高组织效率。但是,矩阵式领导结构也存在一些缺点:首先,由于组织成员受双重领导,如果领导之间的意见相互矛盾,就容易导致下属无所适从、左右为难,造成指挥和协调方面的困难。其次,组织关系比较复杂,对项目负责人的素质能力要求较高。

第五,事业部式领导结构。又称 M 型结构或者多部门结构,它是 20 世纪 20 年代初由美国企业管理专家小斯隆在美国通用汽车公司研究设计出来的,因此也被称为“斯隆模型”。事业部式领导结构,是在组织的服务对象、活动领域等基础上,把组织划分为若干事业部而组成的组织结构。事业部制组织结构是一种分权制的组织结构形式,它所划分的事业部具有很大的权力,组织最高领导除保留人事管理、财务控制、组织监督等权力以外,把很大的权力下放到了事业部。事业部是分权化单位,是利益责任单位,具有利益生产、利益核算和利益责任三种职能,具有相对独立的自主权。事业部制领导结构是一种“大权独揽,小权分散”“集中决策,分散经营”的组织结构形式,是集中领导下的分权管理模式。

事业部式领导结构的优点主要有:提高了领导管理的灵活性和适应性,有利于组织对环境的变化迅速作出回应,使决策层摆脱繁杂日常事务的干扰,集中时间、精力思考和研究组织的战略问题,减少决策失误,也可以使事业部具有很大的自主性,有利于其主动性和积极性的发挥,有利于组织的专业化运行,提高领导的灵活性和适应性,有利于培养和训练领导人才。其主要缺点是:由于机构设置重复,导致管理部门和人员的增加,造成管理成本的提高。同时,各事业部领导考虑问题往往从本部门的利益出发,忽视组织的整体性,容易形成本位主义。最后,由于职权下放过多,指挥不灵,各事业部之间的竞争,造成人员调动协调困难,影响先进技术和科学管理方法的交流和共享,影响组织整体性发展。

在实际领导活动中,这五种领导结构形式常常相互结合,互为补充,较少以一种独立的形式而单独存在。

(三)领导的层次与宽度

领导结构有纵向结构和横向结构,纵向结构形成领导的层次,横向结构形成领导的宽度。领导层次是指组织系统中自上而下地实施指挥与监督的权力级差数量,即该组织系统中设置多少层级进行领导和管理,有多少等级层次,就有多少领导层次。领导宽度,又叫领导跨度或领导幅度,是指一个领导者直接有效地指挥的下属数量。

领导层次与领导宽度是密切联系的,一般来说,在同一个组织系统中,领导层次和领导宽度成反比关系,即在组织规模一定的情况下,较大的领导宽度意味着较少的领导层次。反之,较小的领导宽度则意味着较多的领导层次。

有学者根据统计分析，提出了领导宽度的“二八律”：在一般的领导机构中，担任正职的领导者宜有两位副职和八位下属，而担任副职的领导者也宜有两位助手和八位下属。当然，在具体的设置过程中，领导的层次和宽度设计需考虑多种因素。一般来说，影响领导层次与领导宽度之间关系的主要因素有：

第一，组织工作任务的性质。工作任务愈复杂，差异越大，就越需要协调，领导宽度就越小，领导层次就越多，反之亦然。

第二，工作内容的难易程度与近似程度。工作内容越容易，越近似，就可以采用较大的领导宽度和较少的领导层次，反之，则采取较多的领导层次和较小的领导宽度。

第三，组织成员素质水平。组织成员的素质高，责任感强，可以采用较大领导宽度的结构，反之，则采用较小的领导宽度结构。

第四，领导者能力状况。领导幅度的宽窄与领导者的能力成正比，领导层次的多少与领导者能力成反比。领导者素质高、能力强，领导宽度可以适当增加，领导层次则相对减少。反之，领导层次可以适当增加，领导宽度则相对减小。

第五，组织文化的凝聚力。良好的组织文化可以形成一种强大的向心力，把组织成员凝聚在一起，共同为组织的目标而奋斗。这样，领导层次就可以减少，而领导宽度则可以增大。反之，缺乏良好的组织文化，整个组织是一盘散沙，则领导宽度就小，领导层次就应增加。

第六，领导信息系统和技术的先进程度。提高领导信息系统和技术的先进性，可以增加领导宽度，减少领导层次。反之，领导信息系统和技术的落后，则需要增加领导层次，降低领导宽度。

（四）领导权限与职责的划分

领导体制的实质是领导权限与职责的划分及其制度化，这必然要求设置若干分工协作的组织机构或部门来行使权力和承担相应责任。现代领导组织机构一般包括以下五个部分。

1. 决策机构

决策机构也称“决策中心”，是领导组织系统的核心和灵魂，它确定组织发展战略、制定政策、发布指令，是组织的大脑。一个组织如果缺乏决策机构或者决策机构没有权威，组织系统就无法有效地开展活动。一个组织只能有一个决策机构，否则就会政出多门。决策机构还必须精干，如果人数过多或人员素质不高，就容易陷入软弱无力或官僚主义的泥潭。决策机构的任务是进行正确决策，即决定做正确的事，决不能随意决策，或者沉溺于具体事务之中。

决策机构还须有健全完善的决策制度和议事规则,不断提高决策的民主化和科学化水平。

2. 咨询机构

咨询机构是为决策服务的,是决策机构的思想库、参谋部和有力助手。咨询机构的主要任务是:负责调查研究和信息资料的收集分析,为决策机构提供可靠信息和预选方案;进行专项研究,为决策机构和执行机构提供相应的咨询指导服务;进行科学预测,提出战略决策建议。咨询机构一般由办公室、政策研究室、参事室、调查研究室、发展研究中心、战略研究中心、顾问委员会等部门组成。咨询机构职能作用的发挥须具备两个条件:一是咨询机构的相对独立性;二是咨询机构人员素质的优化性,人员素质要高,品德要好,结构要合理。

3. 执行机构

执行机构是决策机构的具体执行部门,一般由若干协调机构和职能部门组成。执行机构的主要任务是准确、及时、有效地执行决策机构做出的各项决策,即把事情做正确。在领导决策正确的前提下,执行力的高低就成为组织竞争力的焦点。执行机构要很好地完成任务,必须围绕提高"执行力"这个重点做好以下工作:抓好学习动员,增强理解力;抓好目标激励,增强驱动力;抓好沟通协调,增强整合力;抓好文化建设,增强凝聚力;抓好考核监督,增强督促力;抓好设施完善,增强物质力;抓好率先垂范,增强感召力。

4. 信息机构

信息机构是为领导决策提供信息服务的专业部门。健全完善的信息机构是领导工作科学化、高效化的客观需要。信息机构的工作一般包括四个部分,即信息输入、信息处理、信息输出和信息反馈。承担这些工作的具体组织机构一般有:综合性办公室、资料室、档案馆(室)、情报部门、信息中心、统计部门、社会调查中心等,信访部门有时也发挥信息机构的作用。信息机构的主要任务是负责有关信息的搜集、整理、筛选和传递工作。信息机构要及时准确地为咨询机构和决策机构提供真实可靠的信息,向执行机构及时反馈决策实施的真实情况。信息机构要充分利用当代先进的通信技术和信息设备,不断提高办公自动化和信息处理的现代化水平。

5. 监督机构

监督机构又叫控制系统,是领导决策系统的控制督察部门,一般由相对独立的各类专业职能机构承担不同的监督任务,一般包括纪检、司法、审计、督察、监事、督导等机构。监督机构的主要任务是:对领导决策和实施进行监察和督导，及时发现偏离目标的倾向和行为，向领导决策机构提出预警意见和纠偏建议，由法律授权或接受组织委托查处责任人，保证决策制定的正确和执行的准确无误。监督机构作用的正常发挥必须具备两个条件：一是能够依法独立行使监督职权；二是监督者作风正派、公正无私，并有秉公执法、善于监督的能力。

（五）领导管理制度

任何领导体制都是由人来制定和运作的，领导干部队伍素质直接关系到国家的命运前途，关系到组织的兴衰成败，领导干部的管理工作是领导体制的一个极其重要的问题。领导管理制度主要包括领导干部管理制度和领导工作制度。领导干部管理制度主要是领导者的选举、招考、任免、晋升、考核、监督、培训、轮换、离退休等方面的制度规范。领导工作制度主要是领导的工作程序、领导规则等，如：领导决策制度、领导用人制度、领导办公会制度、请示报告制度、领导问责制度、政务公开制度等。

三、领导体制的作用

领导体制作为上层建筑中政治制度的核心内容，在社会政治经济文化活动中具有重要的甚至是决定性的影响和作用。邓小平在深刻体悟与总结中国共产党历史经验教训的基础上指出："我们过去发生的各种错误，固然与某些领导人的思想、作风有关，但是组织制度、工作制度方面的问题更重要。这些方面的制度好可以使坏人无法任意横行，制度不好可以使好人无法充分做好事，甚至会走向反面。"因此，"领导制度、组织制度问题更带有根本性、全局性、稳定性和长期性。"①党的十七届四中全会明确指出，"科学的领导制度是党有效治国理政的根本保证。"②作为领导制度体现形式的领导体制，其重要作用主要体现在以下几个方面：

（一）领导体制是领导活动有序开展的制度保障

领导活动是一个复杂的社会系统，是多种要素的复合体。领导体制可以把各种要素结合起来，使之成为一个有机整体，正常有序地运作。一方面，领导体制可以沟通协调领导者与被领导者之间的关系，形成实践主体，开展领导活动。依托于领导体制，可以对被领导者进行合理的组合编排，使领导者与被

① 《邓小平文选》第2卷，人民出版社1994年版，第333页。

② 《十七大以来重要文献选编》（中），人民出版社2011年版，第148页。

领导者形成持续有效的互动关系，使法规、政策得以有效实施，领导活动得以顺利进行。另一方面，领导体制可以通过对领导权力职责进行明确划分，合理设置机构，形成层级分明、分工协作、行动统一的组织整体，通过明确领导机构的内部分工，科学划分权力职责，使各级部门领导人员各司其职，各负其责，保证组织有序运转。

（二）领导体制是实现领导目标的重要手段

领导活动是由领导主体、领导客体、领导生态、领导手段等要素构成的有机动态复杂系统。领导体制既是连接领导主体与领导客体的纽带和桥梁，也是领导者带领被领导者实现领导目标的基本工具。领导体制作为领导活动中领导权限划分和领导机构设置的制度体系，本质上是一种领导资源配置的重要方式，通过对权力、地位、价值、利益等的分配，形成特定的领导结构，这一领导结构从根本上决定着领导活动的整体结构和活动方式，决定着领导者的行为模式，是领导手段的核心部分。同时，只有依凭领导体制这一系统工具，才能使领导者合法地行使权力，履行职能，实现领导目标。

（三）领导体制从根本上制约影响着领导主体

领导体制对领导主体起着重要的影响作用，不仅决定着领导主体的领导方式、领导作风、领导观念、领导素质，而且影响、规范、引导着领导主体的观念行为。领导体制在一定程度上塑造着领导主体，有什么样的领导体制，就有什么样的领导主体。例如，在极权制的领导体制下，领导者往往独断专横、肆意妄为、滥用权力，在上级领导面前俯首帖耳、唯命是从，在下属面前则色厉内荏、飞扬跋扈，成为人格分裂的缺乏主体性的人。领导体制是否科学，直接决定着选拔任用的领导干部素质的高低，决定着领导干部能否依法领导、科学领导。科学的领导体制不仅可以使优秀的领导人才脱颖而出，而且有助于领导者健康成长，有利于塑造、培养、造就更优秀的领导者。

（四）领导体制从根本上决定着领导绩效

领导绩效不仅仅指领导者个人的工作绩效，还包括领导组织作为一个系统的整体绩效。领导体制作为领导主体活动的制度框架，领导权限职责划分是否明确，组织机构设置是否合理，领导层级和领导宽度是否恰当，领导干部管理是否科学，都从根本上决定并制约着领导者和被领导者的积极性、主动性和创造性的发挥，决定着领导绩效的高低。

（五）领导体制关系到组织的前途命运

领导体制关系到组织的生存和发展，小到一个单位部门，中到一个政党团体，大到一个国家，其前途命运、兴衰成败与领导体制的科学与否都密切相关。

科学的领导体制可以理顺协调各方面关系，规范权力运行，调动各方面积极性，激发活力，推动组织健康发展。反之，领导体制不科学，组织就会面临生存发展危机。从国家层面来看，如果领导体制不科学，就会严重影响到国家政治生活的民主化、法治化和现代化水平，就会阻滞社会经济文化的发展，危及国家的生存发展。

四、领导体制的基本类型

领导权限划分是领导体制的核心内容，不同类型的领导体制反映不同的领导权限划分方式。根据不同的划分标准，可以把领导体制划分为以下四种基本类型。

（一）集权制与分权制

根据领导系统中纵向权力配置的集中与分散程度，可以把领导体制分为集权制和分权制两种类型。

集权制是指一切重大问题的决定权均集中于上级领导机关，下级只能根据上级的决定和指示办事。分权制是指下级机关在自己的管辖范围内，有权独立自主地决定问题，上级对下级决定和处理的事情不得干涉。

集权制的优点在于：权力集中，政令统一，标准一致；指挥方便，能够统一意志，容易做到令行禁止；能够统筹全局，兼顾各方利益；便于统一调度和支配资源，集中力量做大事。其缺点是：灵活性差，应变能力差，不容易顾及特殊情况，不易因时因地制宜；不易调动下级积极性、主动性和创造性的发挥；容易使下属对上级领导产生人身依附关系，造成上级机关和领导人的独断专行和官僚主义等弊端。

分权制的优点在于：可以使下级因地制宜地贯彻上级指示，独立自主地开展工作，有利于充分发挥下级的智慧和才干；下级可以从实际情况出发，依据不同的特点处理问题，充分发挥本地区、本部门的长处和优势，比较容易适应客观环境的变化；可以帮助上级减轻不必要的工作负担，有利于防止官僚主义等弊端。分权制的缺点主要表现在：容易出现各自为政、政令不一的情形，各方常会发生矛盾和冲突；容易产生地方主义、本位主义、分散主义和不顾国家利益、整体利益的倾向，严重时可能导致全局失控、有令不行、有禁不止，不利于团体协作精神的培养。

集权与分权不是绝对的，在一个领导系统中，集权与分权经常是同时存在。集权制与分权制的优缺点表明，要处理好集权与分权的适度问题，一方面要有必要的集中统一,另一方面又要有相对的独立自主,力求扬长避短。

(二)完整制与分离制

根据领导系统中不同层次所接受的上级领导的数量是否单一,可以将领导体制分为完整制和分离制。

完整制又称集约制、一体制,也可称作一元化领导,指的是同一层次的各机关或同一机关的各个构成单位均接受同一个上级主管领导或主管机关的统一领导。分离制又称独立制,也可称作多元化领导,指的是同一层次的各机关或同一机关的各个构成单位所接受的上级指挥监督权,分属于两个以上平行的领导者或机关,换句话说,凡按照各个领导机关的不同职责分别赋予相应的权力的领导体制,均称为分离制。

完整制的优点在于:有利于统一贯彻指令,形成统筹全局的计划和领导;容易协调各方面的矛盾和利益;可以防止政出多门、各自为政的现象,避免因工作重复造成人力物力资源的浪费;容易做到责任明确,提高工作效率。完整制的缺点表现在:它容易造成上级机构或个别领导者包揽一切,实行家长制领导,不利于领导系统指挥效能的发挥,压抑下级机构和人员的工作积极性和创造性。

分离制的优点在于:可以使各类组织各司其职,各尽其能,充分发挥主动性、积极性;可以使多元上级之间互相牵制,彼此制约,又相互促进,防止专断和滥用权力;各单位分立,便于彼此之间开展竞争,有利于发现人才。其缺点在于:容易造成各自为政,各行其是,互不协调,重复劳动,相互推诿责任,造成人力、物力和财力的浪费,影响全局利益。

完整制和分离制是一个矛盾的两个方面,是对立统一关系。在实际生活当中,任何领导体制都不大可能是非常纯粹的完整制或分离制。因此,要从实际出发,将二者有机结合起来,扬长避短,才能有效地解决领导体制在实践中出现的新问题。中国国土辽阔,情况复杂,这需要因时因地灵活运用完整制与分离制。如果实行以完整制为主的领导体制,必须注意融合分离制的某些特点;同样,如果实行以分离制为主的领导体制,要注意兼顾吸收完整制的某些长处。

(三)一长制与委员会制

根据领导机关最高决策者的人数是一个还是多个,可以把领导体制分为一长制与委员会制两种基本类型。

一长制又称首长制,也叫独任制,指的是一个系统或单位的领导机关,其法定最高决策权完全集中于一位主要负责人的领导体制。一长制包含三方面内容:一是行政首长对于本单位、本部门乃至本层级的事务具有最高的领导权和最终的决策权,并负主要的或全部行政责任;二是一长制建立在一定的民主讨论的基础上,要受制于各种民主化的规则;三是一长制的运作以分工负责制的方式展开,这种分工包括自上而下逐层逐级的权责分工和同一层次几个单位部门之间的权责分工。委员会制又称会议制,也叫合议制,指的是一个系统或单位的领导机关,其法定的最高决策权交由两位以上主要负责人组成的委员会的领导体制。

一长制的优点在于:权力集中,责任明确,指挥灵敏,行动迅速,决策和执行的效率较高。其缺点在于:不能集思广益,受领导者个人的知识与才能的限制较大;一长制下的领导者有决策权和否决权,咨询机构的作用受到限制;主要负责人如果选择不当,可能造成独断专行、滥用权力,从而出现营私舞弊,危害国家或集体的现象。

委员会制的优点在于:由于实行集体领导,分工负责、相互监督、彼此配合、有利于集思广益、博采众长、考虑周密、避免武断,能够反映各方面的利益,也可以避免个人专断、滥用职权。委员会制的缺点在于:一是工作程序复杂,决策缺乏效率。有时会因为出现争议导致议而不决、决而不行,以至于坐失良机,贻误工作。二是容易出现权力分散、责任不明的现象。

一长制与委员会制的优缺点表明,二者并无绝对的优劣之分,关键在于灵活应用。现代社会的各种领导体制都在融合互补。一长制的主要负责人常常把重大问题交给智囊团去解决,拟订决策方案,或交给专门委员会处理;委员会制则在减少委员人数、减少副职和虚职方面做出努力,还有的致力于委员个体素质的提高和集体素质结构的优化,以求提高领导工作效率。

(四)层次制与职能制

根据领导系统中各部门的职权性质和范围,可以把领导体制分为层次制和职能制两种基本类型。

层次制又称分级制,指的是领导机构纵向分为若干层级,每一级都对上一级负责,各层级职权性质相同但领导的范围随着层级的降低而缩小,形成从上到下的"金字塔"形体制。如,部队中的军、师、旅、团、营、连等建制,交通运输系统的交通运输部、交通运输厅、交通运输局等。职能制又称功能制或分职制,指的是在同一领导层次内平行设置若干部门,每个部门都以整个组织系统为服务对象,只是工作的性质和内容不同。

层次制的优点是:职责分明,权力集中,指挥统一,行动迅速,步调一致,纪律严明;各层次的领导者工作性质相同,人员的升迁或平行调动,都能很快胜任工作。其缺点在于:会造成上级领导部门负担过重,容易陷入事务主义,导致滥用权力,草率行事;日常工作中,下级过分依赖上级领导,不利于发挥下级的积极性和主动性。因此,层次制的领导结构仅适合于领导场合较小、上下级关系比较单纯的组织或单位。在人类社会长期发展的各个历史时期,无论是行政领导、军事领导还是宗教领导等,大都采用过这种领导体制。但是随着历史的发展,社会组织越来越复杂,社会活动的规模越来越大,这种体制就越来越不能适应形势发展要求了。

职能制的领导体制最初由美国管理学专家泰勒提出,这是一种为完成某一领导职能而成立的专门组织机构。职能制的优点在于:分工精细,专业性强,领导者能够各司其职,熟悉业务,因此工作效率较高,同时有利于提高领导者的专业化水平。其缺点在于:分工过细,容易造成机构臃肿,人浮于事;容易形成割据状态,滋生本位主义,导致政出多门,互相扯皮,各部门的矛盾与冲突难以协调;同时由于各专业部门只熟悉本身的业务,对整体与全局的情况了解不够,因此容易违反系统原则、经济原则与效率原则。

层次制是比较传统的领导体制。随着科技、经济、社会高度的综合协调发展,机关和企事业组织的规模不断增大,使职能制不断地得到强化。当然,在现实生活中,层次制与职能制往往是结合运用的,纯粹的层次制或者纯粹的职能制都是极少见的。问题是,在领导体制和组织机构的改革中,应该认真研究和做出取舍:哪些层次必须或可以减少,哪些职能部门必须撤销或可以合并。解决这个问题,需要根据组织的职能目标、层次、规模和环境压力进行动态研究和综合把握。

综合领导体制的四种类型,完整制与分离制、一长制与委员会制的领导体制类型均着眼于上级领导者或领导机关的数量;其中一长制与委员会制的领导体制还注重于决策权的划分;集权制与分权制、层次制与职能制侧重于领导系统中上下级之间的领导权限划分。

第二节　领导体制的历史变迁

人类社会是有组织的社会,领导体制正是人们追求改善组织方式、提高组织效率的手段。领导体制的历史变迁与社会形态的演进次序相联系,大体分为原始社会的自然集体领导体制,奴隶社会和封建社会的个人家长式领导体制,资本主义社会的领导体制和社会主义社会的领导体制。

原始社会的氏族部落议事会是领导体制的最早雏形,这种部落议事会主要是适应当时社会对简单协作劳动的领导和战争指挥的需要,是一种通过自然组合和习惯调节的自然式集体领导,即原始社会的自然集体领导体制。人类社会进入阶级社会后,出现了以权力的高度集中来维持稳定的奴隶社会和封建社会的个人家长式领导体制。进入资本主义社会之后,随着社会分工的出现及企业的发展,西方社会首先出现了职业化的领导管理阶层,这标志着领导体制的逐步规范化,也是领导科学得以诞生的基础。领导科学的诞生和社会化生产与组织管理水平的快速提高决定了之后的领导体制更加精细、规范。因而我们这里着重介绍领导体制历史变迁的代表性阶段,即资本主义国家和社会主义国家的领导体制。

一、资本主义国家的领导体制

资本主义国家的领导体制与资本主义国家的政治经济生活联系紧密,为此以下分两部分阐述:

(一)资本主义国家的行政领导体制

资本主义国家主要实行议会民主制,基本的组织原则是“三权分立”,即国家的立法权、行政权、司法权分别由议会、政府(内阁或总统)、法院掌握,三方各自独立行使职权,依法相互制衡。与“三权分立”制度相适应,资本主义国家的行政领导体制,有三种类型,即内阁制、总统制和委员会制。

内阁制又称议会制,起源于英国,是由内阁(政府)总揽行政权并对议会负责的一种政府制度。内阁通常由议会中占多数席位的一个政党或几个政党(政党联盟)组成,由多数党领袖担任内阁首相,经国家元首任命,由他们对国家政策做出集体决定。内阁对议会负责并受议会监督。内阁制政府有两种情况:一种称为“一党内阁”,通常由一个在议会中获得半数以上席位的政党组成。英国就是如此。另一种称为“联合内阁”,由于在议会中没有一个政党获得半数以上席位,无法单独执政,便由几个政党联合组阁。通常是由一个大的但又不占多数的政党与两个或两个以上小党结成联盟。

内阁制政府的主要特点是:第一,内阁制政府强调议会至上,议会是国家最高权力机关,享有立法、组织内阁和监督内阁的权力。内阁由议会产生,并对议会负责,内阁首脑和部长(大臣)定期向议会报告工作,接受议会的监督。第二,内阁是由议会(下院)中占多数席位的政党或构成多数席位的政党联盟组成,议会中的多数党或政党联盟即为执政党,其领袖受国家元首的委托组织政府。受命组阁的政党领袖即为内阁总理或首相,根据国家法律规定,首相由国家元首任命。内阁总理或首相是政府首脑,不兼任国家元首,但要负实际责任。第三,国家元首是国家权力的象征,具有"虚位元首"的性质,不掌握实权,不负实际责任。首相或总理不对国家元首负责。第四,内阁总揽一切行政权力,是国家的最高行政机关,政府首脑掌握实权。作为执政党领袖的政府首脑,利用自己的党在议会中占多数的优势而控制议会,实际上又掌握着立法权。内阁成员必须同时是议会的议员。第五,政府对议会负责,接受议员的质询,解释政府的政策和决议。当议会通过对内阁的不信任案或否决内阁的信任案时,内阁必须辞职,或者政府首脑提请国家元首下令解散议会,诉诸选民,提前举行议会选举,由新议会决定内阁的去留。所以,内阁的任期实际上有时是不固定的。第六,内阁是政府的最高决策机构。英国是典型的内阁制,其政府机构主要由内阁和中央政府各部构成。内阁制政府是目前西方国家比较普遍的一种政府形式。

总统制起源于18世纪末的美国,是以总统为政府首脑同时又是国家元首的一种政府制度。总统制是资本主义国家"三权分立"模式下的典型政府体制。总统制的特点是:

第一,总统独立于议会之外,不由国会(议会)产生,一般由公民直接或间接选举产生,总统的选举与国会(议会)的选举分别进行,只对选民负责而不对议会负责。政府由在大选中获胜的总统组阁,毋需获得国会的多数支持。国家最高权力分别由总统和议会共同行使。

第二,总统既是国家元首,又是政府首脑,这种元首是实权元首,行使宪法与法律赋予的权力。总统与政府各部部长组成内阁。总统本人是内阁首脑,一切行政大权都集中在他一人之手,掌握国家的最高行政权,统率全国武装力量。

第三,政府与国会是完全分离的,政府成员经参议院同意由总统任命,不得同时兼任国会(议会)议员,不能参加国会(议会)立法的讨论和表决,国会中各种立法提案都由国会(议会)议员提出。政府不能向国会提出法律案或预算案。

第四,政府成员与总统是僚属关系,由总统领导并向其汇报工作。一切问题最后由总统决定。政府不向国会(议会)负责,只对总统本人负责,服从总统的决策,总统随时可以将他们解职。总统需向国会(议会)报告国情,可以用咨文形式向议会陈述意见和报告工作。议会通过的法案须送交总统签署,然后公布施行。总统如不同意,有权否决。但议会如以2/3多数再次通过,该法案即可生效成为法律。国会(议会)不能对总统投不信任票,不能以不信任票迫使总统辞职,总统也无权解散国会(议会)。

第五,总统和国会(议会)的任期是固定的,届数也有限制。在美国,总统任期为 4 年,可以连任,但连任不能超过两届。在法定任期没有届满以前,即使总统和国会意见不合,也必须任满期限。

第六,总统如有严重违宪行为时,国会(议会)可以对总统提出弹劾,并提交法院审理,但国会(议会)没有罢免权。

第七,议会中的政党对总统并不产生直接的决定性影响,总统所属的执政党不一定是议会两院中的多数党,有时在一院甚至两院中均处于少数党地位。

第八,总统制政府的机构。美国总统制的政府机构分为三类:总统办事机构、政府各部、独立机构。法国是半总统制国家(兼有议会制特点的总统制,介于总统制和议会制之间),政府机构包括总统府、总理府和中央各部。

委员会制又称合议制,是指国家最高行政权不是集中在国家元首或政府首脑一人手中,而是由议会产生的委员会集体行使的一种政府组织形式。委员会制政府以瑞士为典型代表,它是唯一长期实行委员会制的国家。委员会制政府的特点是:第一,政府(即七人委员会)由议会选举产生,不一定由议会中的多数党或党派联合产生。委员不得兼任议员,任期四年,可连选连任,委员会实行四个党联合执政。第二,采取合议制。政府一切决定均由七人委员会合议决定。委员会实行集体领导,所有命令不是以总统的名义发布,而是以委员会全体名义发布。七名委员地位平等,权力相当,皆为行政各部部长。委员会主席的实际地位和其他委员相等。一切重要政务均由集体讨论,实行少数服从多数、集体负责的原则。委员会作决定时,至少必须有四名委员同意,方能生效。每个委员虽然分别担任某一个部的部长,但无权对本部的重大问题单独作决定,必须经过联邦委员会指定的有关三人小组(均为联邦委员)研究决定。第三,不实行权力分立。不设总统和总理。委员会主席即为国家元首兼政府首脑,由联邦议会两院从七名委员中选出,任期一年,不得连任,一年届满后,由副主席升任主席,同时选出另一名副主席。实际上,主席职务由七名委员轮流担任。主席的职权极其有限,对外作为礼仪上的国家代表,对内负责主持联邦委员会的会议,不得行使联邦委员会的职权,无权任免官吏,无权否决议案,无权解散议会。委员会的委员不是议员,但可以随时出席议会,参加讨论。他们可以向议会提出法律案,并可将他们的政策随时提交议会讨论,但他们不能参加议会的表决。凡议会通过的法律案或其他决定,他们不能要求议会复议,必须执行并对议会负责。他们的任期是固定的,在任期届满之前，不能因他们提出的重要提案未被议会采纳而去职，议会也不能投不信任票而促使他们提前解职。委员会无权解散议会，对议会不负连带责任。这种委员会实际上只是议会的一个执行机构。议会可以变更或撤销委员会的决定和措施，委员会必须服从议会的决定。

资本主义国家的“三权分立”制度相对于封建君主专制来说是巨大的历史进步，但它本质上仍是建立在资本主义私有制基础之上的政治制度。

（二）资本主义国家企业和科研领导体制变迁

资本主义国家的科研领导体制与企业领导体制相类似，所经历变迁基本相仿，只是时间上一般稍稍落后于企业领导体制。从总体上看，资本主义国家的企业和科研领导体制的历史变迁经历了五个不同的发展阶段，即家长制的领导体制、经理制的领导体制、“软专家”式的领导体制、专家集团式的领导体制和多极领导体制。

1. 家长制的领导体制

近代资本主义社会是从中世纪封建社会脱胎而来的。在近代社会发展的最初阶段，无论是企业领导，还是科研机构领导，都带有封建主义色彩，普遍实行家长制的领导。家长制这种领导体制的本质特点是，领导者凭借自己的地位、权力和经验从事领导与管理。

家长制存在的社会条件是在工业革命完成之前，社会组织，包括政治、行政以及生产组织，结构形式单一，工作流程并不复杂，家长制的领导体制基本上能够满足当时生产生活的需要。

家长制存在的组织条件是所有权与管理权合一。企业老板既是所有者，又是管理者，对所辖企业拥有家长式的权威。企业如此，科研机构也如此。最早成立的一批科研机构中，科学技术专家担任领导，他既是这个研究所的财产拥有者，又是学术带头人，研究所的成员都是他的雇佣劳动者，一切由他说了算，一切成果归他享有。

在19世纪中叶以前，家长制一直是西方社会政治、经济、文化组织中普遍盛行的领导体制。这种领导体制与当时的历史条件相伴而生，也曾起过积极作用。

2. 经理制的领导体制

1841年，在美国连接马萨诸塞与纽约的西部铁路上，发生了客车相撞事故，此事故促使这个铁路公司进行了体制改革，最早采用了由“支薪经理”来代替企业所有者行使管理职能的崭新的领导体制即所谓“经理制”。从那时起，专职经理在企业中日益发挥着愈来愈重要的作用。经理制的出现标志着所有权与管理权的分离,即职业经理阶层的兴起,这是企业经营规模扩大的必然结果,是企业领导、管理体制的一大进步,并被延续至今,它推动了近代资本主义企业的发展。

经理制产生的社会条件是:工业革命后,随着企业规模的扩大,工厂代替了手工作坊,生产劳动趋向专业化,管理也需要专业化,管理阶层便应运而生。由于组织生产活动需要有专门的管理,以前仅凭经验对企业进行外行领导的方式已濒于困境,无法适应社会生产力发展的要求。

不过,在所有者和管理者刚开始实行分工的年代里,老板只拿红利,不管企业业务,管理工作主要还是由懂业务技术的"硬专家"来承担。所谓硬专家,是指技术领域的专家。由于他们在相应的技术领域有专长,对业务工作比那些"外行"的人士更为熟悉,往往能够提出一些有效方法来提高人、财、物的利用效率,因而这些"硬专家"往往能够在本领域内脱颖而出,成为领导者。所以,这种领导体制又被称为"硬专家"的领导体制。被西方称为"现代科学管理之父"的泰勒,原来就是一位工程师。

3. "软专家"式的领导体制

西方发达国家早已开始了所谓从"硬专家"到"软专家"的过渡。1881年,宾夕法尼亚大学首先建立了华顿财经学院,专门培养从事经营管理职业的"软专家"。这样,以经营管理为职业的"软专家"便应运而生。这类新的管理专家所具有的管理技能已经大大超出技术技能的范围,所以被称作"软专家"。"软专家"是相对所谓"硬专家"而言,是指在管理领域具有专门管理知识和管理经验的专家。"软专家"式的领导体制,通常就是强调管理的专门化、职业化,由专业的管理人士担任领导和管理任务的领导体制。

"软专家"领导体制兴起的社会条件在于,20世纪20年代以后,由于生产社会化的程度越来越高,分工越来越细,一个单位或一项复杂的工程涉及许多专业,需要多方面知识;同时,企业的规模越来越大,经营管理对企业生存发展的作用日益重要,复杂性也不断增强。而原来的"硬专家"往往知识不全,不能有效地管理企业。因此,只靠精通某一门专业技术的"硬专家"来领导就显得不适应,需要具备专门管理知识和管理经验的既懂业务又精通管理的"软专家"领导企业。满足这种要求的唯一办法就是把经营管理作为相对独立的活动来对待。

这种"软专家"领导不仅在企业如此,在科研机构也是如此。美国有些大学从事科研工作的组织机构,专门聘请一些"科研管理公司"来进行管理。这种领导体制的本质特征是,个体领导者按照领导和管理的一般规律从事领导和管理工作。美国之所以能够在19世纪后半期至第二次世界大战时期迅速崛起,成为世界头号强国,原因固然很多也很复杂,但与大规模的管理革命发端于美国不无关系。现在,在西方发达国家,技术工程专家背景出身的“硬专家”至少要经过工商管理硕士(即MBA)学业的途径方能进入高级主管行列。

可见,由“硬专家”到“软专家”,再到“软硬结合”的专家领导,这是企业领导者素质发展的趋势。管理工作要成为一项专门的职业,经理市场的发育就是一大先决条件。成熟的经理市场将优秀管理者的才能看作一种稀缺商品,因而雇用这些管理人员的组织需要为这种稀缺商品付出相当高的价格(包括年薪工资、红利和股票期权等报酬)。杰出的管理人才,就像职业体育运动的超级明星一样,成为企业不惜重金争聘的对象。

4. 专家集团式的领导体制

第二次世界大战后,尤其是20世纪70年代前后出现的科学技术和现代生产日益结合的趋势,现代生产和科学技术的高度分化和高度综合,使领导和管理的规模和复杂性急剧增加。特别是企业战略决策的重要性日益突出,仅仅靠“软专家”个人的知识经验和能力已经难以胜任。于是,在大企业最高层首先出现了集体领导的趋势——所有重大问题的决策均要通过董事会、总经理办公会等机构进行集体讨论做出决定。

在领导系统中,那些由各种专家组成的决策组织,称作“专家集团”,由这些专家组成的集团参与实行集体领导的体制,就是专家集团式的领导体制。同时,现代科研机构中,随着研究任务的日益繁重和信息量的不断增大,个人领导越来越捉襟见肘,不断向专家集团领导体制过渡。

专家集团领导体制的主要特征之一是,群体领导者发挥集体智慧,弥补个人领导能力的不足,提高领导水平。实施集团化领导的方式是多种多样的,有采取领导班子内少数服从多数的集体领导办法;也有在充分讨论的基础上,由企业全权负责的领导者对各种意见权衡利弊后,做出决策的办法;还有采取主要领导者拥有否决权的方式等。

专家集团领导体制的主要特征之二是实行“谋”与“断”的分离,即咨询与决策的分离。在大公司、大企业里面,重大问题由董事会集体决策,总经理贯彻执行。在专家集团之外,一些大单位还聘请了由各类专家组成的“智囊团”“思想库”。它作为专家集团领导在智力上的一种延伸,为领导部门提供各种决策方案和依据。“智囊团”作为领导的咨询参谋参加决策,但并不代替领导者做出决定。这种领导体制使领导的决策职能更趋向科学化,这也是现代领导体制的重要特征。

5. 多极领导体制

多极领导体制的出现受益于经理制的发展。在初期,经理制采用的是直线参谋制,事无巨细,都由经理负责处理,权力过于集中。随着企业经营规模的不断扩大,领导层级的增加,产品种类繁多,市场竞争逐步升级,企业与外界的信息、物资交流范围越来越广,集权式的领导体制难以适应要求。在 20 世纪 20—30 年代,一些大企业开始寻求新的领导途径。美国率先提出了大型企业中实行集中决策、分散管理的“事业部制”,这是与事业部式领导组织结构相关联的领导体制。

多极领导体制是集中与分散相结合的现代领导体制。其主要特征是:把经营决策与具体管理分开,使总经理等公司一级的高层可以摆脱日常事务,集中精力研究处理全局性大事;日常生产、销售等具体管理活动则由各事业部独立自主地承担。这标志着领导职能从管理职能中全面分离出来,既增加了决策的及时性、科学性,又提高了管理的效率。多极领导体制的产生也是领导体制的重要变迁,是领导科学理论应用于实践的重大成果。

二、中国的领导体制

从历史上看,社会主义领导体制的模式有巴黎公社政权形式、苏维埃政权形式、南斯拉夫的社会自治形式等,中国的人民代表大会制也是社会主义领导体制的一种,且带有中国的时代和国情特点。中国政治经济社会的发展伴随着领导体制的演进。

(一) 中国党政领导体制的变迁

目前,中国共产党的领导体制总体上是实行委员会制,政府领导体制总体上是实行行政首长负责制。由于中国共产党在国家政治生活中拥有领导地位,为了叙述的方便,这里采用“党政领导体制”的提法。

中国党政领导体制经历了一个历史的演变过程,分四个阶段:

第一阶段,党和国家领导体制的建立和过渡阶段。从新中国成立到 1955 年,是从分散的解放区政权到建立起全国统一的中央集权的领导体制阶段。

第二阶段,对领导体制的探索和调整阶段。从 1956 年到 1966 年,这一阶段主要想解决的是中央和地方的关系问题。尽管当时党政领导机关试图在巩固中央统一领导的前提下,适当扩大地方的权力,给地方更多的独立性,但是,始终没有找到中央和地方权力划分的适度点。因此,造成了中央集权过多、地方权力过小的状况,虽然几经调整,但没有得到根本性的改变。

第三阶段,“文化大革命”十年内乱的混乱阶段。从1966年到1976年,党政领导机关受到冲击,陷入瘫痪半瘫痪状态。革命委员会居于核心地位,实行一元化领导,党政关系处于混乱状态。

第四阶段,改革和完善阶段。从1978年党的十一届三中全会开始,领导体制进入了系统的改革和完善阶段。1980年8月18日,邓小平在中央政治局扩大会议上关于《党和国家领导制度的改革》的讲话(简称“8·18讲话”)是改革党和国家领导制度的纲领性文献。1987年7月1日,《人民日报》重新发表了“8·18讲话”,并配发了题为《把政治体制改革提到日程上来》的社论。同年10月召开的党的十三大对政治体制改革中的“实行党政分开”问题作了详尽的阐释。十三大后一些具体的政治体制改革的计划付诸实行。这些都推动了党政领导体制的改革和完善。1992年初春,邓小平视察南方谈话的公开发表,兴起了新时期思想解放的又一次高潮;同年10月党的十四大明确了建立社会主义市场经济体制的经济体制改革目标;1997年9月党的十五大提出了“依法治国”方略;2002年11月党的十六大报告明确提出了建设社会主义政治文明的任务;2007年10月党的十七大报告提出要坚持中国特色社会主义政治发展道路,坚持党的领导、人民当家作主、依法治国有机统一;2012年11月党的十八大报告进一步提出,必须积极稳妥推进政治体制改革,发展更加广泛、更加充分、更加健全的人民民主。这些既是中国党政领导体制改革的重要进展,同时也为进一步改革和完善党政领导体制指明了方向,提供了前提条件。2013年11月12日中国共产党第十八届中央委员会第三次全体会议通过《中共中央关于全面深化改革若干重大问题的决定》指出,要紧紧围绕提高科学执政、民主执政、依法执政水平深化党的建设制度改革,加强民主集中制建设,完善党的领导体制和执政方式,保持党的先进性和纯洁性,为改革开放和社会主义现代化建设提供坚强政治保证。要完善党和国家领导体制,坚持民主集中制,充分发挥党的领导核心作用。规范各级党政主要领导干部职责权限,科学配置党政部门及内设机构权力和职能,明确职责定位和工作任务。加强和改进对主要领导干部行使权力的制约和监督,加强行政监察和审计监督。

党的十九大进一步明确指出:“坚持党对一切工作的领导。党政军民学,东西南北中,党是领导一切的。必须增强政治意识、大局意识、核心意识、看齐意识,自觉维护党中央权威和集中统一领导,自觉在思想上政治上行动上同党中央保持高度一致,完善坚持党的领导的体制机制,坚持稳中求进工作总基调,统筹推进‘五位一体’总体布局,协调推进‘四个全面’战略布局,提高党把方向、谋大局、定政策、促改革的能力和定力,确保党始终总揽全局、协调各方。”①

2018 年 2 月,党的十九届三中全会通过了《中共中央关于深化党和国家机构改革的决定》,并在《深化党和国家机构改革方案》中指出,在新的历史起点上深化党和国家机构改革,必须全面贯彻党的十九大精神,坚持以马克思列宁主义、毛泽东思想、邓小平理论、“三个代表”重要思想、科学发展观、习近平新时代中国特色社会主义思想为指导,牢固树立政治意识、大局意识、核心意识、看齐意识,坚决维护以习近平同志为核心的党中央权威和集中统一领导,适应新时代中国特色社会主义发展要求,坚持稳中求进工作总基调,坚持正确改革方向,坚持以人民为中心,坚持全面依法治国,以加强党的全面领导为统领,以国家治理体系和治理能力现代化为导向,以推进党和国家机构职能优化协同高效为着力点,改革机构设置,优化职能配置,深化转职能、转方式、转作风,提高效率效能,积极构建系统完备、科学规范、运行高效的党和国家机构职能体系。

改革开放四十年来,我们国家的党政领导体制正在逐步走向完善。

(二) 中国的企业、科研领导体制的变迁

新中国成立近 70 年来,中国企业、科研领导体制的变迁大致经历了五个阶段。

第一,一长制阶段。新中国成立初期,中国照搬苏联的企业管理体制,实行一长制。企业管理主要是由厂长、车间主任、工段长全权决定。党委是厂长的附属机构,主要是进行政治动员、思想教育。这一阶段执行系统非常有效,工作效率高,规章制度严,但是领导者易于养成家长制作风,形成独断专行的局面。

第二,党委领导下的厂长分工负责制阶段。1956 年毛泽东发表《论十大关系》讲话后,对一长制进行了批判,开始实行党委领导下的厂长分工负责制。其主要特点是在党委领导下,实行大权独揽,小权分散,党委负责一切重大事务的决策,执行则由厂长及其各级领导分工执行。由此造成了以党代政,党政不分,实际上形成了党委书记的一长制。

第三,党委领导下的厂长负责制阶段。党的十一届三中全会以后,中国在企业界实行了党委领导下的厂长负责制。它不同于以前的党委领导下的厂长分工负责制。主要区别在于党委执掌的是决策权,厂长负责管理权。

第四,厂长(经理)负责制阶段。这是从 1984 年 10 月党的十二届三中全

① 习近平:《决胜全面建成小康社会 夺取新时代中国特色社会主义伟大胜利》,人民出版社 2017 年版,第 20—21 页。

会以后开始实行的。这次全会上通过的《中共中央关于经济体制改革的决定》，明确提出了在企业里实行厂长（经理）负责制，厂长（经理）具有统一指挥生产经营活动的职权。企业中党组织的任务是积极支持厂长行使统一指挥生产经营活动的职权，保证和监督党和国家各项方针、政策的贯彻执行，并规定在实行厂长负责制的同时，必须健全职工代表大会和各项民主管理制度，充分发挥工会组织和职工代表在审议企业重大决策、监督行政领导和维护职工合法权益等方面的权利和作用，体现工人阶级的主人翁地位。

第五，公司制阶段。1993 年 11 月党的十四届三中全会后，中国企业开始实行公司制。党的十六大报告中又明确指出完善公司法人治理结构。按照现代企业制度的要求，规范公司股东会、董事会、监事会和经营管理者的权责，完善企业领导人员的聘任制度。股东会决定董事会和监事会成员，董事会选择经营管理者，经营管理者行使用人权，并形成权力机构、决策机构、监督机构和经营管理者之间的制衡机制。企业党组织要发挥政治核心作用，并适应公司法人治理结构的要求，改进发挥作用的方式，支持股东会、董事会、监事会和经营管理者依法行使职权，参与企业重大问题的决策。公司制阶段标志着中国现代企业制度的确立，其基本特征是“产权清晰、权责明确、政企分开，管理科学”。这种领导体制有利于科学化的决策与民主化的管理，更能够适应市场经济的要求。

2013 年 11 月，党的十八届三中全会通过的《中共中央关于全面深化改革若干重大问题的决定》指出，经济体制改革是全面深化改革的重点，核心问题是处理好政府和市场的关系，使市场在资源配置中起决定性作用和更好发挥政府作用。2015 年 8 月 24 日，中共中央、国务院公布了《关于深化国有企业改革的指导意见》，提出要分类推进国有企业改革，完善现代企业制度，推进公司制股份制改革，健全公司法人治理结构，建立国有企业领导人员分类分层管理制度，要把加强党的领导和完善公司治理统一起来，明确国有企业党组织在公司法人治理结构中的法定地位。我国的企业领导体制在全面深化改革和法治国家建设中将不断得到完善发展。在中国，科研机构的领导体制变迁与企业类似，所不同的是科研机构的领导体制发展往往要滞后于企业领导体制的变迁。

第三节　中国领导体制的改革

改革开放以来，领导体制的改革与完善问题始终是党中央关注的大问题，是政治体制改革的关键问题。1980 年邓小平的“8·18 讲话”是改革党和国家领导制度的纲领性文献,同时也拉开了中国新时期领导体制的改革与完善的序幕。

一、中国领导体制的基本特征

中国领导体制的基本特征,主要体现在领导主体的核心、领导体制的(阶级)本质和领导过程的基本原则三个方面。

第一,坚持党的全面领导。中国共产党的领导是中国特色社会主义最本质的特征,是中国特色社会主义制度的最大优势。宪法规定,中国共产党是中国特色社会主义事业的领导核心。党对国家的领导体现了政治核心作用,主要实行政治领导、组织领导和思想领导。党的全面领导是新时代中国特色社会主义事业胜利的保障。《中共中央关于深化党和国家机构改革的决定》强调,党政军民学,东西南北中,党是领导一切的。加强党对各领域各方面工作领导,是深化党和国家机构改革的首要任务。完善坚持党的全面领导的制度,要把加强党对一切工作的领导贯穿改革各方面和全过程,完善保证党的全面领导的制度安排,改进党的领导方式和执政方式,提高党把方向、谋大局、定政策、促改革的能力和定力。要优化党的组织机构,确保党的领导全覆盖,确保党的领导更加坚强有力。坚持党的全面领导,要建立健全党对重大工作的领导体制机制,加强党对涉及党和国家事业全局的重大工作的集中统一领导,优化党中央决策议事协调机构,加强和优化党对深化改革、依法治国、经济、农业农村、纪检监察、组织、宣传思想文化、国家安全、政法、统战、民族宗教、教育、科技、网信、外交、审计等工作的领导,各地区各部门党委(党组)要坚持依规治党,完善相应体制机制,提升协调能力,把党中央各项决策部署落到实处,要强化党的组织在同级组织中的领导地位,理顺党的组织同其他组织的关系,更好发挥党总揽全局、协调各方作用,要更好发挥党的职能部门作用。

第二,坚持人民当家作主。宪法规定,中华人民共和国的一切权力属于人民。人民行使国家权力的机关是全国人民代表大会和地方各级人民代表大会。中华人民共和国全国人民代表大会是最高国家权力机关。党的领导核心地位与人民当家作主并不矛盾,而是一致的。中国共产党没有自己的特殊利益,党的全部利益就是人民群众的根本利益。共产党执政就是领导和支持人民当家作主,最广泛地动员和组织人民群众依法管理国家和社会事务,管理经济和文化事业,维护和实现人民群众的根本利益。宪法和法律是党的主张和人民意志相统一的体现。坚持党的领导、人民当家作主和依法治国的统一，是中国社会主义领导体制特别是政治体制的主要特征。

第三，坚持民主集中制的领导原则。中国共产党及其领导的国家机关都实行民主集中制。所谓民主集中制，就是民主基础上的集中和集中指导下的民主相结合。民主集中制是党的根本组织制度和领导制度，是马克思主义认识论和群众路线在党的生活和组织建设中的运用。运用民主集中制原则，可以很好地处理人民与人民代表大会的关系、中央与地方的关系、上级与下级的关系、多数和少数的关系等各种领导关系和复杂矛盾。如果民主集中制原则发挥和运用得好，不仅能使党和政府建立起和谐的组织系统，还可以把党和政府的各级组织与党员、群众有机联系起来；如果民主集中制原则发挥和运用得好，在领导班子的工作运转中，不仅能克服"一把手"的独断专行，还能克服分散主义和软弱涣散的弊病。

二、中国领导体制存在的主要问题

改革开放以来，我们在改革领导体制方面，虽然下了很大的决心，做了大量的工作，取得了很多成果，积累了很多经验，但仍然存在着许多问题。党的十九届三中全会通过的《中共中央关于深化党和国家机构改革的决定》中明确指出："当前，面对新时代新任务提出的新要求，党和国家机构设置和职能配置同统筹推进'五位一体'总体布局、协调推进'四个全面'战略布局的要求还不完全适应，同实现国家治理体系和治理能力现代化的要求还不完全适应。主要是：一些领域党的机构设置和职能配置还不够健全有力，保障党的全面领导、推进全面从严治党的体制机制有待完善；一些领域党政机构重叠、职责交叉、权责脱节问题比较突出；一些政府机构设置和职责划分不够科学，职责缺位和效能不高问题凸显，政府职能转变还不到位；一些领域中央和地方机构职能上下一般粗，权责划分不尽合理；基层机构设置和权力配置有待完善，组织群众、服务群众能力需要进一步提高；军民融合发展水平有待提高；群团组织政治性、先进性、群众性需要增强；事业单位定位不准、职能不清、效率不高等问题依然存在；一些领域权力运行制约和监督机制不够完善，滥用职权、以权谋私等问题仍然存在；机构编制科学化、规范化、法定化相对滞后，机构编制管理方式有待改进。这些问题，必须抓紧解决。"根据我们对领导体制概念的理解，着眼于中国领导体制改革的目标要求，对中国领导体制的主要问题概括如下：

(一) 领导权力过于集中

领导权力过于集中,既有党对政府权力的集中,又有中央对地方权力的集中,上级对下级权力的集中。一方面,表现在过分强调集权,忽视了对政府、地方与下级的合理分权。在集权与侵权的尺度把握上,过分强调上级集权而较少注意对下级侵权所造成的诸多不合理。邓小平指出:"党委的权力又往往集中于几个书记,特别是集中于第一书记,什么事都要第一书记挂帅、拍板。党的一元化领导,往往因此而变成了个人领导。全国各级都不同程度地存在这个问题。权力过分集中于个人或少数人手里,多数办事的人无权决定,少数有权的人负担过重,必然造成官僚主义,必然要犯各种错误,必然要损害各级党和政府的民主生活、集体领导、民主集中制、个人分工负责制,等等。……这种现象,同我国历史上封建专制主义的影响有关,也同共产国际时期实行的各国党的工作中领导者个人高度集权的传统有关。"①另一方面,过分强调集中与统一,忽视了发扬民主和科学分工。这使党的"一元化"领导在许多地方变成了个人说了算,甚至个人凌驾于组织之上。关于这一点,邓小平指出:"我们的各级领导机关,都管了很多不该管、管不好、管不了的事,这些事只要有一定的规章,放在下面,放在企业、事业、社会单位,让他们真正按民主集中制自行处理,本来可以很好办,但是统统拿到党政领导机关、拿到中央部门来,就很难办。"②在较长的一段时期内,中央集权过多,地方权力过少,后来虽然经过多次改革,但尚未能找到中央和地方权力划分的适度点。这种情形不仅使中央行政机构逐渐膨胀起来,而且也影响了地方政府推行政务、处理事务的积极性。

(二) 组织机构设置不合理

第一,组织机构设置混乱,职责交叉。表现在三个方面:一是部门之间条块分割、矛盾较多、难以协调合作。二是组织机构分工过细,造成职责不清或职责交叉。例如出版部门关于音像制品的管理,土地、建设、城市规划部门关于房地产的管理,电力、水利部门关于小水电的管理,公安、交通部门关于道路交通的管理,人社、民政部门关于人力资源的管理等,都不同程度地存在着职责不清、关系不顺的问题,导致好管的事都想管、难管的事都不管的现象,形成管理重复或管理盲区。三是临时性机构过多过滥,清理不及时,管理不规范。

第二,组织机构不健全,功能缺位。咨询机构、信息反馈机构和监督机构

① 《邓小平文选》第 2 卷,人民出版社 1994 年版,第 329 页。

② 《邓小平文选》第 2 卷,人民出版社 1994 年版,第 328 页。

等都不够健全和完善。咨询机构在中国还是一个新生事物，它对提高决策水平起着重要作用，可是很多领导机构体系中还没有常设的咨询机构；信息反馈机构是检验决策、完善决策的重要部门，但实际上这一机构往往得不到应有的重视，起不到相应的作用，如党委、政府的信访机关，大多没有起到决策执行情况和社情民意的反馈作用；监督机构是组织封闭化管理的重要环节，是领导体制不可或缺的重要组成部分，但很多监督机构因为体制不顺或其他复杂原因，不能有效发挥作用。

（三）领导制度建设滞后

长期以来，领导制度的不健全、领导制度存、立、止（延用、建立、终止）的随意性是一种客观存在。在许多地方和单位，“一把手”事实上处于不受制约的地位，经常依据个人意志办事；许多工作领域和工作环节缺少制度规范，甚至是制度盲区；有些规章制度缺乏稳定性，改来改去，使人无法遵循；有法不依、执法不严的情况也比较突出。邓小平曾经指出：“党内讨论重大问题，不少时候发扬民主、充分酝酿不够，由个人或少数人匆忙做出决定，很少按照少数服从多数的原则实行投票表决，这表明民主集中制还没有成为严格的制度。从一九五八年批评‘反冒进’、一九五九年‘反右倾’以来，党和国家的民主生活逐渐不正常，一言堂、个人决定重大问题、个人崇拜、个人凌驾于组织之上一类家长制现象，不断滋长。”①“不少地方和单位，都有家长式的人物，他们的权力不受限制，别人都要唯命是从，甚至形成对他们的人身依附关系。”②这些话虽然主要是指改革开放前存在的问题，党和国家对这些问题在改革开放以来也确实采取了一些措施加以解决，有关制度建设也取得了一些进展。但从总体上看，因为1989年以后国际形势的变化和中国坚持以经济建设为中心的客观要求，这类问题还没有得到彻底解决。领导制度建设任重而道远。

三、中国领导体制的改革

（一）改革的性质

领导体制属于上层建筑范畴。在社会主义条件下，生产力和生产关系的矛盾、经济基础和上层建筑的矛盾依然存在，并且始终处于变化和发展之中。但二者相适应的方面是主要的，包括领导体制在内的上层建筑总体上是适应

① 《邓小平文选》第2卷，人民出版社1994年版，第330页。
② 《邓小平文选》第2卷，人民出版社1994年版，第331页。

社会主义经济基础的。当然，国家机构中的某些官僚主义作风，国家制度中的某些环节和方面存在的缺陷和弊端，与社会主义生产关系和经济基础是存在一些矛盾的，必须通过改革来调整。但这种改革绝不是要否定社会主义的根本政治制度，不是削弱、动摇或否定中国共产党的领导，而是在社会主义基本制度基础上的自我改进和自我完善。就是说领导体制改革特别是政治体制的改革，与从计划经济体制转向社会主义市场经济体制的经济体制改革不同，不是要用另外一种体制代替现行的体制，而是要通过改革使之更好地实现自我完善和发展。中国要在坚持四项基本原则的前提下，在合理吸收人类政治文明有益成果并体现本国历史、民族特点和文化传统的基础上，进一步完善各方面的具体制度。我国全面深化改革的总目标是完善和发展中国特色社会主义制度，推进国家治理体系和治理能力现代化。领导体制改革的目标必须服从服务于这一总目标，完善和发展社会主义领导体制，推进领导制度和领导能力的现代化。领导体制改革要注重改革的系统性、整体性、协同性，紧紧围绕坚持党的领导、人民当家作主、依法治国有机统一深化政治体制改革，深化领导体制改革，加快推进领导体制的法治化、制度化、规范化、程序化、科学化、现代化。在领导体制改革中，同样要坚持社会主义市场经济改革方向，立足于我国长期处于社会主义初级阶段这个最大实际，以促进社会公平正义、增进人民福祉为出发点和落脚点，进一步解放思想、解放和发展社会生产力、解放和增强社会活力，坚决破除各方面体制机制弊端，坚持发展仍是解决我国所有问题的关键这个重大战略判断，全面深化领导体制改革。

（二）改革的原则

领导体制改革是一项艰巨而复杂的系统工程，在正确认识领导体制改革性质的前提下，必须遵循一定的原则。这些原则主要有：

1. 法治原则

领导体制改革必须遵循法治原则，即领导体制改革既要向法律化、规范化方向发展，又要以法律法规为依据，遵循法定的程序，依法进行改革。正如《中共中央关于深化党和国家机构改革的决定》所强调指出的，必须坚持改革和法治相统一、相促进，坚持依法治国、依法执政、依法行政共同推进，坚持法治国家、法治政府、法治社会一体建设，依法依规完善党和国家机构职能，依法履行职责，依法管理机构和编制，既发挥法治规范和保障改革的作用，在法治下推进改革，做到重大改革于法有据，又通过改革加强法治工作，做到在改革中完善和强化法治。在领导体制改革中坚持法治原则，需要加强以下工作：一是领导体制改革要与加强立法工作相结合，健全社会主义法律体系，提高立法质量。二是要维护宪法和法律的尊严与权威,坚持法律面前人人平等,公务员须依法行政,领导干部须依法领导,各政党和社会团体,包括执政的中国共产党都须在宪法和法律的范围内活动,任何个人、任何组织都没有凌驾于法律之上的特权。三是领导体制改革中的机构改革、权限划分、人员配置都必须依据法律规定来进行,不得任意行事。领导体制的法治化是实现领导体制科学化的重要保障。

2. 公正原则

公正就是公平正义,既是一种社会理想或社会意识,又是一种现实的制度安排和制度选择的合理状态。在领导体制改革进程中,坚持公正原则,就是领导体制的变革创新、权限的划分、机构的设置、规则的设计必须贯彻和体现公平正义的精神和内容。领导体制既是一种权力责任的配置规则,也是一种领导活动、领导关系的行为规范,公正是处理权责关系、领导关系、利益关系等的基本价值原则。党的十八大报告提出,要"推动政府职能向创造良好发展环境、提供优质公共服务、维护社会公平正义转变。"领导体制的改革既要保证领导规则的公正公平,也要保障领导的结果公平、机会均等与结果均等,把领导权力与责任、义务和权利真正统一起来,权责相称,使履行职责、义务的人的相应权利得到保障而不被剥夺,使逃避责任、义务而尽享权利的人受到惩处,实现真正的公正。在对领导体制进行改革时,必须摒弃不公正的制度安排,正如著名政治哲学家约翰·罗尔斯在《正义论》中所指出的,"正义是社会制度的首要价值,正像真理是思想体系的首要价值一样。一种理论,无论它多么精致和简洁,只要它不真实,就必须加以拒绝和修正,同样,某些法律和制度,不管它们如何有效率和有条理,只要它们不正义,就必须加以改造或废除。"①对于一个政党、国家和政府组织来说,公正是领导体制是否完善的标志之一。因此,领导体制改革要始终坚持和贯彻公正原则。

3. 系统性原则

系统性原则就是要求在领导体制改革过程中,必须从系统的整体性出发,通过分析领导系统与外部环境的关系、领导系统内部各要素之间的关系,把握领导体制改革的整体性、全局性,从现实的实际情况出发,实事求是,稳扎稳打,渐次推进。继承和弘扬过去传统领导体制的精华,保持领导体制的连续性和稳定性。对领导体制改革进行系统的战略规划设计,科学预测未来的发展趋势,提高领导体制改革的前瞻性、创造性、预见性,研究、发现和遵循领导体

① [美]约翰·罗尔斯:《正义论》,何怀宏译,中国社会科学出版社1988年版,第1页。

制的规律性，从而达到领导体制改革的整体化、协调化、有序化和最优化。当前领导体制改革坚持系统原则，就是要协同推进“四个全面”战略布局，牢固树立创新、协调、绿色、开放、共享的发展理念，统筹推进经济、政治、文化、社会、生态文明五位一体建设，着力加快领导体制改革，使领导体制改革走上系统化的科学改革之路。

4. 效率性原则

邓小平早在 1986 年就指出：“政治体制改革……要向着三个目标进行”，“第一个目标是始终保持党和国家的活力”，“第二个目标是克服官僚主义，提高工作效率”，“第三个目标是调动基层和工人、农民、知识分子的积极性。”①《中共中央关于深化党和国家机构改革的决定》指出，要坚持优化协同高效。优化就是要科学合理、权责一致，协同就是要有统有分、有主有次，高效就是要履职到位、流程通畅。必须坚持问题导向，聚焦发展所需、基层所盼、民心所向，优化党和国家机构设置和职能配置，坚持一类事项原则上由一个部门统筹、一件事情原则上由一个部门负责，加强相关机构配合联动，避免政出多门、责任不明、推诿扯皮，下决心破除制约改革发展的体制机制弊端，使党和国家机构设置更加科学、职能更加优化、权责更加协同、监督监管更加有力、运行更加高效。

5. 民主性原则

人民民主是社会主义的本质要求和内在属性，“没有民主就没有社会主义，就没有社会主义的现代化”②，而社会主义民主的本质是人民当家作主。党的十七大明确指出“人民民主是社会主义的生命”，要“扩大人民民主，保证人民当家作主。人民当家作主是社会主义民主政治的本质和核心。”领导体制改革必须坚持民主性原则，一方面要从政治上、组织上和制度上保证人民当家作主，使人民真正成为国家的主人。另一方面，要扩大公民有序政治参与的渠道，保证广大公民在领导体制改革中的知情权、话语权、参与权、选择权、决策权等。领导体制的改革，要把保证全体人民充分享受政治民主、领导民主，保证人民群众能通过各种有效形式参与国家和社会公共事务管理放在首位，并以此作为领导体制改革的出发点和归宿。

（三）改革的内容

2018 年 2 月党的十九届三中全会通过的《中共中央关于深化党和国家机

---

① 《邓小平文选》第 3 卷，人民出版社 1993 年版，第 179—180 页。

② 《邓小平文选》第 2 卷，人民出版社 1994 年版，第 168 页。

构改革的决定》明确指出，深化党和国家机构改革，要适应新时代中国特色社会主义发展要求，坚持稳中求进工作总基调，坚持正确改革方向，坚持以人民为中心，坚持全面依法治国，以加强党的全面领导为统领，以国家治理体系和治理能力现代化为导向，以推进党和国家机构职能优化协同高效为着力点，改革机构设置，优化职能配置，深化转职能、转方式、转作风，提高效率效能。改革的目标是构建系统完备、科学规范、运行高效的党和国家机构职能体系，形成总揽全局、协调各方的党的领导体系，职责明确、依法行政的政府治理体系，中国特色、世界一流的武装力量体系，联系广泛、服务群众的群团工作体系，推动人大、政府、政协、监察机关、审判机关、检察机关、人民团体、企事业单位、社会组织等在党的统一领导下协调行动、增强合力，全面提高国家治理能力和治理水平。根据历史的经验与教训及对领导体制的现代化要求，新时期领导体制改革的主要内容和基本方向应注意以下几点：

第一，科学划分领导权限，适当下放权力。领导权限划分是领导体制的核心问题。科学划分领导权限包括党政权限的划分，党和人大、政协机关的权限划分，国家行政机关横向和纵向的权限划分，中央和地方党政机关的权限划分，政府和企业、事业以及其他社会组织之间的权限划分等。

在横向领导层级中，要改革职责不明、互相扯皮的现象，合理分权，使各方面的工作真正做到有职、有权、有责，真正实现互相配合、监督、协调、制约和促进，以使领导活动有条不紊地进行；在纵向领导层级中，改革权力过分集中的领导体制，应适当下放权力，合理配置各层级的职权范围，以调动各方面的积极性，包括实行政企分开，依法赋予和保障企业经营自主权。当前，要特别重视按照行政许可法的规定，进一步深化行政审批制度改革，继续简政放权。下放权力的总原则是：凡是适宜下面处理的事情都由下面决策和执行。其中，尤其要划清中央和地方的职权界限，以便在保证全国政令统一的前提下，做到地方的事情由地方管，避免中央包揽一切。当然，下放权力的同时必须加强监督。

党的十八届三中全会通过的《中共中央关于全面深化改革若干重大问题的决定》指出，“坚持用制度管权管事管人，让人民监督权力，让权力在阳光下运行，是把权力关进制度笼子的根本之策。必须构建决策科学、执行坚决、监督有力的权力运行体系，健全惩治和预防腐败体系，建设廉洁政治，努力实现干部清正、政府清廉、政治清明。形成科学有效的权力制约和协调机制。完善党和国家领导体制，坚持民主集中制，充分发挥党的领导核心作用。规范各级党政主要领导干部职责权限，科学配置党政部门及内设机构权力和职能，明确职责定位和工作任务。”“推行地方各级政府及其工作部门权力清单制度,依法公开权力运行流程。完善党务、政务和各领域办事公开制度,推进决策公开、管理公开、服务公开、结果公开。”

第二,组织机构设置合理化。组织机构是实现领导职能的组织实体,只有机构设置合理化,领导工作才能完整有序地进行。领导系统中组织机构的设置除了符合职能目标明确、机构体系完备的要求外,还要遵循“精简”“统一”“效能”的原则。所谓“精简”,即根据领导工作的需要,建立起精干有力的领导班子和组织机构,克服机构臃肿、人浮于事的弊端。所谓“统一”,即领导系统指挥统一,组织机构目标一致、职责清晰、有机配合、运转协调,克服机构重叠、职责交叉的弊端。所谓“效能”,即领导系统中组织机构设置得当,运转灵敏高效;组织成员适应岗位需要,充分履行职责,工作效果良好;各种资源配置合理,运行成本节约,克服组织运转不畅、工作效率低下的弊端。

党和政府历来重视机构建设和改革。改革开放以来,适应党和国家工作中心转移、社会主义市场经济发展和各方面工作不断深入的需要,我们党积极推进党和国家机构改革,各方面机构职能不断优化、逐步规范,实现了从计划经济条件下的机构职能体系向社会主义市场经济条件下的机构职能体系的重大转变,推动了改革开放和社会主义现代化建设。党的十九大报告指出,要深化机构和行政体制改革。统筹考虑各类机构设置,科学配置党政部门及内设机构权力、明确职责。统筹使用各类编制资源,形成科学合理的管理体制,完善国家机构组织法。转变政府职能,深化简政放权,创新监管方式,增强政府公信力和执行力,建设人民满意的服务型政府。赋予省级及以下政府更多自主权。在省市县对职能相近的党政机关探索合并设立或合署办公。深化事业单位改革,强化公益属性,推进政事分开、事企分开、管办分离。

第三,制度建设规范化。领导体制中的制度建设包括十分丰富的内容。从宏观上看,包括中央与地方关系的制度,党政关系的制度,政企关系的制度,领导干部任用与管理制度,党政机关的组织制度和工作制度,基层民主制度;从微观上看,包括领导权力的运行监督制度,领导班子建设制度,现代企业制度,基层组织制度,领导机构设置制度,各种具体的领导工作制度等;领导体制改革的制度化也属于制度建设的范围。

党和政府高度重视领导制度建设。党的十八大强调,“制度化、规范化、程序化是社会主义民主政治的根本保障。”十八大以来,着重把制度建设作为领导体制改革完善的基础性工程来抓,把制度建设作为最可靠、最有效、最持久的治党方式。既注重制度的建立健全、合理规划,完善和健全新的制度,坚持立破并举，变革创新，及时清理废止不适应形势发展需要的制度，搞好制度的配套衔接，增强整体功能，也注重制度的执行力和实效性，“要增强制度执行力，制度执行到人到事，做到用制度管权管事管人。”“要坚持制度面前人人平等、执行制度没有例外，不留‘暗门’、不开‘天窗’，坚决维护制度的严肃性和权威性，坚决纠正有令不行、有禁不止的行为，使制度成为硬约束而不是橡皮筋。”通过制度建设形成更加成熟更加合理更加定型更加科学的制度体系。

党中央从 2012 年 7 月首次开展党内法规清理，制定出台 34 件重要党内法规，其中条例 5 件、规则 6 件、规定 14 件、细则 9 件。2014 年 8 月通过了《深化党的建设制度改革实施方案》。按照中央全面深化改革总体部署，成立党的建设制度改革专项小组，由中央组织部牵头，从深化党的组织制度、干部人事制度、基层组织建设制度、人才发展体制机制改革 4 个方面，提出了 55 项具体改革任务。党的十八大以来的领导制度建设主要表现在以下方面：

第一，领导决策制度建设。党的十八大强调，坚持科学决策、民主决策、依法决策，健全决策机制和程序，发挥思想库作用，建立健全决策问责和纠错制度。凡是涉及群众切身利益的决策都要充分听取群众意见，凡是损害群众利益的做法都要坚决防止和纠正。建立健全重大决策社会稳定风险评估机制。党的十八届四中全会强调要“健全依法决策机制。把公众参与、专家论证、风险评估、合法性审查、集体讨论决定确定为重大行政决策法定程序，确保决策制度科学、程序正当、过程公开、责任明确。建立行政机关内部重大决策合法性审查机制，未经合法性审查或经审查不合法的，不得提交讨论。”十九大强调，要健全依法决策机制，构建决策科学、执行坚决、监督有力的权力运行机制。

第二，领导干部人事制度建设。党的十八大强调要深化干部人事制度改革，建设高素质执政骨干队伍。2014 年 1 月重新修订颁发了 2002 年中央颁布的《党政领导干部选拔任用工作条例》。2015 年 7 月制定实施《推进领导干部能上能下若干规定（试行）》，完善从严管理干部队伍制度体系，建设高素质专业化干部队伍。党的十九大明确指出，要坚持党管干部原则，坚持德才兼备、以德为先，坚持五湖四海、任人唯贤，坚持事业为上、公道正派，把好干部标准落到实处。坚持正确选人用人导向，匡正选人用人风气，突出政治标准，提拔重用牢固树立“四个意识”和“四个自信”、坚决维护党中央权威、全面贯彻执行党的理论和路线方针政策、忠诚干净担当的干部，选优配强各级领导班子。注重培养专业能力、专业精神，增强干部队伍适应新时代中国特色社会主义发展要求的能力。2016 年 8 月，中共中央办公厅印发了《关于防止干部“带病提拔”的意见》，提出从严管理干部，对切实防止干部选任中的“带病提拔”作出具体规定。2017 年以来，中组部会同有关部委印发《高等学校领导人员管理暂行办法》《中小学校领导人员管理暂行办法》《科研事业单位领导人员管理暂行办法》《公立医院领导人员管理暂行办法》等，中共中央办公厅、国务院办公厅印发《领导干部报告个人有关事项规定》和《领导干部个人有关事项报告查核结果处理办法》。2018 年 5 月中共中央办公厅印发《关于进一步激励广大干部新时代新担当新作为的意见》，对广大干部提出了明确要求。2018 年 6 月中共中央政治局召开会议审议《关于适应新时代要求大力发现培养选拔优秀年轻干部的意见》。

第三，领导权力监督制度和廉政建设制度建设。党的十八大以来，全面从严治党得到了制度上和实践上的全面贯彻落实，并取得了显著的阶段性成效。党中央全面推进党风廉政建设，加强领导权力监督和廉政制度建设，先后出台了一系列具有较强指导性、针对性、示范性和可操作性的关于权力监督和廉政建设的重要规定。2012 年 12 月公布实施《关于改进工作作风、密切联系群众的八项规定》，2013 年公布实施《中央和国家机关会议费管理办法》《党政机关国内公务接待管理规定》《关于进一步规范党政领导干部在企业兼职（任职）问题的意见》《建立健全惩治和预防腐败体系 2013—2017 年工作规划》《关于进一步做好领导干部报告个人有关事项工作的通知》。2014 年公布实施《关于加强干部选拔任用工作监督的意见》《中央和国家机关公务用车制度改革方案》《党政主要领导干部和国有企业领导人员经济责任审计规定实施细则》。2015 年公布实施《中国共产党廉洁自律准则》《中国共产党纪律处分条例》《中国共产党巡视工作条例》《领导干部干预司法活动、插手具体案件处理的记录、通报和责任追究规定》《党政领导干部生态环境损害责任追究办法（试行）》《关于全国性文艺评奖制度改革的意见》《关于推行地方各级政府工作部门权力清单制度的指导意见》。伴随着这些制度的颁布实施，相应地开展了一系列的廉政教育和党风廉政建设，2013 年 5 月，中共中央下发了《关于在全党深入开展党的群众路线教育实践活动的意见》，随之开展了党的群众路线教育实践活动。2015 年 4 月，中共中央印发《关于在县处级以上领导干部中开展“三严三实”专题教育方案》，随之开展了“严以修身、严以用权、严以律己，谋事要实、创业要实、做人要实”的“三严三实”专题教育活动。“三严三实”是“共产党人最基本的政治品格和做人准则，也是党员、干部的修身之本、为政之道、成事之要”。2016 年 2 月，中共中央办公厅印发《关于在全体党员中开展“学党章党规、学系列讲话，做合格党员”学习教育方案》，开展“两学一做”学习教育活动。

党的十八大以来，依纪依法严惩腐败，严格落实八项规定，全面纠正“四风”，狠抓领导干部作风建设，始终保持惩治腐败的高压态势，坚持“老虎”“苍蝇”一起打。查处了大量严重违纪违法案件。加强和改进巡视工作，2013 年 5 月，中共中央纪律检查委员会启动首轮巡视，并且不断创新巡视形式手段。到 2016 年年初，中央纪委派出的 47 家派驻纪检组已全部到位，实现了对 139 家中央一级党和国家机关的派驻机构全覆盖。同时，全国各地方也实现了对主要党政部门和国有企事业单位部门巡视的全覆盖，实现了党内监督不留死角、没有空白，把党内监督的触角延伸到各个部门和单位。从 2016 年起还增加了“回头看”，起到强烈震慑作用，成为反腐败斗争的一把“利剑”。

第四，领导问责制度建设。党的十六届四中全会提出，依法实行问责制，加强对权力运行的制约和监督，保证把人民赋予的权力用来为人民谋利益。党的十七大提出，健全质询、问责、经济责任审计、引咎辞职、罢免等制度。2009 年 6 月，中共中央办公厅、国务院办公厅印发《关于实行党政领导干部问责的暂行规定》。推进党政领导干部问责制，是健全权力运行制约和监督机制的重要内容，贯彻了“有权必有责、用权受监督、违法受追究”的基本要求。为推进全面从严治党、解决没有人负责的问题，为了解决对执行党的路线方针政策不力和管党治党主体责任缺失、监督责任缺位、给党的事业造成严重损害的问题，为遏制形式主义、官僚主义、享乐主义和奢靡之风这“四风”和腐败问题多发频发，以及选人用人失察、任用干部连续出现问题，通过问责倒逼责任落实，2016 年 6 月，颁布实施《中国共产党问责条例》，让失责必问成为常态。

第五章 领导素质

领导者作为领导活动的主体,在领导活动中扮演着多种重要角色。领导者个体素质的高低和集体素质结构的合理与否,直接决定着领导者能否胜任领导角色,决定着领导绩效的高低,决定着领导活动的成败。因此,领导者扮演的角色、领导者个体素质的提升、领导集体素质结构的优化,都是领导科学研究的重要内容。

第一节 领导的角色定位

领导者是领导活动的主体,在领导活动中扮演着多重角色。认识和把握领导者扮演的主要角色,是理解领导者素质和领导职能的基础,也是领导者自觉提高素质、认真履行职能的基础。

一、领导角色的含义与特征

(一)领导角色的含义

领导角色是一种重要的社会角色。社会角色是指与人们的某种社会地位、身份相一致的一整套权利、义务、规范与行为模式的总和,它是人们对具有特定身份的人的行为期望,是构成社会群体或组织的基础①。简单地说,就是在一定的社会系统中的个人或者组织按照社会的期望所表现出来的行为模式。社会角色的扮演是一个动态的过程,它通常要经历三个阶段:一是对角色

① 参见郑杭生:《社会学概论新编》,中国人民大学出版社 1987 年版,第 143—148 页。

的期望和认知，二是对角色的学习领悟，三是对角色的实践。社会角色按照不同的标准，可以分为以下几种类型：第一，根据角色所占据的社会地位是否经过角色扮演者的主观努力而获得，将角色分为先赋性角色和自致性角色。第二，根据角色扮演者心理状态的不同，社会角色可分为自觉性角色和自发性角色。第三，根据社会角色的规范性程度划分，社会角色可分为规定性角色与开放性角色。第四，根据追求的目标划分，社会角色可分为功利性角色和象征性角色。第五，根据角色表现的隐显程度和状况，可将角色划分为潜隐性角色和活跃性角色。

社会角色概念被引入到领导科学的研究之中，为我们深入了解领导者的特点，了解领导行为以及提高领导的有效性提供了新的理论资源。“领导角色”是角色理论中重要的研究范畴。关于领导角色的含义，有广义和狭义两种理解：广义上的领导角色是指作为领导行为主体的领导者在进行领导行为选择的过程中所应该和需要承担或扮演的多种角色的总和。狭义上的领导角色特指领导者在领导活动中担当的具有权力和权威的领导性角色。在此，我们主要是在广义上使用“领导角色”这一概念，它是指领导者在领导活动中所扮演的各种各样的角色集合体，是领导者或领导集体按照社会的期望所表现出来的行为模式。准确地说，“领导角色”就是指领导者在社会系统的互动中所表现出来的与社会期望和自身地位相适应的权利、义务的规范和行为模式的总和。理解这一概念，应把握以下几个要点：

首先，领导角色是领导权利、义务等一系列规范体系和行为模式的总和。无论领导者处在什么样的领导位置上，依据相关的领导角色的权利与义务选择相应的行为模式是领导角色的必然要求。

其次，领导角色与领导地位和领导身份密切相关。领导地位、身份在很大程度上决定领导角色的主要内容，不同性质、不同层次的领导地位和身份，其领导角色的内容是有较大差异的。

再次，领导角色是社会对领导者及其行为的期待。特定的角色总是表现一定的社会期待，领导角色同其他社会角色一样也体现了组织系统和社会公众对领导者的期待。例如，人们对教师的角色期待就是教书育人，对医生的角色期待就是救死扶伤，而对领导者的角色期待就是为民服务，实现公共利益，维护公共秩序。

最后，领导角色还是领导者在对社会期待和角色规范的认知学习基础上，在自己的角色意识指导下所表现出来的各种行为模式。对“领导角色”的理解必须从外部和内部两个方面去探讨：“其一，社会形势呼唤这种角色的出现,即‘外人’需要它的影响,需要它在社会和政治领域中推动或阻滞他们的行为。其二,它来自于一个人对自己在社会关系中的地位的认识和理解。”①

(二)领导角色的基本特征

领导角色作为一种特殊的社会角色,既有社会角色的一般特点,又有其特殊性。

1. 主导性

人类社会生活需要管理,需要领导。从古至今,领导角色在人类社会生活中一直居于中心地位,是社会大舞台上的主角。领导角色对群体活动和社会生活起着主导性的作用。按照马克思主义的观点,决定人类社会发展和进步的根本因素是生产力和生产关系,人民群众是推动历史发展的决定性力量,这是从总体和宏观上来说的。但在具体问题上,在微观的层面上,马克思主义并不否认领袖人物在历史发展进程中的不可替代的重要作用。恩格斯在《论权威》中指出:“一方面是一定的权威,不管它是怎样形成的,另一方面是一定的服从,这两者都是我们不得不接受的,而不管社会组织以及生产和产品流通赖以进行的物质条件是怎样的。”②在任何社会,权威都是必需的,它是人类组织和联合行动的基础。在人类社会的大舞台上,领导角色不仅是不可缺失的,而且起着主导作用。

2. 公共性

领导角色是一种重要的公共角色,领导者是公共人物。领导角色的公共性主要表现在以下几个方面:首先,领导角色社会属性的公共性。在领导者的自然属性和社会属性中,社会属性是根本的。领导者是社会发展的产物,是为社会公共生活或组织的共同目标服务的。即便在阶级社会里,领导的社会属性主要体现为阶级属性,那也是为了其代表的整个阶级的共同利益。其次,领导者所掌握的权力和占有的领导职务的公共性。领导者所担任的职位和掌握的权力,不是其私有物品,不能由领导者随意支配,任意妄为。再次,领导活动目的的公共性。领导活动必须以实现和维护公共利益为根本出发点和最终归宿,必须为组织目标和社会公共生活服务,绝不能以权谋私。最后,领导角色影响的公共性。领导角色的扮演是一种公共行为,所产生的影响具有广泛性,不仅影响到领导者个人,更重要的是直接影响到组织中的其他成员,并通过组

---

① [美]詹姆斯·麦格雷戈·伯恩斯著:《领袖论》,刘李胜等译,中国社会科学出版社 1996 年版,第 117 页。

② 《马克思恩格斯选集》第 3 卷,人民出版社 2012 年版,第 276 页。

织运行而影响到全社会。随着领导层次的提高,这种影响力的范围会随之扩大,影响成千上万的人,乃至国家和民族的前途命运。领导角色的公共性在某种程度上,还意味着领导角色常常是公众关注的焦点,必须处于公众的监督之下。

3. 导向性

领导角色的主要职责就是通过一定的方式率领下属实现组织的目标。领导者所使用的方式和手段并不完全是强制性的工具,而主要是说服、教育、示范、引导等非强制性的方法。领导角色的扮演过程是凭借领导权力的权威性,同时依靠领导者自身的人格魅力来鼓舞激励、教育引导、吸引和感召下属齐心协力,共同实现组织目标的过程。在这个过程中,人格魅力是特别重要的,权力仅仅是必要的手段,而不是充分的条件。职位权力更多地带给下属以恐惧,而人格则更多地带给下属以爱戴;对权力的恐惧是暂时的,对人格的追随则往往是长久的。"保持领导不是靠权力,而是靠威信,毅力,靠比较丰富的经验、比较渊博的学识以及比较卓越的才能"①来实施领导。领导就是榜样,榜样的力量是无穷的。领导角色具有突出的指导性、引导性和感染性、示范性特征。按照当前西方的领导理论,领导者的主要角色就是为下属设定美好的愿景,通过愿景来引导、指导、激励下属去努力工作。领导角色的这种导向性特征,一方面要求领导者必须敏于行、慎于行、善于行;另一方面也要求领导者不断努力提高自身素质,增强领导行为的凝聚力、向心力、渗透力、感召力和影响力。

4. 复合性

领导角色的复合性主要是指领导角色是一个多种角色的复合体,是一个"角色丛""角色集",领导角色不是单一的、孤立的,而是多种角色在领导者身上的集合。领导活动是一种高度复杂的综合性社会管理活动,在领导活动中,随着时空条件的转换,领导者必须扮演多种不同的角色,甚至在某些特定的场合,会出现多种角色同时集于领导者一身的情形。领导者要胜任领导角色,扮演好这些不同的角色,必须具备很高的素质修养。

二、领导者的角色定位

对于领导角色的定位问题,西方的一些著名管理学家进行了许多有益的探讨。如亨利·法约尔(Henri Fayol)指出了管理与领导的差异,强调不能将

---

① 《列宁全集》第7卷,人民出版社1986年版,第9页。

“领导”与“管理”相混淆，认为“领导”是寻求从企业拥有的所有资源中获得尽可能大的利益，引导企业达到目标，是履行技术、商业、安全、会计和管理等职能的保证力量，领导无论在层次上还是意境上都要高于管理。而哈佛大学教授、管理学大师亨利·明茨伯格(Henry Mintzberg)第一次明确地对管理者和领导者的基本角色进行了深入分析，在1973年所著的《管理工作的本质》一书中，他将管理者、领导者的角色区分为三大类十种具体角色：第一，人际关系方面的角色：名义领袖、领导者、联络者。第二，信息管理方面的角色：监督者、传播者、发言人。第三，决策方面的角色：企业家、混乱处理者、资源分配者、谈判者。著名领导学家约翰·科特认为，领导与管理是不同的，领导者和管理者所扮演的角色是有差异的，领导的基本角色就是战略领导者、人力联合者、鼓舞和激励者。纳哈雯蒂(Afsaneh Nahavandi)在《领导力》一书中认为，面对变革时代的要求，领导者扮演着战略领导者、授权者、帮助者、组织文化和价值创造者等角色。

领导者角色是领导主体基本职能的具体展现，领导者的基本职能直接决定了领导主体的不同角色。领导者是多种角色的复合体，领导角色是一个“角色丛”“角色集”。综合上述观点，我们认为领导者扮演的主要角色有以下一些方面：

1. 引航员

领导者如轮船上的船长，是舵手，指引航向，带领人们到达希望的彼岸。引航就是确定方向，进行决策。领导者正是通过决策，确定组织的发展战略，引领组织和下属朝着正确的方向努力前行。领导者是领头羊，是火车头，是组织的引航员。领导者不是划桨者，而是掌握组织发展方向的舵手。领导者不是管理者，而是决策者。领导者决策水平的高低，直接决定着组织的兴衰成败，决定着组织成员的前途命运。引航员——决策者是领导角色中最重要的角色之一。作为引航员，领导者要高瞻远瞩，敏锐洞察环境的变迁，具有科学的预测能力，要适应时代的潮流，善于创造性地思维和行动，习惯于创造性地工作，不断创新制度和政策，成为组织的领航员、事业的开拓者、创新者。

2. 指挥员

指挥是最直接、最具体、最重要的领导行为。指挥就是领导者借助指示、命令等手段有效地指导下属机构和人员履行自己的职责，激发其积极性，实现目标任务的要求。明确了方向，但如果没有指挥，即领导者没有把下属和资源组织整合起来开展行动，也就不可能实现目标。因此，领导者是指挥员。领导者通过发布命令指令，动员下属，调度整合相关资源把决策方案通过各种方式贯彻落实,实现决策目标。领导者发挥指挥员的职能主要表现为:一是对组织系统的指挥,二是对被领导者的指挥,三是对领导活动现场的指挥。领导者想要担当好指挥员的角色不能仅仅依靠法定职权和强制性的命令,还须自觉提升人格魅力,善于采取多种方式激发下属的积极性和创造性,其中最重要的是采取各种激励手段和方法,激发人的主动性、积极性、创造性,挖掘和开发人的潜力,使"平凡人干不平凡的事"。组织心理学的创始人之一斯克因认为,领导的核心是激励人。因此,领导者要善于通过鼓舞、激励下属,高效地履行指挥员的职责。

3. 服务员

领导意味着责任和义务。领导者掌握着一定的权力,同时必须履行相应的义务,承担相应的责任。领导者担任多高的职务,具有多大的权力,就要承担多大的责任。从这个意义上讲,领导活动就是履行领导者责任的行为。而领导者的基本责任和义务就是为人民服务,担当服务员的角色。领导者的角色具有象征性和表现性,它不以追求与获取个人利益为主要目的,而是以表现社会制度与秩序,表现社会规范、价值取向、民族精神为目的。邓小平明确指出:"领导就是服务。"党的十八大报告提出要建设"人民满意的服务型政府。"服务比起权力与责任来,在更深的层次上反映了领导者的本质。领导者,无论职位高低、权力大小,都是人民的勤务员,都是为人民服务、对社会负责的公仆。如果说权力是领导者实现其领导的前提条件,是履行责任的手段,而责任是领导活动得以发生并进行下去的真正动力的话,那么,为民服务、为社会服务就应该是领导活动的出发点和最终归宿。

4. 教练员

公共管理理论认为,领导者不能充当划桨者和运动员的角色,而应当是掌舵者和教练员,即领导者是决策者,是把握方向和全局的,不是具体的管理者和执行者,是通过下属和他人去实现领导目标的。领导者就像教练员一样,是引领、指挥、鼓舞、指导他人而实现目标的,靠用人成就大业。因此,领导者就是教练员,是通过组织指导好下属来实施领导、实现目标。美国管理学家彼得·圣吉在《第五项修炼》中指出,21 世纪领导者的新角色是教师,是教练。美国著名政治家基辛格也说过,"一个伟大的领导人必须是一个教育家,使远见与人们熟悉的现实之间得到沟通。"毛泽东对其众多的称号中比较满意的就是"伟大的导师"。当代超级领导理论认为,领导者的角色和使命就是把下属培养成为领导者,使其自己领导自己。领导者担当好教练员的角色,一要为下属提供良好的组织制度发展平台,即领导者要做好组织机构的设计、建设和维护，并根据环境的变化进行组织的变革与发展；二要培育和优化组织文化，通过良好的组织文化培养、教育、熏陶下属，强化下属的责任心；三要指导下属的行动，对其进行辅导和资源支持，帮助、鼓励下属创新，实现领导目标与员工自身价值的双赢。

5. 裁判员

领导者是公共管理活动中规则的制定者、规则执行的监督者和裁判者，又是公共管理活动的组织者和领导者，就如体育运动竞赛中的“裁判员”角色。领导者作为裁判员的水平的高低直接影响着下属积极性、创造性的发挥，直接影响着领导绩效。首先，作为裁判员，领导者在公共管理活动中其立足点和出发点是领导行为的规范、公平、公正、公开，为每个人创造良好的工作条件和公平机会，有效地激发每个人的工作积极性，使其完美充分地展示自我，充分发挥潜能，促进事业发展。其次，作为裁判员，领导者要在精通规则、领会规则精神、遵循规则的前提下，善于运用规则去规范下属行为，公平对待下属，运用规则公平地协调裁决下属的矛盾冲突，提高领导的制度化水平。最后，作为裁判员，领导者要善于沟通协调。在领导活动中不可避免地会产生和存在着许多矛盾冲突，领导者要善于发挥裁判员的权威性特殊角色，加强沟通协调，公平有效地裁决、化解矛盾冲突。沟通协调是组织的黏合剂，起着传达信息、密切联系、交流感情、协调运转、弱化矛盾、解决冲突、控制进程、整合资源、优化环境、促进合作的重要作用。

三、转型时期中国领导者的角色转换

当下中国处于从传统社会向现代社会全面转型的关键时期，这种转型是全方位的，是从农业社会向工业社会和后工业社会转型，从伦理社会向法理社会转型，从同质社会向异质社会转型，从乡村社会向城市社会转型，同时要面对经济全球化、政治民主化、文化多元化的冲击和挑战。对此，领导者必须有清醒的认识和充分的思想准备，深刻认识领导活动对转型时期构建社会主义和谐社会的重要性，适应时代发展的要求，自觉实现领导角色的转换，实施创造性领导。

（一）由“运动员”向“裁判员”转变

领导者的主要职责是制定科学公平的规则，监督规则的有效执行，维护社会的公共秩序，而不是参与具体的社会生产经营活动，直接插手具体社会事务的管理，做“运动员”。领导者不能既当“运动员”，又当“裁判员”。在社会公共事务的管理过程中，领导者主要扮演“裁判员”“仲裁者”“协调者”的角色，公正公平地协调和解决各种矛盾冲突，有效化解各种危机，保障和维护组织利益以及社会公共利益。

（二）由“实干家”向“战略家”转变

领导者的重要职责之一是保证事业的可持续发展，领导者的角色定位之一就是事业发展的设计师。因此，领导者必须要有战略眼光，善于从全局和整体的高度观察问题，分析问题；善于从客观联系中把握事物的发展规律和事业的发展趋势，认真研究发展思路，认真搞好战略规划，努力做到胸怀全局、高瞻远瞩，统筹兼顾、总揽全局，审时度势、与时俱进，从容驾驭、举重若轻，成为主要是“掌舵”的战略家而不是单纯“划桨”的实干家。从严格意义上说，由“实干家”向“战略家”的转变，不是两种角色的转换，而是角色重心的位移。我们不否认领导者应该具有求真务实的作风和“实干家”的本领，但是，从领导活动的功能和领导者的角色定位上来看，领导更侧重推动变革，管理更侧重保障秩序；领导执行的是“总体的运动”，管理则执行的是“部分的运动。”所以，领导者不仅需要实干的作风和本领，更需要保证实干的方向、确立实干的目标。一句话，必须有战略家的素养。

（三）由“控制者”向“激励者”转变

管理者主要依靠权力强制性地组织工作，控制局面，目的是维护秩序，保障组织的有序稳定运行。领导者主要依靠正确决策和发挥思想以及人格的影响力来引导人们的行为，凝聚各方力量，搞好选才用人，目的是在保持稳定的前提下推动事业的可持续发展，致力于把事业做好做大做强。因此，领导者的主要职责一是决策，二是用人。用人是基础性的，因为正确的决策需要人才去实现，即使正确的决策本身，也离不开人才的参谋和辅佐。所以，领导者的角色主要不是对下属行为的控制者，而是基于正确目标基础上的激励者，通过思想武装和理论指导，为组织及其成员提供行为动力；通过方向把握和目标设计，为组织及其成员提供行为规范；通过制度创新和管理创新，为组织及其成员提供发挥积极性和创造性的空间；通过培训和教育等一系列人力资源开发的工作环节，发现和挖掘下属的潜能，培养下属的事业心和责任感，激发其工作热情和主动精神。

（四）由“官员”向“公仆”转变

在浓厚的官本位传统和现实条件下，人们常常认为领导者就是掌权者，就是大权在握、威风八面、享有特权、养尊处优、神秘莫测的高官。与此同时，一些领导者也往往以“官员”自居，摆出一副盛气凌人、目中无人、为所欲为、高高在上、颐指气使、专横霸道的“官态”，要别人伺候他、依赖他、服从他、效忠他，成为实际上的人民的“主人”。在大力发展社会主义政治文明和建设社会主义和谐社会的背景下，领导者必须转变这种“官态”，坚决走出“官本位”观念的影响，认真领会邓小平关于“领导就是服务”的论断，把领导活动看做特殊的社会分工，把领导权力看做人民的信任和为人民服务的条件，把领导职位看做为人民服务的舞台，把领导角色切实定位为人民的公仆——服务员，时刻做到想人民群众之所想，急人民群众之所急，干人民群众之所需，像胡锦涛同志所说的那样，“权为民所用，情为民所系，利为民所谋”。

（五）由“命令者”向“指导者”转变

传统的领导者主要依靠权力，通过强制性手段，对下属发布命令和指示，实行比较严格的管理和控制。而现代领导者则主要依靠自身的专业技能、人格魅力、伦理修养、价值取向来影响下属，通过组织文化、团队精神来凝聚人、鼓舞人、培育人。因此，现代领导者应该是教练员，是指导者，是教育家。凯拉·珐仁（Caela Farren）和贝菲里·卡耶（Beverly L. Kaye）认为，现代领导者不再是高高在上，而是置身于集体之中的一员，领导这一角色的工作重心将会由指挥和命令转移到提供便利条件和授权。领导者的工作是帮助人们发展，扮演着促进者、评估者、预测者、指导者、推动者的角色。①

第二节 领导者素质

领导者包括个体领导者和集体领导者，本节使用的领导者即指个体领导者。领导者担负着决策、用人、组织、协调、监督、激励等重要职责，必须具有较高的素质，才能胜任领导角色，避免角色失调。

一、领导者个体素质

（一）领导者素质的内涵

要了解领导者的素质，首先须清楚“素质”的概念。所谓“素”，就是本来的、原有的意思；所谓“质”，就是指一事物区别于他事物的内在规定性。素质

---

① ［美］赫塞尔本著：《未来的领导：新时代的新视野、新策略与新措施》，吕一凡等译，四川人民出版社 1998 年版，第 230—237 页。

就是指一个事物固有的区别于其他事物的性质和特点。“素质”这一概念，有狭义和广义之分。狭义的素质是指生理学上的一个专门术语，专指人的解剖生理特点，即人的神经系统、大脑、感觉器官和运动器官等身体组成部分的生理特点，即人体总的生理特点、条件和状态，以及人体各个组成部分的生理基础和质量。随着社会的发展和科学技术的进步，“素质”这个概念的内涵和外延不断扩大，被广泛运用于社会科学、人文科学乃至人们的日常生活之中，成了一个内涵和外延都很宽的概念。广义的素质就是指一个人在先天禀赋的基础上，经过社会环境熏陶和自身磨炼而形成的满足其生存和发展所需要的各种条件要素的总和。据此，我们可以说，素质就是一定的行为主体进行各种活动所依凭的自身内在条件。素质与胜任力既有联系也有区别。胜任力这一概念源自管理学中的“Competence”一词，它是由美国哈佛大学的戴维·麦克利兰(David McClelland)教授于1973年首先提出来的，主要是指“能将某一工作中的表现优异者与表现平平者区分开来的个人的、潜在的、深层次特征，它可以是动机、特质、自我形象、态度或价值观、某领域的知识、认知或行为技能——任何可以被可靠测量或计数的，并且能显著区分优秀绩效和一般绩效的个体特征。”这个概念一经产生，就得到了学术界和企业界的广泛关注和认同。在对人力资源的研究开发过程中，有人把胜任力与工作任务、工作绩效联系起来，甚至把胜任力与素质相等同。胜任力所侧重的是个人能力结构与工作岗位要求相匹配的特质和潜能，强调个人的素质能力与工作岗位、具体任务、组织环境的适应性，以及由此产生的可预测的、可测量的指向绩效的行为特征，包括个性特征、行为特征和工作情景等。人的素质是内在的各种要素的组合，胜任力是人的素质与工作任务相匹配时显现出来的能力。素质研究侧重于整体要素，相对而言较为宽泛，是胜任力的基础。胜任力则侧重于表述这一整体要素中的能力素质方面，可以将胜任力作为素质和行为的不同层面的组合，即个体所具备的、能够以之在某个或某些具体职位上取得最优绩效表现的稳定性特征，包括技能、知识、态度、思考方式、内在驱动力、社会动机和自我意识等具体组合。在此我们侧重于对领导者胜任领导角色所需的素质进行分析，对两者并不作严格区分。

领导者素质就是与领导职位相适应的领导主体为履行领导职能、发挥影响和作用所具备的价值理念和行为能力，是基于一般人的素质又符合领导者角色的特点而形成和具备的胜任领导工作的各种主观条件和特质。简单地说，领导者素质就是领导者借以有效履行领导职责、扮演领导角色所具备的价值理念和行为能力，是各种主观条件的总和。

(二)领导者素质的特点

人的素质一般具有稳定性、潜在性、基础性等特点,但作为领导者的素质,除了具有这些特点之外,还具有比一般人的素质更加表现明显的综合性、动态性、层次性等特点。

1. 综合性

领导活动是涉及组织、协调、控制、指挥和决策、用人、沟通、监督、激励等诸多环节和方面的复杂过程,领导者所承担的角色是一个多元化的"角色丛"。对领导者的素质要求必然是综合性的。中国古代著名的军事家、思想家孙子曾说:"将者,智、信、仁、勇、严也。"列宁曾指出,领导者的素质应该包括政治上的成熟性和积极性;最密切地联系劳动群众,知道并理解群众的利益,赢得他们的绝对信任;能把人民团结在自己周围;在技术上和生产组织上是内行;受过科学的教育;具有行政工作的能力;办事认真、负责;具有坚决和果断的性格。可见,领导者素质是一个多种素质要素相互依存、相互制约、相互补充、相互作用的有机整体。党的十六届四中全会做出了《关于加强党的执政能力建设的决定》,提出党要不断提高驾驭社会主义市场经济的能力、发展社会主义民主政治的能力、建设社会主义先进文化的能力、构建社会主义和谐社会的能力、应对国际局势和处理国际事务的能力。其实,这是党在新的历史时期对各级领导干部提出的新的基本的素质要求。从一般意义上说,领导者的政治素质、法律素质、道德素质、能力素质、知识素质、身心素质等,都是做好领导工作、扮演好领导角色所必不可少的。

2. 动态性

领导者素质是一个动态的概念,随着社会发展和时代进步以及领导者的自我完善而处于发展变化之中。领导者总是具体的某一任职期间或某一个时代的领导者。社会在发展,环境在变迁,对领导者的素质要求在内容和程度上也会发生时代性变化。领导者自身素质一方面来源于先天,另一方面则更多地来自后天社会实践的磨炼和塑造。领导者素质的变化既是时代进步的结果,又是时代进步的动力;既是领导者自觉自为的结果,也是社会外在压力驱动的产物。领导者自身素质的形成是一个不断发展和完善的过程,没有天生的领导者,也没有一劳永逸、一成不变的素质条件。同时,组织结构的调整、领导职位的升迁以及领导者自身的变化,也会影响领导者素质的变化。领导者素质的提升是一个需要付出艰苦努力的过程,不会随着领导者职位的晋升而自发地提高和改善。领导者素质的变化既可能是向上的、积极的,也可能是向下的、消极的。如,在现实社会生活中,某些领导者由于职位的调整、地位的变迁以及环境的变化，逐渐放松了对自己的严格要求，不再兢兢业业、任劳任怨、积极进取，而是崇尚个人主义、享乐主义和拜金主义，追求纸醉金迷、低级庸俗的生活，从而导致自身素质不断蜕化。所以，我们要积极创造条件，努力实现领导者素质的正向变化。

3. 层次性

任何领导工作都是一个系统，都有不同的层次、领域和相应的职责，对不同层次不同工作性质的领导者而言，其素质要求既有相同的一面，也有其特殊的一面。三国时期著名的政治家和军事家诸葛亮把军事将领按照不同的素质分为十夫之将、百夫之将、千夫之将、万夫之将、十万夫之将和天下之将等层次。现代社会生活复杂多变，组织机构的领导层次分明，其素质的层次性特点也更为突出。美国学者凯茨在 1955 年提出领导者必须具备三大领导技能：技术技能（解决具体问题的能力）、协调技能（处理和协调人际关系的能力）、概念技能（分析决断能力）。但不同层次的领导者对这三种技能的需求程度是不同的，基层领导者对这三种技能的需求结构比例是 47∶35∶18；中层领导者对这三种技能的需求结构比例是27∶42∶31；高层领导者对这三种技能的需求结构比例则是 18∶35∶47。[①] 尽管实际生活中，领导技能需求的比例难以完全而准确地量化，但这种实验分析仍然是有意义的，它说明在不同层次的领导岗位上，领导者的素质结构应该表现出不同的倾向性。在组织系统中，一般都有高层、中层、基层三个不同层次的领导者，他们各自承担着不同的职责和使命，扮演着不同的角色，因而对其有相应的不同素质要求。高层领导者的主要职责是确定大政方针，拟订战略规划，把握方向，统筹全局，与此相适应，要求他们具有相应的创造能力、综合判断能力、战略决策能力等。中层领导者主要是协调关系，从组织和协调方面去贯彻落实方针政策，为此，他们应该具有组织动员、协调沟通、监督激励的技能。基层领导者主要是执行政令，帮助下属解决具体问题，这就需要具有良好的专业知识和技能。

（三）领导者素质的重要性

领导者作为领导活动的主体，其素质状况关乎组织的生命与活力。缺乏基本领导素质的领导者，不可能充分整合与利用各种资源进行有效的领导。尤其在当今全球化与风险社会的时代，领导者素质面临着严峻考验，领导力成为竞争的重要因素甚至是关键因素。领导者的素质是领导力的基础，是一种

---

① R. L. Katz, "Skills of An Effective Administrator", *Harvard Business Review*, 1955, January-February, pp.33—42.

重要的竞争力,不仅关系到领导者自身的成败,而且直接决定着组织的生存发展,影响着一个地区乃至一个民族和国家的前途命运。

领导者素质是领导主体最重要的内在条件,它从根本上决定着领导活动的得失成败。任何行为主体从事某种活动的成败得失,一般都是两个因素即内在因素和外在因素互动的结果。在这些因素都不甚良好的情况下,行为主体的活动归于失败的可能性就大一些;反之,在这些因素都比较好时,行为主体成功的可能性就大一些。尽管这两个因素在行为主体的活动中有时都能发挥决定性作用,但一般而言,它们所起的作用还是有区别的。内在因素是行为主体的内在构成,最终决定着行为主体活动的必然性,为各种偶然的活动及其结果提供着先决条件。外在因素只是影响行为主体内在构成及其效用的外部环境因素,如果没有相应的内在因素作基础,或者没有相应的内在因素对外在因素的作用做出反应,那么,外在因素对于行为主体就成为没有什么作用的或者不相干的因素,就不能参与行为主体的行为当中去并产生相应的行为结果。这就是马克思主义哲学中的内因与外因的辩证关系的体现,内因对事物的发展起着根本性的决定作用,外因必须通过内因才能起作用。这种内在因素实际上就是构成行为主体的各种素质修养。行为主体活动的成败得失,主要取决于行为主体的内在因素即基本素质状况。领导者是领导活动行为主体中的一种,虽然比其他行为主体有角色上和行为方式上的特殊性,但是在成败得失的条件、原因和规律上却并不例外,都是从根本上取决于其内在因素,即取决于自身的综合素质。

不同的领导者素质将引发不同的领导行为,产生不同的现实结果,使领导者自身、群体和组织乃至社会及其成员都直接受到不同程度的影响。因此,领导者素质不仅对于领导主体来说是极其重要的,决定着个人的前途命运,制约着其事业的成败;而且对于组织乃至国家和社会来说也是事关全局、影响深远的重要因素,它关系到组织资源的分配及每个成员的现实利益,关系到组织的兴衰荣辱、胜败得失。

总之,领导者素质是决定领导行为和领导结果的特别能动的因素,是开展领导活动的前提、基础,是领导者取得成功的最重要的内在条件。

(四)领导者素质的基本内容

西方著名管理学大师彼得·德鲁克认为,一个有效的领导者必须具备以下五种主要素质:第一,要善于处理和利用自己的时间,把认清自己的时间应该花在什么地方作为起点。第二,注重贡献,确定自己的努力方向。第三,善于发现人才和用人所长。第四,能分清工作的主次,集中精力于主要的领域。

第五,能够有效决策,知道一项有效的决策是在“议论纷纷”的基础上做出的判断,而不是在“众口一词”的基础上做出的判断。①

美国领导协会在 20 世纪 70 年代花了五年的时间,对事业成功的 1 812 名主管人员进行了调查研究,发现成功的主管人员一般具有以下特征:(1) 工作效率高;(2) 有主动进取精神,总想不断改进工作;(3) 逻辑思维能力强,善于分析问题;(4) 有概括能力;(5) 有很强的判断能力;(6) 有自信心;(7) 能帮助别人提高工作能力;(8) 能以自己的行为影响别人;(9) 善于用权;(10) 善于调动别人的积极性;(11) 善于利用谈心做工作;(12) 热情关心别人;(13) 能使别人积极而又乐观地工作;(14) 能实行集体领导;(15) 能自我克制;(16) 能自主做出决策;(17) 能客观地听取各方面的意见;(18) 对自己有正确的估价,能以他人之长补自己之短;(19) 勤奋节俭;(20)具有技术和领导方面的知识。②

罗锐韧在其主编的《哈佛管理全集》一书中提出,领导者应该具有以下素质修养:(1) 懂得领导者应具备的知识。(2) 移情作用(或称“进入角色”),即换位思考,就是将自己置于别人的地位,模拟他人的感情、意见与价值观的能力。(3) 客观性。领导者应力求不带个人感情偏好地去观察与寻求问题的起因,客观公正地评价下属。(4) 自知之明。领导者应了解自己的处事态度与习惯对下属的影响,有自我认知的能力。③

由于领导者扮演角色的特殊性和复杂性,并且随着领导情境的变化,领导者素质的构成要素及其重要性也会变化,因此,要确定一种全面的、稳定的被大家所公认的领导者素质模型,也许是一种不切实际的奢望。但这并不意味着领导者的素质不具有相对的稳定性,不意味着领导者的素质是不可把握和认识的。相反,领导者应该具有的素质肯定具有一定的共同性和相对的稳定性。从这个意义上说,领导者素质一般包括以下几个方面:

1. 政治素质

领导者的政治素质是指领导者从事领导活动所必须具备的政治立场、政治价值观、政治态度和政治品质等各方面的基本要素。政治素质从根本上决定着领导活动的性质和方向,决定着领导者站在什么立场、为什么目标、为什么对象而行使权力以及怎样使用权力的问题。所以,政治素质在领导者素质

---

① 彼得·德鲁克:《卓有成效的管理者》,上海译文出版社 1999 年版,第 23—24 页。

② 潘云良:《领导者素质分析与测评读本》,中共中央党校出版社 2000 年版,第 14—15 页。

③ 罗锐韧主编:《哈佛管理全集》(上卷),企业管理出版社 1999 年版,第 579—580 页。

结构中居首要的根本地位，对于其他素质的发挥具有决定性的影响，是领导者的核心素质，是培养和选拔领导者的重要标准和条件。中国领导人一直高度重视领导者的政治素质。毛泽东特别强调政治是统帅，是灵魂，领导干部必须又红又专。邓小平强调领导干部必须具有的政治素质就是坚持四项基本原则、“四化”（即革命化、年轻化、知识化、专业化）以及培养“四有”新人。党的十八大以来，领导者的政治素质受到了前所未有的高度重视，突出强调政治能力是领导干部第一位的能力，领导干部最重要的是政治素质，要具有坚定的政治信仰，清醒的政治头脑，严明的政治纪律、善于把握方向、看清大势和驾驭全局，坚定“四个自信”，强化“四个意识”。这对领导者的政治素质提出了新的要求。具体来说，领导者应具有以下政治素质：

第一，具有正确的政治立场。正确的政治立场是提高政治敏锐性和政治鉴别力的前提。对领导者来说，具有正确的政治立场是最起码的要求。政治具有鲜明的阶级性，任何国家、阶级都是通过选拔一批忠诚于本阶级并有能力为本阶级服务的人来执掌国家政权，维护本阶级的统治，谋求本阶级的利益。中国领导者同样也必须坚持正确的政治立场，即工人阶级和人民大众的立场，要终身致力于服务民众、报效国家，忠于政府。

第二，具有崇高的政治理想。崇高的理想和目标既是领导者成为卓越人物的内在原因，也是领导者不断走向成功的驱动力。具有崇高的理想和远大的目标，归根结底是领导活动的本质和价值的必然要求。马克思曾经指出，一个人如果仅仅为自己那点自私而可怜的利益活着，也许能够成为优秀的诗人和绝顶的聪明人，但无论如何很难成为完人和伟人。为全人类的命运而思考的人，历史称为伟大；为多数人的幸福而奋斗的人，经验颂为英雄。

第三，具有高度的政治责任感。领导者由于所处职位的特殊性和重要性，其行为会直接对国家、人民的利益产生重大的影响，因此领导者必须具有高度的政治责任感，要站在国家和人民的立场上观察、分析和处理问题。领导者树立高度的政治责任感，具有高度的政治觉悟，对党对国家对人民负责，决不只是一句道德格言，或只是对领导者思想作风的一般要求，更是对领导者承担法律上政治上的责任的要求。权力意味着责任，用权必须负责。领导者的权力来源于人民，必须为人民服务，为人民谋利，对人民负责。高度的责任感是人格健全的标志，是领导者使自己变得高尚的根源。

第四，具有理性的民主政治自觉。孙中山先生早就指出，民主潮流，浩浩荡荡，顺之者昌，逆之者亡。民主政治是不可阻挡的历史潮流，民主领导是现代领导活动的本质属性。党的十七大把发展社会主义民主政治、建设社会主义政治文明，确定为中国现代化建设和构建和谐社会的重要目标。党的十八大提出“以保证人民当家作主为根本”“保证人民依法享有广泛权利和自由”。领导者必须具有基本的理性的民主政治自觉。第一，要具有民主的价值观。领导者树立民主的价值观意味着不仅应当使民主和政治伦理道德规范成为一切领导价值的基础，而且应当使领导者始终作为人民主权的受托者而发挥作用。第二，要掌握民主政治的基本知识。对民主的内涵、特征和民主发展的历史有全面正确的了解，尤其要对民主的本质有正确认识。纵观当今世界，虽然民主政治还存在着一定的局限性，还不是最理想的政治形式，但它是迄今人类所创造出来的最不坏的政治治理方式。领导者是民主政治的实践者，必须对民主政治有正确的认知和自觉的信仰。第三，具有基本的民主技能。民主的过程是所有人都必须经历的一个学习锻炼的过程，领导者必须掌握民主政治的基本技能，在领导活动中坚持民主精神，发扬民主作风，实行民主决策，接受民主监督，进行民主领导。第四，严明的政治纪律。对领导者来说，严明的政治纪律是不可逾越的行为底线，是不可触碰的“红线”和“雷区”。政治纪律是领导者最基本的行为规范和政治素养。习近平反复强调：政治纪律是党最重要、最根本、最关键的纪律，……是各级党组织和全体党员在政治方向、政治立场、政治言论和政治行为方面必须遵守的规矩，是维护党的团结统一的根本保证。① 各级领导干部“要加强纪律建设，把守纪律讲规矩摆在更加重要的位置”。政治纪律包括党章以及据此制定的党规党纪，国家法律以及据此制定的各项工作纪律、职业规范等。遵守政治纪律特别强调牢固树立政治意识、大局意识、核心意识和看齐意识，坚定维护中央权威，自觉与党中央保持一致。

2. 法律素质

党的十五大提出要健全社会主义法制，坚持依法治国，建设社会主义法治国家。党的十七大明确要求要全面落实依法治国基本方略，加快建设社会主义法治国家。依法治国是社会主义民主政治的基本要求。法律是治国之重器，是治国理政最大最重要的规矩，法治是国家治理体系和治理能力的重要依托。党的十八大明确指出，法治是治国理政的基本方式，要全面推进依法治国，到 2020 年，依法治国基本方略全面落实，法治政府基本建成，司法公信力不断提高，人权得到切实尊重和保障。2014 年 10 月，党的十八届四中全会通过的《中共中央关于全面推进依法治国若干重大问题的决定》更是明确指出，提高党员干部法治思维和依法办事能力。党员干部是全面推进依法治国的重

---

① 《习近平关于全面从严治党论述摘编》，中央文献出版社 2016 年版，第 95—96 页。

要组织者、推动者、实践者，要自觉提高运用法治思维和法治方式深化改革、推动发展、化解矛盾、维护稳定能力，高级干部尤其要以身作则、以上率下。把法治建设成效作为衡量各级领导班子和领导干部工作实绩重要内容，纳入政绩考核指标体系。把能不能遵守法律、依法办事作为考察干部的重要内容，在相同条件下，优先提拔使用法治素养好、依法办事能力强的干部。对特权思想严重、法治观念淡薄的干部要批评教育，不改正的要调离领导岗位。党的十九大进一步明确全面推进依法治国的总目标是建设中国特色社会主义法治体系，建设社会主义法治国家。强调全面依法治国是中国特色社会主义的本质要求和重要保障。必须把党的领导贯彻落实到依法治国全过程和各方面，坚定不移走中国特色社会主义法治道路，完善以宪法为核心的中国特色社会主义法律体系，建设中国特色社会主义法治体系，建设社会主义法治国家，发展中国特色社会主义法治理论，坚持依法治国、依法执政、依法行政共同推进，坚持法治国家、法治政府、法治社会一体建设，坚持依法治国和以德治国相结合，依法治国和依规治党有机统一，深化司法体制改革，提高全民族法治素养和道德素质。这表明，我国正加速从人治社会向法治社会转型，意味着治国理政方式的重大转变和领导方式的变革创新。

第一，领导者必须掌握相关的法律知识。知法是守法和执法的基本前提。领导者掌握基本的法律知识，是依法行政、依法领导的基础和前提，是新时期领导者能否胜任工作的一个重要条件。领导者要认真学习和掌握有关法理学的基本知识，熟练掌握宪法和其他履行领导职责所必需的各种法律法规，如行政法规、经济法规等方面的知识。

第二，领导者必须有强烈的法治意识。法治意识是人们对法治现象的一种主观反映，从根本上讲，领导者的法治意识直接体现一个国家的法治水平，反映其法制运行的基本状况，因此，增强法治意识成为领导者法律素质的一个重要方面。领导者必须强化自己的法治意识，自觉维护宪法和法律的权威，树立依法领导、依法行政和依法办事的意识，提高依法行政的能力。领导者具有正确的法治意识，首先要强化宪法意识。依法治国首先要以宪治国，树立人民权利至上、宪法权威至尊、人民利益高于一切、人权和公民权利神圣不可侵犯、行使权力要遵循法定程序、接受权力制约与监督、承担相应的责任等观念和意识。其次，要树立法律至上的观念。法律至上，就是法的权威至上，也就是人民意志至上，要消除特权现象和人治传统，树立法律面前人人平等和权力制约的观念。最后，要强化公仆的服务意识。树立公仆意识、公民意识和为政公开、公平、公正的意识。

第三，领导者要依法领导，注重职务守法。领导者要身体力行，严格守法，严格在宪法和法律规定的范围内活动，决不能凌驾于法律之上。要严格按照法定的程序办事，自觉维护法律的权威。一方面，领导者作为公民中的一员，必须像公民一样遵守宪法和法律法规；另一方面，领导者作为组织的负责人，在行使职权时必须做到依法办事、依法行政。领导者的职务行为必须有法律依据，必须符合法定的程序，必须在法律规定的职权范围内行动。如果领导者触犯了法律，必须承担相应的法律责任，绝不能有任何特权。

3. 能力素质

所谓能力，即人的主观能动性，就是指人们认识问题和解决问题的本领和技能。领导者的能力主要有两种分类方法：第一种是根据能力的性质分类，大致可以分为经验性能力、知识性能力和思维创新能力。第二种是根据实践领域分类，如党的十六届四中全会通过的《中共中央关于加强党的执政能力建设的决定》中提出的五种能力建设，就是从实践领域的角度对领导者能力素质所进行的一种分类。领导者的能力素质是领导者履行职责、实施有效领导、建立威望的基础。

在西方国家，一般将领导者的能力标准分为 12 项，即忠于职守的能力，计划的能力，组织的能力，控制的能力，口头表达的能力，文字表达的能力，把握整体目标的能力，决策的能力，创造的能力，指挥的能力，主动的能力，适应的能力。① 领导者必须具备一定的能力才可能完成领导任务，履行相应的职责。这种应该具备的能力不是单一的能力而是多种能力的集合，是具有多种功能、多个层次的综合体。

这里，我们从实践领域的角度，也是从领导职能的角度，强调领导者应该具备以下几方面的能力：

（1）科学决策能力。决策能力，是指领导者根据环境、事件与信息的情况，对预定目标与行动方案做出决断的本领。领导决策正确与否，直接决定着一个组织的兴衰成败。决策贯穿于整个领导过程之中，没有决策就没有领导。在某种意义上甚至可以说，没有决策能力就等于没有领导能力。决策水平的高低是衡量一个领导者素质高低、领导艺术水平高低的重要标准。科学决策的能力主要表现在善于利用外脑资源、善于处理复杂信息、善于洞察事物变化、善于预见未来情形、善于应对紧急情况、善于设计事业蓝图和创新工作思路等。

---

① 潘云良：《领导者素质分析与测评读本》，中共中央党校出版社 2000 年版，第 57 页。

（2）知人善任能力。知人善任的能力就是领导者善于识别人才和使用人才的本领,这是领导者的基本能力之一。毛泽东曾经说过,领导者的职责,归纳起来就是"出主意"和"用干部"。"用干部"就是指选才用人。能否选好人才、用好人才,是衡量领导者是否成熟的重要标志之一,是能否实现有效领导的关键。知人善任的能力主要表现在善于识别人才、善于凝聚人才、善于使用人才、善于培养人才、善于激励人才、善于协调人才、善于举荐人才等。

（3）激励能力。激励,是一种刺激需要、满足需要、激发动机、引导行为、实现目标的动力过程。激励可以使人兴奋起来并保持积极状态,从而推动人们的行为朝向预期的目标。领导工作的一个重要职能,就是人员激励。激励能力是领导者采取一定的方式激发下属的动机,满足其合理需要以发挥其主动性、积极性的本领。激励作为调动人的积极性的重要手段,贯穿于领导过程的始终。成功的领导能够有效地激励下属,利用各种激励的手段和方法,形成团队精神与活力。美国领导学家史蒂文·科恩(Steven Cohen)指出:领导者的一个重要职能就是"设置激励机制。……激励通常是用来引导员工做出预期的行为。……你对组织的控制力主要来自你掌握激励机制的能力。"①科学研究也证明:采取激励的措施,对于提高组织的工作效率有很大的作用。领导者激励下属的能力,是实现组织目标、培养人才、提高领导绩效的重要保证。激励的能力主要表现在善于了解组织成员的需要、善于理解组织的目标要求、善于提升组织文化、善于实行人性化管理和服务、善于制定体现激励的政策和制度、善于体现亲和力、善于优化资源配置等。

（4）沟通能力。沟通是指人们之间通过一定的方式传递信息、观念、情感等而达到相互理解的活动。美国管理学家查尔斯·贝克(Charles E. Beck)指出:"沟通是组织的生命线,传递组织的发展方向、期望、过程、产物和态度。"②离开了沟通,领导活动中的决策、用人、授权、监督、协调和激励等都无法顺利进行,沟通既是领导活动的重要职能,也是履行领导职能的重要方式和手段。对领导者来说,沟通是一项基本能力。形成和提高领导者沟通的能力,有助于发挥领导者的作用,更好地协调复杂的关系和优化组织的生存发展环境,更有效地配置资源和实现组织目标。沟通的能力主要表现在善于倾听和反馈意见、善于表达和传递信息、善于动员和组织群众、善于说服和引导舆论、善于概

① ［美］史蒂文·科恩、威廉·埃米克:《新有效公共管理者》,王玲玲等译,中国人民大学出版社2001年版,第170页。

② ［美］查尔斯·贝克著:《管理沟通》,康青等译,中国人民大学出版社2003年版,第5页。

括和总结要点、善于利用和驾驭会议、善于控制和调整情绪、善于处理谈判事项等。

（5）创新能力。领导活动是一种综合性、创造性的社会活动，创新能力是领导者应有的基本素质之一。美国领导学家史蒂文·科恩指出："如果领导者没有进行制度化创新的能力和雄心，那么组织压力很快就会将新的思想淹没。而对抗压力的唯一途径就是创新和冒险。"①领导者的创新能力就是及时发现新问题、善于提出新思想、敢于采用新方法、有效解决新问题的能力。主要表现在善于敏锐地洞察旧事物的缺陷，准确地捕捉新事物的萌芽，提出大胆新颖的设想并进行周密的论证，设计可行的方案并付诸实施，即大胆的怀疑精神、勇敢的批判意识、强烈的新异志趣、敏锐的洞察能力、独立的思考习惯、坚韧的意志品质和超越传统、战胜偏见的魄力与方法等。

（6）危机管理能力。当代社会，随着科学技术的进步、社会生产力的发展以及全球化进程的加速，各种社会问题不断复杂化、多样化，人类社会进入了风险社会，公共危机发生的频率加快并且破坏性增大。因此，领导者的危机管理能力日显重要。党的十六届四中全会通过的《中共中央关于加强党的执政能力建设的决定》中强调指出，要构建和谐社会，必须"建立健全社会预警体系，形成统一指挥、功能齐全、反应灵敏、运转高效的应急机制，提高保障公共安全和处置突发事件的能力。"由此可见，危机管理能力成为了新时期领导者素质的一项重要内容。领导者的危机管理能力主要表现在危机预防能力、危机识别能力、危机处置能力和危机善后管理能力等。

4. 道德素质

领导者的道德素质是指领导者所具有的品德修养和在领导活动中自觉遵守社会规范，恪守领导活动职业道德的基本素养和特质。道德素质在领导活动中居于特殊的重要地位，是领导者自我约束、自我教育、自我管理的内在手段，是领导者影响力的内在源泉。领导者的身份和地位决定了其必须具有高于普通社会成员的良好的道德素质。领导者具有良好的道德素质，不仅有利于提高领导绩效，塑造良好的领导形象，增强领导者的威信，而且有利于净化社会风气，促进精神文明建设。领导者的道德素质是一个复杂的结构系统，它由领导者的道德意识、道德行为、道德评价、道德调节、道德修养、道德信念等要素所构成，既包括一般的道德素质，也包括作为特殊岗位的领导职业道德。

---

① ［美］史蒂文·科恩，威廉·埃米克著：《新有效公共管理者》，王玲玲等译，中国人民大学出版社 2001 年版，第 211 页。

在此,我们主要从领导者所从事职业的特殊性角度来讨论领导者的道德素质。

第一,忠诚,即对国家和人民的忠诚。忠诚的品质对于领导者来说具有基础性的意义,对国家和人民的忠诚,既是领导者职业道德的基础,也是一切领导素质的基础。这是因为"人不忠信,则事皆无实,为恶则易,为善则难,故学者必以是为主焉。"①领导者的忠诚,是大忠诚,而不是小忠诚、亚忠诚、假忠诚,是对国家、人民、法律、公共利益的真正的绝对的忠诚,是建立在科学、理性、自觉的基础上的忠诚。在领导活动中,领导者必须具有强烈的忠诚意识,忠于国家,忠于人民,把国家和人民的利益置于首位,为公共利益尽心竭力。同时,领导者还要忠诚于事业,在领导活动中尊重客观规律,科学决策,说老实话,办老实事,做老实人,真心实意、兢兢业业为人民服务,决不弄虚作假、欺上瞒下、口是心非,不搞形式主义、政绩工程。

第二,公正廉洁。公正,就是领导者待人处事公平公正。廉洁,就是领导者为官清正,奉公守法。公正廉洁,历来都是重要的领导品质,是世界上各个国家对领导者的基本道德要求。公正廉洁是领导者进行有效领导的基础,是关乎国家兴衰的根本。正如孔子所说,"政者,正也,子帅以正,孰敢不正";"廉者,政之本也";"吏不廉平,则治道衰。"公正廉洁的素养,就是要求领导者具有正确的权力观,善待权力,公正用权。领导者公正用权的关键是坚持原则,依法用权,既要有正气、有骨气、有勇气,光明磊落,还要顾全大局。同时要强化"公仆"意识和服务意识,教育和引导领导者始终坚持全心全意为人民服务的根本宗旨,将为最广大人民谋利益作为一切工作的出发点和归宿。领导者决不能滥用权力、徇私枉法、贪污受贿,必须始终保持人格的崇高性、权力的公正性和行为的廉洁性。

第三,勤政尽职。勤政尽职就是领导者勤于政事,对工作认真负责,竭尽全力,积极进取,有强烈的事业心和使命感,尽职尽责。勤政尽职是领导者职业道德的核心。领导者的忠诚、公正、廉洁,归根结底都要通过领导活动体现出来,都要以勤政尽职为归宿。在领导活动中,廉洁既是道德规范,也是法律规范,廉政是价值基础,是为官的起码要求。领导者做到廉洁还远远不够,还必须勤政尽职,在其位谋其政,敬业奉献,以最大的热情和毅力去努力完成自己的使命和任务,运用所掌握的公共权力实施有效的领导,开拓创新,不断进取,不懈奋斗,为组织做出贡献,为国家为人民谋利益。

第四,严于律己,宽以待人。著名诗人纪伯伦说:"一个伟大的人有两颗

---

① 《论语·学而》。

心:一颗心流血,另一颗心宽容。”领导者要有奉献和牺牲精神,要有宽容大度之心,责己恕人,对自己严格要求,以身作则,对下属和同事平易近人,宽容大度。领导者对自己的严格要求,不仅包括工作和学习方面,而且包括思想和生活各个方面。对自己的高标准严要求,是领导者胜任工作、不断进步和发展的内在动力。“有容德乃大”,只有心胸宽阔、豁达包容、谦虚谨慎,勇于承担责任,勇于承认错误,才能获得下属的认同和支持,才能算得上真正的领导者,也才能吸纳和团结各种人才,齐心协力完成任务,获得事业上的发展。反之,有的领导者心胸狭隘,傲慢自大,盛气凌人,对自己放纵无度,对下属的失误苛刻严厉,紧抓不放;对得罪过自己的人耿耿于怀,睚眦必报;对有能力的人嫉妒猜疑,处处提防,甚至压制打击。这样的领导者不但不能胜任领导工作,而且还会导致人才的流失和组织的衰败。

5. 知识素质

知识素质是指领导者做好本职工作所必须具备的基础知识与专业知识及合理的知识结构。领导者是率领和引导下属工作的人,较高的知识素质不仅是领导者走上领导岗位的必备条件,而且是领导者不断适应环境变化,更好地履行领导工作职能的重要条件。人类社会已经进入21世纪,这是知识经济的时代,这是学习型的社会。在这样的时代和社会里,“知本”将逐渐取代“资本”,成为推动经济社会发展的第一要素,知识的生产和利用将成为经济社会发展的强劲助推器。对领导者来说,拥有知识的程度以及知识结构的优化(主要指知识结构与领导角色和领导工作之间的适应性)程度成为制约领导力高低的重要因素。心理学研究证明,人所具有的能力(一般能力和特殊能力)和所掌握的知识是相互联系、相互制约的。一方面,人们掌握知识要以一定的能力为前提,能力制约着人们掌握知识的快慢、深浅、难易和巩固知识的程度;另一方面,丰富的知识又有助于能力的提高和发展。一般而言,领导者的知识素质应该包括三个方面:扎实的基础知识,深厚的专业知识,广博的辅助知识。

第一,基础知识。这是领导者知识结构的第一层级,是领导者必须具备的基本知识。就领导工作的实际需要来看,应着重掌握以下知识:一是科学文化知识。科学文化知识是基础知识的基础,也是其他任何知识的根基。领导者要有一定的科学文化知识,如语文、数学、历史、地理、生物、化学、自然、哲学、逻辑学等知识,而且要把这些知识转化为读、说、听、写的能力。二是社会科学理论知识。社会科学揭示了人类社会的本质、发展方向和发展规律,是做好领导工作和其他一切工作的指导思想和理论基础。在社会科学理论知识中,尤其重要的是马克思列宁主义、毛泽东思想、邓小平理论、“三个代表”重要思想、科学发展观和习近平新时代中国特色社会主义思想。三是政策法规知识。政策法规知识主要包括党的路线、方针和政策,国家的宪法、法律和各种规章、制度。政策是领导者开展工作主要的直接依据,领导者水平的高低、业务能力的大小,除了受其他诸多因素影响之外,在很大程度上还取决于领导者的政策水平。法律法规是领导者开展工作的具有最高权威性的依据,法治领导已成为大势所趋。四是现代科技知识。学习和掌握现代科技知识,不仅能使领导者了解现代科学技术的发展状况,丰富科技知识,提高科技素质,而且还可以加深对"科学技术是第一生产力"和建设创新型国家的认识和理解,重视和尊重人才,真正贯彻落实科教兴国的发展战略和自主创新战略,提高决策水平和领导艺术。五是社会主义市场经济知识。只有掌握市场经济的基本知识,领导者才能够在建设社会主义现代化的过程中,掌握市场经济发展的规律,做好领导经济的工作。

第二,专业知识。专业知识,是领导者知识结构的核心和主体部分,也是区别于其他领域人才知识结构的主要标志。专业知识的内容丰富,主要包括有关领导和管理的"共性"知识和领导者所在的行业、领域或部门的业务知识。就有关领导工作的共性知识来说,领导者要精通包括政治管理、经济管理、行政管理、科技管理、人才学、领导科学、思想政治工作等专门知识。就领导者所在的行业、领域或部门的业务知识来说,领导者虽然并不一定要成为某一专业领域的专家,但必须精通领导和管理的专业知识,成为领导和管理方面的专家。

第三,辅助知识。辅助知识是领导者知识结构的一个重要组成部分,指的是与领导工作相关的知识。辅助知识的内容极为丰富,领导者应该着重学习和掌握哲学知识、逻辑学知识、修辞演讲方面的知识、新学科知识、现代公关知识、心理学知识、社会学知识、历史知识、国际关系知识等。哲学家弗朗西斯·培根说过:"读史使人明智,读诗使人灵秀,数学使人周密,科学使人深刻,伦理使人庄重,逻辑修辞使人善辩。凡有所学,皆成性格。"列宁也曾说过:"只有了解人类创造的一切财富以丰富自己的头脑,才能成为共产主义者。"①辅助知识能够帮助领导者拓宽视野、开阔思路、创新方法、博闻强记、活学活用,有助于提高领导者认识问题、分析问题和解决问题的能力,也能够提升领导者的综合素养,丰富领导者的人格魅力。

6. 身心素质

身心素质是领导者必不可少的基础性素质。世界卫生组织在其《宪章》

---

① 《列宁选集》第4卷,人民出版社2012年版,第285页。

中为“健康”下了一个定义：“健康不仅仅是没有疾病或不虚弱，而是身体的、精神的健康和社会幸福的完满状态。”身体的健康既包括生理健康，也包括心理健康。承担组织使命和领导责任的各级领导者必须具备较好的身体素质和心理素质。

身体素质是指人的解剖生理特征，就是构成人这种高级生命体的所有物质成分的质量和健康状况的总和，包括体质和体貌两部分。身体素质是领导者素质的物质基础，是领导者其他全部素质的物质载体。身体素质的状况直接影响着领导者其他素质的质量、效能和价值。领导者用来处理复杂工作所凭借的能力素质、知识素质等都必须依靠充沛的体能和精力来支撑。领导者的活力和动力主要基于健康的体魄。对于领导者来说，身体素质具有不可替代的基础性作用和特殊意义。

所谓心理素质，就是一个人认识和把握自我的能力，它包括人的认知、情绪、意志、气质和性格等。领导者的心理素质，宽泛地说就是指领导者做好领导工作所必需的心理条件；较为狭义地说，主要是指领导者的认知、情绪、意志以及气质性格等方面的心理要素和心理特征。人的所有行为都会受到心理因素的影响、制约甚至支配。历史和现实反复证明，心理的健康与稳定往往是人们从事各种活动获得成功的不可或缺的因素。领导工作的性质和职业特点对领导者的心理素质要求更高。提高和改善领导者心理素质，既是领导干部自我完善的重要体现和充分履行领导职能的重要基础，也是提高领导水平的重要保证。当前，中国已经把心理素质作为考察领导干部的重点内容之一，领导干部的心理素质主要看面对复杂的矛盾和问题是否具有良好的心态、宽广的胸怀、坚强的意志、昂扬的精神状态。领导者应着重从以下几个方面加强心理素质的修养：

一是正确认识和评价自我，学会尊重和宽容他人。一个心理健康的领导者，就是一个清醒的、自觉的、真正了解自我和客观评价自我的领导者。既不自怨自卑，也不自恋自傲；既不盲目攀比他人，也不轻易诋毁否定他人。对自己要清醒、自信；对他人要尊重、宽容。学会尊重、欣赏和宽容别人，是一种胸怀，是一种美德，是心态健康、人格健全的重要标志。领导者要克服偏见心理，提高对人对事的思维判断力；要克服求全责备的心理，培养尊重、宽容的人格亲和力；要克服嫉妒心理，保持良好的心理平衡力。

二是正确看待财富和权力，保持从容、平和的情绪状态。领导者要提高思想境界，看淡财富与权力，升华工作动机，克服功利贪欲。国外专家通过研究提出了“情绪商”或“情感智商”的概念，用以表示人们情绪优化的程度。有人甚至认为,智商容易使人得到录用,情商容易使人得到晋升。领导者情绪优化的标准是善于调控自己的情绪,能够经常地保持一种从容、平和的心态,做到反应适度,喜怒有节,胜不骄,败不馁。要善于调整自己的情绪,当出现某种负面情绪时,要及时加以疏导和排解。

三是正确对待工作和生活,远离奢华和浮躁,锤炼良好的意志品质。意志是人们自觉地确定目的用以支配和调节行为,克服困难,实现目标的心理过程。具有良好心态的领导者应该是工作目标上进、生活情趣健康、意志品质坚定者。领导者需要从以下几个方面做起:首先,要珍惜生命,珍爱健康,把生命和健康放在第一位。其次,要矫正工作目标,提升工作动机。工作动机决定了意志品质。在社会主义国家,领导者的工作目的和工作价值是为人民创造幸福生活,为社会增进公共福利,为人类开辟理想道路。最后,要正确处理工作与生活娱乐的关系。两千多年前的老子有云:“张而不弛,文武弗能也;一张一弛,文武之道也。”要学会心理的放松,学会保持良好的心情。列宁曾说,不会休息的人就不会工作。同时还要培养意志的自制性,用意志的力量去控制自己的情绪,约束自己的言行。

四是要注意气质性格的修养,保持对外部环境的适应性。人的气质俗称为性情、脾气,是人的心理活动的速度、强度及稳定性等方面的心理特征。性格是一个人对现实的稳定的态度和惯常行为方式方面的心理特征。一般认为,气质可分为四种类型,即胆汁质(兴奋型)、多血质(活泼型)、黏液质(安静型)、抑郁质(抑制型)。气质类型无好坏之分,但又各有优缺点。在现实中,典型地属于哪一种气质类型的人并不多见,多数为复合型,即多种类型的特点均有,但以某种类型为主。领导者进行气质修养,首先客观地分析一下自己大致属于哪种气质类型,然后有意识地进行扬长避短的修养。性格是人的个性心理特征的重要方面。领导者进行性格的修养不仅要注意扬长避短,而且要注意思想政治品行素质的修养,通过修养去强化好的性格特点,克服不好的性格特征。

总之,领导者的心理素质修养,主要就是通过坚持不懈的修养和锤炼,使自己具有清醒的认知能力、平和稳定的情绪、坚强的意志以及随和的气质性格,切实提高自己的心理调控和心理承受能力。

二、领导集体素质

现代领导活动的主体越来越呈现集团化趋势,即集体领导。领导集体素质结构的优化，直接决定着组织的整体绩效，决定着组织的生存和发展。因此，领导集体素质结构的优化，是领导科学研究的一个重要课题。

（一）领导集体素质结构的含义及其特征

领导集体就是指由组织中的各个领导成员按照一定的关系所组成的有机的领导整体。领导集体是一个有着内在结构和特定功能的系统。按照系统论和结构功能主义的观点，结构是系统性质和功能的集中体现，是一种关系的组合。通过结构，把各种孤立的要素有机组合并配置形成一个系统，通过结构，各种要素才能显示系统的属性和功能。所以，结构对系统的性质和功能具有决定性的作用。任何事物都是由各种因素按照一定的排列组合方式构成的，不同的排列组合方式形成不同的结构，不同的结构会产生不同的功能，甚至相同的要素由于排列组合的方式不同，也会形成不同的结构，产生不同的功能。例如，同样是碳元素，仅仅由于碳原子的排列组合方式不同，就形成了不同的物质结构，产生了功能特性迥然不同的石墨和金刚石两种物质。同样道理，不同素质的领导者所组成的领导集体具有不同的素质结构，在相异的素质结构基础上又会产生不同的领导绩效。

现代领导活动的一个基本特征就是实行集体领导，而一个领导集体不是由若干成员简单松散地拼凑而成的，不是没有共同目标和紧密联系的群体，而是若干领导成员按照一定的制度和原则科学地进行配置组合而成的有机整体，是各个领导成员之间相互作用、相互影响、相互依存而形成的一个具有高度组织性和能动性的团体。领导集体素质结构就是指一个领导集体中各个领导成员素质要素的配置和组合方式。它是一个综合性的有机结构系统。领导集体功能的大小不仅仅在于个体素质的高低，更重要的在于领导成员素质要素之间的合理配备和恰当的组合协调。也就是说，领导集体的绩效在很大程度上取决于领导成员素质的结构状况。领导集体素质结构不同，就会有不同的性质和功能。

领导集体素质结构是领导集体内部各成员的素质要素在一定时间和条件下的配置组合方式，它表现出鲜明的整体性、相关性、适应性、稳定性等特征。

1. 整体性。领导集体素质结构是由领导成员不同的个体素质构成的综合体，它们之间相互影响、相互作用而形成一个有机整体。领导集体的功能是由构成这个团体的各个要素之间相互作用而产生的，其作用的发挥是以整体合力的形式出现的。在一个领导集体中，即使某些个体要素并不十分完善和优秀，但经过科学的配置和组合，也可以产生良好的整体效应。

2. 相关性。领导集体素质结构的相关性表现在两个方面：一方面，在领导集体中,领导成员的个体素质会从不同角度对领导集体发生作用,从而形成领导集体素质结构的合力。这种合力决定着领导集体绩效的高低。另一方面,领导集体中各个成员的素质之间会发生相互作用、相互影响。这种影响可能是积极的,也可能是消极的。合理的领导集体素质结构是各领导成员素质之间的相互补充、互补协调所形成的领导合力,会产生更高的领导绩效。

3. 适应性。领导集体素质结构作为一个系统,必须适应外部社会环境的发展变化,不断调整自己的内部要素,发挥应有的效能。领导活动总是在一定的社会环境中进行的,而环境条件总是处于不断的发展变化之中的,被领导者的状况也因时而异。因此,随着环境的变化与发展,领导集体素质结构必须适时做出调整,适应环境的变化。

4. 稳定性。领导集体素质结构是由各种素质要素配置组合而成的,一经形成就具有相对的稳定性,发挥稳定的功能。领导集体素质结构的相对稳定性,是其正常发挥作用的基本前提。如果领导成员频繁发生变动,其素质结构就不稳定,其功能的发挥就会受影响,就难以正常地发挥其组织效能。

(二)合理的领导集体素质结构的基本要求

不同音符完美的结合产生美妙和谐的乐章。合理的领导集体素质结构也会形成巨大的合力,产生良好的领导绩效。领导集体素质结构的基本状况是领导集体素质系统的子系统,是领导集体素质结构的子结构。这些子结构包括年龄结构、知识结构、能力结构、气质结构等,它们构成一个多系列、多层次、多因素、多方位的动态结构系统。一个合理的领导集体素质结构主要应包括以下一些要求:

1. 梯次的年龄结构

年龄结构指的是领导集体中不同领导成员按年龄分布而组合的状况。年龄不仅是生理、心理功能的标志,也是人的能力、经验多少的标志之一。合理的年龄结构关系到领导集体是否具有旺盛的生命力和创造力,关系到领导集体能否发挥最佳效能。合理年龄结构应是老年、中年、青年按一定比例组成的梯次结构。领导集体梯次的年龄结构,就是指在一个领导集体中,领导成员的年龄区段呈梯形顺次分布,即领导集体中青年干部(30 岁以下)、老年干部(50 岁以上)以及中年干部(30—50 岁)所占比例顺次增加,中年干部占最大比例,老年干部次之,青年干部又次之,年龄结构呈梯形分布态势。

现代生理学和心理学的研究成果表明,人的年龄与能力之间存在着密切的关系,老年、中年、青年在能力的各个方面各有长短。处于不同年龄区段的领导成员,在体力、智力、精力等方面表现出不同的优势和弱势,因此,在配备领导班子时,应该按照一定的比例合理地配置不同年龄区段的领导成员,把处于不同年龄区段的领导成员组合成为一个老中青合理搭配的领导班子。不同年龄区段的领导者有着不同的长处,在领导集体中所起的作用是不同的。老干部"老马识途",久经考验,深谋远虑,善于应对复杂局面;中年干部"中流砥柱",年富力强,意志坚韧,思想成熟,勇于开拓,作风稳健,兼有青年、老年干部的长处,起着承前启后的桥梁作用;青年干部"青春焕发",易于接受新事物,思维敏捷,血气方刚,奋发有为,富于进取精神和创新精神。三者的有机结合,既能发挥各年龄区段领导者的最佳效能,又能使领导集体的整体绩效与其所承担的工作任务相适应。同时,领导集体年龄结构的梯次性,是实现新老领导干部交替、合作的有效途径,可以使领导集体有条不紊地实现新陈代谢,保证领导活动的创造性、稳定性和连续性。对不同层次、不同性质的领导集体,三者的比例可以各有不同,一般应使年富力强的中青年干部占大多数,并以此为基础保持领导集体梯次的年龄结构,实现动态的平衡。

2. 互补的知识结构

知识结构是指构成领导集体的成员的不同知识类型的排列组合。我们所说的知识,既包括书本中的基础知识和理论知识,也包括实践经验知识。由于实际上每个人所具有的知识的广度、深度、向度都各不相同,所以在一个领导集体内部,要求每个领导成员都具有同等的知识素质是不可能的。同时,由于领导活动的复杂性、综合性和动态性,具有相同的知识素质结构的领导集体对领导活动的有效开展也是不利的。一个领导集体的合理的、良好的知识结构应该是立体式的,即由多层次、多领域知识素养的人按一定方式组合而成,并随着现代科学技术和社会的发展而不断发展。只有这样,才能使具有不同知识素质的领导成员各尽所能,各得其所。

从总体上来说,一个领导集体合理的知识结构应该是高层次、高水平的知识结构。领导成员的文化知识水平和层次应该普遍高于其下属的文化知识水平,在此基础上,更要注重各种知识的搭配组合,形成一个合理的知识结构。首先,一个领导集体必须建立一个以广博的现代科学文化知识为依托,以精湛的专业技术知识为基础,以领导科学、管理科学知识为主体的立体知识结构的有机整体。也就是说,领导集体的每一个成员都必须具备一定的科学文化知识,包括各种社会科学知识、人文科学知识和自然科学知识,以及与各种领导活动相关的背景知识;同时,每一个领导成员必须依据其工作对象和职能范围,掌握相关的专业知识,以求成为"内行"领导;此外,作为一个领导者,还须掌握领导科学、管理科学方面的知识。其次,领导集体知识结构是一种动态的平衡结构。随着社会的发展、时代的变迁以及知识的更新换代,领导集体知识结构也应随之进行调整和变化。一般来说,一个领导集体是相对稳定的,其知识结构也是相对稳定的,但随着领导成员的新老更替、内外交流以及定期调整,其知识结构也会随之发生相应的变化。这种知识结构的变化和调整,既可以是有目的有计划进行的,如对领导干部进行新知识新观念的教育和培训,也可能是自发自动的,如有的领导成员退休后,新的领导成员进入领导集体,从而引发领导集体知识结构的变化。再次,合理的领导集体知识结构是通才和专才的搭配。所谓通才,是指通晓多学科知识的人才,他们善于运用丰富的知识审时度势,运筹帷幄,能够有效地掌控组织工作的全局。所谓专才,是指在某一专门领域有着丰富知识和实践能力的人才。在一个领导集体内部,通才、专才应有较为恰当的比例。最后,合理的领导集体知识结构是相互配套的协调的专业结构。在一个领导集体中,领导成员的知识素质一般主要包括三种专业类型:管理型、业务性、综合型。合理的领导集体的知识结构应该是由各种掌握领导管理知识、专业技术知识和综合知识的领导成员所构成。这样的领导集体才能有效地领导和管理组织,使组织能够更好地在竞争激烈的、复杂变化的环境中得以生存和发展。

3. 整合的能力结构

能力结构是指领导集体内部各种不同能力类型的人的配比组合。能力的表现是多种多样的,如分析能力、学习能力、思维能力、观察能力、决策能力、监督能力、激励能力、沟通能力、协调能力、组织能力、创造能力等。具体到某个人身上,则可能是某种类型的能力表现得较为突出,从而形成不同的能力类型。一个良好的领导集体能力结构应该是具有各种不同的较高能力的领导成员的合理搭配组合,不同能力的领导者之间能够相互取长补短、相得益彰,形成高能量的领导团队。具体来说,一个优化的互补的领导集体能力结构在人员组成上至少由以下几种人组成:谋略家、宣传家、指挥家、实干家、督导家和教育家等。谋略家,具有运筹帷幄、决胜千里的能力,善于发现问题,分析问题,反应敏捷,预测未来,深谋远虑,善于决断,为组织发展确定正确方向。宣传家,具有敏锐的思维能力和良好的表达能力,热情洋溢,精力充沛,善于鼓舞士气、宣传政策。指挥家,具有较强的组织能力、控制能力和协调能力,善于发现和使用人才,协调各种关系,激发员工潜能,进行科学管理。实干家,具有较强的执行、操作能力,对工作踏实认真、精益求精、任劳任怨、身先士卒,为实现组织目标而兢兢业业、鞠躬尽瘁。督导家,具有高尚的道德情操和人格魅力,作风正派，办事公道，光明磊落，诚实公正，为人正直，敢于坚持原则，执法如山，善于监察和督导。教育家，知识渊博，思想深邃，具有反思和批判精神，善于独立思考，善于传播新知识、新观念，善于做思想工作，循循善诱，诲人不倦。只有由上述各种不同能力类型的领导成员整合组成的领导集体，才能形成领导集体良好的能力结构，发挥最佳的整体绩效。

4. 协调的气质结构

气质是指某个人比较典型的稳定的个性特征，是个体对外界事物的一种具有稳定性和惯性的心理反应。气质具有极大的稳定性，虽然在环境和教育的影响下，气质也会发生某些变化，但是同其他心理特征相比，其变化要迟缓得多，"江山易改，禀性难移"，说的就是这个道理。而且，属于某种气质类型的人，常常在内容很不相同的活动中显示出比较相似的特点。气质结构就是领导集体中各种不同气质类型的成员的配比组合状况。在现代领导活动中，领导者所面临和处理的事情错综复杂、千差万别，即使是同一项工作，也有不同的情况发生，所以领导集体应由不同气质类型的人组成。不同气质类型的领导成员合理搭配，就可以协调组合，互相补充，发挥各自的积极因素，抑制消极成分，从而形成一个刚柔相济、动静共存的合理的领导集体素质结构。例如：在性格上，既要有开朗、活泼、善于交际的人，也要有沉着、稳重、长于运筹的人；在志趣上，既需要广征博采者，也需钻研深究者；在脾气上，既需要热情豪放者，也需要凝重老练者；在风度上，既需要大胆泼辣、敏捷明快者，也需要谨言慎行、柔中有刚者。总之，领导集体气质结构的协调效应，应以个体气质上存在的差异性为基础。人的性格气质各不相同，各有优劣，协调的气质结构是具有不同气质类型的领导成员的合理搭配与组合。通过不同气质类型的合理搭配，使领导成员之间能够相互取长补短，彼此宽容，相互学习，相互促进，整合优势，使领导集体发挥最佳的绩效。

第三节　领导作风建设

领导作风是领导者在领导活动中所表现出来的一贯态度和言行，是领导素质的外在表现。领导作风体现领导活动的性质，关系到领导形象的好坏，领导目标的实现，并进而影响到社会风气的好坏，以及党和国家事业的兴衰与成败。领导作风建设意义重大。

一、领导作风的含义及特点

（一）领导作风的含义及本质

“作风”一词在《辞海》中的解释为：“（1）思想、生活等方面表现出来的态度、行为等。如：作风正派；（2）西文文论中指在创作中表现出来的作家的主观癖性与习气。只是以作家主体的思想情趣去支配、左右作为客体的现实对象，而尚未达到主客体的和谐统一的一种状态，是与风格相对立的一个概念。”可见，在一般意义上，作风是指行为主体一贯表现出来的态度和行为。领导作风就是指领导者在领导活动中表现出来的具有稳定性和习惯性的态度和言行。

国内学者对“领导作风”的界定大致可以归纳为以下两种类型：一是侧重于领导主体的角度，将领导作风定义为“领导者在领导活动中所表现的具有一贯性的言行、态度”①，这种言行、态度与领导者的综合素质密切相关，是“领导者综合素质在领导工作中的外在表现，它对领导者的工作具有重要的规定和影响作用。”②二是侧重于领导作风的本质的角度，将领导作风定义为“领导者的世界观和言论、行为及一贯态度在学习、工作、生活等行为中的表现。”③

领导作风是指领导者在领导活动中所表现出来的一贯态度和言行，是领导者世界观、人生观和价值观的综合反映，也是领导者综合素质的外显或流露。这个定义的要点在于：一是状态上的一贯性，即领导作风是领导者一贯的态度和言行，而非那些偶然的、非一贯性的态度和言行；二是本质上的从属性，即领导作风是领导者世界观、人生观、价值观的反映，而非孤立存在的；三是表现上的外部性，即领导作风一定是在领导活动中具体表现出来的态度和言行，是领导者综合素质的外显或流露，而非局限于主体内部的心智活动。

就领导作风的本质而言，学者们从不同角度进行了具体阐述。有的将之归结为三点：一是领导者世界观的反映；二是领导者工作宗旨的体现；三是领导者有效影响力的组成部分。有的将之归纳为四点：一是无产阶级世界观和方法论在各级领导活动中的体现；二是无产阶级革命政党的党性、宗旨与党风在各级领导活动中的体现；三是继承了以往人类社会的一切积极的文明成果；

① 万良春主编：《新编领导科学教程》（第3版），中共中央党校出版社2005年版，第86页。

② 于炳贵主编：《领导科学新论》，济南出版社2000年版，第92页。

③ 孙瑕、白明东主编：《领导科学辞典》，东北师范大学出版社1988年版，第517页。

四是社会主义和共产主义道德品质的集中体现。有的将之归纳为五点:一是领导者世界观的体现;二是领导者文化素养的综合反映;三是领导活动本质属性的表现;四是实现领导职能的重要条件;五是影响党风和社会风气的关键因素。① 无论对领导作风的本质做何种划分,归根到底领导作风的本质都是领导者世界观、人生观、价值观的体现,在社会主义条件下,就是共产党的党性原则和立党宗旨的体现,是工人阶级和广大劳动者的先进的世界观的重要体现。

(二) 领导作风的特点

领导作风一般具有以下特点:

1. 从属性

领导作风是领导者世界观、人生观和价值观的体现,与领导者的政治立场、政治取向密切相关。社会主义国家的领导者是人民的公仆,这就决定了领导者必须站在人民群众的立场上,以正确的世界观和方法论来从事领导工作。领导者的权力也必须以维护党、国家和人民群众的根本利益为前提。领导活动的这种本质属性决定领导作风,领导作风从属于领导本质属性。

2. 外在性

领导作风是领导者综合素质的外在表现。尽管领导者的内在素质表面看不见、摸不着,但可以通过领导作风显现出来。领导作风体现的内容是领导者的内在素质,体现的方式是领导者的态度和言行,体现的结果既可能是正面的,也可能是负面的。它反映的是领导者按什么样的思维方式研究问题、用什么样的态度学习理论、以什么样的精神对待工作、用什么样的方式实施主张,等等。这就把领导作风与领导素质区分开来。

3. 时代性

领导作风是领导者政治、思想、道德、品质、知识、技能等方面素质的综合体现,而领导者素质又是由特定时代的社会政治、经济和文化等决定的,不同的社会时代以及同一社会时代的不同发展阶段对领导者的素质和作风会提出不同的要求,因此,不同时代的领导作风会有一些新的内容和新的表现,会打上时代的烙印,体现出时代性的特点。例如,革命战争年代的领导作风与和平建设时期的领导作风就会有一些侧重点和表现形式的不同。所以,在加强领导作风建设的过程中,既要继承和发扬传统的优良作风,又要与时俱进,赋予其新的时代内涵。

---

① 参见黄强主编:《现代领导理论》,福建人民出版社 2001 年版,第 222 页。

4. 行业性

领导活动广泛存在于社会分工的各个领域、各个行业，在各个领域、行业内部，又有不同的领导岗位，诸如机关、部队、学校、企业、事业单位以及各自内部的领导岗位及具体分工等。而不同的行业背景、岗位分工因其工作的特殊性和组织文化风格的不同，对领导素质和作风必然有不同的要求，并产生潜移默化的影响，从而使领导作风表现出鲜明的行业性和岗位性。行业背景和岗位分工对领导作风的影响通常体现为特定组织的文化氛围。

5. 稳定性

领导作风的稳定性主要体现在风格的一贯性、形成的长期性、与领导者内在素质的一致性。领导作风的形成不是一朝一夕的事情，是领导者在率领和引导组织成员，为完成组织使命，实现组织目标而奋斗的长期实践中形成的，而且，领导作风一般与领导者个性化的、比较稳定的内在素质相联系，二者在一般情况下往往是一致的，领导作风本质上就是领导者综合素质的反映，因此，领导作风一经形成就具有一贯性和相对稳定性。从这个意义上来说，形成一种优良作风不可能一蹴而就，克服一种不良作风也不容易立竿见影。

领导作风是领导者世界观和工作宗旨的具体体现，是领导者的有效影响力的重要组成部分。领导作风是实现领导性质的根本保证，是领导影响力的重要体现，是影响人民群众积极性和创造性的重要因素，是优化党风和社会风气的关键环节。因此，领导作风对充分发挥领导的影响力、有效履行领导职能和达成领导目标以及优化党风和社会风气都具有十分重要的意义。

二、社会主义领导作风的基本内容和要求

党的十八大以来，以习近平同志为核心的党中央狠抓党风廉政建设，高度重视领导作风，强调领导作风和党风关系党的形象，关系人心向背，关系党的生死存亡。党的十八大报告重申了党在长期执政条件下面临的四大考验和四大危险，即执政考验、改革开放考验、市场经济考验、外部环境考验和精神懈怠危险、能力不足危险、脱离群众危险、消极腐败危险。2012 年 12 月，中央政治局审议通过了关于改进工作作风、密切联系群众的八项规定，把党联系群众、为民务实的优良传统以规定的形式明确下来。2013 年 6 月，开展党的群众路线教育实践活动，活动的主要任务聚焦在作风建设上，集中解决形式主义、官僚主义、享乐主义和奢靡之风的“四风”问题。2015 年在县处级以上领导干部

中开展“三严三实”专题教育，要求各级干部树立和发扬好的作风，既严以修身、严以用权、严以律己；又谋事要实、创业要实、做人要实，把改进作风体现在各级领导干部实际行动之中。2016 年 2 月，中共中央办公厅印发《关于在全体党员中开展“学党章党规、学系列讲话，做合格党员”学习教育方案》，开展“两学一做”学习教育。“两学一做”是指“学习共产党党章党规，学习贯彻习总书记系列重要讲话精神，做合格党员”。通过这一系列的领导作风建设，全面从严治党，坚持反腐败无禁区、全覆盖、零容忍，坚定不移“打虎”“拍蝇”“猎狐”，初步实现了不敢腐的目标，扎牢不能腐的制度笼子，构筑严实的不想腐的堤坝，形成了反腐败斗争压倒性态势，使领导作风建设取得了显著的阶段性成效。十八大以来陆续出台或修订 80 多部党内法规，加强领导作风的制度体系建设。

根据党的作风建设的要求，结合领导作风建设的实际，将社会主义领导作风的基本内容概括为以下几个方面：

1. 思想作风：解放思想，实事求是，与时俱进

思想作风就是人们在思考、探索、研究和处理问题时，所表现出来的一贯性的基本态度和行为方式。在社会主义条件下，领导者的思想作风应该是坚持解放思想，实事求是，与时俱进，反对因循守旧、不思进取。解放思想，实事求是，与时俱进，是马克思主义活的灵魂，也是我们认识新事物、适应新形势、完成新任务的锐利思想武器。经过长期努力，中国特色社会主义进入了新时代，这是我国发展新的历史方位。中国特色社会主义进入新时代，我国社会主要矛盾已经转化为人民日益增长的美好生活需要和不平衡不充分的发展之间的矛盾。因此，要把坚持党的思想路线，解放思想，实事求是，与时俱进，放在领导作风建设的首要位置。

解放思想，即在马克思主义指导下打破习惯势力和主观偏见的束缚，坚持从实际出发，实事求是，与时俱进，致力于不断研究新情况，解决新问题。解放思想就是勇于冲破落后僵化的传统观念束缚，善于从实际出发，努力去开拓进取。解放思想的实质是人们在对待过去、现在与未来的关系中所表现出来的一种精神状态和思维方式。解放思想的目的，是使思想和实际相符合、主观与客观相统一，为实现社会变革消除思想障碍。当前，解放思想要自觉地把思想认识从那些不合时宜的观念、做法和体制的束缚中解放出来，从对马克思主义的错误的和教条式的理解中解放出来，从主观主义和形而上学的桎梏中解放出来，着重摆脱传统的计划经济体制的束缚，着重摆脱小农意识的束缚，着重摆脱“官本位”思想的束缚，牢固树立社会主义市场经济体制的思想，牢固树

立中国特色社会主义发展道路的思想，牢固树立一切从实际出发、实事求是和全心全意为人民服务的思想。

实事求是是党的思想路线的核心和精髓，是辩证唯物主义和历史唯物主义基本原理的凝结，具有十分丰富的内涵。实事求是，即一切从实际出发，理论联系实际，坚持实践是检验真理的唯一标准，探索事物的客观规律。这就要求人们在观察和处理问题时，要从国内外、省内外、县内外、区内外和本系统、本单位、本部门的实际情况出发，从中引出固有的而不是臆造的规律性，找出周围事物的内在联系作为行动的向导。实事求是与解放思想是相统一的。实事求是说到底是思想如何对待现实的关系问题。

实事求是，从实际出发，必然要求我们与时俱进。所谓与时俱进，就是党的全部理论和工作要体现时代性，把握规律性，富于创造性。我们的思想要与时俱进，树立新观念，形成新认识，提出新观点，达到新境界；我们的工作要与时俱进，探索新思路，寻求新突破，采取新举措，开创新局面。

要很好地做到解放思想，实事求是，与时俱进，就必须用马克思主义基本理论武装头脑，坚持用发展着的马克思主义指导全部领导工作，坚持一切从实际出发，用全面、发展、变化的观点观察和处理问题；必须把实践作为检验真理的唯一标准，尊重人民群众的首创精神；必须坚持不断创新，通过理论创新推动制度创新、科技创新、文化创新、管理创新以及其他各方面工作的创新，不断在实践中探索前进，永不自满，永不懈怠。

2. 学习作风：理论联系实际，学以致用

学习作风，或简称为“学风”，是人们在学习和研究中所表现出来的一贯态度和行为方式。良好的学风主要包括勤于学习、刻苦钻研、独立思考、学以致用等，核心是理论联系实际。学习是人的生命的存在方式，终身学习是现代社会发展的客观要求。特别是各级领导者担负着率领和组织人民群众前进的神圣使命，经常面对各种新情况、新问题，置身于充满挑战的时代和极具压力的岗位，必须注重学习、善于学习，才能跟上时代的步伐，适应领导工作的要求。领导干部是建设学习型政府、学习型政党和学习型组织的组织者和主导者，应该成为勤奋学习、努力学习、自觉学习的示范和榜样。领导干部不仅要学习各种知识，更要学习马克思主义基本理论，搞好理论武装，坚持用发展着的马克思主义指导新时期的领导工作。

领导者要取得良好的学习效果，必须大力弘扬理论联系实际的马克思主义学风。学风问题也是党风问题，是关系党的兴衰和事业成败的重大政治问题。习近平在中央党校 2008 年秋季学期第二批进修班开学典礼上强调指出，学风问题是关系党的事业兴衰成败的一个重大政治问题。① 在中共中央党校举行建校80周年庆祝大会暨2013年春季学期开学典礼上，习近平总书记又强调指出："我们正在从事的中国特色社会主义事业是伟大而波澜壮阔的，是前人没有做过的。因此，我们的学习应该是全面的、系统的、富有探索精神的，既要抓住学习重点，也要注意拓展学习领域；既要向书本学习，也要向实践学习；既要向人民群众学习，向专家学者学习，也要向国外有益经验学习。……认真学习马克思主义理论，这是我们做好一切工作的看家本领，也是领导干部必须普遍掌握的工作制胜的看家本领。……学习党的路线方针政策和国家法律法规，这是领导干部开展工作要做的基本准备，也是很重要的政治素养。……要认真学习党史、国史，知史爱党，知史爱国。……经济、政治、历史、文化、社会、科技、军事、外交等方面的知识，领导干部要结合工作需要来学习，不断提高自己的知识化、专业化水平。要坚持干什么学什么、缺什么补什么，有针对性地学习掌握做好领导工作、履行岗位职责所必备的各种知识，努力使自己真正成为行家里手、内行领导。"②

理论联系实际，是中国共产党一贯倡导的马克思主义学风，也是领导干部不断提高自身素质做好各项工作的根本途径。领导者坚持理论联系实际的优良学风，一要真正学懂弄通马克思主义的基本理论，特别是马克思主义在当代中国的新发展——毛泽东思想、邓小平理论、"三个代表"重要思想、科学发展观和习近平新时代中国特色社会主义思想，掌握马克思主义的精神实质。二要真正认识和把握中国的国情，以及本地区、本部门、本单位的实际情况。三要在"结合"上做文章，在"应用"上下功夫。要以中国改革开放和现代化建设的实际问题、以我们正在做的事情为中心，着眼于马克思主义理论的运用，着眼于对实际问题的理论思考，着眼于新的实践和新的发展，注重运用马克思主义的立场、观点、方法解决面临的各种复杂矛盾和问题。四要坚持实事求是的思想路线，把大胆探索的勇气同科学求实的精神统一起来，不断推动理论创新，在坚持马克思主义中发展马克思主义，并坚持以实践作为检验真理的唯一标准，以"三个有利于"来判断各项工作的是非得失。总之，坚持和弘扬理论联系实际的学风，要反对轻视理论的经验主义和不顾实际的教条主义，坚持"不唯书""不唯上""不唯洋""不唯旧"，一切只"唯实"，努力做到学以致用。

---

① 参见习近平：《学风问题是关系党的事业兴衰成败的重大政治问题》，《人民日报》，2008年11月13日。

② 《习近平谈治国理政》，外文出版社2014年版，第404—405页。

3. 工作作风:密切联系人民群众

工作作风就是人们在工作中所表现出来的一贯的态度和言行。领导者的工作作风就是领导者在工作中所表现出来的一贯性的态度和言行,具体表现为领导者在工作中如何对待群众、对待下属和对待自己。良好的工作作风与官僚主义和形式主义是格格不入的。

领导者在对待群众方面,要坚持密切联系群众,诚心理解群众,真心帮助群众,热心服务群众,善于团结群众。历史唯物主义认为,人民群众是历史的创造者和推动历史发展的决定力量。在我国,一切领导者都是人民的公仆,人民才是真正的主人。全心全意为人民服务是密切联系群众的核心。毛泽东说过:“全心全意地为人民服务,一刻也不脱离群众;一切从人民的利益出发,而不是从个人或小集团的利益出发;向人民负责和向党的领导机关负责的一致性;这些就是我们的出发点。”①

坚持密切联系人民群众,要做到:第一,树立马克思主义群众观。马克思主义群众观,包括人民群众是历史创造者的观点,虚心向人民群众学习的观点,全心全意为人民服务的观点,干部的权力是人民赋予的观点,对党负责与对人民负责相一致的观点。第二,保持对人民群众的深厚感情。对待群众的感情实际上是个立场问题。对人民群众的真挚感情是人民公仆最基本的职业要求,是共产党人世界观、人生观、价值观的重要体现。第三,端正对人民群众的态度。对待群众的态度如何,是领导干部讲政治的核心问题。邓小平把“人民拥护不拥护”“人民赞成不赞成”“人民高兴不高兴”“人民答应不答应”作为制定各项方针政策的出发点和归宿。习近平指出:“历史和现实都告诉我们,密切联系群众,是党的性质和宗旨的体现,是中国共产党区别于其他政党的显著标志,也是党发展壮大的重要原因;能否保持党同人民群众的血肉联系,决定着党的事业的成败。”②各级领导干部一定要把群众当作主人,绝不能有意或无意地颠倒主仆关系,以“父母官”自居,高高在上,冷漠敷衍。第四,倾听人民群众的呼声。“政声人去后,民意巷谈时。”领导干部要保持对群众深厚的感情,就必须深入基层,深入实际,主动接近群众,热情亲近群众,了解群众的要求和愿望,本着见微知著的精神,及时发现问题、解决问题。不要等到问题成堆、矛盾激化以后再去解决,那样,付出的代价就大了。第五,为群众办实事、办好事。要重实际、说实话、办实事、求实效,脚踏实地苦干实干,多为

---

① 《毛泽东选集》第3卷,人民出版社,1991年第2版,第1094—1095页。

② 《习近平谈治国理政》,外文出版社2014年版,第366—367页。

群众排忧解难，以群众满意度作为检验工作成效的标准。对于群众最关心的切身利益和实际困难，凡是能办到的，一定要千方百计帮助解决。第六，自觉接受人民群众的监督。要把评判干部的标准交给群众，把是否得到群众公认，是否取得实实在在的政绩，作为选拔任用领导干部的重要依据。

4. 组织作风：坚持和执行民主集中制原则

组织作风是领导班子集体在组织生活中所一贯表现出来的态度和行为，是领导作风建设的一项重要内容。在组织作风方面，要坚持民主集中制原则，反对独断专行、软弱涣散；坚持党的纪律，反对自由主义。所谓民主集中制，就是民主基础上的集中和集中指导下的民主相结合。民主集中制是党的根本组织制度和领导制度，是马克思主义认识论和群众路线在党的生活和组织建设中的运用。

坚持和执行民主集中制，内容要求很多。其中重点要解决好以下几个问题：一是正确处理中央与地方、上级与下级的关系问题。这个问题的核心是如何发挥好中央和地方两个积极性。二是各级领导干部加强集体领导问题。这个问题的核心是加强对各级领导干部特别是“一把手”的监督，把集体领导与个人负责结合起来，反对“家长制”和“一言堂”。三是加强组织纪律问题。这个问题的核心是强调组织纪律的严肃性，反对本位主义、分散主义。四是健全并执行好组织规章制度问题。这个问题的核心是以制度规范和约束领导干部的行为，保证良好的领导作风。就党的组织来说，包括党的代表大会制度、党内选举制度、充分保证党员民主权利的制度、党的集体领导制度、党内监督制度等；就领导班子建设来说，包括民主协商制度、科学决策制度、领导办公会制度、报告请示制度、专家咨询制度、工作督察制度、领导责任追究制度、政务公开制度等。五是大力加强基层组织建设问题。这个问题的核心是改变基层组织的软弱涣散状态，充分调动、发挥基层组织的积极性和主动性。六是正确处理好民主与集中的关系问题。这个问题的核心是坚持民主集中制的方法问题。民主是广泛听取人民群众的意见，尤其不要忽略少数人的意见；集中是按照组织原则和工作制度集中正确的意见，不是简单的“多数法则”。总之，要尽量避免极端民主化和领导者个人专断两种倾向。

5. 生活作风：廉洁奉公，艰苦奋斗

生活作风就是人们在日常生活中所表现出来的一贯的态度和行为。领导者的良好生活作风一般体现为：简约朴素的生活方式、乐善好施的优良品质、廉洁奉公的职业操守、艰苦奋斗的精神面貌等。绝不能把领导者的生活作风看做领导者纯粹的个人事情，因为它不仅关系着领导者在群众中的形象和威望,而且影响到领导者在群众中的凝聚力和工作效能。所以,应该把领导者的生活作风同领导者的思想作风和工作作风一道看做领导作风的有机组成部分,都是影响其下属思想言行的一种精神力量。培养良好的生活作风,就是要讲操守,重品行,坚持清正廉洁,反对以权谋私;坚持艰苦奋斗,反对享乐主义。

所谓廉洁奉公,就是清白不贪,一心为公。廉洁奉公是中国共产党一贯坚持和强调的优良作风。在改革开放和社会主义市场经济条件下,各级领导干部面临着金钱、权力等考验,坚持和发扬廉洁奉公的作风具有特殊的重要意义。习近平指出:"一个人能否廉洁自律,最大的诱惑是自己,最难战胜的敌人也是自己。一个人战胜不了自己,制度设计得再缜密,也会'法令滋彰,盗贼多有'。希望同志们'吾日三省吾身',做到严以修身、严以用权、严以律己,谋事要实、创业要实、做人要实。古人讲:'君子为政之道,以修身为本。'中国传统文化历来把自律看作做人、做事、做官的基础和根本。"①廉洁奉公的作风要求领导者自觉树立正确的世界观和人生观,树立正确的权力观、地位观和利益观,以高尚的精神追求和健康的生活情趣抵制各种腐朽思想的侵蚀和奢靡生活方式的诱惑,努力做到:不贪不占,甘于奉献,两袖清风,一身正气,秉公办事,不徇私情,爱岗敬业,勤政负责。要做到廉洁奉公,就必须加强监督,严肃纪律,坚持党要管党、从严治党的方针,严格党员干部管理;坚持为民执政、科学理政、从严治政、依法行政的方针,加强对领导干部廉洁自律的教育和管理,不能以罚代管,不能以纪律处分代替法律惩罚,更不能搞大事化小、小事化了,也不能搞下不为例。

所谓艰苦奋斗,就是不畏艰难困苦,始终坚持锐意进取、奋发向上、坚忍不拔的精神风貌和行为特质。艰苦奋斗是中国共产党的政治本色和光荣传统,是立国之本、治国之道和富国强国之宝。2013 年 1 月,习近平在十八届中央纪委二次全会上强调指出:"抓改进工作作风,各项工作都很重要,但最根本的是要坚持和发扬艰苦奋斗精神。"②能不能坚守艰苦奋斗精神,是关系党和人民事业兴衰成败的大事。即使在今天的历史条件下,艰苦奋斗精神仍然符合市场经济的基本规律和我国的基本国情,"艰难困苦,玉汝于成","忧劳兴国,逸豫亡身","成由节俭败由奢","生于忧患,死于安乐","奢靡之始,危亡之渐"等,这些都是对艰苦奋斗精神价值的总结和概括。坚持和发扬艰苦奋

---

① 《习近平关于全面从严治党论述摘编》,中央文献出版社 2016 年版,第 181 页。

② 中共中央纪律检查委员会、中共中央文献研究室编:《习近平关于党风廉政建设和反腐败斗争论述摘编》,中央文献出版社、中国方正出版社 2015 年版,第 69—70 页。

斗的作风，要求领导者在物质生活上合理节制消费，坚持勤俭节约，反对铺张浪费和奢侈腐化；在精神生活上崇尚勤劳朴素，秉持乐观向上，反对好逸恶劳和消极颓废；在行为方式上坚持知难而进，永不退缩，因陋就简，奋发图强，反对贪大求洋，得不偿失。要做到艰苦奋斗，必须加强对各级领导干部的优良传统和国情教育；健全相关的规章制度，确定领导者的职务待遇标准和工作项目标准，并进行严格的审计监督；树立先进典型，发挥榜样的示范带动作用；加强领导文化建设，优化社会风气和领导工作的舆论氛围，反对拜金主义、享乐主义和极端个人主义。需要指出的是，提倡艰苦奋斗的作风，并不是要束缚领导者的手脚，使得该花的钱不花，该办的事不办，而是讲究花钱的效益和价值，提倡在物质方面相对艰苦奋斗、在精神方面绝对艰苦奋斗。

三、领导作风的改进

优良领导作风的形成和改进不是一蹴而就的，而是伴随着领导实践的发展和领导者不断加强自身修养的过程而日益完善和改进的，特别是在同各种不良领导作风的斗争中发扬光大。当前，“面对世情、国情、党情的深刻变化，精神懈怠危险、能力不足危险、脱离群众危险、消极腐败危险更加尖锐地摆在全党面前，党内脱离群众的现象大量存在，一些问题还相当严重，集中表现在形式主义、官僚主义、享乐主义和奢靡之风这“四风”上”。① 不良的领导作风严重侵蚀党的肌体、割断党同人民群众的血肉联系、损害党和政府的形象和威信，是危害党和人民事业的大敌。领导作风问题具有顽固性反复性，必须具有永远在路上的恒心和韧劲，必须抓常、抓细、抓长，持续努力、久久为功。必须持续改进领导作风，使作风建设永远在路上。党的十八届六中全会通过的《关于新形势下党内政治生活的若干准则》明确指出，反对形式主义，重在解决作风漂浮、工作不实，文山会海、表面文章，贪图虚名、弄虚作假等问题。反对官僚主义，重在解决脱离实际、脱离群众，消极应付、推诿扯皮，作风霸道、迷恋特权等问题。反对享乐主义，重在解决追名逐利、贪图享受，讲究排场、玩物丧志等问题。反对奢靡之风，重在解决铺张浪费、挥霍无度，骄奢淫逸、腐化堕落等问题。不良领导作风除了表现为“四风”之外，还有教条主义、经验主义、宗派主义、拜金主义、本位主义、好人主义等。对于这些不良作风都应该防止和坚决反对。同时，应该看到，领导者的不良作风不是偶然形成的，它是由历

---

① 《习近平谈治国理政》，外文出版社 2014 年版，第 368 页。

史、社会、体制、个人等一系列复杂原因造成的。从历史上看,封建专制主义积弊甚多甚厚必然会对各级领导者和人民群众产生消极影响,使得官僚主义、形式主义等作风有了存在的历史基础;从社会原因分析,长期存在的小农经济的思想、官本位不可避免地会对领导者产生严重的影响,加之新的社会变革的冲击,一些人的世界观、人生观发生了失衡,产生急功近利的短期行为;从体制上看,规范领导者作风和行为的体制和机制尚不够健全完善,对领导者的管理还存在漏洞;从个人角度来看,有些领导者的政治、业务素质不高,理论修养不足,认识偏颇,这是领导者作风出现问题的内在根源。加强领导作风建设的主要途径有:

1. 加强理论学习

领导作风是由领导者的世界观、人生观和价值观所决定的,理论学习是树立科学的世界观、正确的人生观和价值观的基础,加强领导作风建设必须首先从理论学习抓起。优良的领导作风不是凭空产生的,必须通过长期的学习积累才能形成,在这个过程中,必须有科学的理论作指导。习近平强调指出:"中国共产党人依靠学习走到今天,也必然要依靠学习走向未来。我们的干部要上进,我们的党要上进,我们的国家要上进,我们的民族要上进,就必须大兴学习之风,坚持学习、学习、再学习,坚持实践、实践、再实践。"①领导者只有通过理论学习,打牢马克思主义理论基础,才能使领导作风的修养从自发走向自觉,从被动走向主动,从较低层次走向较高层次。因此,各级领导者要自觉学习科学理论,提高对领导作风建设的重要意义的认识,把握领导作风修养的正确方向,明确领导作风建设的重要内容和基本要求,在思想上、学习上、工作上、组织上和生活上全面继承和发扬党的作风的优良传统,划清作风方面的是非界限,切实改进领导作风。

2. 注重教育培训

领导作风的修养和改进仅仅寄希望于领导者的自觉是不够的,还必须进行有组织、有计划、有针对性的教育和培训。有关作风建设的教育培训的内容一般应包括:领导作风的地位作用;领导作风建设的形势分析;领导作风的理论基础;领导作风的内容要求;领导作风的优良传统;领导作风的先进典型;领导作风的实践锻炼等。教育培训工作的几个环节是:一要加大教育培训的力度,各级组织人事部门要将领导作风的教育培训纳入工作计划,争取各级党委政府主要领导的高度重视和大力支持,增加经费投入,改善教育培训条件,逐

① 《习近平谈治国理政》,外文出版社 2014 年版,第 407 页。

步建立系统化、规范化、法制化的教育培训体系，为领导作风的改进创造有利条件。二要采取请进来和走出去相结合的方法，请领导作风修养的先进典型谈体会论经验，请老红军、老干部、老领导讲优良的作风传统，为领导作风的改进提供标准和榜样。三要把培训和使用结合起来，激发领导者转变作风的内在动力，为领导作风修养创造一个良好的环境。四要开展教育培训质量评估，对教育培训的对象进行跟踪考核和管理，建立领导作风建设档案，有选择地公布监督检查的结果，督促领导者时刻警醒作风方面的问题，并自觉加以改进。

3. 完善规章制度

在领导作风建设中，健全完善有关制度更加重要。邓小平曾指出："制度好可以使坏人无法任意横行，制度不好可以使好人无法充分做好事，甚至会走向反面。"①制度建设更带有根本性。用制度的约束力促进领导作风的改进，是一个重要而有效的途径。"要坚持用制度管权管事管人，抓紧形成不想腐、不能腐、不敢腐的有效机制，让人民监督权力，让权力在阳光下运行，把权力关进制度的笼子里。"②

4. 强化考核监督

为了充分发挥制度体系对领导作风改进的规范作用，不流于形式，还必须强化对领导作风的考核监督。严格规范、严密有效的监督机制和群众公认、注重实绩的考核办法，有助于各项规章制度落到实处，切实减少领导者发生作风问题的几率。因此，要加强领导作风的考核工作，对照制度的规定，将组织考核与群众评议相结合，使领导者执行作风制度的情况时刻处于组织的严密管理和群众的广泛监督之中。如有的地方实行窗口单位的领导作风评议卡制度就很有效。同时，要拓宽监督渠道，形成全方位、强有力的监督网络，防止领导者不良作风的滋生蔓延。主要包括：组织系统监督——通过民主生活会、组织谈话制度、年度考核和执纪执法检查等形式实施监督；权力机关监督——通过实行人大评议政府机关、弹劾不称职领导干部等形式实施监督；社会监督——通过实行群众举报制度，发动社会各界包括政协、各人民团体、民主党派对领导作风实施有效监督；舆论监督——利用新闻媒体对各种违反制度规定的领导行为和不良领导作风进行公开曝光等。对违反领导作风制度的人和事，要严肃查处，决不姑息迁就。

---

① 《邓小平文选》第 2 卷，人民出版社 1994 年版，第 333 页。

② 习近平：《在庆祝全国人民代表大会成立六十周年大会上的讲话》，《人民日报》2014 年 9 月 6 日。

5. 优化环境氛围

一方面,领导者是人民的公仆,凭借其地位和权力,对社会的影响包括对社会风气的影响要比普通的社会成员大得多,因此,优良领导作风是改善社会风气的关键因素。另一方面,领导者毕竟也是社会的一员,领导活动也是一种社会分工,领导者的作风必然受到社会风气的熏陶和影响。从这个意义上来说,加强领导作风建设必须努力营造良好的社会环境氛围。在中国这样一个有着几千年农耕文明和封建历史文化传统的国土上,既有劳动人民的优良传统和共产党人在长期革命实践中形成的优良作风,也有官僚主义、形式主义等不良作风的残余,而且这些不良作风已经深深地植根于历史的土壤之中。随着社会的发展和时代的变迁,这些不良作风仍会以不同的形式影响和侵蚀领导者的领导作风。因此,要继承、发扬和培养优良的领导作风,必须营造良好的社会环境,消除产生官僚主义和形式主义等不良作风的土壤和基础。从社会大环境着手,加强社会主义物质文明和精神文明建设,创造良好的社会道德风气,构建文明、科学、美好的社会主义和谐社会。同时,在各组织、单位内部,也要营造良好的组织文化氛围,这种良好的组织文化氛围会对领导作风发生潜移默化的影响,这对良好的领导作风的形成,无疑也是十分必要的。

第四节 提高和培养领导者素质的基本途径

领导者良好的素质既不是天生的,也不是自发形成的,而是领导者在先天的生理基础上,通过后天的自身努力和环境塑造而形成和提高的。不可否认,领导者先天的生理素质是非常重要的,但它只提供了一种可能性的物质基础,决定性的因素还是后天的努力、培养与锻炼。俗话说,兵熊熊一个,将熊熊一窝。要在提高领导者个体素质的基础和前提下,不断优化领导集体的素质结构,提高领导的整体绩效。

一、努力学习,提高领导者的理论水平

思想观念是人的行为的指南,理论水平直接关系到领导者发现问题、分析问题能力的强弱,领导者的理论水平与其素质高低具有直接相关性。提高个体领导者素质最普遍和最基本的方法就是不断学习,提高理论水平。经验证明,学习一直是领导者获取知识和智慧、提高自身素质的最基本的途径和方

法。当前,中国各级领导干部的学历虽然有了明显提高,但这并不一定表明领导者的理论水平和能力都有了真正的提高,有的领导者不愿学习,没有时间学习,不会学习。要建设学习型社会、学习型政府、学习型政党,构建社会主义和谐社会,贯彻落实科学发展观和习近平新时代中国特色社会主义思想,领导者必须重视学习,提高理论水平。

领导者的学习应根据自己的实际情况,根据领导岗位的要求,围绕着优化知识结构来进行。具体来说,应该注意以下问题:首先,要提高对学习的重要性、紧迫性的认识,明确学习目的,端正学习态度,做到自觉学习。学习目的明确,学风端正,是提高学习效果的关键。其次,要明确学习内容,突出学习重点,制订学习计划,做到持之以恒。再次,要掌握和运用正确的学习方法,注重提高学习效率,做到学以致用。正确的学习方法要坚持一个总的原则,就是坚持理论联系实际,具体问题具体分析,循序渐进。最后,要处理好学习中的各种关系,即专与博的关系,学与识的关系,读与写的关系,实质和内容的关系,继承和创新、坚持和发展的关系,理论和实际的关系。

二、注重实践,锻炼提升领导力

领导素质在实践中表现为实际解决问题的能力。领导力是一种实实在在的影响力、行动力,领导者要积极投身社会实践,在实践中锻炼和成长,这是领导者培养和提高自身素质的最基础和最关键的环节,具有首要的意义。实践既是领导力的试金石,又是提高领导力的大熔炉和磨刀石。领导活动不同于抽象的理论研究,不同于一般的技术性工作,它是“决定做正确的事”的活动,特别注重解决实际问题,特别注重实践能力。诚如古人所说:“纸上得来终觉浅,绝知此事要躬行”。只会坐而论道、纸上谈兵者,终究会误国误民误自己。在实践中接受锻炼,经受考验,获得真知,增长才干,历来是党培养造就领导干部的重要方法,也是领导者提高素质修养的基本途径。实践出真知,实践长素质,实践增才干,实践增强领导力。

领导者一定要深入社会生活,注重实践锻炼,磨炼意志,积累经验,不断丰富和提高综合素质。领导者实践锻炼的途径和方法很多,除了认真处理好日常工作事务、积极承担上级交给的各种任务之外,还可以深入实际第一线,开展调查研究,了解风土民情,了解基层民众的思想和工作,掌握各方面的情况和信息;可以到基层挂职锻炼,承担实际领导事务,负责处理一些重大问题;也可以通过广泛交流,总结自己和他人的经验教训来提升自己的素质。

三、重视反省，总结升华领导素养

重视反省和善于总结是领导者提高素质修养的催化剂，是领导者提高素质的内在动力。恩格斯曾经指出："伟大的阶级，正如伟大的民族一样，无论从哪方面学习都不如从自己所犯错误的后果中学习来得快。"①领导者进行总结，要掌握正确的方法：首先，要善于把感性认识上升到理性认识。善于从实际事实出发，研究其发展变化的过程，分析其内在的各种联系，揭示出事物的本质及其规律性，这样才能很好地指导今后的工作。其次，要善于抓住主要问题。领导者在总结中，要着重总结领导过程的各个环节和阶段的重要情况，总结领导活动中哪些是成功的，哪些是失败的，成功的和失败的原因是什么，如何吸取经验教训，避免犯同样的错误。最后，要善于总结正反两个方面的经验教训。在总结中，领导者无论对成功还是失败，对成绩还是缺点，都应该实事求是地进行深入剖析，找出深层次的原因。反思就是自我反省，就是自我解剖、自我认识、自我评价。古人云，"吾日三省吾身"。反省自己，解剖自己，这无疑是很困难的，也是很痛苦的，这需要勇气，需要超越，但这种方法对领导者自觉地提高自身素质具有不可忽视的重要作用。

在反省和总结过程中，还应高度重视领导集体素质结构的优化，在思想观念上从整体上、结构上重视领导者的选拔调配。从只重视领导者个体素质转变到既重视个体素质、又重视集体素质的合理搭配上来，实现两者兼顾，做到个人优秀和整体优化的统一；从对某一要素的孤立理解转变到对整体系统的把握，实现领导者年龄、能力、气质、知识等结构要素的协调统一；从消极被动的调整转变为主动积极的调整，及时、主动、自觉地根据社会环境的变化进行自我调适，实现领导集体素质结构与外部环境变化的统一。

四、健全制度，使领导者素质的提高走上制度化的轨道

建立健全提高领导者素质的各种制度，通过发挥制度的稳定性、持续性功能作用，把提高领导者素质纳入制度化管理的轨道，通过制度化的长效机制，实施领导者素质优化的常态化管理，提供改善领导者素质的外在压力，促使领导者产生并保持紧迫感和危机感。

---

① 《马克思恩格斯选集》第1卷，人民出版社2012年版，第79页。

首先,完善后备领导干部制度。后备干部队伍的建设和培养,是实现领导集体素质结构合理化的基础。高度重视后备干部队伍建设,通过教育培训和轮岗等体制,大力开发领导人才资源,坚持"德才兼备、任人唯贤"的原则和标准,确保后备干部队伍的质量,严格遵循领导干部管理制度,公正科学地遴选后备干部,完善日常管理,建立后备领导人才信息网和人才库,实行后备干部动态管理等。

其次,建立领导集体素质优化制度。要"按照政治上强、具有领导科学发展能力、能够驾驭全局、善于抓班子带队伍、民主作风好、清正廉洁的要求,选好配强党政正职领导干部,着力抓好县委书记队伍建设。……健全促进科学发展的领导班子和领导干部考核评价机制,强化考核结果运用,引导各级领导干部树立正确政绩观,做出经得起实践、人民、历史检验的实绩。"①加强领导集体素质优化制度应从以下方面入手:一是确立领导集体合理的结构模式。在组建、配置、调整领导集体时,应根据各级各类领导集体承担的领导任务及其活动方式,科学确定领导集体的人员构成及其结构模式。例如,以块为主的省、县领导集体的业务活动具有综合性特征,其领导班子成员在配置上应该是通才多于专才;而各种业务部门以及从事生产经营活动的企事业单位的领导集体,专才型的领导成员则应有较大的比重。二是选好"一把手"。"一把手"是组织的首领,是领导集体的核心。三是系统全面地选配领导成员。在考察选配领导成员时,要从系统宏观的角度出发,不仅要考察领导者个人的德才素质,而且还要考察其所在的领导班子,按照领导集体素质结构优化的需要来进行合理配置。

最后,改革完善领导干部管理制度。这是优化领导集体素质结构的制度保障。改革和完善现行领导干部管理制度,用制度化和法制化的手段来保障领导集体素质结构的优化,这是优化领导集体素质结构的长效机制。改革和完善领导干部管理制度的关键是健全领导干部的选举、考录、任免、考核、奖惩、辞职、辞退、交流、监督等制度,通过制度化手段实现对领导干部的严格要求、严格管理、严格监督,从制度上保障领导集体素质结构的科学化与合理化。当前,应该着重加强以下制度的建设和完善:领导干部任期制度,领导干部交流轮岗制度,领导绩效考评制度,民主监督制度。

---

① 《十七大以来重要文献选编》(中),中央文献出版社 2011 年版,第 153 页。

第六章 领导决策

决策是领导者最基本、最重要的职能之一，在整个领导过程中居于主导地位。从某种意义上说，领导者引领被领导者完成组织目标的过程就是不断地制定决策、完善决策、实施决策的过程。领导决策正确与否，直接关系到领导工作的成败，关系到事业的兴衰。因此，提高领导决策的民主化、科学化和法制化水平，是对各级领导者的必然要求。

第一节 领导决策概述

领导决策是整个领导过程的中心环节，是领导者的基本职责。什么是领导决策，其构成要素和特点是什么，有哪些类型和理论模式，这些都是领导决策研究的基本内容。

一、领导决策的含义及特点

（一）领导决策的含义

“决策”有狭义和广义之分。狭义的决策就是做决定，专指对决策方案的抉择，即人们通常所说的“拍板”。广义的决策还包括方案抉择前的准备活动和方案抉择后的实施活动。也就是说，决策不仅仅是决断、“拍板”，还是一个包括方案制订、实施和评估等一系列环节在内的过程。本书采用广义的决策概念。所谓领导决策，就是指领导者为实现领导工作目标，制订、抉择、实施和

评估决策方案的过程。理解领导决策,应把握以下几方面的要点:

1. 领导决策是目的明确的组织行为

一方面,领导决策是围绕明确的目标进行方案设计、评估、选择和实施的过程,具有非常明确的目的性;另一方面,领导决策是实现群体利益的组织行为,不是自然人意义上的个人行为,决策权力的运用、决策主体的构成、决策原则和决策程序的遵循等无不体现出组织行为的特征,“决策本质上是一种以完全明确的目的和目标为核心的组织行为,即决策具有明确的目的性。”①

2. 领导决策是发现问题、分析问题和研究解决问题思路的认识过程

问题就是社会生活中某个领域现有的实际情况和应有的理想状况之间的差距。决策的目的就是为了解决问题。没有问题,决策就无从谈起。因此,发现问题是领导决策的出发点。对已经发现的各种问题,要进行准确分析,一要分清各种问题的主次,抓住关键问题并予以优先解决;二要分析问题的症结所在,弄清楚问题产生的主要原因和次要原因、直接原因和间接原因、主观原因和客观原因,抓住问题的主要矛盾;三要全面分析解决问题的有利条件和不利条件,以及实际结果与期望结果之间可能出现的差距,为进一步研究解决问题的思路奠定坚实的基础。领导决策就是要求领导者在确认和分析问题之后,组织动员各方智慧和力量,认真研究解决问题的思路,广泛征求解决问题的建议,制订出解决问题的方案。

3. 领导决策是利益倾向性明显的信息处理行为

领导决策是一种公共决策,通过运用公共权力,支配和整合组织的公共资源,寻找最满意的资源配置方式和最有效的工作方式,确立并实现组织的公共目标,维护组织的公共利益。因此,领导决策带有明显的利益倾向性。同时,决策的制定必须以一定的信息为基础,决策方案的制订过程就是根据目标导向和利益原则而进行的信息的收集、加工、整理的过程,是对信息去粗取精、去伪存真的判断过程,也是新信息的生产和输出过程。尽管决策中的信息处理过程并不都是由领导者亲自完成的,但显然广义的决策包含着信息处理这一重要环节。

4. 领导决策是集科学性与艺术性于一体的选择行为

无论多么优秀的决策方案,最终都要通过领导者的选择来实施,但是当面临棘手的利益矛盾问题时,领导者的选择往往面临着两难的困境。领导者不仅要根据领导科学的原则和规律选择最为有利的方案,而且要发挥领导者卓

① 邱霈恩:《领导学》,中国人民大学出版社 2004 年版,第 233 页。

越的个人智慧和人格魅力,将决策方案中不利的影响降低到最小的程度,将有利的影响发挥到最大的程度。

5. 领导决策是影响全局、产生后果责任的职务性行为

领导决策一般是为了实现组织的整体目标,针对影响目标实现的各种困难和问题而制定、选择和实施战略方案的过程。因此,决策的目标、面对的问题、产生的后果都具有明显的全局性。同时,决策是问题指向和目标指向非常明确的行为,领导者的决策都是为了实施、并一定会在实施中产生某种后果的行为,不为了实施、不产生任何后果的行为不是决策行为;决策者是担负领导责任、主导决策过程的领导者,是承担决策后果责任的法定义务人。

总之,领导决策是以解决问题为出发点、以实现利益为目的、以择优实施为手段的带有权威性、倾向性的领导活动,是领导科学与领导艺术的高度综合,是领导者最重要和最基本的职能。

(二)领导决策的要素和特点

1. 领导决策的要素

领导决策主要包括以下要素:

第一,决策主体。领导者即决策者,包括个体领导者和集体领导者。

第二,决策客体。与领导职能的实现相关的所有重大问题都是领导决策客体,主要包括那些关系着整个组织生存和发展的问题,以及组织本身所处的环境。

第三,决策信息。与领导职能的实现相关的所有信息都是决策信息,尤其是关系到组织现在或未来的存在状态的关键信息。信息是领导决策的基础。

第四,决策程序。制定和实施决策的方法、步骤或工作流程与顺序。

第五,决策实施。在各种决策方案中择优定案并付诸实施的行动,包括决策实施后产生的结果。

2. 领导决策的特点

领导决策贯穿于领导活动的全过程。它具有目标性、预测性、优选性、过程性、风险性等特点。

第一,目标性。领导决策的出发点是为了实现领导目标,没有领导目标或者领导目标不明确,领导决策就不能称其为决策,或者说是不当的决策。

第二,预测性。领导决策是针对未来要实现的目标以及实现目标的路径、方案而做出抉择并付诸行动的过程,因而领导决策离不开对领导活动发展趋势的预测,包括对可能出现的各种情况的估计以及拟采取的对策。预测的科学性直接影响领导决策的正确性。缺乏预测的领导决策是盲目的。

第三，优选性。领导决策的关键环节就是对决策方案的抉择，也就是在可以实现目标的若干备选方案中权衡利弊、综合评价，最后选择一种令人满意的合理的决策方案，以求投入最少效益最大，这就是决策的优选性。

第四，过程性。领导决策是一个由前后相连的若干环节组成的过程，主要包括决策前的准备、决策中的定案、定案后的实施、实施中的追踪控制和实施后的评估反馈等若干环节。决策前，要确定问题和目标，收集信息资料；决策中，要拟订方案并对各种方案进行比较分析和择优定案；决策实施时，要追踪控制，及时调整；决策实施后，要收集反馈信息，进行总结评估等。

第五，风险性。领导决策环境具有不确定性，领导者的决策大多是在一种相对确定但又处于不断变化的条件下做出的；任何领导决策实施的后果都有可能存在某种程度的不确定性，都可能发生出乎意料的情况，甚至出现决策失误或失败。这就是领导决策的风险性所在。这对领导者素质提出了更高的要求，既要有驾驭风险的胆略，更要有化解风险的智慧和能力。

（三）领导决策的意义

1. 决策是领导者最基本的职能。领导决策贯穿领导活动的全过程，领导活动就是制定决策、实施决策和评估决策的过程。制定和实施决策，是一切领导活动的最重要的环节，其他领导职能都是以领导决策为核心和基础的。选才用人是为了更好地实现决策目标，健全与完善组织机构是为了落实领导决策的分工，沟通与协调是为了保证决策的顺利实施，如此等等。所以说，领导决策是各级领导者最基本的职能。

2. 决策是事业成败的关键因素。办任何事情，都是先有说法，后有做法，先有思路，后有出路。小到个人或一个组织，大到一个社会或国家，要办成一件事情，都离不开正确的决定，尤其离不开领导者的正确决策。领导决策正确，则事半功倍，工作顺利，事业兴旺；领导决策错误，则事倍功半，工作困难，事业受挫，甚至会造成重大的损失。古往今来，正反两方面的经验和教训反复证明了这个道理。

二、领导决策的类型

领导活动的复杂性、多样性和层次性，决定了领导决策具有不同的类型。根据不同标准，可以将领导决策划分为以下几种类型：

1. 根据决策对社会生产方式的适应性不同，将决策分为经验决策和科学决策。经验决策是指主要凭借决策者的个人智慧和经验而进行的决策活动。

经验决策是否成功，主要依赖于决策者和参谋者的个人认识和经验，在决策的过程中，决策者能够处理的信息是十分有限的，一般来说是一种定性不定量的决策。经验决策至今仍然没有完全消失，随着社会历史的不断发展和进步，其内容和方法也在不断发展、丰富和提高。但是，在社会化大生产的条件下，尽管经验决策仍然有其合理性和应用价值，却只能在一定的范围和一定程度上具有可行性。由于经验决策中包含的个人主观随意性极大，而且缺乏科学理论的指导，不能自觉地遵循科学的决策程序，因此很难经得起历史和实践的检验，其局限性就显得更加突出。科学决策是指决策者在科学理论和方法的指导下，依赖科学的决策体制，按照科学的决策程序，运用科学的决策技术和手段进行的决策活动。由于科学决策遵循决策规律，同时注意吸取智囊团和思想库的意见，注重科学论证，所以极大地提高了决策活动的正确性和可靠性，表现出优越于经验决策的重大价值而成为现代决策的标志。经验决策向科学决策的转变，是 20 世纪社会科学发展的重大成果之一。

2. 根据领导工作的性质和决策对象的范围不同，将决策分为政治决策、经济决策、社会决策、文化决策、科技决策、军事决策等。

3. 根据决策主体的组成不同，将决策分为集体决策和个人决策。如果决策的制定、选择和实施活动由两个以上的人来完成，这种决策称为集体决策；如果决策的制定、选择和实施活动由一个人来完成，这种决策称为个人决策。

4. 根据决策目标的层次和范围不同，将决策分为战略决策与战术决策。战略决策又称宏观决策，是指关系到国家、地区、单位和部门的发展方向和远景，是对关系到全局性、方向性的重大问题的决策。战略决策影响深远，涉及范围广阔，应该由最高层的领导者做出。其特点是宏观性、原则性、长远性和定性化。战术决策又称微观决策，是指在战略决策的总方向、总目标的指导下，为保证实现战略决策而做出的局部性的、有关具体方法和步骤的决策。战术决策一般由基层的领导者做出，其特点是比较微观、具体和定量化。

5. 根据决策的规模和重要性不同，将决策分为总体决策、局部决策和辅助决策。总体决策是指影响发展全局、起着根本性作用的领导决策。此类决策的范围大，内容抽象，决策定性的成分多，作用的时间长。一切路线、方针、政策性的战略决策均属于总体决策。局部决策是相对于总体决策而言的部门性决策。此类决策的范围小，内容具体，决策定量的成分多，作用的时间也较短。它从属于总体决策又影响着总体决策。下级领导或部门对上级领导或部门布置的任务，结合本单位的实际情况所做出的决策，一般属于局部决策。辅助决策是指为了保证总体决策的顺利实施所进行的有关策略性、方法性和补充性的决策。此类决策十分具体,实施性和技术性很强。

6. 根据决策问题的重复程度和有无先例可循,将决策分为程序化决策与非程序化决策。程序化决策又称为常规性决策,是指对领导活动中重复出现的问题,运用既定的程序、原则和方法做出的例行性决策。这类决策的特点是:经常以相同或基本相同的形式重复出现,其产生的背景、特点、内外部相关因素,全部或基本为决策者所掌握;决策的过程具有规范化的固定程序,运用这些程序可以解决同类的问题;决策者可根据以往经验制定例行的决策程序。在现代信息社会,大多数程序性决策都可以通过计算机来完成。非程序化决策又称非常规性决策,是指决策者对偶然发生的或首次发生的新问题所进行的无先例可循、无既定程序可依的非例行性决策。这种决策的特点是:难以量化,主要依靠领导者的知识和经验进行决策;偶然性、突发性的因素多,超出了原来的规范和程序,解决起来没有确切的把握。

7. 根据决策问题的解决条件和结果的确定性不同,将决策分为确定性决策与不确定性决策、风险性决策。确定性决策是指决策的环境和条件因素是确定的,并且实施决策方案后只会产生一种确定的结果。此类决策是最简单的决策,具有确定的客观依据,难度小,实施结果也是十分明确的。不确定性决策具有多种不以决策者意志为转移的客观条件,决策者对最后的结果无法确定。此类决策的变量很多,不同情况下实施的结果有很大的差异,难度很大。风险性决策又称随机性决策,是指在所依据的客观环境和条件不确定,但同时又有一定的概率可以解决问题的情况下做出的决策。

8. 根据决策主体的层级高低不同,将决策分为高层决策、中层决策与基层决策。高层决策是由高层领导者或领导集团做出的决策,其决策的性质属于战略决策和宏观决策,通常具有全局性、战略性、统揽性的特征。中层决策是由中层领导者做出的决策,其决策的性质介于宏观、战略决策与微观、战术决策之间。中层决策必须服从高层决策,通常具有局部性、战术性、协调性等特征。基层决策是由基层领导做出的决策,从全局的角度或更大的系统范围来看,基层决策的性质一般都属于战术决策和微观决策,是为了实现高层或中层的决策而进行的实施性决策,通常具有具体性、执行性、技术性等特征。

9. 根据决策者追求的目标及其实现的理想程度不同,将决策分为最优决策与满意决策。最优决策是指决策者追求理想条件下的最优目标,选择最优方案的决策。满意决策是指决策者根据现实的条件,以追求特定条件下的满意结果为目标,选择满意方案的决策。

10. 根据决策时间的先后不同,将决策分为初始决策与追踪决策。初始决策是指决策者为实现最初决策目标而对决策方案所做的初次抉择。追踪决策则是在初始决策的基础上对决策目标或决策方案所进行的一种根本性的修正和重新调整。

11. 根据决策所要实现目标的多寡不同,将决策分为单目标决策与多目标综合决策。单目标决策是指在一定的时间、环境等条件下,所要达到的决策目标是单一的,或只有一个明确目标,它的特点是直接、简单、明确。多目标综合决策则是指在一定的环境条件下,所追求的决策目标是多项的。现代社会领导活动中多目标综合决策越来越多。

12. 其他类型的决策。除了上述决策类型以外,还有按组织性质和职能范围不同划分的管理决策、经营决策和业务决策;按决策主体的积极性不同划分的主动决策和被动决策,等等。

三、领导决策理论模式

决策模式是研究领导决策的重要领域。随着领导科学的发展,许多学者都对决策模式做出过重要的阐述。根据他们的研究,领导决策模式主要包括传统的理性决策模式、有限理性决策模式、渐进决策模式、综合扫描决策模式、“垃圾桶”决策模式和政治决策模式等。

(一)传统的理性决策模式

传统的理性决策模式是最早的决策模式。它深受古典经济学理论的影响,侧重从规范的角度去考察问题。古典经济学理论认为,人作为“经济人”知道全部可能的行动,知道哪种行动能得到最大的效果,知道从所有的行动中挑选最好的一种。受这种理论影响,传统的理性决策模式认为人们在决策活动中也是非常理性的。具体说来,理性决策模式主要包括下列基本内容:

1. 决策者面临的是一个既定的问题。这一问题可以同其他问题相区别,或至少同其他问题比较而言具有特别的重要性。

2. 引导决策者做出决定的各种目的、价值或各种目标是明确的,而且可以按它们的重要性依次排列。

3. 决策者将所有可能的解决问题的方案全部一一列举出来,以供选择。

4. 决策者运用一系列的科学方法对每一决策方案进行评估,并预测出实施该方案后可能产生的后果。

5. 决策者将每一个备选方案进行一一对比,并按优劣排出先后顺序。

6. 决策者正确地选择能最大限度地实现预定目的、价值或目标的那个方案。

在上述六项活动中，决策者始终是理性的，每一项活动也都是理性的活动，整个决策过程都是理性化的，没有任何非理性的因素。从理想的角度而言，这一决策模式确实是非常科学化的。但是，在现实生活中，决策活动受到诸多主、客观因素的制约，往往很难严格地遵从这一模式。理性决策模式若要真正得到应用，必须具备以下几个条件：

1. 决策者能够得到所需的全部详细的决策信息。
2. 决策者能够了解所有人的社会价值取向。
3. 决策者能够寻找到所有的决策方案。
4. 决策者能够准确地预测各种备选方案可能产生的后果。
5. 决策者能够正确选择最有效的决策方案。

但是，在现实的决策中，几乎没有一项决策可以全部满足以上五个条件。所以，决策者要在极其复杂的条件下做出最佳的正确决策几乎是不可能的，事实上根本不存在什么绝对的最优决策。

（二）有限理性决策模式

有限理性决策模式是西方管理决策学派的创始人之一赫伯特·西蒙(Herbert A. Simon)提出来的。针对传统的理性决策模式的不可能，西蒙提出了“有限理性”(Bounded Rationality)的概念。他认为，决策包括调查分析各种信息资料、选择可行方案等一系列活动，是一个分为不同阶段、涉及很多方面的复杂活动。受人类认知能力局限性的影响，人的理性毕竟是有限的，因而人们在决策过程中无法用有限的理性去选择“最优方案”，只能追求“最令人满意”(Satisfying)的方案，并以此为中心形成了系统的决策过程理论。他还认为，在“信息爆炸”的社会里，重要的不是获得信息而是对信息进行系统的加工和分析，并使之对决策有用。西蒙将人的思考过程看做一种信息处理过程，所以，可以利用程序使计算机也能像人一样思考和创造。但是它们只是决策者的决策工具，并不能取代决策者的主体作用。西蒙的有限理性的决策过程分为四个阶段：

1. 搜集信息阶段。即搜集组织所处环境中的各方面信息以及组织内部的有关情况。通过搜集信息，发现问题并对问题的性质、发展趋势做出正确的评估，找出问题的关键。情报的搜集应该尽可能全面，而且要真实，否则对以后的决策会有误导作用，极有可能做出错误的决策。

2. 拟订方案阶段。即在确定目标的基础上，依据所搜集到的信息，制订可能采取的行动方案。这时可能会有几个备选方案，决策的根本在于选择。

备选方案的数量和质量对于决策的科学性有很大的影响,因此要尽可能提出多种方案,避免漏掉好的方案。

3. 选定计划和实施阶段。即从可供选用的方案中确定一个行动方案并实施。这时要根据当时的情况和对未来的预测,从中选择最合适的一种方案。在选择方案时,首先要确定选择的标准,其次应该对各种方案保持清醒的估计,使决策保持一定的伸缩性和灵活性。计划方案的实施要做到合理、清晰且具体。

4. 评价决策阶段。即在决策执行过程中,对过去所做的抉择进行评价。通过评估和审查,可以把决策的具体实施情况反馈给决策者。如果出现了偏差,就及时纠正,保证决策顺利实施,或者对决策本身进行修改,以使决策更加科学合理。

这四个阶段中的每一个阶段都是一个复杂的决策过程。问题的确认需要决策,拟订各种备选方案也需要决策,对备选方案进行抉择的决策性质更加明显。西蒙认为,决策过程中最重要的是信息联系,决策的各个阶段均是由信息来联系的。一般来说,决策当然要遵守一定的程序,但是也不能完全机械地按照决策程序来决策。决策应该是在充分搜集信息的基础上,制定出一个最好的方案,但有时候没有足够的时间来搜集信息,在很大程度上就要依靠决策者的经验和智慧来决定。

(三)渐进决策模式

渐进决策模式(Incremental Decision Model)是由美国著名经济学家、政治学家和政策科学家查尔斯·林德布洛姆(Charlse E. Lindblom)教授提出来的。渐进决策模式是直接针对传统理性决策模式的缺陷,根据实际政策制定的特点,从"决策实际上如何做"而不是"应该如何做"的角度出发,建立的一套极有特色的决策制定模式。渐进决策模式主要有以下几个特点:

1. 渐进主义。林德布洛姆认为,决策的制定是根据过去的经验,经过逐渐变迁的过程而获得的共同一致的政策。这也就是说,决策过程只是决策者基于过去的经验而对现行政策稍加修改而已。

2. 积小变为大变。渐进决策模式看上去似乎行动缓慢,但它积少成多,实际效果往往大于一次大的变革。就是说,渐进决策模式并不是不要求变革,而是要求这种变革必须从现状出发,通过一点点的变化,逐渐达到根本变革的目的。

3. 稳中求变。渐进决策模式步子虽小,但可以保证决策过程的稳定性,达到稳中求变的目的。渐进的方式比较容易获得支持,而急剧的变革往往会带来人们心理上的不适应和行为上的抵制。

林德布洛姆认为,在决策过程中推行渐进模式,有其深刻的现实基础,这主要表现在:

1. 渐进决策模式是与渐进政治相适应的。与政治上的渐进相适应,政府的决策过程也必然是渐进的。

2. 渐进决策模式是由技术上的困难造成的。决策者要全面了解和掌握决策方案的相关因素及其后果,这在技术上是无法做到的。因此决策者必须要迅速制定决策,然后边实施边调整,从而最终完成整个决策活动。

3. 渐进决策是由实施现行政策的巨额成本所决定的。任何一项新的决策,如果不考虑现行决策的成本而实行根本性变革,就会带来很多问题,诸如组织结构的变化、心理倾向的抵制、行为习惯的震荡和财政的困难等。

林德布洛姆的渐进决策模式是在充分考虑决策过程中实际困难的基础上,归纳和提出的一些比较符合决策实际情况的原则和方法,因而不失为一种灵活的和现实可行的决策模式。但它本身也具有一些明显的缺陷,这主要体现在它的保守性上。一般说来,渐进决策模式比较适用于稳定和变动不大的环境。而当社会条件和环境发生巨大变化,需要对以往的政策进行彻底改变时,渐进决策所主张的逐步调整过程就起不到应有的作用,有时甚至会对社会的根本性变革起阻碍作用。因此,渐进决策作为一种模式不应是唯一的、排斥其他模式的决策模式。

(四)综合扫描决策模式

综合扫描决策模式,又称为混合扫描决策模式,是美国哥伦比亚大学社会学教授艾米特依·埃泽奥尼(Amitai Etzioni)提出的。综合扫描决策模式是在吸取传统的理性决策模式和渐进决策模式优点的基础上,创立而成的一种决策模式。

埃泽奥尼认为:传统的理性决策模式对决策的要求过于理想化了,以至于超出了决策者认识问题和解决问题的能力,在实践中不可操作;渐进决策只是适用于某些特定的政治环境,只是把注意力集中在短期目标上,只改变现行政策的某些方面,往往忽略了基本的社会变革,对于那些重大的、根本性的决策,渐进决策就显得无能为力了。综合扫描决策模式既要解决传统的理性决策模式在实际应用中的困难,同时又要尽力克服渐进决策模式的弱点,使这两种模式相互补充、相互结合,从而提高做出最佳决策的可能性。

在埃泽奥尼看来,决策过程事实上由两个阶段组成:第一阶段是评估和建构问题的"预决策"或"代表决策"阶段,这一阶段可以采用渐进决策分析;第二阶段是评估特定政策方案阶段,这一阶段更多地以理性决策进行。因此,综合扫描决策模式就是首先运用渐进决策模式来分析一般性的决策要素,然后在此基础上运用传统的理性决策模式,这样既可以避免忽略基本的决策目标,同时也可以保证对重要的问题进行深入地科学分析。综合扫描决策模式要求根据决策者的能力确定扫描的层次,能力较强者进行高层次扫描,扫描得越详尽决策过程就越有效,能力较弱者则不宜进行高层次扫描。在形势剧烈变迁的情景下,可以集中资源在高层次扫描上,根据扫描的结果采取适当的应变措施,避免破坏性的变迁。综合扫描决策模式主张以下决策步骤:

步骤一:在现行政策无法单靠修补挽回败局时,列举所有的相关备选政策方案。

步骤二:简明扼要地审视上述所有方案,剔除明显阻滞难行的备选方案。剔除的标准是:一是功利性障碍,即该备选方案无法获得所需的支持;二是规范性障碍,即该备选方案违背了决策者的基本价值观;三是政治性障碍,即该备选方案与其他参与者的基本价值观、利益大相径庭,而这些参与者的支持与否关系到决策与执行的成败。

步骤三:筛选后得到的备选方案,再依上述剔除方式做概略的检验。

步骤四:经过上述过滤,提高了复核的标准,再详细地用步骤二精挑细选,直到选出一个可行的方案为止,此时即确定了政策(基本决策)。

步骤五:根据确定的政策制定详细的实施办法。

步骤六:对政策进行局部的渐进完善。

综合扫描决策模式一方面考虑到了决策者的能力问题,另一方面能够适应不断变化发展的环境,从而使决策的制定过程有了更大的弹性。然而,综合扫描决策模式遇到的最大的困境莫过于区分决策的大小,以便确定在何时何种程度上使用综合扫描决策模式。要摆脱这一困境只能求诸决策者的素质、能力和实际决策的经验。综合扫描决策模式在实际中如何灵活运用的问题,埃特奥尼并没有给出清晰的论述,有待于人们继续思考和探讨。

(五)"垃圾桶"决策模式

"垃圾桶"决策模式(Garbage Can Model)是一种非理性的决策模式,它是由美国学者科恩、马奇(James G. March)和奥尔森(Johan P. Olsen)等人于1972年提出的。这一模式认为,组织的行为选择并非像理性决策模型提示的那样有条不紊地进行,各种问题和解决方案混杂在一起就像杂乱地投入垃圾桶中的东西一样供人们选择。这一模式以"垃圾桶"的隐喻来论述组织中的决策过程,认为一个垃圾桶代表了一个容器,里面有决策者所需的四种要素或四种力量:问题(Problems)、解决方案(Solutions)、参与者(Participants)和选择机会(Opportunities),这些因素被比喻为偶然投入和自由结合的杂乱的“垃圾”,它们在容器内以随机的方式任意地搅拌碰撞,而决策乃是它们之间的组合结果。这就是“垃圾桶模式”。这种决策模式适合于那些经常处于无序状态组织(organized anarchies)的决策过程,尤其经常被应用于教育行政的决策。这种组织一般具有以下三个特征:决策目标模糊(problematic preferences)、手段或方法的不确定(unclear technology)、流动性参与(fluid participation)。

“垃圾桶”决策模式是一种非理性的随机决策,这种决策可能产生三种结果:达成决策、做出无意义的决策、无决策可言。“垃圾桶”模式展示了开放的政策体系,适合用来解释何以有些政策能够形成,何以有些议题悬而未决,为一些非渐进式决策提供解释资源,同时也有助于我们理解行政机构决策的混沌。但是,在多数情况下,我们很难将“组织化的无秩序”认定为组织的常态。因而,“垃圾桶”决策对组织内部的畸形状况更具说服力。

(六)政治决策模式

政治决策模式(Political Decision Model)是指一种考虑内、外部各种有影响力的关系人的特别利益与目标的决策过程,一般出现在当组织内外存在着一些非常有影响力的关系人时。这些关系人对于组织所面临的问题,或是对于组织所应追求的目标,以及所应采取的行动方案并无一致的看法,因此需要通过政治决策模式的运作,取得一个能获得大多数人满意的解决方案。

在政治决策模式中,由于问题的界定会左右日后的思考方向,因此,各方关系人都会试图依照他们最大的利益来界定问题本身,往往从自己的偏好出发,将个人的目标永远置于组织目标之上,以自我利益为核心,将组织视为权力的竞技场。而由于各方关系人所考虑的利益往往相当狭隘,且多倾向于短期的观点,因此,有时会将组织导引至一个牺牲组织长期利益、满足各方关系人短期利益的状态。所以,政治决策经常通过邀请各利益团体进行谈判的方式,在相互冲突的个人利益中寻求平衡,经折中调和后做出各方虽不尽满意、但却可以接受的决策,从而在相互妥协中实现组织的目标。

由于各方关系人之间的目标可能互相冲突,因此目标的抉择和替代方案的选择就反映各方关系人的相对影响力,或是协商与妥协,或是互不相让陷入僵局。在很多的状况下,各方关系人经常会将信息扭曲、掩盖或选择性地提供,以取得对自己较为有利的状态。因此,信息在政治决策模式中常被视为权力的主要来源。然而,和理性决策模式不同的是,政治决策模式中的信息是片段的,且大多来自非正式的沟通,常常是主观而非具有客观事实的;在该模式中，有很多资讯的意义是由最具有影响力的关系人来主观定义的。

在政治决策模式中，各方关系人所常用来达到其目标的手段是串联。串联（Co-optation）是指在整个决策过程中，根据所面对的最大问题、挑战或危机，引入此一方面的新关系人，以便妥善解决这方面所造成的冲击。例如，当组织经常面临环保团体的挑战时，便会企图引入一些和环保团体有交涉经验或其本身就是环保人士者来担任此组织的外部董事。

第二节　领导决策的原则、程序与方法

决策的民主化和科学化是现代领导的发展趋势，是社会发展的必然要求。领导者必须掌握和遵循决策的基本原则、程序和方法。

一、领导决策的基本原则

领导决策的基本原则是领导决策活动中客观规律的体现和具体化。领导者在决策过程中，必须严格遵循领导决策的基本原则。

（一）合法性原则

这里的"合法性"，是广义的，主要是强调领导决策的根据，包括国家的宪法、法律、法规和党的方针政策等。一切社会活动尤其是领导决策活动必须以国家法律为准绳，在宪法和法律允许的范围内进行，做到有法可依、有法必依。党的方针政策是广大人民群众利益和意志的集中体现。认真执行党的方针政策，才能真正维护国家和人民的根本利益。因此，一切决策都要以宪法和法律为前提，以党的方针政策为准则，以上级领导决策为依据，这样才能保证领导决策方向的正确性。

（二）信息原则

信息是领导决策的重要基础和依据，它在领导决策中具有十分重要的作用。在现代社会错综复杂的情况下，如果不能及时准确地掌握信息，领导者就不能及时准确地发现问题，也就不可能做出正确有效的决策。领导者在制定和实施决策时，必须借助于信息系统掌握真实、准确、全面的信息，并对之进行系统的归纳、总结、整理、比较、选择，去粗取精，去伪存真，由此及彼，由表及里，以确保领导决策的正确性。领导者掌握的信息越真实、越准确、越全面，领导决策的基础就越坚实，越具有科学性。在现代决策体制中，领导者一般通过

专门的信息机构来掌握充分的信息。

（三）系统原则

系统原则要求领导者制定和实施决策时，一要坚持全局原则。必须站在决策系统的全局高度来看待问题，追求全局利益或者目标的最大化，协调好局部和整体的关系，保证系统各个部分能够相互配合、相互促进、相互协作，使系统的整体功能大于各个部分的功能的简单相加，在保证全局利益的前提下考虑局部利益，必要时还要牺牲一些局部利益来保证整体利益。二要注重动态原则。决策的制定和实施，往往需要很长的时间，所以在制定决策的时候不能只看眼前的情况，不能孤立地看待事物，要用动态和变化的观点去看待问题，采用科学的理论和方法对未来的前景和趋势做出预先的判断，并依据这种判断对未来可能出现的风险采取防范和化解措施，从而保证决策目标的顺利实现。

（四）可行性原则

可行性原则要求领导者在确定目标和拟订方案时必须首先考虑可行性问题。可行性原则是衡量决策正确性的标准。所谓可行性是指在现有的主客观条件下，决策能够实施的程度及其效果。要保证决策可行就必须做到以下几点：第一，决策必须符合客观事物的发展规律。第二，决策必须符合党和国家工作的全局和经济社会发展的大局。第三，决策必须符合本地区、本单位、本部门的实际情况和现有条件，包括各种资源条件、技术条件和发展基础等。第四，决策必须符合未来发展趋势，以科学预见为前提。总之，领导者要善于从需要与可能、现实与未来、有利因素与不利因素、成功的机会与失败的风险等多方面比较中，做出正确判断。

二、领导决策的基本程序

领导决策程序是指决策过程所要经过的必要的阶段或步骤。一个完整的领导决策过程，一般需要经过以下几个步骤：发现问题、确定目标、拟订方案、评估选优、组织实施、追踪决策和总结完善。

（一）发现问题

发现问题是领导决策活动的起点。问题是客观存在的，它不属于决策活动本身，但它是一切决策活动的发端和动力来源。没有问题和解决问题的需要，便没有决策。问题就是差距，包括与上级要求的差距、与理想目标的差距、与群众愿望的差距、与领导者创造性事业追求的差距、与同行工作上的差距等。

在现代社会错综复杂的情况下,领导者必须在掌握大量信息的基础上,以探索的精神确认并分析问题,将现实情况与期望状态进行对比,确认两者之间的差距,并把握问题的发展趋势;准确地查明问题出现的原因;全面分析和研究解决问题的可能性以及所需要的条件。领导者要善于发现新的发展形势提出的新问题、被表面现象掩盖着的问题、未来发展中可能出现的问题等。

(二)确定目标

目标就是人们在一定环境和条件下希望达到的一种结果。确定目标在领导决策中占有重要地位,对决策活动有着决定性意义。目标直接决定着对决策方案的运筹和实现方案的路径选择。决策目标通常是根据所要解决的问题确定的。领导者确定目标需要把握以下两个环节:

1. 掌握标准,明确要求。决策目标必须具有影响全局、关乎整体的地位,必须具有超越现实、引领未来的作用,必须具有合理的价值。因此,目标的内容应该明确而具体,包括目标状况的描述和实现目标的时间安排等都要清楚明白;目标的定位要符合实际,目标定得过低容易失去激励作用,目标定得过高容易变成空中楼阁;目标的设计要体现出层次性和阶段性,区分主要目标和次要目标、总目标与子目标、近期目标和长远目标等。

2. 确定价值,分析条件。确定目标价值,就是建立实现目标的指标体系;分析目标条件,就是分析实现目标的约束性条件。确定目标价值,一般从目标内容和重要性两个方面考虑,可以把目标价值分解为政治价值、经济价值、社会价值、文化价值等,并对其重要性进行排序,以便明确目标价值发生矛盾时的取舍原则,既要防止由于没有明确主次和轻重而无法实现目标,又要防止由于取舍不当而错失决策目标的本意。分析目标条件,就是要明确目标价值的约束条件,对影响目标价值实现的各种条件进行检讨,以便明确如何满足目标实现的条件要求。

(三)拟订方案

拟订方案就是从多方面寻求实现目标的有效途径,是为达成决策目标制订备选方案的过程。拟订方案一般由领导者即决策主体提出原则要求,委托有关部门或咨询机构进行方案的设计和论证。设计方案要根据目标的要求,结合对已知条件的判断和对未知情况的预测,对人力、物力、财力和其他组织资源以及可供利用的社会资源进行优化配置,明确主体、职权、任务、指标、时限、责任、资源、程序等内容,简而言之,就是对实现目标的途径和过程做出预先安排。所拟订的方案应该符合目的性、条件性、可行性、效率性等要求。所拟订的方案必须在两个以上,并且各个方案之间要具有明确的界限或鲜明的差异性,不能互相交叉或包含,以便做出优化选择。同时,考虑到方案实施过程的复杂性和各种不确定因素,一些重大决策或复杂决策应该针对可能出现的意外情况或风险因素,提供紧急情况下的应急预案或临时方案。另外,对所有方案的优缺点、限制性条件等都应做出必要的说明。

(四)评估选优

评估选优就是对全部方案进行综合评价,在权衡利弊的基础上做出最佳抉择的过程。这个过程可以从众多备选方案中选择一个最佳方案,也可以吸收众多方案的长处而综合形成一个新的方案。一般来说,优选的方案应该是对实现目标来说投入最小而效果最好的方案。

方案的评估主要是运用数理方法进行科学预测和可行性分析,科学地表达各种方案的利弊,揭示和描述事物的变化趋势,勾画出未来发展的轮廓,从而确定各方案的有效性和可靠程度,为领导者决策提供依据。分析评估是决策过程中的基本步骤,是决策成功的重要保证。一般由专门人员负责,完成后将评估的过程和结果向领导者或决策主体汇报。

评估的内容包括方案实施后可能产生的后果,即效率效益和危害性等,还包括方案实施的条件,即实施条件分析和可能性分析。

评估的原则包括:第一,定量分析和定性分析相结合的原则。定量分析的优势在于能够直观、具体地反映出各个方案的具体差别,容易进行判断;定性分析的优势在于可以描述出那些不能或不便直接用量化的指标来衡量的方案和实施后果,比如社会效益,生态环境等内容。第二,风险预测的原则。由于在制定决策时,各种主客观条件都存在着不同程度的变化性和不确定性,所以在方案评估时,还要做出适当的风险预测,以便于领导者权衡利弊,灵活决断。第三,正确处理"最优标准"和"满意标准"的关系。"最优标准"是一个理想化的标准,即以最小的代价获得最大的收益,它要求各种条件都是明确的和最优化的,这显然是不现实的;"满意标准"是实际决策过程中经常采用的标准,即相对来说令人满意的标准。所以,可以在各方案之间适用"最优标准",在主体价值选择的维度内适用"满意标准"。

方案选优的标准通常包括价值标准、优化标准、时效标准。所谓价值标准,就是指包括各项价值指标的一个价值系统。所谓优化标准,就是选取的方案应该是投入最小、效益最大的最优决策,但这往往难以达到。所谓时效标准,就是指按照最佳时机进行决策。有些方案从长远看也许不是最好的,但在特定时机实施,可能会取得很好的效果。对这种方案就应该不失时机地决策。

如果对备选方案长期议而不决,去追求所谓十全十美的理想方案,就会因各种动态因素的变化而失去决策的良机。

方案选优的方法主要有以下几种:第一,筛选法。以能否达到满意的目标为标准,对方案依次进行筛选淘汰,选出最好的、最令人满意的方案。第二,分类法。将全部的备选方案划分成几类,或者按照类别淘汰,或者从每一类别中选择最好的方案,进行比较之后再淘汰。第三,排序法。将若干个备选方案,按照优劣进行评分,并按照得分的高低对方案进行排序,然后领导者再从中选优。

领导者在方案选优过程中,要尽可能发挥"外脑"的咨询作用,广泛听取各方面的意见,做到"兼听则明"。但是,无论如何,对方案做出最后的抉择是领导者的事情,这是不能委托别人进行的。

(五)组织实施

制定决策的最终目的就是贯彻实施,并在实施中不断进行修正和完善。决策方案的实施可以划分为两个阶段:

1. 试验证实阶段。即对方案进行局部的、小规模的试验,以验证决策方案选择的正确性。如果在试验过程中发现事先没有预料到的新问题、新情况,可以在正式实施之前对原定的决策方案及时进行修正。"试点"的要求是:被选作试验的"点"必须在全局中具有代表性和典型意义;试验过程必须严格按照既定方案进行,不能给所选的"试点"单位以特殊的待遇和条件;不能只在单一的地区做"试点",必须有相同或相近条件的地区进行对比。

2. 普遍实施阶段。经过试验证实决策方案具有可行性,就进入了决策方案的全面实施阶段。主要工作是:第一,编制具体的实施计划。可以有总体性计划、阶段性计划、局部性计划等。编制计划是为了合理地组织人力、物力和财力,协调各方面的关系,安排实施的进度等,把决策方案的实施具体化。这些计划工作可以由领导者组织相关部门的专家和管理人员共同制定,然后付诸实施。第二,组织动员群众。实施决策要求充分发挥广大人民群众的积极性、主动性和创造性,为此,领导者必须做好广泛的动员和宣传工作,使广大群众领会领导决策的精神、内容、要求和实质,明确目标,统一意志,共同行动,增强自觉性,减少盲目性。第三,建立严格的责任制度。明确参与方案实施的相关机构和相关人员的责任范围和标准,建立健全各项规章制度。第四,检查监督。领导者组织相关人员对决策方案的实施情况进行定期或不定期的检查监督,以便及时发现问题,改善纠正。

（六）追踪决策

追踪决策是决策实施过程中的一项重要工作。广义上的追踪决策是指针对决策实施过程中出现的新情况、新问题而对原有的决策方案进行的修正和调整。它不仅包括对原有方案的部分性的修正，而且还包括对原有方案的根本性的修正，甚至是制定全新的决策方案；狭义上的追踪决策仅仅是指领导者对原决策方案做出根本性的修正和改变。

追踪决策的特点有：第一，回溯分析。也可以将这一特点称为“扬弃”，就是要注意发掘原来决策中的合理因素和有效成分，将其吸收到新的决策当中，这就是“扬”的过程；同时，要对原来决策的产生机制和环境进行客观分析，找出决策失误发生的过程和原因，以便采取有效的对策，使追踪决策建立在现实可靠的基础上，也就是“弃”的过程。追踪决策的分析过程，必须从原决策的起点开始，准确地找出失误的症结所在。第二，非零起点。追踪决策是在原决策实施的基础上进行的新决策，必须以产生的实际后果作为新决策的依据。追踪决策面临的对象和条件是原决策已经实施了一段时期后的、已经发生了一定变化的环境和条件。在原决策实施的过程中，不仅投入了大量的资源，而且这些资源的消耗已经对周围的环境产生了影响。因此，对待追踪决策，既要谨慎，又要坚决，做到及时准确。第三，双重优化。这是指追踪决策的方案的优选，既要优于原方案，否则起不到改正和调整的作用，又要在众多的追踪决策的方案中进行优选，否则就不是科学决策。因此，追踪决策比初步决策更为困难。

（七）总结完善

总结完善是对决策制定、实施的过程和效果，进行自我反省，总结经验，吸取教训，不断完善决策制度，不断深化决策实施的过程。通过总结完善，不仅推动决策目标的改进和决策方案的完善，更好地保障决策实施的效果，而且促进整个决策制度的改革和决策工作的改善。

综上所述，就一个完整的决策过程来说，科学决策的每一个环节都是十分重要和必要的。一般来说，上述领导决策过程的各个环节是不可缺少的，也是不可随意颠倒的。但是，在实际工作中，领导决策所面临的客观环境毕竟是错综复杂的，领导者在进行具体决策时应该实事求是，灵活地掌握和运用决策程序。对决策过程的各个环节可以结合实际情况交替进行，重点运用哪些步骤，应该省略哪些步骤，这些都应该视具体的决策环境和决策目标而定。

三、领导决策方法

决策的科学化需要以科学的决策方法来保证。人们在漫长的领导实践过程中积累了许多成功的决策方法,在这里重点介绍以下几种决策方法:

(一) 经验决策法

经验决策法是凭借领导者的知识、经验和智慧进行决策的方法。经验决策能否获得成功,主要取决于领导者的自身素质。具体步骤是:对组织所面临的问题统一认识;从以往相同或相近的经验中寻找决策的依据,根据个人判断做出决定。

(二) 专家意见法

专家意见法就是把与决策问题相关专业领域有所建树的专家学者组织起来,充分利用现代化的科学技术和研究成果进行决策。主要有以下几种方式:

1. 头脑风暴法(Brain-storming Method)。也称 BS 法、小组协力创新法,由现代创造学的创始人、美国学者阿历克斯·奥斯本(Alex F. Osborn)于 1938 年首次提出,并在美国、日本等发达国家得到广泛应用。头脑风暴法的特点是通过小型高效的主题会议,让与会者敞开思想,使各种设想在相互碰撞中激起脑海的创造性风暴。可分为直接头脑风暴法和质疑头脑风暴法,前者是在专家群体决策基础上尽可能激发创造性,产生尽可能多的设想的方法;后者则是对前者提出的设想、方案逐一质疑,寻找其现实可行性的方法。这是一种集体开发创造性思维的方法。

采用这种决策方法的要点是:(1)小组人员一般包括主持人 1 名,记录员 1 名,成员 5—10 名。(2)议论的中心要简明、具体,在同一座谈会上,议题不得超过 3 个。(3)主持人一般不得发表具有倾向性的言论,同时要制止有人进行批判性发言,并防止个别人不发言或持续发言。(4)专家不论职务高低、责任轻重均可参加,但只负责提出自己的设想,并且提出的设想越广泛、越新奇越好,而无需对他人的设想做出评论。(5)所有的建议全都记录在案,会议过后再进行进一步的讨论和研究,对创意强的构思应单独挑选出来,会后再发放意见征询卡,向发言者进一步征询。

这种决策方法的优点在于效率极高,可以在短时间内产生大量的决策建议以供进一步的鉴定和筛选。但要注意的是,由于所有的设想不考虑可行性,在以后进一步的评定选择过程中需要更加周全地考虑。

2. 哥顿法(Gordon Method)。这种方法以其发明者美国人哥顿命名。它的运用与头脑风暴法十分接近，其基本方法是：会议主持人在开会时不具体提出会议的主题，只是让专家围绕着某一个话题畅所欲言，当会议进行到某一阶段之后，主持人点明会议的主题，进一步引导讨论不断深入下去。

3. 对演法。就是将不同的方案交给不同的小组分别制定，然后在两个小组之间展开辩论，互相揭示对方决策方案的不足之处，以求充分地暴露问题。这种方式可以充分地考虑到决策方案不完整的地方，从而为进一步制定和完善决策方案提供理论依据。

4. 综摄法。又称比喻法或集思广益法，它力求收集那些表面上看来带有情感或不合理的想法，并把它们同决策中的理性因素结合起来，或者用熟悉的方法来处理陌生的问题，或者用陌生的方法来处理熟悉的问题，通过"变陌生为熟悉"来取得突破性进展。

（三）决策树分析法

决策树分析法是在进行风险决策时常用的一种方法。这种方法利用概率论的原理和树形结构图的分析工具，以分支代表可供选择的方案，通过对各方案在不同条件的计算比较，为决策者提供决策依据，以寻求最佳的决策方案。具体的步骤是：先把决策的不同方案和可能产生的不同的实施结果画成树型的各个分支，形成树形的结构；再逐步分支求出各个决策方案的有利条件和不利条件，从中选择出损失最小、效益最大的决策方案。

（四）系统分析法

系统分析法在遇到比较复杂的决策问题时，往往能够发挥巨大的作用。领导者可以运用系统理论，将决策问题的各个构成要素、与组织内外环境的关系、各子系统目标与整体目标的联系等，进行系统性的整体分析。运用系统分析法主要包括以下环节：第一，系统模型化。运用数学的方法和计算机技术，对问题进行模拟，建立起各种可以进行分析的系统模型。第二，最优化分析。根据模型得到解决系统问题的最优答案，主要用于解决与最优计划、设计、管理、控制等有关的问题。第三，对系统的综合评估。利用模型和各种相关资料，按照科学观点对比各种决策方案，从整体效益最大化的角度来选择实施决策方案。

除了上述这些决策方法之外，还有一些科学决策方法，如数理模型法、反馈纠正法等。但无论何种方法，基本上都可以归为定量决策法和定性决策法两类。领导者在决策过程中，应该根据实际情况，综合两种决策方法灵活使用。

第三节 领导决策体制

决策体制是领导决策的制度框架。不断健全和完善科学的决策体制，是实现决策科学化、民主化的重要保障。领导决策体制主要包括决策权力的配置机制、决策信息的收集处理机制、决策咨询机制以及决策失误的责任追究机制等。党的十八大报告提出要坚持科学决策、民主决策、依法决策，健全决策机制和程序，发挥思想库作用，建立健全决策问责和纠错制度，这是现代科学决策体制的发展方向。

一、现代决策权力的配置机制

科学决策的过程也是决策体制运行和决策权力行使的过程。决策权力的配置机制，是现代领导决策体制的重要组成部分，合理的决策权力配置是科学决策的重要保障。决策权力的配置机制，就是指领导者的决策权限与其领导职能的范围相适应的机制。也就是说，决策者拥有的领导权力的大小是与领导决策及其有效实施的范围相匹配的，领导者不能够超越自身的权力范围制定和实施决策。

（一）我国决策权力配置机制的核心内容

现代政府决策权力的合理配置，主要需要处理好以下几种关系：一是政党和政府的关系；二是中央与地方的关系；三是立法权、司法权、行政权和监察权之间的关系。在我国，党委、人大及其常委会、政府都是领导决策体系中的主体，在决策体系架构上人大及其常委会的重大事项决定权、党委的政治决策权和政府的行政决策权三者之间相互协作，共同形成了多层次、多方位的决策体系。在决策运行过程中，一项政策从酝酿、出台到最终执行，离不开这三个主体的共同作用。因此，这三者的决策权限划分是我国现代政府决策权力配置的核心内容。作为决策权力主体，党委、人大及其常委会的地位与职权在宪法和法律中具有明确的规定，但在现实中，合理配置决策权力，需要处理好党委决策权和人大决定权的关系、人大决定权与政府行政权的关系以及党政的合理分工问题。同时，由于我国地域广阔、民族多样、社会问题复杂，考虑到民族融合、国家建设发展的需要，各级政府的权力配置也是一个不可忽视的问题。因此，正确配置中央与地方的权力关系，也是我国政府决策权力配置机制中面临的现实问题。

1. 党委决策权和人大决定权的关系

两者具有相同性。首先,在本质上是一致的,都是以党的路线方针政策为指导,以实现好、维护好、发展好人民群众的根本利益。其次,内容上都具有重大性,都是针对地方或区域内政治、经济、社会管理等方面的重大问题进行研究。最后,程序上都具有严格性。一方面,无论是党委还是人大,对重大事项的决策,都具有严格的程序要求,都坚持集体领导、民主讨论、个别酝酿、会议决定等原则,尤其是人大从议案提出、列入议程、初审、审议到表决,都有严格的程序性。另一方面,两者又有所区别。在性质上党委决策属于政治主张,人大决策是国家意志;在效力上,党委决策只对党组织和党员有约束力,人大决策面向全社会;在执行方式上,党委决策主要依靠思想动员、党组织的约束力和党员的模范作用,人大决策带有准法律的普遍的约束力和强制性。

2. 人大决定权和政府行政权的关系

我国宪法明确规定,人大及其常委会是国家权力机关,而政府是执行机关。因此,在法律关系上,人大决定权与政府行政权是上下位关系,政府行政要服从人大决定;在性质和层次上,人大决定权是主动性、原则性、方向性和目标性的,政府行政权是从属性、具体性、措施性和方案性的;人大有权通过一定程序修改或撤销政府的违法规定。

3. 党政的合理分工问题

首先,党是中国特色社会主义事业的领导核心,而且是唯一的核心,这是认知和处理党政关系的基石和根本。党的领导是全面领导,覆盖所有领域和事项,“一个不能少”,贯穿所有事项的全过程,“一点不能丢”。《中国共产党地方委员会工作条例》明确指出:“党的地方委员会在本地区发挥总揽全局、协调各方的领导核心作用,按照协调推进‘四个全面’战略布局,对本地区经济建设、政治建设、文化建设、社会建设、生态文明建设实行全面领导,对本地区党的建设全面负责。”党是总揽全局、协调各方,政府是党执政的重要载体,接受同级党委的领导,重大问题向党委请示报告,党政分工而不分家。党政同心、党政同责、一岗双责,是以习近平同志为核心的党中央在新形势下治党治国提出的新理念、新思想、新举措。习近平指出:“各级党委和政府的‘一把手’,不是简单的自然人,在很大程度上是党委和政府的人格化代表;彼此之间的关系也不只是简单的个人关系,更多的则是党政之间的关系。”他强调:“作为各级党政‘一把手’,都要补台而不拆台,你落下的我主动捡起来,你不足的我主动补上去,同舟共济,齐心协力,共演一台‘二人转’的好戏。”“作为党委书记,要总揽而不包揽,学会'弹钢琴',善于抓重点,充分发挥党委的领导核心作用,发挥各个班子的职能作用,而不能事必躬亲,专权武断,干预具体政务。""作为市(县)长,要到位而不越位,在党委班子中积极发挥作用,自觉接受党委的领导,注意维护书记的威信,着力抓好政府党组的建设,主动按照党委的决策和书记的意图开展政府工作,遇到重大问题要及时向党委请示、报告。"①

4. 中央决策权与地方行政事权的关系

中央与地方的决策权限划分集中体现在事权关系的划分,这是权力的纵向配置问题。中国共产党十八届三中全会在《关于全面深化改革若干重大问题的决定》中将中央与地方之间的事权划分和确定,作为改革的重要内容。在我国中央政府与地方政府是领导与被领导、监督与被监督的关系。新中国成立以来,中央政府与地方政府的关系问题一直是政府改革讨论和关注的焦点,从早期的集权与分权的讨论,到适应市场经济发展而出现的政府与市场关系的调整,提高了地方政府自主权限的空间;伴随着分税制改革,形成了中央与地方对规制权、管辖权等权力的控制的讨论;再到市场与政府的关系基本确定后,伴随着财政体制的改革,如何更加清晰地划分各级政府在公共服务供给方面的责任,事权划分成为中央与地方关系讨论的中心。一般而言,中央政府的决策具有全局性和战略性的特点,地方政府的决策具有地域性和战术性的特征,地方政府决策在中央政府决策的指导下,可以考虑在地方区域性和特殊性的基础上适当进行调整,但不得与中央政府的决策相背离。

(二)我国决策权力配置机制的主要问题

尽管党委决策权、人大决定权和政府行政权在理论上职责分工明确,其权力运作也逐步规范和完善,但是在实践中,党委、人大和政府之间的决策权力运作机制容易出现偏差现象。主要体现在以下几个方面:

1. 决策权力的配置在不同主体间轻重颠倒

这主要体现在人大及其常委会重大事项决策权的法律地位未得到普遍的认同和足够的重视。虽然我国政治体制改革取得巨大成效,但仍然遗留了"党委决策、政府执行、人大监督"的权力配置格局,决策的权力、职责和范围的划分不够清晰。地方党委及政府主要领导人通过党政联席会形成地方领导核心,把控地方政治、经济和社会管理的一切决策,导致实际工作中政府主要领导人在党内的地位往往高于人大常委会的领导人,造成对人大决定权的重

---

① 习近平:《之江新语》,浙江人民出版社2007年版,第23页。

要性认识不足。同时,各级政府在行政决策中同样享有各项独立的决策权和执行过程中的自由裁量权。因此,各级人大在行政决策中实际发挥的作用和影响远没有达到宪法规定的程度,再加上重大事项决定权概念不明确、范围界定模糊不清,很大程度上造成党委和政府在重大事项决策上出现“越权”或“争权”的嫌疑,一些应该提请人大及其常委会决定的重大事项,政府往往直接决定或提请党委讨论决定,到人大只是履行法定程序,导致人大及其常委会的重大事项决定权难以行使。

2. 决策系统的运作机制不健全

现代化的决策系统是一个分工合作、密切配合的有机体系,需要一个健全的工作机制来保障。但是,目前党委、人大和政府之间讨论决定重大事项的具体措施和工作制度尚不健全。各地虽然有关于讨论决定重大事项的相关规定,但是普遍缺乏相应的程序和工作机制的保障,导致党委和人大及其常委会在确定重大事项决定权、政府在执行决策过程中弹性大、操作随意。在实践中,人大及其常委会向党委汇报重大事项的流程和制度相对比较完善,但党委如何向人大及其常委会提出重大事项的议题和程序尚未明确。另外,政府提请人大决定的重大事项往往年初没有计划,时间紧迫,临时动议较多,导致人大行使决定权的时候较为被动,缺乏深入和科学的论证,致使决策权力无序运行。

3. 决策程序的规范性和民主化不足

决策的一般程序是发现问题、确定目标—调查研究、咨询论证—拟制方案、分析评估—择优定案、试点检验—组织动员、普遍实施—追踪决策、反馈调整—科学评估、不断完善。但实际上有些决策没有按照上述相对完整和规范的程序运作,一些主要程序和环节没有受到应有的重视甚至被忽略,由领导者个人特别是“一把手”专断的情况在许多地方依然存在。这表明科学合理的决策程序尚未完全确立并得到很好执行。同时,决策过程的民众参与程度也比较低,一些地方在涉及当地经济、社会发展的重大决策时,常常是由一个或几个领导者说了算,下级领导者由于缺乏自主决策的权力,工作依赖性越来越强。此外,保障人民直接参与政府决策的相关制度尚不完善,一些重大决策不够透明,一般只将决策结果见诸报纸、广播、电视、网络等,人民的知情权、参与权、表达权、监督权难以保障,决策很容易脱离民情民意。

4. 决策失误的责任追究制度缺失

在目前的决策体制中,决策责任不落实的问题很严重,常常是借口“集体决策”而实际上无人负责。决策成败与决策者个人的荣辱得失、升迁降免缺乏直接的、必然的联系,决策失误责任追究不严格,决策者往往以缺乏经验为借口,逃避责任追究。尽管我国已经出台了一些有关决策的监督制度,如政府报告制度、人大代表审议制度、信访制度、社会舆论监督制度等,但由于这些制度的规定过于原则化,缺乏内在的相互衔接和具体的可操作性,因此,监督制度的整体功能和作用发挥得不够理想。特别是在实际执行中,对决策失误或决策错误界定不清,追究不力。这实际上是对许多单位的"一把手"个人专断又不负责任的行为的放纵。近年来,国家逐渐加大了这方面的工作力度,在实行领导干部问责制、领导干部的政绩考核制度、重特大安全生产事故的责任追究制度等方面,取得了明显的进展。

(三)我国决策权力配置机制的完善

1. 坚持党领导下的决策权力配置体系

中国共产党的领导地位是在长期的斗争实践中逐步形成的,党的领导是人民当家作主和依法治国的根本保证。坚持党领导下的决策权力配置机制,是加强和改善党的领导、发挥党的领导核心作用的需要,也是行使好重大事项决定权的需要。坚持党领导下的决策权力配置机制,是坚持党的领导、人民当家作主和依法治国的有机统一。第一,要充分发挥人大常委会党组和机关党组织和党员的作用,增强人大工作的责任感和使命感,牢固树立政治意识、大局意识、责任意识,正确处理好党员与代表的关系。第二,要坚持法律框架下党委支持和人大作为的运作机制。党委要支持人大在宪法法律范围内行使决定权,充分发挥人大及其常委会在社会发展和民主法治进程中的作用,推动人大及其常委会敢于行使重大事项决定权。第三,健全党委、人大和政府之间的制度设计,如完善重大事项向党委请示报告制度、人大与政府之间的沟通监督制度、党委重大事项决定权的议程制度等。

2. 合理分配领导主体间的决策权力

实现职责与权力对等的分级决策体系。要进一步完善决策权力在各级领导机关和领导者之间的纵向或横向的合理划分,依法规范中央与地方的职能与权限,正确处理中央垂直管理部门和地方政府的关系,特别是中央与地方在经济、文化、社会管理方面决策权力的划分,努力做到事权划分合理、分工责任清晰、运行规则明确、监督保障有力、决策民主高效。

3. 充分发挥党中央决策议事协调机构的重要作用

在我国,党中央决策议事协调机构提高了党把方向、谋大局、定政策、促改革的能力,在国家治理中发挥了重大决策的顶层设计、重大工作的总体布局、重大事项的统筹协调和重大部署的整体推进等功能。充分发挥党中央决策议事协调机构的作用，可以充分保障党对重大工作的全面领导，有利于完善党对重大工作的科学领导和科学决策，理顺党政机构之间的职责关系，建立高效协同的决策执行链条。1958年，中共中央决定成立财经、政法、外事、科学、文教等6个小组，在党中央的领导下开展工作。这些小组直接隶属中央政治局和书记处，向他们直接报告工作。大政方针在政治局，具体部署在书记处，具体执行和细节决策权属政府机构及其党组。改革开放以来，党中央先后在对台、机构编制、社会治安综合治理、精神文明建设等领域成立领导小组或委员会，作为党中央决策议事协调机构。党的十八大以来，以习近平同志为核心的党中央在全面深化改革、国家安全、网络安全、军民融合发展等涉及党和国家工作全局的重要领域成立新的决策议事协调机构，对加强党对相关工作的领导和统筹协调，起到了至关重要的作用。在《中共中央关于深化党和国家机构改革的决定》中，提出建立健全党对重大工作领导体制机制，优化党中央决策议事协调机构，加强党对涉及党和国家事业全局的重大工作的集中统一领导。

充分发挥党中央决策议事协调机构的重要作用，第一，要进一步完善决策议事协调机构职能体系设计，改革后，党中央决策议事协调机构的办事机构有的是单独设置，有的是放在相关党政职能部门，应进一步明确办事机构和党政职能部门的职责分工，做到既不缺位也不越位，各司其职；第二，要进一步推进决策议事协调机构职能、权限、程序、责任的法定化；第三，要合理设置地方决策议事协调机构，构建符合地方特点、简约高效的决策议事协调机构职能体系，避免上行下效、严格对标的推进模式。

4. 科学设置合理的决策机构

从决策科学化的角度看，决策机构设置合理，组织运行顺畅，将对决策的科学化产生巨大的推动作用。因此，要按照精简、统一、效能的原则和决策、执行、监督相协调的要求，继续推进政府机构改革，科学规范部门职能，合理设置机构，优化人员结构，实现机构和编制的法定化。

5. 营造民主透明的决策过程

为了推进决策科学化、民主化，必须健全民主制度，丰富民主形式，扩大公民有序的政治参与，保证人民依法实行民主选举、民主决策、民主管理和民主监督。必须坚持和完善人民代表大会制度，保证人民代表大会及其常委会依法履行职能，保证立法和决策更好地体现人民的意志；必须坚持和完善共产党领导的多党合作和政治协商制度，保证人民政协发挥政治协商、民主监督和参政议政的作用；必须扩大基层民主，健全基层自治组织和民主管理制度，完善公开办事制度和民主监督制度；必须完善深入了解民情、充分反映民意、广泛集中民智、切实珍惜民力的决策机制，各级决策机关都要完善重大决策的规则和程序，建立社情民意反映制度，建立与群众利益密切相关的重大事项的社会公示制度和社会听证制度，完善专家咨询制度，实行决策的论证制和责任制，防止决策的随意性；必须拓宽社情民意表达渠道，推行领导干部接待群众制度，完善党政领导干部和党代表、人大代表、政协委员联系群众制度，健全信访工作责任制，建立全国信访信息系统，搭建多种形式的沟通平台，把群众利益诉求纳入制度化、规范化、法制化的轨道。

6. 强化对决策权力和决策过程的监督

现代民主政治的一个突出特点就是强调对公共权力的监督，防止权力的滥用。建立结构合理、配置科学、程序严密、制约有效的权力运行机制，从决策和执行等环节加强对权力的监督，保证把人民赋予的权力真正用来为人民谋利益。对领导决策权力的监督，特别是对“一把手”的监督，是完善决策体制的必然要求，也是现代决策体制建设的重要内容。

二、现代决策信息收集处理机制

信息收集处理机制是指为决策中枢系统和咨询系统广泛收集、加工、整理信息并提供全面、及时、准确和适用信息的一种组织体系和运行规则。现代决策信息收集处理工作主要是由决策系统中的信息系统来承担的。在现代社会中，除了传统的信息收集处理方式，如调查问卷、抽样统计等方式之外，信息收集处理机制主要是由电子政府的网络平台和社情民意反映机制共同构成的。

（一）电子政府的信息收集处理机制

1. 电子政府及其信息收集处理机制的含义

所谓电子政府是指运用信息技术和通信技术，构建一个电子化的虚拟政府机构，在政府、企业和公众三者之间迅速有效地交换信息，推进政府部门办公自动化、网络化和电子化，实现政务信息全面的共享、交流和处理。电子政府的信息收集处理机制，是现代政府管理理念与信息技术革命相融合的产物，就是利用电子政府创造的虚实结合的网络平台，来大量收集、处理各方面信息的工作模式。电子政府对于提高政府回应能力和决策能力，提高政府工作效率，实现开放型政府、服务型政府和责任型政府具有重要意义。

2. 电子政府的信息收集处理机制对科学决策体制的影响

电子政府的发展有助于政府决策信息系统的更新。首先，有助于决策信息收集系统的更新。网络技术大大拓宽了信息的输入渠道，改变了传统信息的传递模式和结构。处于网络终端的公民可以将自己的声音真实地传到高层决策者那里，从而降低了公众的意愿在传统的决策信息系统中传递时被曲解的风险，大大地提高了信息的保真率。其次，有助于决策信息传递系统的更新。基于信息网络技术的电子政府为信息的高速传递提供了物质设备基础，从而大大地提高了信息的时效性，使得决策者能在第一时间获取必要的决策信息。再次，有助于决策信息处理系统的更新。电子政府特有的对信息加工、分类、检索和选择功能，有助于提高决策者对信息的驾驭能力，为决策者做出正确的判断提供必要的条件。最后，有助于决策信息反馈系统的更新。互联网使公众可以通过网络终端随时了解决策执行情况，为实现对决策的有效监督提供了必要的信息条件。决策者可根据获取的反馈信息，及时发现决策及其实施过程中出现的问题，并予以调整和纠正。

当然，电子政府的信息收集处理机制也是一把“双刃剑”。例如，很容易出现“信息爆炸”问题和“信息安全”问题。政府决策活动在网络技术支持下，容易出现信息量过多而无从决断的局面。公众信息输入因人因时而异，会出现多种个人倾向性，使决策者耗费大量时间去鉴别，有时甚至无从取舍。随着政府信息管理体制逐步与国际互联网接轨，信息交流和业务处理中的信息安全与网络稳定问题可能面临更多的挑战和困难，并进而影响领导决策的科学化与民主化。

3. 电子政府的信息收集处理机制的改革与完善

第一，更新决策理念。信息技术应用于公共事务管理的功能和意义，取决于应用者的价值取向和决策理念。在构建电子政府、积极推进管理体制创新和决策体制创新时，必须对政府及领导者存在的价值与意义、政府及领导者决策的使命与任务进行深刻反思。否则，电子技术的应用不仅无助于政府自身问题的解决和决策体制机制的创新，反而只能强化现行决策体制存在的一些缺陷和弊端，限制信息技术的基本优势和发展潜力。因此，要以科学理论为指导，以社会主义民主政治制度为基础，从政府与社会、领导者与公民互动的角度，来认识和建设电子政府，让网络技术本身的优势与保障公民信息知情权、扩大公民决策参与权结合起来，达到善断和善治的目的。

第二，加强决策信息资源开发。在知识经济时代，知识与信息是极为重要的财富。近年来，各级政府的信息化发展规划都十分重视信息资源的开发与利用。但在总体上，目前我国信息基础设施建设的薄弱环节还是网络信息资源的开发和利用。因此，要充分利用知识管理对网络信息资源开发与管理的优势，构建出基于知识管理的政府信息资源开发平台，对政府信息资源进行深层次的开发和利用。作为适应知识经济的新的管理方式,知识管理是信息资源管理的发展与延伸,为信息资源开发提供了新的指导理念和技术架构,所以,我们要构建基于知识管理的信息资源开发平台,搭建知识服务中心,实现从信息管理向知识管理的飞跃,为领导决策提供有价值的信息资源。

第三,构筑决策的信息安全防御体系。电子政府的运行主要是通过网络和信息技术来支撑的,因此,电子政府安全问题的核心就是网络信息安全。网络信息具有流动性极强的特点,加上科学技术日新月异的发展,政府的网络信息平台随时都可能遭遇到非法的攻击和侵害,轻则可能损失重要的信息,重则可能导致政府工作的混乱甚至停滞。因此,构筑决策信息安全防御体系具有极其重要的意义。电子政府信息收集处理机制安全是一个系统概念,它不仅与计算机系统结构有关,还与电子政府运作的环境、人员因素和社会因素有关。构建决策信息的安全防御体系,最重要的是从技术手段上给予充分的保障,尤其是要积极发展计算机技术,努力吸取其他国家的先进技术,培养自己的高科技人才,使政府网络更加安全可靠。

(二)社情民意反应机制

所谓社情民意反应机制,又称公众参与机制,是指将公众对公共决策的意见和建议及时有效地传达到决策中枢系统的各种渠道和手段的总称,即有效反映社情民意的组织体系和制度安排。政府决策的性质一般属于公共政策,内容一般涉及各种“公共产品”,要解决的问题是公共问题,一般会影响到经济社会发展全局和各种利益关系的协调,所以,政府决策的特殊性决定了公众参与的重要性。政府公共决策在方案形成的过程中,应该广泛吸收各利益群体的利益诉求和意见建议,保障决策方案的科学性和决策执行的高效性。建立健全先进的社情民意反应机制,为社会公众参与公共问题的决策提供程序性的安排和制度化的保障,是领导决策体制创新的重要内容。

根据各地的实践,社情民意的反应机制主要包括以下几项内容:群众来信来访,政协委员提案,人大代表视察,网上征求意见,民意调查,传媒舆论,市长公开电话等。

三、现代决策咨询机制

现代决策咨询机制是指专门从事决策研究和咨询活动的官方或非官方的组织体系及运行模式。现代决策咨询机制主要体现在组织内部的“智囊团”和组织外部的“思想库”两种组织形式及其对决策发生作用的过程。作为一种咨询机构,“智囊团”和“思想库”主要由具有各种知识结构的专业人员组成,它是协助决策中枢系统进行决策的组织形式。咨询机构发挥专业人员的作用,运用集体的智慧专门从事重大决策问题的研究和咨询,为领导者决策提供各种备选方案和理论上或技术上的支持。咨询机构已经成为现代社会领导决策体制中的一个重要组成部分,成为领导决策科学化、民主化的一个重要标志。

（一）智囊机构及其类型

“智囊”一词最早是指个别的智囊人物,即那些经常以出谋划策的方式影响政策制定的人们。随着近代社会化大生产和科学技术的发展,出现了智囊机构,即具有专业知识和专业技能的专家,为了完成一定的目标,按照一定的结构和方式组成的集团和机构。

现代智囊机构的类型很多,活动性质、内容和范围也不尽相同。根据不同的划分标准,可以将智囊机构划分为以下几个类型:

第一,根据智囊机构的独立性不同,可分为内部智囊机构和外部智囊机构。内部智囊机构是指处于政府机关或企事业单位内部,为其所属的组织提供服务的智囊机构。其特点是非独立性的、非营利性的,通常是根据组织的需要,进行有针对性的参谋咨询活动。外部智囊机构一般不属于任何组织,是具有独立性的组织。外部智囊机构的优越性表现在:与任何组织都没有直接的利害关系,其独立性有助于参谋咨询工作的客观性和公正性;不受其他任何组织内部的规章制度的限制,可以更好地适应社会各方面的要求。

第二,根据智囊机构的组成和工作方式不同,可分为实体智囊机构和虚体智囊机构。实体智囊机构是指那些专业从事咨询的机构,一般由各种高素质的专业人才组成,独立承担并完成咨询工作。虚体智囊机构本身的组成人员很少,主要依靠社会其他组织的力量来进行咨询研究工作,其工作方式主要是接受委托后,向专家征求咨询意见,而后进行综合整理,形成咨询意见。虚体智囊机构具有社会化的综合优势和广泛的信息辐射作用。

第三,根据智囊机构的生命周期长短不同,可以分为常设智囊机构和非常设智囊机构。常设智囊机构与组织共生共灭,对组织生存发展面临的各种问题都提供咨询。非常设智囊机构多是为了解决临时性的问题或完成临时性的任务而设立的,任务完成即结束其历史使命。

第四,根据智囊机构的研究范围不同,可分为综合性的智囊机构和专业性的智囊机构。综合性的智囊机构组成人数较多,机构庞大,涉及的领域较宽,多数从事的是综合性、战略性的咨询参谋工作。专业性的智囊机构主要擅长于某一专业领域问题的研究和咨询,涉及的领域比较单一,专业研究比较深入。

第五，根据智囊机构的经济来源不同，可分为营利性智囊机构和非营利性智囊机构。营利性智囊机构一般以公司的形式存在，以获取利润为目标，在咨询参谋活动中追求经济效益，往往是由私人或中小企业来承担。非营利性智囊机构不以获得利润为目标，主要以研究促进社会服务或公共政策的制定和实施为宗旨，通过接受各种基金会或者私人捐助的方式获得活动经费。

第六，智囊机构的其他类型。智囊机构还有许多类型，如根据智囊机构与政府和企业的关系不同，可分为官方智囊机构、半官方智囊机构和民间智囊机构；根据智囊机构的活动领域和范围的不同，可分为国际性智囊机构、国家性智囊机构和地区性智囊机构。

（二）现代智囊机构在领导决策中的作用

领导者科学决策的过程，离不开现代智囊机构的积极参与。现代智囊机构在领导者的决策活动中发挥着十分重要的作用。

1. 智囊机构对决策组织的影响

领导活动过程中起核心作用的是决策组织。决策组织在领导工作中起着制定决策、选择决策、执行决策、调整决策的重要作用。决策组织一般是由信息系统、咨询系统、决断系统、执行系统、反馈系统、评估系统组成的有机整体。其中信息系统和咨询系统就是由智囊机构组成的。智囊机构的出现改变了决策组织内部的原有分工，动摇了传统直线参谋制的决策基础，使得智囊机构成为了决策组织中极为重要的组成部分，改变了领导者传统的决策观念和决策方式。

2. 智囊机构对决策类型的影响

领导决策有不同的类型，智囊机构对不同类型的决策的影响是不同的。思想库和智囊团的作用主要体现在规划性决策和战略性决策上，因为智囊机构具有很强的信息整理能力，经常能够提出富有远见的决策设想和决策方案，同时，智囊机构一般处于相对独立的地位，较少受到决策者的态度和意志的影响，不必考虑为后果承担直接的责任，所提意见具有较强的客观性和创新性。所以，智囊机构对领导者的规划性和战略性决策影响比较大。

3. 智囊机构对决策过程的影响

从静态上看，思想库主要是向决策系统提供广泛的信息资料和建议性方案；智囊团则是决策系统内部制订方案的主要力量。从动态上看，思想库和智囊团的作用就表现在决策过程的各个阶段上：在确定问题的环节上，领导者可以请智囊机构帮助诊断问题；在调查预测的环节上，可以发挥智囊机构的信息优势;在制订方案的环节上,可以发挥智囊机构的分析论证的特长;在追踪决策的环节上,可以发挥智囊机构反馈、监督的作用。在现代决策体制中,领导者要做出科学决策,就必须高度重视发挥智囊机构的作用。

(三) 领导者对待智囊机构的态度

1. 领导者要多形式、多层次地广泛开展决策咨询

领导者要养成自觉进行咨询的习惯,要越来越重视发挥智囊机构的作用。可以采取委托研究、专题咨询等方式,就一些专业性比较强的决策事项、决策中比较棘手的重大问题的处理等,向智囊机构征询意见。

2. 领导者要正确处理与智囊人员的关系

一方面,领导者要善于利用智囊机构的优势,发挥智囊人员的长处,帮助自己收集信息、拟订方案、提供论证和咨询;但另一方面,领导者必须保持决断者的清醒和独立,对智囊机构和智囊人员提供的各种意见、建议要有独立思考和正确判断的能力,拍板定案的职责不能由智囊机构及其人员所代替。

3. 领导者要为智囊机构及人员发挥作用创造良好的条件

智囊人员不同于秘书班子,他们的决策研究工作不是根据领导者的命令去按图索骥,而是独立地探讨决策问题的客观规律,从专业的角度、以客观的身份提供咨询服务。因此,领导者切忌把自己的个人意志强加给他们,即使组织内的智囊团,领导者也要尊重他们的相对独立性,保证智囊机构不受干扰地开展咨询研究工作。

四、决策失误责任追究机制

(一) 决策失误责任追究机制的含义

建立健全决策失误责任追究机制,是完善现代领导决策体制的重要组成部分。所谓决策失误责任追究机制,就是指当出现决策失误的现象时,要严肃追究相应决策者应负责任的制度。决策失误责任追究机制的关键,是对于每个参加决策活动的人,都要明确其责任和追究责任的具体形式。这样才能增强领导者决策的责任意识,才会尽可能避免决策失误,并使正确的决策落到实处。

(二) 建立决策失误责任追究机制的重要意义

建立决策失误责任追究机制,对于提高党的执政能力,推进社会主义民主政治建设,维护广大人民群众的根本利益,都具有十分重要的历史意义和现实意义。

1. 建立决策失误责任追究机制是推进政治文明建设的客观需要

建立决策失误责任追究制度，目的在于使领导者能够遵循科学的决策原则、决策方法，按照科学的决策程序和规范的决策制度来行使决策权力，保障人民的利益不受侵害并通过正确而有效的决策实现人民权利、增进人民福利，一旦决策违法违规或超越权限，导致决策失误，给人民的利益、党和国家的事业造成重大损失或危害的，就必须依法承担责任。建立决策失误责任追究制度，就是从权力运行的起点上加强对领导者的监督，是推进社会主义政治文明建设的客观需要和重要内容。

2. 建立决策失误责任追究机制是完善社会主义市场经济体制的必然要求

现代市场经济是法制经济，要求政府及其他公共领导者的行为必须规范、透明，依法行政。从这个意义上说，实行责任政府、法治政府、法治领导是现代市场经济的题中应有之义。因此，政府和其他公共领导者的决策必须有利于发挥市场配置资源的效率性功能，有利于营造有效率的市场环境。建立决策失误责任追究制度，实行“谁决策，谁负责”，充分体现了责任政府、法治政府和法治领导的要求，它以事后惩处的制度来规范领导者的权力运行，有利于推动和保障社会主义市场经济体制的健全与完善。

3. 建立决策失误责任追究机制是强化对决策者监督的迫切需要

过去很长一段时间以来，由于对决策行为缺乏有效的制约和监督机制，有的领导者在行使决策权力时，主观随意性和个人专断性比较严重，因而导致决策失误频繁，造成重大损失。尤其是在一些地区的招商引资项目上，这种决策失误的例子更是屡见不鲜，有的甚至造成了巨大损失。建立决策失误责任追究制度，把决策行为置于一整套健全制度的制约和监督之下，是强化对决策者监督的迫切需要。建立决策失误责任追究制度，也有利于在惩治和预防腐败体系中充分发挥惩治的重要作用，对于增强领导者的决策责任意识，约束决策行为至关重要。

（三）建立决策失误责任追究机制的要求

1. 确立决策失误责任追究机制的归责原则

归责原则所基于的理念是决策者进行决策时必须遵守一定的规则，如不遵守这些规则造成失误的必须承担责任。我国在当前对于决策失误者的责任追究方面暂时适用过错原则，它是指决策者因故意或过失导致决策失误时必须承担责任。可以说，过错原则是针对决策执行后果的责任追究原则，在应用这一原则时，决策已经产生了失误，损失已经造成了，这是尽量避免产生进一步损失的责任追究原则。而归责原则所指的是在决策的过程当中,决策者就要遵循决策规律,一旦违反了决策的规律,这本身就已经是属于决策失误的范围内了,就应该为可能出现的决策后果承担相应的责任。

2. 区分决策失误者承担的责任形式

依据决策者过错程度的大小或所造成损失的严重与否,可将决策失误的责任形式划分为四种。第一,道义责任。这主要是对那些因客观原因或过错程度极其轻微的决策者从道德层面进行谴责,也可以本人做出检讨的形式来承担。第二,行政责任。对于非政治选举类的决策失误者,可以参照我国国家公务员制度的相关规定,承担行政责任。行政责任的形式有:警告、记过、记大过、降级、撤职和开除。第三,政治责任。在民主政治制度下,决策者的一切行为必须以民意为归依。如果决策失误有损公共利益,即便不够追究法律责任,也要承担政治责任。在法治国家,决策者的政治责任主要是通过权力机关或立法机关的监督来实现的。第四,刑事责任。对于因决策失误造成严重经济损失或者社会影响极其恶劣的,还必须从刑罚的角度加以制裁,追究相应责任人的刑事责任。

3. 明确责任追究的主体

当决策失误发生并且予以确认后,由谁对决策失误者进行责任追究就成为至关重要的问题。由于责任形式存在差异,责任追究主体也必然有别。第一,道义责任。由于它是一种软约束,追究主体既可以是人大代表、政协委员、上级领导、同事,也可以是平民百姓。而其他的责任形式,则只能由法定的官方主体来进行追究。第二,行政责任。对决策者进行行政责任的追究,有两类主体可供选择:一是决策失误者的上级领导,二是行政系统内的监察机关。不管是哪类追究主体,都必须将责任追究的结果连同评估机构的结论向社会公开。第三,政治责任。按照人民主权以及代议制原则,此类责任的追究主体应该是最能体现民意的权力机关。同样有两类主体可供选择:一是民选的代议机关即各级人大及其常委会,二是同级或上级党委。第四,刑事责任。对于因决策失误而造成严重的经济损失的和极其恶劣的社会影响的,还要对相应的领导者进行刑事追究。其责任的追究主体是各级公检法机关。

4. 建立和完善决策失误责任追究制度

追究决策失误责任的关键是实行"谁决策,谁负责"的追究制度,主要包括决策失误行政处分制、决策失误赔偿制、决策失误辞职制、决策失误法律追究制等,使其成为约束和规范决策者行为的有力手段,保证能够对决策失误者进行及时有效的责任追究。完善责任追究制度的关键是完善责任追究的程序，在此过程中必须体现公开、公正原则，否则就不能起到奖优罚劣的激励作用。责任追究的程序要公开透明，要把责任追究的过程和结果置于人民群众的监督之下，避免暗箱操作和厚此薄彼，做到制度面前人人平等。

第七章　领导用人

"治国之道，唯在用人"。选拔人才和使用人才，是现代领导工作的一项重要职能。能否真正有效地、正确地选人用人，是领导活动成败的关键，是关系到国家兴衰和事业成败的大事。

第一节　领导用人概述

经济发展和社会进步，需要物质资源作基础，更需要人的知识和能力作支撑。当今世界，人才和人的能力建设，在综合国力竞争中越来越具有决定性的意义。因此，认识和理解人才的含义与特征、类型与价值，掌握选才用人的品质要求及意义，是领导用人研究的基本前提。

一、人才的含义及特征

（一）人才的含义

古时候，"人才"即"人之才"的意思，也通常被看做"有才能的人"。列宁曾把"精明强干的人""聪明人"视为人才的同义词。其实，"人才"有广义和狭义之分。钱学森在《人才系统工程》一文中指出："我们的人才，不是什么天才，而是人民之才。是人民当中各行各业有才能的人。这样的人才问题，在以往的社会是不存在的。只有社会主义制度下才提得出来，所以是个崭新的问题。"这是广义的人才概念，从这个意义上说，人人都是人才。本书采用狭义的人才概念，即人才是指具备较高的文化基础知识、具有某些才能或某种特长，能够以自己的创造性劳动为社会发展和文明进步做出较大贡献的人。可见,人才是推动人类物质文明建设和精神文明建设的最有创造力的一部分,是人群中比较精华和先进的部分,是人民群众推动历史前进的代表。当今社会所要求的人才,更强调积极的人生观、强烈的事业心、崇高的理想、坚韧的毅力、积极的进取心、饱满的热情和充分的自信,以及丰富的知识、出众的智慧和才能等。

(二)人才的特征

1. 人才的广泛性

所谓"三百六十行,行行出状元",说的就是人才的广泛性。随着生产社会化程度的不断提高,社会分工的不断细化,各种各样的专业人才越来越多。随着科学技术的日新月异,新学科、新技术也将不断涌现,必然会出现各种类型的新人才。尤其是随着中国特色社会主义制度的进一步发展和完善,会为人才的培育和成长开辟更加广阔的道路。

2. 人才的社会性

马克思主义认为,人的本质在其现实性上是一切社会关系的总和。任何人才都离不开他所生活和工作的社会环境以及具体的历史条件。在不同的社会历史条件下,对人才的要求不尽相同,所以不同时代、不同社会的人才无不打上那个时代和社会的烙印。也就是说,人才的产生和发展离不开社会,人才是社会需求和社会评价的产物。随着社会化大生产的发展,人才社会化的趋势越来越明显。

3. 人才的层次性

根据上述对人才含义的广义和狭义之分,可以看出人才是有层次性的。从人才本身的能级来说,可分为一般人才、优秀人才、杰出人才;按照人才所从事的工作领域和所担负的职务来说,又可以分为初级人才、中级人才和高级人才。因此,我们所说的人才,不只是指高级专家,而且包括能够适应现代化建设需要的各个层次各个方面的人才。我们在重视高层次人才的同时,不可忽视其他各个层次的人才;既要重视显人才(已展露才华并做出贡献的人才)的使用与管理,也要重视潜人才(有潜能而未展露才华或未被发现的人才)的发掘与培育。

4. 人才的专业性

绝大多数人才都表现出明显的专业性特点,尤其是在科学知识高度分化、学科分工越来越细的今天更是如此。当今社会,科学技术种类之多、学科门类数量之广,任何杰出人才都不可能全部涉足。所以现代人才的专业化特点越来越突出。这要求我们在人才的使用和管理上要根据实际情况,因人施用,用其所长，避其所短，切忌求全责备和任人唯全。

5. 人才的进步性

所谓进步性，主要是指人才价值符合人类社会进步发展和正义事业的需要，即人才能够以特定的才能或专长为社会发展和人类进步做出贡献。在阶级社会里，人才的作用总是表现出一定的阶级属性。凡是站在反动阶级一边，为腐朽没落的统治阶级服务的人，技能越高，对社会和人类进步事业的破坏性就越大，后果也就越严重。因此，必须注意才能的使用方向问题。在中国现代化建设时期，人才进步性的政治标准，就是为人民服务，为发展先进生产力、为中国现代化事业做出积极贡献。

6. 人才的动态性

所谓动态性，就是指人才的内涵和层次不是固定的。任何事物都在发展变化之中，人才也会随着时间、地点、条件的变化而变化。主要表现为：第一，在一定条件下，人才和非人才、各种类型和各种层次的人才，是可以相互转化的。第二，人才概念本身在不同历史时期，有着不同的内涵和衡量标准。第三，就个体而言，人才的出现总有一个从潜到显的过程；人才的成长总有一个从崭露头角到炉火纯青的发展过程；人才还可能有正反方面与上下层次的转化。

二、人才的类型与价值

（一）人才的类型

由于人的本身素质和实践领域的不同，所造就的人才亦有不同类型。掌握人才的类型，对于合理地使用人才具有重要意义。

根据人才内在素质的倾向性来划分人才的类型，可大致分为以下几种：

1. 实践型：这类人才行动机敏，务实有耐力，观察、操作能力特别强；适于做技术人员、实验和操作人员及运动员。

2. 理论型：这类人才记忆能力、抽象思维能力都很强，善于推理，掌握事物的本质规律，适于做社会科学和自然科学的理论研究工作。

3. 创造型：这类人才勇于追求新知识，不受陈规的束缚，想象力丰富，创造能力强，适于做文艺创作、技术革新、科学发明等具有独创性要求的工作。

4. 再现型：这类人才模仿能力和接受能力强，知识再现能力突出，善于传授知识和推广应用各种新技术的工作。因此，一般适于从事教师和技术培训等工作。

5. 组织型：这类人才判断能力、组织协调能力强，比较有远见，善于处理各种人际关系和工作关系；适于做党政领导干部和经济、技术管理工作。

（二）人才的价值

用好人才的前提是领导者真正从社会主义事业发展的战略高度，认识人才价值，重视人才作用。人才的价值主要体现在以下六个方面：

第一，人才是一种稀缺资源。现代社会高度发达的通信体系和技术体系，使普通劳动力的获得越来越容易，而高素质的劳动力越来越成为不可多得的稀缺资源。尤其是进入21世纪以来，以知识为基础的经济活动显现出无尽的活力，知识的作用越来越凸显。因此，人才在现代社会被作为一种稀缺的资源予以储备、使用，而且人才在一段时间内被作为一种不可再生资源，使用一个就少一个。现代领导者应充分意识到人才的稀缺性。

第二，人才是组织的核心竞争力。知识的生产、传播和应用，正在使文明世界发生着革命性的变化。社会经济发展更多地取决于是否拥有雄厚的科技研发的基础，取决于劳动力的素质和技能。经济活动的核心生产要素开始从资本、有形资产、一般劳动力转为知识、科技劳动力、风险资金、无形资产以及优美环境。因此，是否具有充分提供知识生产与创造的人才，是一个地区、一个组织是否具有竞争力的核心因素。

第三，人才是决定未来的战略资源。从古代到近代，物力资源的开发一直是社会经济活动的主旋律，自然资源和资金长期充当着经济增长的两大支柱。但随着科技的迅猛发展和社会生产方式的跃迁，特别是知识经济时代的到来，人力资源的地位和作用显得越来越大。20世纪中叶以来，许多国家特别是发达国家，资源开发战略已逐步由以物力资源开发为中心向以人力资源开发为重心的转移。人力资源已成为当今世界竞争战略的重心。这里的人力资源，不单指人口数量，更在于人口质量，即人力资源内在的经济能量。发达国家之所以发达，根本原因就在于其人口素质高，资本含量大；而不发达国家之所以落后，一个重要原因则在于人口素质低，资本含量小。正因如此，联合国发展规划署在其20世纪90年代初提交的《人力发展报告》中明确地将人力发展定义为社会发展的核心。人力发展的目标就是培养和造就更多的现代化人才，并吸引、激励、用好人才。

第四，人才是所有创新活动的主体。人才是劳动者中具有一定科学知识的最有创造性的一部分，在人类社会发展进程中，人才是社会文明进步、人民富裕幸福、国家繁荣昌盛的重要推动力量。正如斯大林所说："没有掌握技术的人才，技术就是死的东西。有了掌握技术的人才，技术就能够而且一定会创造出奇迹来。”[①]毛泽东也曾经指出，在世间一切事物中人是最宝贵的，有了人，什么人间奇迹都可以创造出来。并说：“一切物质因素只有通过人的因素，才能加以开发利用。”[②]并不是所有人都具有创新的能力，人才是创造物质财富和精神财富的主力军，是人类征服自然、改造社会活动的主要因子，是所有创新活动的核心主体。任何创新活动的开展，都有赖于人才的创新能力。习近平指出，创新的事业呼唤创新的人才。我国要在科技创新方面走在世界前列，必须在创新实践中发现人才、在创新活动中培育人才、在创新事业中凝聚人才。必须大力培养造就规模宏大、结构合理、素质优良的创新型科技人才，注重培养一线创新人才和青年科技人才。

第五，人才是一切竞争的焦点。国与国的竞争、文化的竞争、经济技术的竞争、产品的竞争、服务的竞争、制度的竞争等，其背后都是人才的竞争，竞争的优势取决于人才质量的优势。历史经验反复证明，得人才（心）者得天下，失人才（心）者失天下。人才兴则国运昌，人才衰则国家亡。在竞争日益激烈的当今世界，谁拥有了高质量的人才，谁就会取得竞争的优势，把握未来的先机。人才的竞争成为一切竞争的焦点。许多事实也雄辩地证明了人才在竞争中的重要性。美国成为世界超级大国的重要原因，就是科技力量和人才优势。与欧洲各国历史上曾经的封闭自居不同，美国以开放的胸怀广泛吸纳各种人才，如“二战”期间当希特勒大肆迫害犹太知识分子时，美国从欧洲各地吸收了数千名犹太科学家，这对其战后的科技创新与经济繁荣产生了不可估量的影响。据统计，20 世纪 30 年代至 70 年代，美国从世界各地吸引了近 30 万名高科技人才，在获得诺贝尔奖的科学家中，美籍外国人占相当多数。现在，已出现了人才资源的“马太效应”。据统计：每千人中科学家、工程师的比例美国为 4.8，日本为 3.8，中国为 0.4；经济增长中科技贡献率美国为 70%，日本为 65%，中国不足 30%。德国、日本在工业物质资本与社会基础设施遭到严重打击与破坏的情况下，战后能够迅速地恢复与发展，并跃居西方世界第二、三号强国的地位，其中的奥妙也只能从其国民的素质及其创造力来解释。19 世纪法国著名思想家圣西门在一则寓言中曾这样写道：假如法国突然失去自己的 50 名优秀的物理学家，50 名优秀的化学家，50 名优秀的作家与诗人，50 名优秀的军事家与工程师，那么法国很快就会变成一具没有灵魂的僵尸。圣西门这里所强调的，正是掌握科学知识与先进技术的高质量人才对于社会经济发

---

① 《斯大林文集》，人民出版社 1985 年版，第 45 页。

② 《毛泽东文集》第 7 卷，人民出版社 1999 年版，第 34 页。

展的重要作用。

第六,人才是领导成就事业的第一资本。知识就是力量,人才就是未来,领导与管理都离不开对人、财、物和信息等要素的协调与配置。在这些因素中,人是生产力和整个管理中最活跃、最能动、最积极的因素。组织活动的源泉在于人的积极性、智慧和创造力。财和物都是人创造的,并被人用于生产和生活中,正是由于人的活动和满足人们的需要,财和物才被作为社会系统的组成部分而发挥作用。习近平曾经指出:人才资源是第一资源。古往今来,人才都是富国之本、兴邦大计。人才资源在所有的资源中含金量最重、价值最高,是任何资源都无法比拟的。改革开放以来,我国之所以能抛掉贫穷落后的帽子,取得世人瞩目的成就,其中最重要的一点就是靠先进的技术,靠人才取胜。现实中虽然生产效率的提高是多种因素综合作用的结果,但从根本上说,与生产实践过程相关的各种因素,都只有通过人的能动作用,才能生成或转化为生产效率。可以说,人才是推动经济发展、提高经济效率的根本性因素。这并不是在否定物的作用,而是说物的要素脱离了具有主观能动性的人的发挥、创造,任何物都不可能直接转变为经济成果。因而,人才是领导成就事业的第一资本。

综上所述,面对发达国家大肆掠夺人才的严酷现实,要实现中华民族的伟大复兴,必须充分认识人才及其开发的重要性,从中国长期发展的战略高度,把人才资源的整体性开发作为一项基本国策,坚持服务发展、人才优先、以用为本、创新机制、高端引领、整体开发的指导方针,坚持人才资源优先开发、人才结构优先调整、人才投资优先保证、人才制度优先创新,努力实现人才资源总量稳步增长、队伍规模不断壮大,人才素质大幅度提高、结构进一步优化,人才竞争比较优势明显增强、竞争力不断提升,人才使用效能明显提高、人才发展体制机制创新取得突破性进展的战略目标。

三、选才用人的品质要求

领导者在选才用人上有三种权力:考察、了解干部的权力,向组织推荐干部的权力,参与党组织集体研究干部任免的决策权力。因此领导者用人的品质至关重要。正如有些群众所说:“无德无才的领导埋没人才;有才无德的领导嫉妒人才;只有那些有德有才的领导,才能发现人才、选拔人才、爱护人才。”因此,领导者要具有较高的用人能力和较好的用人品质。

领导者不可能也不必要事事都比下属高明,但在正确对待人才的问题上,他必须比别人高一筹，这是领导者最重要的基本功。领导者用人的内在品质突出表现在对待人才的态度上，可以概括为“十要”：

第一，要有爱才之心。没有爱才之心，难有用才之法。领导者的爱才之心，源于领导者的事业心、责任心。事业心越强，爱才之心越切。因为，没有人才就不能成就大业。领导者若无爱才之心，不仅培养不出人才，即使身边有人才也会视而不见，更谈不上引进人才。清人胡林翼曾言：“国之需才，犹鱼之需水，鸟之需林，人之需气，草之需土。得之则生，不得则死。”古代思想家孟子称“君子有三乐”，其中之一就是“得天下英才而教育之”。明朝洪武年间，朱元璋发布《求贤令》，指出：“贤才国之宝也”。古人尚且如此，现代领导者更要牢固树立“人才是最宝贵财富”的观念，爱惜人才、关心人才、培养人才、使用人才。正所谓：领导不爱才，不如早下台。

第二，要有求才之渴。既有爱才之心，自有求才之渴。这是因为，首先，从群体看，人才难得。既是人才，必有出众之处，自然是不多的，不多的人才又常常淹没在广大的人群之中，不求何来？其次，从个体看，恃才自傲是普遍存在的现象。既是人才，自有其锋芒和棱角，有其独特的个性和见解，不会随声附和，不会趋炎附势。有的甚至因为领导者身居要职，为避阿谀之嫌，反倒敬而远之。虽然这些不见得都是一种美德，却是客观存在。因此，领导者无求才之渴，人才很少会自动到来。即使有来者，也会因领导者的自私和冷漠而退避三舍。商朝创立者成汤为请出当时的贤智隐士伊尹，在使者三次礼请不出时，自己亲自拜访，终于感动了厨子出身的伊尹，辅佐成汤推翻了夏桀，完成了历史上著名的“汤武革命”。三国时刘备“三顾茅庐”的故事更是脍炙人口，家喻户晓。当年诸葛亮不过是个二十几岁的青年，虽有雄才大略，但隐居在卧龙岗上。刘备已是人到中年，却三次前来求见诸葛亮。第三次正值诸葛亮在睡午觉，刘备就站在门外恭候。“精诚所至，金石为开”，诸葛亮终于以一席“隆中对”，为刘备定下了鼎足而立之大计。

第三，要有识才之眼。其一，要相信人各有志、人各有才，只是才能的倾向和大小不同。其二，要看人才的本质和主流，不要求全责备。其三，不要受“马屁精”的蒙骗和“小人”的利诱，古人云：“大奸似忠，大佞似信”，对过分恭维、奉承自己并努力投自己所好的下属，要保持清醒头脑和必要警惕。其四，看能力、长处和实绩决定人才取舍。其五，在实践中考察，在工作中鉴别，在关键处考验，在患难时识别。

第四，要有引才之法。一个优秀的现代领导者，要有吸引人才、留住人才的办法。首先，要真正尊重人才，相信“精诚所至，金石为开”。其次，要合理使用人才,为人才提供展示才能的舞台和发挥作用的环境。最后,要满足人才的正当需要,包括工作条件、生活条件、薪酬奖励等。

第五,要有用才之能。爱惜、寻求、识别、吸引人才,都是为了更好地使用人才。《史记》载,刘邦登上皇位时曾总结说:“夫运筹帷幄之中,决胜千里之外,吾不如子房;镇国家,抚百姓,给饷馈,不绝粮道,吾不如萧何;连百万之众,战必胜,攻必取,吾不如韩信。三者皆人杰,吾能用之,此吾所以取天下者也”。美国著名实业家、“钢铁之父”卡耐基的墓志铭上刻道:“这里安葬着一个人,他最擅长的能力是,把那些强过自己的人,组织到他服务的管理机构之中”。这都是领导者具有用人之能的范例。

领导者怎样才能具备用才之能呢?其一,领导者要有人格魅力。公道正派、谦虚热情、以身作则、率先垂范、宽容平易、作风务实等领导者的美德,往往是凝聚和驾驭下属的人格基础。其二,领导者要有胆识、魄力。看准了,就不要犹豫。要敢于冒一些风险,大胆起用人才。第二次世界大战期间,美国总统罗斯福大胆接受了敌国——德国科学家爱因斯坦的建议,研究制造原子弹。而主持这项研究工作的也是当时的敌国——意大利科学家费米和另外几个人,这样做是需要有超人的胆识的。罗斯福总统敢于用人的胆识,使美国赶在德国之前取得了原子弹研究的成功。其三,要有胸怀全局、统筹规划的意识,协调各方,用好人才。其四,要能把握人才特点和岗位要义,做到人事相宜、人人协调。

第六,要有容才之量。“宰相肚里能撑船”,这句话说起来容易,做起来却很难。因为人才往往个性很强,锋芒毕露,优点突出,缺点也明显,不“唯上”“崇上”,容易冲撞、得罪领导者;而领导者又往往习惯于一呼百应和众星捧月,有的甚至私心很重,担心下属超过自己。于是,有些领导者面对贤能之士,不是见贤思齐,而是见贤生嫉,千方百计排挤、压制人才,或造谣中伤,散布流言蜚语败坏其声誉,或鸡蛋里挑骨头,抓住一点枝节问题大做文章,以“掐尖”为能事。这种“武大郎开店”的意识和做法狭隘至极、无聊至极。“朝多君子,野无遗贤”。但若领导者属非君子,则势必远君子而亲小人。所以,领导者应该有宽容大度的胸怀。

第七,要有护才之魄。人无完人。人才在工作中,往往会因知识、经验等不足而出现这样那样的问题:或真知灼见暂时不被理解,或才华横溢遭到嫉妒,或偶然失误信心受挫,或冷嘲热讽人言可畏,或一帆风顺骄傲自满,等等。每当这时,领导者要勇于并善于保护人才:或力排众议主持公道,或扶正祛邪弘扬正气,或启发引导控制舆论,或鼓励安慰诚信留人。这样,人才在领导者和大家的悉心爱护和帮助下,就会更加大胆工作,敢于独立负责,不断积累经验,逐渐变得成熟起来。1937 年夏,红军西路军总指挥徐向前,带着屈辱和困苦,“光杆司令”般回到延安。不少人说闲话、埋怨他,对这位“败将”冷眼相待。而毛泽东却说:“西路军的全军覆没,是许多复杂原因造成的,不能怪徐向前”,并安慰他说:“留得青山在,不怕没柴烧。你能回来就好,有了鸡何患没蛋呢?”徐向前被这番理解、爱护、信任的话感动得热泪盈眶。后来,徐向前仍被委以重任,在抗日战争和解放战争中屡建奇功,成为一名独当一面的帅才。

第八,要有荐才之德。选贤举能,是领导者的重要任务之一。在选贤举能中,领导者不仅要在本人离职之际举才接替自己,更为重要的是,在自己当职之时,就应注意在工作中发现、培养人才。一旦发现或培养出比自己更有能力、更能开创新局面的人才,则应当主动推荐其到更适合的岗位,不因嫉贤而回避。举荐人才必须出以公心,把国家和人民的利益放在首位,做到“内举不避亲,外举不避仇”。1932 年 7 月,恢复红军第一方面军番号时,苏区中央局提议由周恩来兼任第一方面军总政委,而周恩来认为,毛泽东军事经验丰富,比自己更适合此职。于是,他写信给中央,坚持由毛泽东担任红一方面军总政委。他在信中提出:“泽东的经验与长处还须尽量使他发展”,并强调说:“有泽东负责,可能指挥适宜。”不久,中央局接受了周恩来等人的提议,任命毛泽东为红一方面军总政委。但后来,中央局与毛泽东等人在作战方针上形成了尖锐矛盾,毛泽东被调离红一方面军。1935 年 1 月,在遵义会议上,周恩来又力主由毛泽东接管红军指挥权。他的全力推举和坚持得到了多数人的支持。周恩来这种不怕别人超过自己、无私荐才的高尚品质,是我们每个领导者应该学习的。

第九,要有育才之方。一个人的成长,接受学校教育是必要的,但那只是一个基础,更重要的是在职教育,它能使书本知识得到应用、检验和深化。所以,领导者和用人单位都负有培养和造就人才的责任与义务。具体途径和方法很多,如岗位锻炼、集中培训、提拔晋升、选送进修、业务指导、言传身教等。人才的培养是一种最有效的投资。凡有远见的领导者,都是很重视人才培养的。世界汽车业巨头丰田公司一直将员工视为珍宝,是重视人才培养的优秀典范。为了招聘到优秀的人才,公司花费了大量的人力、物力。同时,在招聘过程中注重从多个角度考察人才。对于已经进入公司的员工,会尽量为他们提供各种培训机会,把对员工的培养放在优先地位。

现在丰田在全球的公司都在实行公司内部调任制度(Intra - Company

Transferee,缩写为ICT),也就是让世界各地的丰田员工到日本丰田总公司去研修,学习母公司好的管理经验及做法,带回本地,然后再结合当地的实际情况予以充分发挥和有效利用。同时,公司还根据不同岗位、职位的要求,设计了各种培训。总之,务必使这些被选拔出来的人才能够得到最好的培养。

第十,要有励才之术。一般地说,人们在工作中所表现出来的能力,只是实际拥有能力的一部分,更多的潜藏着的能力则需要通过有效的激励去发掘,使其充分发挥出来。因此,领导者应熟悉激励理论和激励的方法、技巧。如,人性化管理理论,马斯洛的需求层次—动机理论等;还有具体的人格激励、目标激励、成就激励、物质激励、精神激励、情感激励、机会激励、参与激励、股权激励等方式方法。

四、选才用人的意义

如前文所述,人才是世界最宝贵的资源,是人类创造活动的主力军。既然人才如此重要,那么如何用好人才,就成为领导者的一项重要的基本职责。可以说,选才用人是基本的领导活动,领导用人正确与否,关系着社会兴衰、国家存亡和事业的得失成败,古今中外无数事实雄辩地证明,正确用人是成事之资,错误用人则是败事之源。

首先,从领导职责和领导活动的客观规律上看,知人善任是领导者的一项基本职责,用人正确与否是能否实现领导工作目标的关键。古人说:“为政之本在于任贤”。毛泽东曾经把领导者的责任归结为出主意、用干部两件事。邓小平也指出:“善于发现人才,团结人才,使用人才,是领导者成熟的主要标志之一。”①选才用人作为领导者的一项基本职责,是领导活动客观规律本身的要求。领导活动是领导者、被领导者和客观环境相互作用的过程。离开了被领导者,领导者也就成了孤家寡人,领导活动也无法进行。人才则是被领导者中的主要力量,是领导活动赖以进行的重要因素。因此,领导者对人才的识别、选拔、任用是否准确恰当,直接关系到领导效能高低和领导目标成败。不善于用人的领导者是不称职的领导者。

其次,从历史经验上看,知人善任关乎领导事业的成败。善用人者得天下,反之,则失天下。任何社会,如果形成了一种“尊重知识、尊重人才”的良好风气,能够做到唯才是举、适才适用,这个社会就会进步、发展和繁荣;一个

---

① 《邓小平文选》第3卷,人民出版社1993年版,第109页。

国家,如果建立了一种科学的选才用人制度,能够做到人尽其才、才尽其用,这个国家就会兴盛、昌明和强大。春秋战国时期,群雄逐鹿。秦国能最终统一天下,主要是因为自秦孝公以来,秦国广招四方有识有志之士,吸引人才不拘一格,重用了如商鞅、张仪、范雎、李斯等许多政治、军事人才。正是依靠这些人才,秦国由小国发展成为雄踞六国之上的大国,最后完成了"六王毕,四海一"的统一大业。汉朝刘邦因为善于用人而击败项羽,建立了西汉王朝。相反,晚唐国运垂危,最直接的原因是用人失察、坏人参政、用钱买官、无功受赏等腐败的侵蚀。威极一时的元朝也是伴随着用人上的腐败而迅速垮台的。元朝末年,卖官鬻爵、贿赂公行、埋没人才等现象司空见惯;所选官吏大多缺德少才,专事搜刮民脂民膏;朝廷无法无度,贪官横行无忌,巧立名目敲诈勒索。如此庸才、恶才、贪才当道,元朝的灭亡就是必然的了。清朝的腐朽没落最根本的原因当然在于其腐朽的制度,但人才匮乏也是其中的一个重要原因。晚清著名思想家龚自珍在考察人才问题与社会兴衰时就发出了"万马齐喑究可哀"的感慨。另一位晚清著名思想家魏源更从鸦片战争清朝的失败中总结出教训,认为中国真正的贫弱不是物产兵器,而是人才不济。他说:"财用不足国非贫;人才不竞之谓贫。"历史如此,现实更是如此。当今世界各种竞争的焦点集中在人才上,要想在竞争中取得优势,就必须抢占人才的制高点。

综上所述,用人问题始终是领导者的重要职责,是事业成败的关键。用人出了偏差,就会错过发展机遇,就会丧失关键的竞争力,尤其是领导人才的开发和使用上出了问题,必将直接造成领导力即核心竞争力的损失,就有可能在新世纪竞争中遭到失败。这绝非危言耸听。

第二节 人才选拔

领导用人是一个过程,包括选人、用人、察人、励人等若干环节,其中人才选拔是使用人才的起点。所谓人才选拔,是指领导者依据一定的人才标准,考察、识别和挑选人才的过程。正确的选才标准、科学的选才原则和合理的选才制度,是有效选拔人才的重要保证。

一、人才选拔的原则

所谓人才选拔原则,是领导者考察识别人才的基本准则。领导者只有坚持正确的考察识别人才的原则,才能正确地发现人才和选择人才。

党政机关选拔干部有其特殊性。根据中共中央《党政领导干部选拔任用工作条例》,选拔任用党政领导干部,必须坚持以下原则:党管干部的原则;五湖四海、任人唯贤的原则;德才兼备、以德为先的原则;注重实绩、群众公认的原则;民主、公开、竞争、择优原则;民主集中制原则;依法办事的原则。这些原则对其他单位的人才选拔工作当然也具有指导意义。

但就一般意义而言,考察识别人才时必须遵循以下几个原则:

(一) 听其言与观其行相结合的原则

在考察识别人才时,既要听其言,又要观其行,但主要应该侧重观其行。一个人的道德品质和智慧才能总是要通过言谈举止表现出来的。具体的表现方式可以说无可穷尽,千差万别,但归纳起来,不外乎两大类:一类是言语,一类是行为。这种"行",应该主要表现于"实绩"。实绩的大小,是衡量人才的主要依据。实绩是一个人德才素质在工作实践中的综合体现。明代张居正说:"夫器必试而后知其利钝,马必驾而后知其驽良"。考察一个人是否德才兼备也是这样。现在,广泛实行的考试录用、竞聘上岗与实绩考核相结合的用人制度,成效是明显的。领导者的地位和作用要求领导者必须具备组织动员的能力,因此,"听其言"很重要,通过综合面试、竞聘上岗,是比较能准确地看出一个人的综合素质的,所以,这种选拔方式要坚持下去,要纠正长期以来不注重干部言语表达能力的习惯做法。但同时更要看一个干部的工作业绩。因为只有实实在在取得的成绩更有说服力。因此,"观其行"仍然是非常必要的。人民公认的业绩,是上级封不出来、"宣传"吹不出来、金钱买不出来、权力压不出来的,只能通过认真贯彻党的基本路线,扎扎实实干出来。坚持"听其言"与"观其行"相结合来评价干部的功过是非,既有质的规定,又有量的要求,具有客观真实性,因而是最公正、最可靠的。

(二) 考察历史与考察现实相结合的原则

为了正确地、全面地识别人才,在考察一个人时,有必要对考察对象过去的和现在的全部工作情况和表现,做一个全面而又深入的考察。一个人历史上的工作情况和表现是其德才在过去的表现,而一个人的现在则是从过去发展而来的。为了全面地认识和判断一个人是不是人才,有必要对其历史进行考察。然而,人又是发展的,过去好不等于现在好,过去不行不等于现在不行。因此,不仅要考察一个人的过去,而且要特别注意其目前的工作情况和现实表现。在考察一个人时,对历史的考察主要起参考作用,而决定一个人是否为人才的关键因素是一个人的现实表现。因此,考察工作的重点要放在现实,以现实表现为主。总之,这一原则就是要求用全面的、发展的眼光去考察识别人才。

(三)发现人才的长处与认识人才的短处相结合的原则

"金无足赤,人无完人"。人才也不例外。领导者在考察识别人才时,对其优点要判断准确,对其缺点也要识别清楚。只有这样才能全面、公正地认识人才。特别值得注意的是:第一,对于考察对象的长处和短处,一定要实事求是,切忌走极端,说某人好就完美无缺,捧到天上去了;说某人坏就一钱不值,贬到地下去了。这种形而上学的思维是不可能发现人才的。第二,在考察人才的长处与短处时,对短处必须给予充分的认识,但同时必须以考察长处为主。如果只注意人的缺点和不足,甚至对优点和成绩视而不见,这也发现不了人才。

(四)组织考察与群众评议相结合的原则

对人才的考察,尤其是对干部的考察,主要有如下两个途径:一是组织考察,即由组织或人事部门对人才进行一一考察,对每个人写出组织鉴定或是否任用的意见;二是通过群众对人才进行评议。具体做法有很多形式,如让群众就某个干部进行评议,并写出群众评议意见;或开展民意测验,收集群众对干部的意见;或动员群众,由群众推荐人才或决定干部的去留,等等。无论采取哪种形式,都必须把组织考察与群众评议结合起来,并应充分重视群众评议。一方面要打破只对干部进行组织考察的"封闭式"做法,让广大干部及其他方面的人才置于群众的监督之下,以抵制选才用人方面的不正之风,并对干部及其他人才做出客观公正的评价;另一方面也要反对脱离组织随意对干部或其他人才乱说一气的无政府主义,群众评议也要有组织地进行。领导要十分注意尊重群众的意见,把群众对人才的评议作为选才用人的一个重要依据。

二、人才选拔的标准

选拔人才的标准,总的讲就是德才兼备。坚持德才兼备的标准,应注意以下几个方面:

(一)准确理解"德"与"才"的内容和要求

1."德"的内容和要求

简单地说,"德"是指人的思想道德品质和政治素质。习近平从政治品德、职业道德、家庭美德、社会公德四个方面提出了领导干部"德"的标准。具体而言,"德"的内容要求大体有以下几个方面:一要看是否坚持四项基本原则,能否做到忠于社会主义事业,有较高的马克思主义理论水平和坚定的共产主义信念,拥护并执行党的基本路线和国家的大政方针;二要看是否有坚强的党性,能否做到实事求是,坚持原则,服从组织,顾全大局,作风正派,不谋私利,公平公正,廉洁奉公;三要看是否有全心全意为人民服务的思想,能否做到密切联系群众,忠实地做人民公仆,解决好工作动机和职业理想问题;四要看是否有先进的道德观念和高尚的道德品质,能否做到树立坚定的社会主义和共产主义的思想意识,自觉遵守和践行社会主义的社会公德和职业道德。

2. “才”的内容和要求

才是指人的知识和能力。“才”的内容要求主要体现在:认识客观世界和改造客观世界的能力,包括掌握和了解社会科学、自然科学知识的广度和深度;掌握技能多少和水平的高低以及对本职工作胜任的程度等。对于一个领导人才来讲,主要是看文化知识、业务水平、决策能力、用人能力、组织能力、协调能力、沟通和语言表达能力、应变反应和应急管理能力、调查研究和综合分析问题的能力等。

(二) 正确把握选拔人才的政策导向

按照德才兼备的标准选拔人才,除了正确理解“德才”的含义及其新时期的新要求,还必须坚持正确的选人用人导向。

第一,坚持德才兼备原则,注重政治素质的导向。考察一个人才是否可用,有着多种素质要求,但政治素质始终处于领先和支配地位,它决定着一个人的能力发挥程度和才能发展方向。因此,选拔人才必须把“德”放在首位,严把政治素质关。在具体考察选拔工作中,要注意联系一个人的日常表现,着重看其在以往重大问题和关键时刻的所作所为,看其有无强烈的政治责任感和奋发进取精神;认真分析其世界观、人生观、价值观,考察其政策水平和理论知识,特别是对马克思主义基本理论的学习掌握程度。有德无才要误事,有才无德要坏事。

第二,坚持注重实绩原则,注重实际贡献的导向。发展才是硬道理,实绩最有说服力。以工作实绩作为选拔优秀人才的重要依据,才能从政策导向上引导人们立足实际,躬身实干,创佳绩,做贡献。对干部的实绩要进行全面科学地考核,既看起点,又看发展;既看显绩,又看潜绩;既看物质文明建设的成果,又看精神文明建设的成果。考察评价干部的政绩,要从人民的根本利益出发,正确处理好国家、集体、个人三者之间的利益关系,处理好局部与整体、眼前与长远以及前任、现任和继任领导工作连续性之间的关系,绝不能被一些虚假的“景点”政绩、“泡沫”政绩所迷惑。对那些热衷于搞形式主义、搞短期行为、搞欺上瞒下的人，一经查实，非但不能提拔重用，还要进行严肃的组织处理，从而引导广大干部集中时间和精力想工作、干事业。

第三，坚持群众路线原则，注重群众公认的导向。密切联系群众、全心全意依靠群众是中国共产党克敌制胜的一大法宝。在市场经济条件下，这一优良传统不但没有过时，而且需要进一步发扬光大。人才往往生活、工作在群众中间，孰优孰劣，群众一清二楚。有些地方之所以在干部选拔培养上存在偏差，在用人问题上存在一些不正之风，固然与个别干部自身的宗旨意识和群众观念淡漠有着重要关系，同时也与干部选拔工作上存在的民主程度不高、群众参与程度不够等方面有着直接关系。因此，选拔优秀人才，要扩大民主程度，广泛听取各方面意见，不但要听取上级领导的意见，更要广泛听取群众的意见，把群众拥护不拥护、支持不支持、赞成不赞成作为选拔干部的重要依据。对那些得不到多数群众赞成票的干部，坚决不能选拔使用。只有这样，才能引导人们把心思和精力集中在密切联系群众、真心实意为群众办实事上来，把对上级负责和对群众负责统一起来。

第四，坚持实践检验原则，注重实践锻炼的导向。当前干部队伍中存在的实践经验不足而又不愿到实践中去锻炼提高的现象还比较普遍，有些年轻干部受不良社会风气的影响，贪图安逸，不愿吃苦，迷恋大城市，不愿到基层。一个没有经过长期基层锻炼的干部，不但根基不牢靠，说话没分量，而且缺乏对群众的朴素感情。只有深入基层，虚心向实践学习，拜群众为师，脚踏实地，埋头苦干，一步一个脚印，才能早成才、成大才。因此，在干部选拔工作中要注重从基层艰苦工作条件和环境中选人。在坚持选拔标准的前提下把选拔优秀青年干部的工作重点向那些在基层艰苦的工作条件下创出突出业绩的人倾斜。同时，要建立健全干部交流制度，把那些基础好、有发展潜力的优秀年轻干部下派到基层工作，经受磨炼，增长才干，从而引导广大年轻干部到基层去，到艰苦和困难的岗位去，到党和人民最需要的地方去，在经济建设和社会发展的第一线建功立业，茁壮成长。

（三）应用德才兼备标准的要求

1. 做好深入考察工作

严肃、深入地做好考察工作，是做好选才用人工作的重要基础，考察不准就可能导致用人不当。做好人才考察工作，要把握好以下几点：

一是看公论。首先是看民主推荐的结果。一般情况下，能得到一定范围多数人推荐的人，是可以列为选拔对象的。其次是听下属和群众的评价。一般情况下，多数下属和群众拥护的就是重点选拔对象。

二是察实绩。虽因工业与农业、城市与乡镇、条条与块块、正职与副职等性质的不同,实绩的概念很难界定,但大体上应包括这样一些内容:能结合实际,主持或建议做出了既有利于当前又有益于长远、既宏伟又做得到的发展规划或工作决策;宏观指挥或具体组织将发展规划或工作决策付诸了实践;既把当前或当年的工作搞得有声有色,又为未来的发展奠定了坚实的基础;既在任内坚持实事求是,一切从实际出发,又有创造性和超前意识;所在地方、部门或行业人心安定,社会安定,风气良好,秩序井然。掌握了考察对象在这些方面的情况,就可以对其作出实绩有无或大小的结论。此外,出实绩还需要一个过程,一个人在一个岗位没有三五年甚至更长一段时间,一般不易显示出多少实绩。所以,组织上不应太过频繁地调动干部。

三是重表现。仅靠年度或换届时集中推荐、考察是不够的,应在平时注意了解和考察,特别要对那些在边远地方、艰苦岗位工作的干部多加了解。

2. 正确处理五种关系

第一,正确处理德与才的关系。选拔人才要求两者兼而有之,既要避免重才轻德,又要避免重德轻才。司马光曾精辟地把德才关系概括为:"才者,德之资也;德者,才之帅也。"这说明"德"与"才"是辩证的关系,"德"统率"才",规定了"才"的方向;"才"体现"德",证明了"德"的价值。重德轻才,所提干部缺乏组织领导能力,工作局面难以打开,更谈不上开拓创新。对不具备领导才能者,不能单纯地为了鼓励和宣扬典型而委以重任。重才轻德则危害更大。《资治通鉴》中早就论述过重才轻德的原因和危害:"夫德者人之所严,而才者人之所爱;爱者易亲,严者易疏,是以察者多蔽于才而遗于德。""君子挟才以为善者,其善无不至也;小人挟才以为恶者,其恶也无不至也"。有些企业和单位不景气,便希望"能人"来"救活"而大胆地使用"能人",却没有慎重地考察"能人"的思想品德,致使一些"能人"昙花一现,大肆侵吞挥霍公款。其教训是深刻的。因此,选拔人才必须把"德"放在首位。"德"表现了人的社会性,是对人的社会要求。"德"与选人的其他条件相比,具有特殊意义,居于统帅地位。不仅社会主义社会把"德"作为选人的首要条件,就是在封建社会里,有识之士也主张将符合本阶级要求的"德"列在首位。宋代的司马光就历史上重才轻德的危害曾发过一番议论:"自古昔以来,国之乱臣,家之败子,才有余而德不足,以至于颠覆者多矣。"有德的人,如果有才能就会为人们做好事,才能越高,本领越大,为人们所做的好事就会越多。相反,无德的小人,如果有了本事,就会干坏事,本事越大,所干的伤天害理的事就会越多,后果就越严重。中国共产党作为长期执政的党,更要坚持把"德"放在首位。毛泽东指出:“共产党的干部政策,应是以能否坚决地执行党的路线,服从党的纪律,和群众有密切的联系,有独立的工作能力,积极肯干,不谋私利为标准,这就是‘任人唯贤’的路线”。[①] 邓小平也指出:“要选马克思主义者”,“我曾经说过,干部不是只要年轻,有业务知识,就能解决问题,还要有好的作风。要全心全意为人民服务,深入群众倾听他们的呼声;要敢说真话,反对说假话,不务虚名,多做实事;要公私分明,不拿原则换人情;要任人唯贤,反对任人唯亲”。[②] 当然,强调把“德”放在首位,并不是说可以不重视才,只是强调德才兼备、以德为主。陈云也曾指出:“德才并重,以德为主。反对只顾才、不顾德,也反对只顾德、不顾才的倾向。”

第二,正确处理德才与实绩的关系。一个人的德才素质是其取得实绩的前提,是能否取得实绩和实绩大小的先决条件;而实绩则是其德才素质作用于客观环境的产物,是德才素质的物质形态,是德才素质在一定条件下的集中反映和体现。因此,对实绩与德才二者关系的理解,不能简单化、绝对化,不能把二者简单地等同起来。这是因为,实绩的形成是多因素的综合效应,它不仅取决于人的主观条件即德才素质,同时也受到客观条件的制约,如果客观条件不具备,德才同样不能转化为实绩,或者只能部分地转化为实绩。因此,实绩与德才之间往往出现不完全吻合的情况,使实绩的最终实现程度不能准确无误地反映人的德才素质的全貌。一般情况下,德才与实绩是一种正比例关系,二者呈现出一致的趋势,也就是说,干部的德才素质好,就能取得好的实绩。反过来实绩突出,在一般情况下,干部的德才素质也应比较好。在实际工作中,经常会遇到这样几种情况:一种是干部德才素质好,但工作环境不好,比如班子内部不协调,上级又不支持,或者自然条件恶劣,就很难在短时间内取得较好的实绩。另一种是干部的德才素质总的说很好,但有某个方面存在不足,而分配的工作正是用其所短,实绩也难以显现出来。还有一种是政治立场不强,思想意识不好的人,在一定时期内,也可能取得比较显著的成绩。因为对一个人的政治立场、政治倾向、思想意识一时是很难辨别清的,所以我们对人才的考察与选拔要注重实绩,但要具体情况具体分析。德才与实绩的关系是错综复杂的。既要把实绩作为衡量人的德才的客观依据,又不能简单地搞“对号入座”,必须坚持工作实绩与德才条件相统一。在考察干部实绩时,必须学会辩证分析,不仅要看干部在工作中所取得的实际效果,还要看是用什么办法、

---

① 《毛泽东选集》第2卷,人民出版社1991年版,第52页。

② 《邓小平文选》第3卷,人民出版社1993年版,第146页。

什么手段取得的；不仅要看干部在工作中所取得的实际效果的大小，还要看是在什么样的条件和环境下取得的；不仅要看所取得的实际效果中干部所做的工作、付出的代价，还要看干部对待所取得的实绩的态度。毛泽东曾指出："必须善于识别干部，不但要看干部的一时一事，而且要看干部的全部历史和全部工作，这是识别干部的主要方法。"①

第三，正确处理学历与能力的关系。学历与能力有一定的内在联系，但也有较大的区别。学历指的是学习的经历，而能力则是指处事的才干。现在往往有混淆两者区别的倾向，一提干部知识化，选拔任用干部首先考虑的便是必须达到何种学历层次。其实，学历虽然是必要的，学历与能力也有一定的关系，但学历毕竟不直接等同于能力，更不等于贡献。因为一个人的能力是多方面的，不是一纸文凭所能包容的。有的人学历层次高，但他所具备的能力可能是科研、是教学、是艺术……而不一定是领导、指挥和管理。所以在选拔人才时，既要注重学历，又不能只唯学历与文凭，那种认为"有水平无文凭空口无凭"就不能提拔使用的观点是不全面的。美国著名的"硅谷"在选用人才时有一条秘诀，既不看学历也不看资历，而是崇尚业务精通、具有真才实学的人。日本索尼公司的创始人盛田昭夫也曾批评那种以文凭为重的习惯做法，强调指出：一个人的前途不应仅仅取决于他的文凭和学习成绩，更重要的是看他的实际水平。

第四，正确处理年轻化与资历的关系。一般来讲，资历深的人经验丰富一些，办事周全一些，这是客观实际。但资格老的同志一般也容易拘泥于老经验、老框框、老观念，创造性、进取心可能就不如资历浅的年轻人。而且，实践证明，资历深与能力强不一定成正比。不少人虽工作时间长却无建树或建树不大，而有的人虽初出茅庐却大显其能，令几十年来"没有功劳有苦劳"的人自叹不如。邓小平从保证社会主义建设事业的兴旺发达、党和国家长治久安的战略高度出发，特别关注年轻干部的成长，并在选拔干部的"四化"方针中加进了"年轻化"这一条。所谓年轻化，是讲要不断选拔年富力强的优秀人才和培养后备力量，使整个人才队伍保持合理的梯形结构，使社会主义现代化建设事业代代相传，后继有人。习近平强调，要不拘一格，慧眼识才，放手使用优秀青年人才，为他们奋斗创新、脱颖而出提供舞台。因此，我们必须大胆地选拔优秀的年轻干部充实到各级领导班子中去，尽早地发挥其潜力。不能搞"唯资历论"，以论资排辈的做法阻碍青年干部的脱颖而出。但也要防止一刀

① 《毛泽东选集》第2卷，人民出版社1991年版，第527页。

切，不顾客观实际地越过必要的台阶，要求每个岗位都配上年轻干部。不能为了年轻化而年轻化。培养选拔年轻干部同样要掌握好标准，要把那些政治强、作风正、业务精、人民公认的年轻人才选拔上来。

第五，正确处理知识分子与人才的关系。既不能把知识分子与人才完全等同起来，又要克服轻视知识、轻视知识分子的种种偏见。中国共产党历来重视知识分子，注意发挥知识分子的作用。但也不可否认，党也在知识分子问题上犯过错误。一方面，人才与知识分子之间存在着密切联系。一个毫无知识的人是难称其为人才的，人才必然是一个具有较高知识水平的人。然而，这并不是说，所有的知识分子就一定是人才。知识分子与人才是两个不同的概念，有些人称得上是知识分子，很难称得上是人才。另一方面，把知识分子与人才对立起来的观念更是错误的。这必然会导致轻视知识、轻视知识分子。当前中国正面临知识经济时代的挑战，必须十分重视培养和选拔知识分子中的人才，创造条件，引导他们同广大人民群众相结合，积极投身到改革开放中来，建功立业。针对如何对待知识分子问题，江泽民曾指出："知识分子作为工人阶级队伍中主要从事脑力劳动的一部分，在社会主义现代化建设中发挥着不可替代的作用，承担着重大的社会责任"，"今天，没有知识分子的参加，建设和改革的胜利更是不可能的。"①

3. 坚持不拘一格选人才

解放思想体现在干部的选拔任用上，就是不拘一格。它应该是不论年龄大小，不论学历高低，不分出身贵贱，不管资历深浅，不限籍贯是本地外地，不讲身份是工人农民，凡实绩突出、群众公认、身体健康、精力充沛者，该提拔的就提拔，该重用的就重用。如果不是不拘一格，而是稍有绝对化，就将造成一些人无功而位尊、一批人才被埋没、一大批人的积极性受到压抑或挫伤的消极后果，尽管他们差不多都会"服从"组织的安排，但工作中的精神状态肯定会差一些。

三、人才选拔制度和方法

（一）人才选拔制度

所谓人才选拔制度，是指领导者或领导机关选拔人才必须遵循的程序和规章。目前，中国的人才选拔制度主要有以下几种：

① 《江泽民文选》第1卷，人民出版社2006年版，第124-125页。

1. 选举制

选举制是通过群众投票表决选拔人才的一种制度。它作为国家政治生活的一种民主形式，一般适用于各种代议机关的组成人员和主要领导人的选拔。它的实质是由公众直接向被选举人授权的行为，是权力的集聚过程，也就是说权力主体将自己的某些权力交付给自己的代表来行使。选举制度有两个基本要求：一是保证选举人有选择权；二是保证被选举人有竞争性。选举一般采用无记名投票的方式，包括等额选举和差额选举两种形式。选举制产生的是利益代表。授权的前提是政治信任和政治认同。选举制的长处在于，一是权力来源有明显的合法性，权威性有较牢固的基础；二是选举人能广泛表达自己的选择意愿，被选举人必须对选举人负责；三是真正的民主选举能避免人们所不信任的人篡夺权力，避免任人唯亲、人身依附关系等弊端；四是有利于当选人之间互相监督，互相制约，防止个人滥用权力；五是由于选举是定期举行的，并且对任期、任届有明确的限制，这就有利于解决领导人员的“终身制”问题。选举制的不足在于：一是选举人对利益的考虑易注重于局部利益和眼前利益，当选人在这种压力下也容易忽视整体利益、长远利益，导致行为短期化；二是选举有时会注重人际关系的选择而不是能力的选择；三是对未担任公职或不熟悉的候选人，选举人对其能否代表自己的利益并无把握，选举有一定的盲目性。选举制的主要价值取向是民主。因此，在实行选举制时要保证选举人能够充分地行使民主选举权利。

2. 考选制

考选制也称考试制，是以公开的竞争性考试择优产生被任用者。它的优点主要表现在：一是具有明确、统一的评价标准，体现公平公正原则，克服人才选拔的主观随意性弊端；二是公开竞争、机会均等，优胜劣汰，成绩面前人人平等，体现平等竞争原则；三是适用范围广泛，在全社会范围内广招贤才，避免人才选拔视野狭窄，埋没人才等弊病。考选方式是古今中外选用人才中最为普遍的方式之一。当然，这种方式也并非尽善尽美，它的考试内容的科学性、全面性和结果的准确性都有待研究。

3. 荐选制

荐选制亦称为推荐选拔制，是通过推荐的办法选拔人才的一种制度。具体有三种形式：自荐制，他荐制，群众推荐制。其中，群众推荐制也可看做他荐制的一种特殊形式。荐选制度的优点在于：在各种具体制度健全的条件下，能够有效发挥推荐者和被推荐者两个方面的积极性。其不足在于：人才选拔的范围容易受到限制；选拔缺乏客观标准时，有可能使一些非人才混入。

4. 委任制

委任制也称任命制,是指有任免权的机关或领导人按照人事管理权限直接选拔人才或委任下属工作人员的一种制度。它是一种由上级向下级授权的行为。委任制的优点在于:权力集中,责任明确,指挥统一,行动迅速,程序简明等,这些特点有利于治事与用人的统一,提高人事效率。高度集中的领导体制下常用委任制来用人选人。在革命战争年代,运用这种制度选拔人才,对于保证当时干部的集中领导起了很大作用。当前,中国共产党内的干部任用一般按照党章规定采用这种办法比较多。英美等西方国家中央政府的事务官亦大多采用首脑委任制。但委任制也有一定的弊端,主要表现在选拔的范围狭小,在任命干部时容易出现任人唯亲的“人治”现象,易使工作关系带有个人色彩,并导致宗派主义的形成,或者受领导个体视野和精力的局限,造成对人才把握不够全面而错误委任的现象,甚至也容易产生跑官、买官、卖官的现象。

5. 聘任制

聘任制是用人单位以合同契约的形式招揽人才的一种制度。它的优点在于可以保证合同期限内用人单位和受聘者个人的工作稳定性,从而便于管理,同时也有利于人才竞争和人才的合理流动。在中国,聘任制的实施范围和主要对象是企业事业单位的经营者和专业技术人员。企业实行聘任制主要有两种形式:一是“挑选式”,即企业的主要领导通过签署聘任合同聘任助手;二是“招聘式”,即用人单位通过面向社会公开招聘的形式,对应聘者进行考核并与符合条件者签署聘任合同。前者一般用于单位内部聘任,后者一般用于单位外部聘任。

总之,人才选拔制度是由各种具体制度组合而成的一种多层次、多结构的体系。每一种具体制度都有其特定的适用范围。各种制度之间既相互区别又相互联系,既可单独使用,也可结合使用,实现干部分类选任,保证干部工作的科学化和精细化。当然,各种制度都应在使用中不断完善。

(二)人才选拔方法

人才选用的具体方法多种多样,常用的主要有以下几种:

1. 笔试法

笔试是通过文字描述、解答考卷问题来鉴别应考者的知识水平、理论水平、写作能力和阅读能力的方法。笔试的优点是:简便易行,省时省力,成本较少,一份内容相同的考卷,可以同时对大批应考人员进行考试,并且易于管理;考试评分的标准尺度客观统一,能够较好地防止和避免考试和评阅试卷中的主观随意性,有较强的客观性和可信性。笔试也有不少缺陷,如不易考察应考者的实际工作能力，有时可能出现“高分低能”现象等。一般地说，选拔较高层次的人，多用论文式考试；选用较低层次的人，多用问答式考试。

2. 面试法

面试是要求应考者在规定的时间和场所，口头回答主考人的提问和考试题目，以考察应考者是否具备拟任职位所需要的实际知识和工作能力，观察应试者的仪表、性格以及应变反应等。面试的优点是：考察内容比较广泛，方法比较灵活，易于发现应考者的逻辑思维能力、综合分析问题能力、语言表达能力、应变能力和社交能力以及仪表、气质等方面的情况。面试的缺陷是：耗费人力、时间比较多，考试的规模也受到限制，评分易受主考人的思想、性格、情感的影响，难以做到完全公正。但是，由于人的应变能力在现代社会显得越来越重要，因此，从发展趋势看，面试的方法在人才选拔工作中越来越受到重视，并不断被完善。

3. 情景模拟法

情景模拟法也称操作式考试法，它要求应试者运用其所具有的专业知识和技能，按拟任职位的要求进行实地操作表演，主考人据此判断应试者的专业知识水平和实际工作能力。这种考试方法通常用于选用从事专业性较强的工作人员，如电脑操作员、会计人员等。由于实际操作考察的内容是该职位要求具备的知识、技能和工作能力，因此，这种考试方法具有较强的针对性、综合性和实用性。

4. 心理测验法

心理测验法是借助于各种测量仪器和量表，来测定人的各种心理特点。其测验内容主要包括：第一，智力测验。主要是测定个人的观察能力、理解能力、表达能力、应用能力、记忆能力、推理能力、判断能力和想象能力等。第二，性向测验。主要是测验某个人适合于从事某种专业或职业的特殊能力，以鉴别和确定应试者从事的工作岗位或职业。一般称为职业能力倾向测试。第三，兴趣测验。兴趣是指一个人主动、经常地倾向于认识掌握某种事物或某项工作，并愿意参与该种工作活动的心理特征。兴趣测验就是对这种心理特征的测验。第四，人格测验。这种测验除了测定个人的毅力、勤奋性、进取心、认真程度等人格因素外，还测定个人在处理人际关系时的个性特征。

心理测验法一般多用于选用特殊人才。使用此法时，需要借助各种测量仪器和量表。因此，要求主持考试的人必须具备必要的专业知识。

5. 群众评议法

群众评议法是通过走群众路线的办法来考察被任用者，评论其是否具备担任一定职务的资格。此法一般适用于选用领导者。选用领导者时听取群众的意见,有利于全面了解选用对象的情况。古人云:“左右皆曰贤,未可也;诸大夫皆曰贤,未可也;国人皆曰贤,然后察之;见贤焉,然后用之。”一个人的德才只有在实践中才能表现出来,而一个人的表现只有周围的人及与其有密切联系的人才真正了解。群众评议法通常是由有关部门通过召开各种形式的座谈会、个别访问、问卷调查等形式,向与被考察人有联系的有关人员了解被考察人的德才情况。评议结束后整理出书面材料,作为选拔依据之一。

6. 短期试用法

短期试用法是将被选用人员放在一定的职位上,让其在此职位工作一段时间,考察其是否适合担任此职。此法是了解人的一种切实有效的方法。古人在选用人才时也曾主张采取短期试用法。南宋的陈亮就曾说,了解人要“策之以言,而试之以事。”短期试用法便于全面认识考察对象是否符合职位要求。

第三节 人才使用

人才的选拔和使用是领导活动在人事管理过程中的两个基本环节。所谓人才使用,是指领导者合理地任用和管理人才的过程。领导者只有做到“人尽其才,才尽其用”,才能使工作的效益最大化。为了合理地使用人才,领导者必须遵循正确的用人原则和科学的用人制度。

一、人才使用原则

人才使用原则,是领导者合理地任用和管理人才所必须遵循的基本准则。这些基本准则指导着领导者任用和管理人才的行为,它贯穿于领导用人的全过程。主要的基本原则有:

(一) 因事择人、量才使用的原则

所谓因事择人,就是以事业的需要、职位的空缺为出发点,根据职位对人员资格的要求来选用人才。所谓量才使用,就是根据人才能力的大小,给予适当的职位。坚持这一原则,是由选用活动的目的决定的。为了谋求人与事的相互适应,只有从实际职位和职责的需要出发去选用合适的人员,才能达到目的。否则,如果因人设事,为人择官,就不能保证事得其人,人尽其才。其结果

不是大材小用,就是小材大用;或者为了安排人而增加不必要的职位,造成机构臃肿,人浮于事,增加用人成本,工作效率低下。唐太宗李世民早就说过:"为官择人者治,为人择官者乱"。宋代大臣许应龙也曾说:"为官择人,则官虽简而常若有余,为人择官,则官虽繁而常若不足"。

(二)扬长避短、发挥优势的原则

俗话说:"尺有所短,寸有所长","金无足赤,人无完人"。任何人都有其长,也有其短。第一,无疵不真。世界上没有绝对完美的人。据说,有人曾经指着摆在一起的几十盆青松,要别人辨认,看哪些是真松,哪些是假松。这些青松形状、色泽一模一样,可是有人很快辨出真假。旁人问其原因,他说:"这很简单,只要细看那枝叶,凡有小小虫眼或伤痕,定是真松。"这就叫"无疵不真"。辨物如此,识人也一样。现实生活中,可以说没有"无疵"之人。宋朝戴复古写道:"黄金无足色,白玉有微瑕。"第二,高下相成。有作为的人往往优缺点都比较明显。古往今来,大凡有见识、有能力、能够成就一番事业的人,往往有着与众不同的个性和特点。他们不仅优点突出,而且缺点也明显。因为人的长处短处是相伴而生的。陈云说过,一个人的长处里同时也包括某些缺点,短处里同时也含着某些优点。列宁曾经指出,人们的缺点多半是同人们的优点相联系的。既然如此,就应该正视这种现实,坚持扬长避短的原则,方可使人才各尽其能。

具体做法是:一要用其所长。领导者应该用心分析每个人才的特点和能力,尽可能将其放在最能发挥优势的岗位上。决不能用非所长,勉为其难。唐太宗认为"用人如器,各取所长",王安石主张"取其长不问其短";曾国藩主张"不苛求乎全材,宜因量以器使"。美国著名管理学家彼德·德鲁克在《有效的管理者》一书中指出,有效的管理者从来不问下属不能做什么,而只问他能做什么。他还说:"我们必须用一种态度去建立我们的组织,那就是人只要在某一领域具有特长,便能用之于该领域的工作。"美国南北战争时,林肯任命格兰特将军为总司令,有人认为格兰特嗜酒贪杯,不宜担当大任。林肯却说:"如果我知道他喜欢喝什么酒,我倒应该送他几桶。"林肯不是不知道酗酒可能误事,但他更知道在北军诸将领中,只有格兰特能够运筹帷幄、决胜千里。后来的事实也证明了林肯的任命是正确的,它使美国南北战争发生了重大转折。诸葛亮错用马谡,毛遂从自荐到自刎。这些史实从正反两个方面说明,用人之要贵在用其所长,而不是求全责备。二是容人之短。现实生活中,有的人既有长处又有短处,只要这些短处不涉及原则问题,可以给予宽容,不要因求全责备而埋没人才。看人要多看长处,须知"水至清则无鱼,人至察则无徒",

“天地无全功,圣人无全能,万物无全用”。实践证明,当领导者多注意别人的优点和长处时,就会使优点增值,化短为长;反之,当领导者总去注意别人的毛病时,不仅越看毛病越多,而且容易使人产生逆反心理。所以,领导者应努力做到:容言而广开言路,容短而不必苛求,容过而治病救人,容贤而不听谗言,容事而不计小事,容才而不嫉贤能。三要“短中见长”。要知人短中之长,对其短处做具体分析,并给予必要的帮助,化消极为积极,发挥特长。如清代有个叫杨时斋的将领,他曾让聋人当侍者,让哑巴送密信,让盲人伏地听,让腿残者守炮座,从而做到军中无废人。现实生活中用人短中之长也不罕见。如一家工厂,用爱挑剔的人当质检员,用谨小慎微的人当安全员,用锱铢必较的人搞财务管理。

(三) 用人不疑、充分信任的原则

这里说的用人不疑,是指经过科学考察确定为可用之人后,要努力向其传达被信任的信息,使其没有后顾之忧,全身心地投入工作。用人就要信人,这样可激发被用者认真负责地干好工作的热情。反之,如对被用者将信将疑,给职不给权,甚至对其忧心忡忡;或担心其阅历浅,“嘴上没毛办事不牢”,“嫩竹子挑不了重担子”;或害怕其职位变了,架子大了,恃才傲物,目空一切,不受领导。凡此等等不必要的疑虑,都会妨碍人才作用的正常发挥。只有坚持相信人才,鼓励其大胆工作,为其创造良好的工作环境、舆论环境、人缘环境,才能激发其积极性、创造性,并保持其工作热情,促进其才能的发挥。信任下级,实质上是领导者自信心的一种表现,也是领导者用人的一个基本条件。信任下级,就要按照下级的职务充分地授权,使其在职务范围内达到权责一致。但是,信任和放手使用下级并不意味着就要对下级放松必要的管束和监督。领导者应该把信任与监督统一起来,防止权力失控而滋生腐败。

(四) 合理搭配、整体最佳的原则

任何人才作用的发挥,离不开人才群体的整体效能。人才不是孤立的,只能在群体中发挥自己的作用。因此,建立合理的人才结构,是发挥每一个人应有作用的关键。领导者在使用人才时,要根据“整体功能大于部分之和”的系统论原理,搞好人才资源的配置,组建合理的人才群体结构,使其性别比例适当、年龄梯形、知识互补、专业配套、性格相容、气质协调,达到整体的最佳效能。

(五) 公平竞争、择优用人的原则

所谓竞争择优,就是指在公开、平等的条件下,让求职者凭借自身的素质和条件进行竞争,用人单位择优选用人才。用公开竞争的方法选人,比传统的

"伯乐相马"的方法有更多的优点,它拓宽了选人的视野,开辟了赛场选"马"的天地,使用人单位能够在更广阔的范围内挑选人才,同时增加了选用工作透明度,可以有效防止和克服在用人问题上的不正之风。因此,公平竞争有利于人才脱颖而出。人才的健康成长,有赖于良好的社会环境。机会均等、优胜劣汰的竞争机制,就是重要的社会条件之一。领导者在选才用人中坚持这一原则,应将竞争贯穿于选用工作的各个环节,从报名、资格审查,到笔试、面试,以及考核、体检等,要使求职者始终处在一种激烈的竞争状态。

(六) 合理流动、适才适所的原则

合理使用人才,充分发挥各类人才尤其是专业技术人才的作用,就必须做到人尽其才、才尽其用,纠正和避免学非所用、用非所学的现象。人才的合理流动,适才适所,就是要有组织有计划地进行人才交流,互通有无,使人才能够找到最适合于自己的岗位并发挥作用。

(七) 爱护人才、关心帮助的原则

领导者合理地使用人才,包括对人才的关心爱护和指导帮助。具体来说,要关心生活,帮助排忧解难;要指导工作,促进学习提高;要答疑解惑,做好思想工作;要经常检查,坚持跟踪管理。总之,要全方位、经常化、有针对性地帮助人才成长。

(八) 重视培养、用管结合的原则

领导者在选才用人的过程中,应该对人才加强培养,严格管理,把使用与培养、管理结合起来。培养是使用的前提;管理是为了更好地使用;使用离不开培养与管理。当前有许多领导者开始重视人才培养,但对人才的管理却重视不够,许多干部特别是一些年轻的领导干部任职后不长时间就走上腐败犯罪的道路,除了本人修养问题,恐怕也与组织和相关领导者疏于管理不无关系。

(九) 集体领导、民主用人的原则

领导用人问题属于组织行为,意义非常重大。必须坚持民主集中制原则,实行集体领导,慎重决策。坚决反对用人问题上的"家长制""一言堂"和少数人说了算。第一,作为决策机构的党委或党组应认真听取组织人事部门的意见。第二,作为决策机构中的党委或党组的每个成员,应自觉主动地利用一切机会认识干部、了解干部,深入群众中走访调查,以便决策时取得发言权,否则必然是人云亦云,随声附和。第三,作为主持决策的一把手,一般不宜率先发表定性意见,而要让其他成员充分发表意见后,自己认真听取、分析,然后仔细比较,慎重表态,最终实行票决制。第四,实行任前公示制。公示的内容应包括:个人简历,工作实绩,家庭主要成员,本人相片等。

(十) 健全制度、规范用人的原则

积极改革干部人事制度,健全各项用人制度,实行领导用人制度化、规范化。特别是要积极探索和试行“领导用人失察责任”追究制度,杜绝用人腐败的制度漏洞。

二、人才使用制度

人才使用制度遵循并体现了人才使用的基本原则,是实现人才使用原则的根本保证。所谓人才使用制度,是指领导者或领导机关在使用人才的过程中必须遵循的程序和规章。科学的人才使用制度对于实现人才使用的科学化、合理化,防止和避免用人上的重大失误,发挥着重要作用。

(一) 任期制度

任期制度是指在政府机关或者企事业单位中的某些工作人员,在职工作的时间有一定的期限,任期时限满后其职务、职权、职责自然终止的制度。任期制度既适用于领导干部,也适用于专业技术干部。中央制定的《党政领导干部职务任期暂行规定》是我国在用人制度上的一项重大改革。其中对领导干部每届任期、同一职位的任期、同一层次的任期等都做了详细的规定。

(二) 培训制度

培训制度是指政府机关或企事业单位有计划、有组织地对所选用的人才进行理论、技术等知识的再教育或训练的一项制度。培训的方式主要有职前培训和在职培训两种。在职培训又分脱产培训、半脱产培训和业余培训三种。脱产培训是指在任职后暂时离岗一段时间,专门接受教育或训练的一种方式;半脱产培训是指在坚持上岗的同时定期抽出一定的时间来接受教育或训练的一种方式;业余培训就是指在职的人员利用业余的时间接受教育或培训的一种方式。

(三) 交流制度

这里所说的交流主要是领导干部方面的交流,是指各级党委(党组)及其组织(人事)部门按照干部管理权限,通过调任、转任,对党政领导干部的工作岗位进行调整。实践证明,领导干部长期在一个地区或部门任职,虽然十分熟悉该地区或部门的工作,但也有不利的一面,那就是容易使其视野受到限制,容易安于现状,同时也不利于整体观念的形成。因此,党中央在 2006 年颁布了《党政领导干部交流工作规定》,其中对交流的对象、交流的范围和方式、实施过程等都做了规定。这一制度在实行中也还存在一些问题,亟须改进。

(四)辞职制度

根据《党政领导干部选拔任用工作条例》中的规定,我国党政领导干部的辞职制度包括因公辞职、自愿辞职、引咎辞职和责令辞职。

因公辞职,是指领导干部因工作需要变动职务,依照法律或者政协章程的规定,向本级人民代表大会、人大常委会或者政协提出辞去现任领导职务。

自愿辞职,是指党政领导干部因个人或者其他原因,自行提出辞去现任领导职务。自愿辞职,必须写出书面申请,按照干部管理权限报任免机关审批。任免机关应当自收到申请书之日起三个月内予以答复。未经批准,不得擅离职守;擅自离职的,给予纪律处分。

引咎辞职,是指党政领导干部因工作严重失误、失职造成重大损失或者恶劣影响,或者对重大事故负有重要领导责任,不宜再担任现职,由本人主动提出辞去现任领导职务。

责令辞职,是指党委(党组)及其组织(人事)部门根据党政领导干部任职期间的表现,认定其已不再适合担任现职,通过一定程序责令其辞去现任领导职务。拒不辞职的,应当免去现职。

随着在实践中的应用和探索,干部引咎辞职不仅在制度上日臻完善,也在党政领导干部的管理和监督中发挥着越来越重要的作用,这必然对深化干部人事制度改革产生极其深远的影响。

第八章　领导方法

领导方法是履行领导职能的手段，是连接领导工作目标和结果的中介和桥梁，是提高领导工作绩效的重要条件。不讲领导方法或领导方法不当，领导活动的效果就没有保障或者事与愿违。因此，学习和掌握正确的领导方法，至关重要。

第一节　领导方法概述

领导方法是实现领导目标的手段和工具，是领导者发挥主观能动性和主体创造性的广阔领域。运用领导方法必须正确认识领导方法的含义与特征，明确领导方法的意义，遵循一定的原则。

一、领导方法的含义

领导方法就是领导者为履行领导职能、达到领导目标而采取的各种措施和手段的总和。领导者认识、把握和运用各种领导方法的水平对领导绩效有重要影响。

领导者的领导方法，是以正确的世界观为指导，以科学理论为基础，在总结领导实践经验的基础上形成的，也是在实践中不断丰富和发展的。马克思主义哲学既是世界观，又是方法论，是人们认识世界和改造世界的最普遍的方法，是一切具体科学方法的理论基础，因此，也是领导方法的基础。

二、领导方法的特征

（一）客观性与普遍性的统一

领导方法是领导者在长期的领导实践活动中逐步积累、总结和归纳而形成的，是领导活动客观规律在领导者头脑中的反映。领导活动的客观规律经过多次领导实践的重复，再经过系统的思考与总结，就会在领导者的意识中以某种模式固定下来，并且反过来指导领导实践。这说明领导方法不是领导者心灵的“自由创造物”，而是具有客观性。它要求一定的领导方法必须与一定的领导过程和领导对象相结合，领导者不能随意地凭空创造领导方法，也不能滥用领导方法。

（二）动态性与稳定性的统一

领导系统的不断发展变化，自然会影响到领导者对领导方法的选择和应用，即领导方法要“随时而变，因俗而动”，不断适应变化着的具体时空条件下的领导系统，这就是领导方法的动态性。概括地说，领导方法的动态性主要表现在领导方法内容的创新性、领导方法对领导活动具体场景的适应性、领导者应用领导方法的灵活性等。领导方法的动态性使领导活动能够协调运行，保持与外部环境的适应性，更有效地实现领导目标。缺乏动态性的领导方法，会使领导活动最终失去对客观环境的应变能力，造成领导工作低效甚至失效。当然，领导方法的动态性并不排斥其在某些方面、环节和特定历史阶段的相对稳定性，而是动态性与稳定性的统一，它要求领导者在工作中与时俱进，将应用与发展、继承与创新相结合。

（三）目的性与条件性的统一

领导方法的目的性，是指领导方法总是为一定的领导目标服务的。在相同的条件下，领导者选用这种而不是那种方法，表明领导方法的目的性通过人们使用它的自觉性体现出来。

领导方法的条件性，是指领导方法的产生与使用必然受到一定条件的影响和制约，如：领导者本身的特点，被领导者的状况，客观物质条件，环境因素等。条件不同，所采取的领导方法也应该不同。领导方法的条件性表明，当领导方法所作用的对象、条件相似时，它们之间可以通用，或稍加改造而相互适用；所作用对象和环境不同时，应该采取不同的领导方法。领导方法目的性与条件性是相统一的，它要求领导者对领导方法不能生搬硬套，而要具体问题具体分析，灵活变通，综合运用。

三、领导方法的重要意义

(一) 领导方法在领导活动中处于中介地位

在领导活动中,要使领导主体与领导客体之间发生关系,就必须有一个中间环节。领导方法就是作为一种中介因素成为主客体之间相互作用的桥梁和纽带。通过领导方法的中介,领导者可以对领导对象产生指挥、协调的作用,领导对象可以接受领导者的指挥与部署,从而使领导者与领导对象相互连接,构成完整的领导活动系统。毛泽东曾形象地把党的领导任务比喻为“过河”,把完成任务的方法比喻为“桥”或“船”,指出不解决“桥”和“船”的问题,“过河”就是一句空话;不解决方法问题,任务也只是纸上谈兵。

(二) 领导方法是提高领导绩效的重要手段

领导绩效是衡量领导活动成败的尺度。领导绩效的高低取决于多种因素,其中领导方法具有极为重要的作用。只有掌握正确的领导方法并善于恰当地运用,才能提高领导者的决策、用人等绩效。领导者运用领导方法的能力存在差异,导致领导方法运用的效果也各不相同;面对近乎相同的领导情境,素质水平差距不大的领导者,由于选用的领导方法不同,也会使领导绩效很不相同。可见,领导方法是影响领导绩效的重要变量。

(三) 领导方法是现代领导者的必备条件

当今社会的飞速发展与复杂多变,更加凸显了领导方法的重要性。在复杂的社会现象面前,任何领导者仅凭个人的能力与经验是难以实现有效领导的。中国现代化建设的过程和目标要求领导活动要依靠现代科学方法,而不是仅凭个人经验。领导者要实现从经验领导到科学领导的转变,就必须学习、掌握和探索科学的领导方法。因此,科学的领导方法是现代领导者的必备条件。

总之,领导者不掌握正确的领导方法或不善于运用领导方法,就不可能取得良好的领导绩效。掌握并善于运用正确的领导方法,有助于以最低的成本获得最好的效益。

四、运用领导方法的基本原则

(一) 目的性原则

要根据领导活动的任务和目的来选择领导方法。任务、目的与方法是紧密联系的。一方面,任务的完成和目的的实现离不开一定的方法;另一方面,任务和目的又制约着方法的选择和运用,因为方法总是从属并服务于任务和目的。任务和目的不同,领导方法也有所不同;任务和目的发生变化,方法也要随之改变。

(二)具体性原则

领导活动的层次性、具体性,决定了领导方法的层次性、具体性。高层领导、中层领导和基层领导所面对的领域、范围,所涉及的工作内容、性质,所承担的工作职责、任务等,都不尽相同;领导活动所处理的事项、所处的场景也存在着这样或那样的区别。因此,领导方法总是具体的,即使具有普遍指导意义的方法论原则也需要针对特定的领导活动做灵活而具体的应用。领导方法的具体性原则要求领导者在运用领导方法解决具体问题时,必须注意以下几点:第一,注意分析工作对象。方法的选择必须符合工作对象的要求和特点。第二,考虑客观条件,包括时间、地点、环境等。方法的选择必须以客观条件为转移,此时、此地、此事有效的领导方法,彼时、彼地、彼事不一定有效。第三,考虑领导方法的综合运用。完成领导任务,很多情况下需要综合运用各种方法。第四,继承和发展传统的领导方法。既要善于继承,又要勇于超越,在实践中创造性地丰富和发展。

(三)高效性原则

运用领导方法,必须遵循高效性原则,即领导方法的选择和运用必须符合提高工作效率、增进领导效能的要求。领导方法的高效性原则,实际上是强调领导方法本身的价值和选择、运用领导方法时应遵循的价值导向。领导者选择和运用领导方法时必须着眼于提高领导效能的最终目的。

(四)创造性原则

领导的实践活动可以分为常规性实践和创造性实践。所谓常规性实践,就是人们在已知的领域和经验范围内活动,是有确定的程序和章法可遵循的实践,具有模式化、规范化特点。所谓创造性实践,就是指人们在未知领域内进行的开创性活动,是无固定程序与章法可供遵循的实践,一般具有探索性和开拓性特点。从某种意义上说,领导者确定目标并率领群众实现目标的过程,主要是一种不断创新、勇于开拓、锐意进取的创造性过程。邓小平是开拓创新型领导的典范。他多次提出:“在党内和人民群众中,肯动脑筋、肯想问题的人愈多,对我们的事业就愈有利。干革命、搞建设,都要有一批勇于思考、勇于探索、勇于创新的闯将。没有这样一大批闯将,我们就无法摆脱贫穷落后的状况,就无法赶上更谈不到超过国际先进水平。”①

总之,遵循领导方法的上述原则,领导者选择和运用领导方法时,必须把握以下几个要点:第一,不断丰富领导经验,系统掌握领导方法。第二,准确判断领导情境,有针对性地选择和运用领导方法。第三,坚持灵活性,随时根据变化了的情况对领导方法做出修正、完善或调整。第四,坚持“结合应用”,即坚持理论与实际相结合,领导与群众相结合,普遍性与特殊性相结合。

第二节 领导思维方法

分析问题和解决问题的能力是领导者重要的职业能力,培养这种能力离不开思维方法的训练。因此,领导者必须掌握辩证逻辑思维方法、系统性思维方法、战略性思维方法和创造性思维方法等。

一、辩证逻辑思维方法

马克思主义对辩证逻辑思维方法的哲学建构可以说是最为完整的。在思维规律方面,从事物的联系、变化、发展和矛盾中来考察事物的整体运动;在思维方法方面,把比较、抽象和概括相统一的方法作为形成科学概念的基础,把分析与综合相统一的方法作为处理信息材料的手段,把归纳和演绎相统一的方法作为深入洞察对象本质的途径,把由抽象到具体的方法作为再现对象全貌的阶梯,把逻辑与历史相统一的方法作为有效掌握事物发展历程的工具。下面简要介绍一下辩证逻辑思维的三类具体方法。

(一) 比较、抽象和概括的方法

比较、抽象和概括的方法是辩证逻辑思维的初级方法,也可以叫概念形成法。比较,是确定事物之间异同关系的简单思维方法。有比较,才有鉴别。抽象,是通过对事物整体联系的分解,在头脑中把事物的若干属性和方面单独地提取出来的方法。抽象是人类思维所特有的功能。其他动物有感知、有形象意识,但不能抽象。抽象是在比较的基础上形成的。概括,是把抽象出来的事物属性推广到具有这些相同属性的一类事物上去,从而形成关于这一类事物的普遍概念。

---

① 《邓小平文选》第2卷,人民出版社1994年版,第143页。

（二）分析综合、归纳演绎方法

这两对思维方法相对于比较、抽象和概括的方法而言，是辩证逻辑思维的中级方法，也可以称为逻辑建构法。分析与综合是把握局部与全局的辩证关系的思维方法。分析是把客观事物的整体分解为各个部分、方面与要素，以便于逐个加以研究；综合是把事物的各部分、各方面、各要素统一起来，在思维中形成对客观事物的整体性认识。分析是综合的基础，综合是分析的完成，两者不能割裂，而应彼此渗透，相互转化。这是防止思维陷入形而上学误区的警戒线。

归纳演绎法是把握事物共性与个性的辩证关系的思维方法。归纳是对“个别”经过分析比较上升到“一般”的思维方法；演绎是从一般性的前提推导出个别性的结论的思维方法。归纳与演绎也必须结合起来，彼此渗透，相互推动，往复多次，才能洞察事物的本质，得出科学结论。

（三）抽象与具体、历史与逻辑相统一的方法

这两对思维方法是马克思首创的辩证逻辑思维的高级方法，也可称为理论应用法，是理论与实际相结合的根本途径。

抽象与具体相统一的方法，指的是：从抽象到具体的思维方法是具体再现事物全貌的阶梯。抽象是使人的认识由感性上升到理性的规定，把握事物的本质属性；具体是指事物多方面属性、特点、关系的整合或再现。抽象是为具体服务的，如果理论脱离了实际，便成了空谈，“听起来头头是道，用起来对不上号”，这样的“理论”是没有价值的。辩证思维所特有的逻辑程式之一是由抽象到具体，即解决实际问题。

历史与逻辑相统一的方法，是把握历史脉搏、预见历史进程的思维方法。历史的方法，是通过考察对象的自然进程来揭示其规律性的方法。逻辑的方法，是以理论的形式、以抽象的体系来再现历史过程的本质、必然性和规律性的方法。历史与逻辑相统一，也是辩证思维的另一个特有程式，它把抽象与具体的思维方式延伸到历史的长河之中。它要求：逻辑的、历史的统一是具体的统一；逻辑对历史的反映是“经过修正的”、把握了主流的反映，剔除了支流和偶然因素；要注意从成熟的、有典型性的发展过程来考察客体，才能剔除枝节和偶然因素，发现事物内在的、本质的、必然的、稳定的联系。

综上所述，领导者应首先立足于从实际出发，进行比较鉴别、初步抽象概括；继而进行分析综合、归纳演绎；最后，由抽象概括再上升为理性具体，并从具体历史进程中验证与完善理论。实践—认识—再实践—再认识，循环往复，螺旋上升，这就是辩证逻辑思维的全部程式，毛泽东把它概括为四个字：“实事求是”。

二、系统性思维方法

现代领导活动是由领导者、被领导者、领导体制、领导目标、领导环境和领导方法等相关要素共同构成的相互作用的社会系统工程，是一个领导者和被领导者之间通过信息的输入与输出等实践操作环节，实现社会管理、控制和引导的行为。因此，领导者必须把领导工作当成一个系统来看待，培养系统性思维。这既是现代领导行为本身的系统性对领导者的客观要求，又是领导者提高自身思维能力和水平，增强领导活动协同性和科学性的前提条件。

（一）整体性思维

系统的整体性是指系统各构成要素的有机统一。一般系统论的创始人路德维希·冯·贝塔朗菲(Ludwig Von Bertalanffy)曾指出：“一般系统论是对‘整体’和‘完整性’的科学探索。”①因此，系统的整体性自一般系统论创立以来就一直占据着系统科学的首要地位。系统的整体性从实质上来看，就是系统的构成要素与整体、环境以及各个要素之间相互联系、相互作用，使系统整体呈现出各个组成要素所没有的新的性质，因而具有单一构成要素所不具有的整体性功能。

领导者的整体性思维，就是要求领导者在领导工作中把自身同领导系统中的其他因素有机地结合起来，全面把握事物之间以及事物内部各要素之间的结构特点及相互影响，实现领导行为的整体效应。因此，领导者需要明白，领导系统是若干因素按一定制度、方式有机结合而成的完整体系。领导者个人的作用当然很重要，但领导活动毕竟不是领导者个人的单打独斗，领导者的影响力是通过领导系统中的其他因素及其结构优化得以表现和实现出来的，领导者个人深受领导系统整体的影响和制约，领导力就是整个领导系统影响力的反映。系统的整体功能发挥不好，就会出现“三个和尚没水喝”的尴尬局面。

（二）结构性思维

任何系统无不具有一定的内在结构。系统的结构是保持系统整体性及其功能的内在依据。然而系统论所说的“结构”与通常人们所理解的事物的物

---

① ［美］路德维希·冯·贝塔朗菲：《普通系统论的历史和现状》，载《科学学译文集》，科学出版社1980年版，第314页。

理性结构是不完全一样的，系统论中的“结构”主要指的是系统的“内部秩序”，也就是系统内部各要素在空间或时间上的有机联系与相互作用的方式或秩序。

系统的结构决定系统的功能。成功的领导者必须充分注意领导系统的内在结构并使其不断优化，才能充分发挥领导系统的整体性效能。领导者思维的结构性是领导者系统思维的又一重要特征。要优化领导系统的内在结构，主要应该处理好两方面的关系：第一是领导系统内部的关系，包括其内部的纵向关系和横向关系，即上下级关系和各平行部门之间的关系。处理上下级关系的结构性原则就是各司其职、上下互动、彼此监督，共同维护系统的稳定；处理各平行部门之间关系的结构性原则就是在各司其职的同时做到分工合理，职责明确，团结合作，互相帮助，有序竞争，从而保证系统在横向结构上的协调一致。第二是领导系统与外部环境系统的关系。对不同的环境因素，采取不同的应对之策，以保持外部的平衡。

（三）动态性思维

无论是自然界还是人类社会，任何一个系统都是始终处在动态变化中的。由于系统自身不断与外界发生相互作用，当前的结构状态是系统中各要素与当前的外界环境相互作用而形成的相对稳定的结构；随着时间的推移和外界环境的变化，当前的系统结构要想在变化了的环境中继续生存和发展，必须要随着环境的改变而改变。因此，当前的系统结构又是未来新形成的系统结构的基础。正如马克思所说：“现在的社会不是坚实的结晶体，而是一个能够变化并且经常处于变化过程中的有机体。”①

我国当代领导活动的一个显著特点就是变革，特别是随着社会主义市场经济体制的不断完善和经济发展方式的加快转变，全球化进程日益加深，变革愈加成为当代领导系统的一个显著特征。因此，当代领导者必须具备良好的系统思维能力。一方面，可以积极适应不断变化的外界环境，使所在组织得以持续发展；另一方面，也能够使自己在处理组织内部的突发事件上具备整体性、结构性和动态性的思考习惯，做到统筹兼顾，系统解决。

三、战略性思维方法

俗话说：人无远虑，必有近忧。领导者无论做什么事情都要预先看到事物

① 《马克思恩格斯选集》第2卷，人民出版社2012年版，第84页。

的未来发展趋势，谋划应对未来的战略思路。只有如此，才能促进可持续发展。在科学技术迅猛发展、全球化浪潮风起云涌以及知识经济方兴未艾的大背景下，仅凭领导者的个人经验满足于就事论事、得过且过，显然不适应时代发展要求了。现代领导者必须掌握战略性思维方法，树立过去、现在与未来相统一的战略观念。

（一）战略性思维方法的特征

1. 预见性

任何新生事物的发展都有一个从小到大、从弱到强、从历史到现实再到未来的过程。领导者担当着谋划事业发展思路、规划工作发展战略的“引航员”职责，是过去、现在与未来的连接点，必须牢固树立战略观念，培养战略思维习惯，不谋一城一地之得失，预谋战略全局之大势。“凡事预则立，不预则废。”领导者必须摒弃“只见树木、不见森林”的形而上学思维，要善于发现事物的内在规律，预见事物的发展趋势，并依靠对未来的正确判断做出当下的决策和选择，使领导活动经得起时间的考验和历史的检验，推动事业可持续发展。我们平常所说的“高瞻远瞩”就是提倡用长远的眼光、站在全局的高度去观察和处理眼前的问题。

2. 长远性

从时间上来说，领导者的战略思维要具有长远性，一般要把着眼点放在五年、十年甚至更久以后。当然，对于不同的战略目标，预见的着眼点也有所不同。例如，要制定一个国家的经济发展战略，其着眼点要放在五年以上；要制定一个单位的事业发展规划，其着眼点至少要放在三年以上。

3. 综合性

从领导战略思维的形成过程来看，综合性特征非常明显。因为无论哪一级领导，他们所要预见的对象都会涉及经济、政治、文化、社会、生态等很多方面。例如，建设社会主义和谐社会，既要加快经济发展，又要加强共产党的执政能力建设；既要改善人民生活水平，又要注重生态环境的保护等。这充分说明，任何一项领导工作都不是单一的，而是包含诸多方面的矛盾统一体。只有把握领导工作的复杂性，从多角度进行综合分析，才能够使领导者的战略思维更具有科学性。

4. 全局性

战略思维是总揽全局、驾驭全局，旨在赢得全局工作胜利的一种思维方式。战略思维的全局性，从广义上说包括系统空间维度和过程时间维度两个方面。相对于“战略”而言，狭义上的全局性仅指系统空间维度。这里取狭义的内涵。领导活动是一个诸多要素相互联系、相互作用的过程,纵向包含了一系列相互联结的过程和阶段;横向包括了彼此制约的要素结构和空间格局。领导者战略思维的全局性要求领导者从大局着眼、从全局出发对工作进行系统谋划和总体部署,要以战略目标为导向处理好全局与局部、整体与部分的关系,避免"丢了西瓜捡芝麻"、陷于局部而丧失全局的被动情形,更不允许局部凌驾于全局之上的情形。领导者坚持战略思维的全局性,就是要求领导者自觉围绕全局、服从全局、服务全局、保障全局,将部分放到整体中定位,将局部放到全局中考量,务求保证全局工作的最佳效果。

(二)改善战略性思维的途径

第一,要正确认识过去、现在与未来之间的辩证关系和本质联系,找出三者之间的发展规律。列宁曾指出:"外部世界、自然界的规律,……乃是人的有目的的活动的基础。"①领导者要想做出准确的预见,就必须认识到,在事物的过去、现在和未来之间的诸多联系中,存在着一种本质的、必然的联系,这就是规律。客观事物不仅存在一般的规律,而且存在特殊的规律。一般的规律具有重复性、持续性和相对稳定性,而特殊规律则是在特定的条件或环境下呈现出来的。例如,我国在未经历资本主义社会的情况下由半殖民地半封建社会直接跨越到社会主义社会,这就是由我国当时比较特殊的历史所造成的。因此,领导者不仅要准确地掌握事物的一般规律,对于特殊规律也要具备深邃的洞察力和高度的敏感性。

第二,要正确处理预见中"出乎预料"的情况,提高预见能力。预见的双重性决定了领导者的战略预见常常会存在不同程度的误差,因为它难免会受到各种主客观条件的影响和制约。首先是客观事物的成熟程度对战略预见的制约和影响。当事物的发展趋于成熟,各方面情况显露得比较充分时,才有利于正确的预见,反之则容易出现预见上的失误。当年恩格斯就曾谈到过大意如下的话:在英国做一个预言家比在任何地方都容易,因为构成社会的一切因素在这里都获得了这样明确的发展。其次是客观事物的复杂性、多变性和模糊性对战略预见的制约和影响。一般来说,对比较简单和确切的事物容易做出正确的预见;而比较复杂和模糊的事物,则较难做出正确的预见。最后是人的认识能力的有限性对战略预见的影响和制约。恩格斯曾指出:人的"认识能力是无限的,同样又是有限的。按它的本性、使命、可能和历史的终极目的来说,是至上的和无限的;按它的个别实现情况和每次的现实来说,又是不至

① 《列宁全集》第38卷,人民出版社1959年版,第200页。

上的和有限的。"[①]这就说明,人的认识能力的这种有限性,势必会影响预见的准确性。因此,必须提高预见能力,通过追踪预测,对预见进行不断的完善和修正,才能最大限度地缩小其误差。

四、创造性思维方法

领导活动经常处于非模式化状态,是开拓性、创造性要求非常高的特殊实践。领导者掌握和运用创造性思维方法对拓展领导工作思路、提升领导艺术水平具有非常重要的意义。

所谓创造性思维,就是重新组织已有的知识经验,提出新的方案或程序,并创造出新的思维成果的思维方式。创造性思维是一种开拓人类认识的新领域,突破已有的旧思路,产生认识新成果的思维活动。例如,科学家的发明创造,工程师的技术革新等,都借助并体现了创造性思维。创造性思维是人类思维的高级形式。创造性思维是在一般思维基础上发展起来的,是人类思维能力高度发展的表现。许多心理学家认为,创造性思维是多种思维形式的综合体。在创造性思维中,既有抽象思维,也有形象思维;既有逻辑思维,也有非逻辑思维;既有发散思维,也有收敛思维。

(一) 创造性思维的特征

1. 独特性

亦称独创性、首创性、新颖性。这是创造性思维最重要的特征,反映了思维内容的与众不同。美国心理学家吉尔福特(J.P. Guilford)认为,思维的独特性是具有创造才能的人最重要的思维品质,是鉴别一个人创造力高低的重要标志。独特性反映了思维的深度及对事物本质特征的把握程度,只有触及事物的本质,才能"棋胜一筹"。牛顿的经典力学无法解释光在真空中每秒传播30万公里的原因,爱因斯坦的狭义相对论却独辟蹊径,系统地发展并突破了经典力学的原理,狭义相对论显然要比牛顿的经典力学深刻得多。

独特性还表现为解决问题的独特性。如数学家高斯在小学时就表现出了他的数学才能。一次在上课时老师问:1~100之和是多少?老师话音刚落,小高斯就举手回答:"5050"。大家惊呆了。为什么他能用这样快的速度解题?原来高斯没有用传统的"1+2+3…"的常规模式运算下去,而是用一个独特的方法,由于1~100头尾数相加总是101,如1+100=101;2+99=101……,

---

① 《马克思恩格斯全集》第26卷,人民出版社2014年版,第92页。

共有50组相加的101,因此,101×50=5050。这种算法突破了常规,别出心裁,是创造性的。

独特性还包含着首创性。英国唯美主义诗人王尔德(Oscar Wilde)说得好:“第一个把女人比作鲜花的是天才,第二个把女人比作鲜花的是庸才,第三个把女人比作鲜花的是蠢材。”一般来说,独特的东西都是首创的,首创的东西都带有独特性。我国古代兵法中强调“出奇制胜”。春秋战国时期,齐国将军田单把牛集中起来,在尾巴上点火把,牛因屁股被烧而向敌人的阵营狂奔,形成了一股强大的冲击力,田单大败燕军。田单大摆“火牛阵”的战法出乎燕国意料,在战争史上是首创的、罕见的。

2. 求异性

创造性思维是对已有知识经验的重新组合,目的是获得新的思维成果,因此是一种求异性思维。创造性思维往往是一个破旧立新的过程。“破旧”才能“立新”,“推陈”才能“出新”,这个“新”就是打破传统思维模式、挣脱习惯性思维的产物。伽利略从大小石头同时落地测到质量不同的物体下落的速度是一样的,并通过实验推翻了亚里士多德关于质量不同的物体其自由落体的速度不一样的论断;哥白尼大胆地提出“日心说”,打破了垄断人们思想几百年的“地心说”。因此可见,敢于怀疑权威,不畏强权,坚持对真理的不懈追求,这是创造性思维的一大特点,也是其求异性的必备条件,值得领导工作借鉴。

3. 灵活性

即变通性。创造性思维强调根据不同的对象和条件,具体情况具体对待,灵活应用;反对一成不变的教条和模式。如马克思在19世纪对社会主义革命曾得出这样的结论:在欧洲发达资本主义国家(主要指英、法、德、意等国)中,工人阶级共同起来革命,这个革命才能成功。但列宁没有按照马克思的结论教条地去贯彻,而是根据20世纪的资本主义已经发展到垄断资本主义——帝国主义阶段的现实,得出了与马克思完全不同的新的革命路线:在资本主义落后、薄弱的链条中也能取得社会主义革命的胜利。这里,马克思强调要在欧洲发达的资本主义国家进行革命,而列宁则强调在落后、反动统治阶级薄弱的俄国进行革命;马克思强调要在英、法、德、意等多国共同进行革命,而列宁的回答是“一国”也能取得胜利。可见,列宁没有按照马克思的结论生搬硬套,而是根据时间、地点、条件的变化,灵活地提出了与马克思不同的新的革命路线,这也正是列宁创造性思维的体现。中国新民主主义革命与俄国“城市暴动”的革命方式不同,走“农村包围城市”的道路,这也是中国共产党根据中国的具体情况做出的英明决策。

4. 敏捷性

由于创造性思维是以创新为目标，必然要求领导者有敏锐的洞察力，先一步看到别人所没看到的、想到别人所没想到的，这样才能比别人有所发现，有所发明，有所创新。诺贝尔奖获得者艾伯特曾说过：发明创造就是看同样的东西，却能想出不同的东西。德国地球物理学家魏格纳 1912 年卧病在床时，无意中看到一张世界地图，这是一张平时大家都能看到的普通世界地图，但魏格纳却从中看到了别人没有看到的问题：南大西洋两岸即非洲西海岸和南美洲东海岸的外形相当吻合，脑海中顿时萌发了一个新的设想：两岸原来会不会是连在一起的呢？两年后，经过深入研究、论证，魏格纳提出了具有划时代意义的“大陆漂移说”。牛顿从苹果落地发现了万有引力定律，阿基米德通过洗澡发明了浮力定律等，这些都是创造性思维敏捷性特点的具体体现。

5. 突发性

创造性思维的突发性，是指一个人的思维长期处于紧张状态，偶然受到某一现象的启发而达到顿悟、产生灵感的状态。当然，这偶然的背后隐藏着必然，突发的基础是积累，是“长期思考，偶然得之”。如美国工程师杜里埃认为提高内燃机功效，必须使汽油与空气均匀混合后再进行燃烧，但考虑多时，一直无法解决，后受到妻子在头上喷香水的启发，发明了内燃机气体器。德国化学家凯库勒在研究有机化合物苯分子的结构时，长期思考未能解决。一天，他坐在火炉边沉思，渐渐进入睡眠状态，忽得一梦，梦见好多条蛇在眼前晃动，每条蛇的头咬住了前面一条蛇的尾，组成了一个环，这些蛇组成的六角形的“环”使他茅塞顿开，解决了苯分子的结构：由六个碳原子各带一个氢原子组成的六角形结构。这些都是思维的非逻辑性的表现。

6. 跳跃性

创造性思维常以偶然的机遇为契机，突然产生某种判断和结论，它的起点和终点并不具有明显的逻辑必然性。例如，科学家对某一问题经过长期思考而没有结果，却在偶然情况下产生灵感或顿悟，解决了问题。这种思维即具有跳跃性。

7. 综合性

创造性思维是一种综合性思维。法国遗传学家 F. 雅各布（F. Jacob）说过，创造就是重新组合。知识是创造性思维的基础，丰富的知识使思维主体站得高、看得远，容易产生新的联想和独到的见解。创造本身常常是“智力杂交”的结果，它既是各种知识的相互渗透、相互结合，也是多种思维形式和方法的综合。如交叉学科的兴起就是综合思维的结果。又如，日本人提出“综合即是创造”，本田公司综合发达国家90多种发动机样机之长，制成了世界上先进的发动机，装配成世界上一流的摩托车，迅速占领国际市场。这些都是思维综合性的表现。

8. 联动性

创造性思维是一种联动性思维。它善于由此及彼产生连贯的思索，从一类事物联想到另一类事物，从一个思路到多个思路，由正向到逆向，从纵向到横向，引起一系列“连锁反应”，体现出思维的灵活性、变通性、联动性，常会产生奇妙的效果。伽利略认为科学是在不断改变思维角度的探索中前进的。从葡萄球菌培养过程中的偶然现象产生联想，亚历山大·弗莱明（Alexander Fleming）发明了青霉素；从面包多孔松软的特点受到启发，查尔斯·古德伊尔（Charles Goodyear）发明了海绵橡胶，铃木信一则研制成功泡沫水泥；而富兰克林从酒杯里被淹死的苍蝇在阳光下复活的现象中，产生了冷冻保存身体的奇想。

（二）创造性思维原理

1. 陌生原理

即以陌生的眼光对待熟悉的事物，常常会有新的领悟，萌生新的创意，发现深层的奥秘。如牛顿观察苹果从树上落到地面，发现了万有引力。

2. 逆向原理

即和正常的思路相反，倒过来思考，往往能找到捷径。如高明的企业家常想“假如我是用户”，高明的领导者常想到“假如我是下属”，这种“换位思考”，能使人萌生许多创意。

3. 聚焦原理

即把一切已经掌握的知识储备、各种技能、各方面的智慧和力量都指向一个难题或焦点，一次攻不克，多聚焦几次，难题终归会迎刃而解，甚至会“变不可能成为可能”。

4. 综合原理

即广泛借鉴古今中外的一切文明成果，加以巧妙的排列组合或嫁接移植，也会产生意想不到的奇迹，而且越是远缘嫁接效果越突出。

（三）创造性思维方法举要

1. 发挥个人的直觉、灵感与想象力，进行创造性思维

领导活动中的创造性往往是一个无法加以具体界定的概念，因为创造性本身来源于个人的想象、直觉与经验的综合，而这种综合也往往带有个性化的

特征。所以,领导工作的创新直接依赖于领导者个体或群体的创造性人格及特质,如怀疑、好奇、热情、开放、执着等。

2. 激发集体智慧进行创造性思维

我国著名教育家陶行知先生曾说:“人类社会,处处是创造之地,天天是创造之时,人人是创造之人。”这就是说创造是人人都具备的天赋。但由于环境不利,这种天赋会受到压抑。美国的创造学大师亚历克斯·奥斯本(Alex Osborn)从创造一种让每个人有更多发展余地的组织氛围或组织环境出发,提出了激发集体创造力的技法,称为头脑风暴法,简称“BS”法,后来又有人补充提出了“反BS法”,前者是激发创见的方法,后者是评判创见可行性的方法。

所谓BS法,就是在自由而愉快的气氛中,动员专家围绕少量议题积极思考,畅所欲言,在相互启发中不断挖掘思想潜能,展开自由想象,尽可能发表广泛而新奇的创见,从而产生最有价值的决策方案或解决问题的创造性思路。这种方法的价值、特征和操作模式,已在本书“领导决策”一章的决策方法部分有过比较详细的介绍,这里不再赘述。

所谓反BS法,也叫缺点列举法或挑剔法。BS法是鼓励自由奔放、不受限制地发表建设性意见与构思。反BS法则是鼓励对上述构思发表反对意见,列举的缺点越多越好,特别要努力找出致命的缺陷。BS法要邀请点子多、爱出主意、肯动脑筋的人选。反BS法恰恰相反,要专门邀请那些爱挑刺、讲怪话、好评论和非议别人意见的人士参加。两套人选,在不同地点,互不通气,对事不对人地发表见解。BS会议与反BS会议还可以交叉进行,反复多次直至把两方面的真知灼见都集中起来。

领导者在重大决策之前,开好这两类会,便可以保持清醒的头脑,集中大家的智慧,做出富有创造性的最佳决策。反面意见也可作为主导决策的补充和备用,做到万无一失。集体创造力组织得好,将会大于每个成员创造力的总和。“三个臭皮匠”的确可以“胜过诸葛亮”。

3. 信息交合法

信息交合法(也称魔球)是20世纪90年代中国青年学者许国泰的发明。信息交合法把原始的与当代的、东方的与西方的各种典型思维方式熔于一炉,成为构思新产品、新作品、新点子的“反应堆”或“发生器”。

信息交合法认为,世界是多元、多次方的交合产物。新事物生生不已,但却不是旧事物的自我复制,而是由于不同事物的交合。越是远缘事物的交合,越容易产生奇人、奇事和奇物。思维作为存在的反映,也应该是多元、多次方的交合过程。思维加工的对象是信息,所以,思维就是信息在大脑中的交合。

“多元”指的是许多变量发出许多信息；多次方交合是指初交合、再交合、重交合、再重交合，……乃至无穷多次交合。纵观人类思想史和科技发展史，就是思想与学科不断分化又不断交合的历史。正如氢弹比原子弹的威力更大，是因为先有“核裂变反应”，继而又引发“核聚变反应”一样，信息的先分化再交合，也会威力更大。信息交合法是产生“精神核武器”的“反应堆”。

信息交合法的操作要领如下：

第一，开放。即全方位地感受和捕捉信息。

第二，分化。即把捕捉来的信息作价值判断，把有价值的信息按层次分解，由“群”化为“集”，由“集”化为“元”。“元”是最简单的信息；“集”是一组信息元构成的序列或链；“群”是多集或多组信息的总和，是多系列、立体的、全方位的信息网络。

第三，交合。即在不同的信息“群”“集”“元”之间进行自由地交合，其交合方式是多层面、多次性的。每次交合都会产生新的信息，差异越大的信息交合愈容易产生更新奇的思路与方案。

从某种意义上说，一部人类发展史就是一部工具发展史。工具的进步带来物质生产力的发展，也产生了物质生产与精神生产的社会分工。遗憾的是，人类创造性的精神生产至今还基本处在“刀耕火种”阶段，主要依靠“长期积累，偶然得之”的所谓直觉、灵感、想象，缺乏得心应手的“软工具”。集体的创造、社会化的思维也步履维艰。因为“硬工具”时代的局限，人本身也往往成为“硬工具”的附属物。所以，人类的创造潜能远远没有释放出来。

现代领导者应该解放思想，掌握创造性思维的各种“软工具”，如 BS 法与信息交合法，把个人的智慧与群众的智慧结合好，形成上下、左右、内外、前后的良性互动的机制与气氛，合群创业的路子便会越走越宽广。

第三节 领导工作方法

领导工作方法是领导者履行领导职责、实现领导目标的措施和手段。领导者要系统掌握和娴熟运用各种领导方法，不断提高领导工作效能。领导工作方法包括四个方面的内容：一切从实际出发，做好调查研究的方法；按辩证法的全面性要求办事的方法；坚持群众路线的方法；信息技术方法（互联网方法）。

一、一切从实际出发,做好调查研究的方法

调查研究是领导机关和领导者履行工作职责,实现领导目标的重要途径,是各级领导者应当着力锻炼提高的一项基本技能。

所谓调查,就是通过各种手段和途径,了解和掌握客观事物,全面、系统地收集有关事物的情况,占有大量的、切实可靠的第一手材料;所谓研究,就是在通过调查获得丰富材料的基础上,进行去粗取精、去伪存真、由此及彼、由表及里的加工制作,从客观事物的本来面目中找出其规律性。调查是研究的前提和基础,研究是调查的继续和深入。调查和研究是认识客观事物、寻找客观规律性的基本方法和实际过程。调查研究的目的,在于通过对事物的本质及其规律性的认识,正确指导社会实践。

调查研究是马克思主义认识论在领导工作中的具体运用,是制定政策的重要基础。注重调查研究、坚持实事求是,是中国共产党的优良传统和作风。做好调查研究,是坚持党的实事求是的思想路线的前提,是党和国家制定正确的路线、方针、政策和不断取得胜利的重要保证。

做好调查研究,需要领导者端正态度,转变作风,掌握方法。

1. 端正调查研究的态度

第一,认清调查研究的意义,增强自觉性。调查研究的真正意义,是要去了解实情,寻找真理的依据,考察领导决策的执行情况。基层是社会生活的细胞,是全部领导工作的基础。真理存在于客观实际生活中。只有向下做调查,才能找到指导工作的依据和方法。现在,调查研究中还存在有些不正的风气,如嫌贫爱富,避难就易,走马观花,远离群众,借调查之机谋取私利等。

第二,明确调查研究的对象,增强针对性。调查研究就是向实际学习,向基层寻找答案。领导者要想达到主观指导与客观实际相符合、领导与群众相一致,就必须深入实际开展调查研究。所谓深入实际,就是到与领导工作相关的客观环境和群众的实践活动中去。领导者的智慧和能力只能从深入实际和学习他人的实践经验中获得。有人强调工作忙,不肯花力气到实际中去、到群众中去,只满足于坐办公室听汇报,遥控指挥看材料;或心血来潮走一遭,浮光掠影不深入。这样,既脱离了群众,又耽误了工作。领导者应明确:群众是实践的主体,群众的实践活动是调查研究的主要对象。当然,这并不是要求领导者事事都亲自去做调查研究,那样既做不到,也无必要。领导者应注重发挥职能部门、秘书部门和咨询参谋机构的作用。

第三，正确对待基层的热情，增强廉洁性。领导者应该把基层的热情、恭敬看做对党和政府的尊重。如此，才能做到谦虚谨慎，赢得群众的好感，有利于了解到真实情况，和群众打成一片。所以，领导者要放下架子，甘当小学生，虚心向群众求教。

第四，坚持实事求是的原则，增强客观性。调查，就是要如实反映事物的本来面目，从事物自身存在的内涵获得启示，寻找规律。这就要求领导者对客观情况不扩大、不缩小、不隐瞒、不歪曲。因此，必须克服私心杂念，提高思想水平。

2. 掌握调查的方法

按照不同的划分标准，调查可以有多种多样的方法：

按调查空间的范围分，主要有个案调查法、抽样调查法、典型调查法、普遍调查法等；

按调查的时间范围分，有现状调查法、历史调查法、追踪调查法等；

按调查采取的手段及方式分，有观察法、实验法、比较或综合分析法、测验法、询问法、书面调查法、统计调查法、会议调查法等。

这里着重从领导者调查的角度，来讨论如下几种比较常用的调查方法。

第一，典型调查。这是调查研究中一种普遍运用的重要方法。所谓典型调查，又称定点法，是解剖典型的一种调查方法。它要求领导者根据一定的调查目的，在对调查对象进行科学分析的基础上，从具有某种共性的事物的总体中选择若干有代表性的个体进行深入细致的调查，亦即毛泽东所说的"解剖麻雀"。典型调查符合唯物辩证法关于矛盾特殊性和普遍性关系的原理，是科学的调查方法。

典型调查的优点是：被调查的范围小，单位少，有代表性，容易深入；可以使调查者集中力量对典型做深入细致地调查和研究，认识个别典型的本质，也就可以推及一般；而且节省人力、物力和时间，运用起来方便灵活，便于领导者亲自参加，获得丰富的第一手材料。其缺点就是非定量性。通过典型调查只能认识同类事物的一般规律和特点，不能从量的方面把握事物的整体。

运用典型调查法，一要注意所选的调查对象真正有代表性、有典型意义；二要注意把典型调查和全面分析及统计材料结合起来，防止片面性。选取典型的几种常用方法：一是择重选点法，即从调查总体中选到起重要或决定作用的部分；二是择中选点法，即选取发展程度处于中等水平者作为调查点；三是择优选点法，即选择在总体中处于优等或劣等者作为调查点；四是划类选点法，即在各单位之间总体上差异较大的情况下，按某种标志把总体划分为几个类别,再从中选取不同的点进行调查。调查的“点”一旦选定,就要深入“蹲点”调查,充分收集和详细占有大量的真实、准确、全面的第一手材料,为分析研究其规律性奠定基础。

第二,抽样调查。这是在国外比较流行、很有应用价值的一种调查方法。所谓抽样调查,又称选样调查、范例调查、标本调查,是用以掌握全面情况的非全面性调查方法。它要求调查者从调查对象的全体抽取一部分或若干部分进行观察,并以部分的调查结果来推论全体。抽样调查以概率论和数理统计作为理论基础。

抽样调查法的优点是:按随机原则抽取样本,而不是有意识地进行选择,这使得总体中任何一个单位都有被抽中的可能;以抽取的全部样本单位来代表总体,而不是只以某个“点”来代表;抽样误差和总体各单位之间的差异程度成正比,和抽样数目成反比,而且抽样误差可根据总体中各单位的差异程度和抽取样本单位的数目,事先通过计算,控制在一定范围内,从而使调查结果的准确程度更有保障。由于抽样调查的这些特点,既可以避免主观因素对抽样的过大影响,又从理论上保证了每个部分都有同等的中选机会,因此,比较适合于个体数量不大、个体之间差异较小的对象,被公认为非全面调查方法中用来推算全面的最完善、最有科学根据的方法。

抽样调查的方式很多,主要有下列几种:一是简单随机抽样,即从总体中不加任何分组或排队,完全随机地抽取调查样本。因此,也叫纯随机抽样。如人们常用的抽签、掷硬币等。二是类型抽样,也叫分层抽样,即将总体对象按其属性特征分为若干类型或层次,然后在各类型或各层次中进行随机抽样。它比较适合于总体情况复杂、各单位之间差异较大、个体数量较多的情况。三是等距抽样,即把总体对象按一定的标记顺序排列,然后按相等的间距抽取样本。这种方法能提高样本的代表性。四是整群抽样,即当被调查的对象无法确定类型或层次标准时,就从总体中成群成组地抽取样本,对之进行全面调查。如某些工业产品的质量检查,就宜使用整群随机抽样法。

运用抽样调查法,必须遵循随机原则,排除人们的主观偏见,保证样本的代表性。另外,抽样调查的适用范围有限,主要适用于:实际上不可能进行全面调查,而又需要掌握其全面资料的某些事物(如炸弹的爆炸力、灭火器的合格率、种子的发芽率等);虽有可能进行全面调查,但实行起来难度较大而又无全面调查必要的某种情况(如对城乡家庭支出情况的了解等);对普查或全面调查统计资料的质量进行检查;对组成事物总体的单位数量较多的情况进行观察。

第三,普遍调查。这是一种如实了解事物全貌的科学方法。所谓普遍调查,也称全面调查,就是在一定范围内对某类事物的全部个体进行全面的、无遗漏的调查。这种方法要求调查者对被调查对象的各个侧面和各种因素,必须逐一查明,如实反映,不可漏项。

普遍调查的优点是:调查涉及面广,调查结果周密、详细、全面、完整,有利于领导者比较精确地掌握事物的各方面情况,了解整体的本来面目,为认识和掌握总体的规律性提供坚实的基础和准确的依据。普遍调查的缺点是:需要较长的时间,需要投入大量的人力,难度也很大。这就使得它的适用范围受到一定的限制。一般来说,只有在必须进行全面调查时,才运用此法,如全国人口普查、全国工业普查,等等。

运用普遍调查法必须有明确的目的,并根据调查目的规定统一的项目、规格和标准,不能无谓地浪费时间和人力。为此,全面调查要在严密组织、集中领导和统一规定的情况下进行。

第四,民意测验。这是国外比较流行的一种社会调查方法。这种方法通常用于了解人们对某一计划、方案、措施的看法,人们对某个预定人选的倾向性态度,以及人们当前普遍关心的问题。这种方法的优点是:被调查者可以在不受任何干扰和压力的情况下,充分自由地发表自己的真实见解,使测验结果具有较大的可靠性。当然,民意测验也有一定的局限性:受到调查时机、民众的文化知识水平和思想觉悟程度以及现代化的调研工具的影响和制约。

民意测验,通常是由调查者根据一定的目的、要求和条件制定调查表即问卷,由被调查者填好后寄回而完成的调查。一般经过三个步骤:一是设计问卷,力求简明易答,不能含糊其辞。调查表要根据不同内容、不同对象,做精心设计。有的可以提问题,由被调查者任意填写回答;有的可以列出若干种答案,由被调查者选择回答。二是发放问卷,要详细说明填写要求和方法,防止乱填,保证问卷的有效率,为后来分析、统计打好基础。三是回收问卷,进行认真统计,仔细整理,以便分析、研究和做定量处理。

3. 掌握研究的方法

所谓研究的方法,就是将调查得来的大量材料,进行分析综合、加工制作,以便认识和掌握事物的本质及其规律性的方法。做好研究工作,主要应从以下几方面着手:

第一,对材料进行处理。可以运用现代科学技术和各种先进的信息处理工具,对材料进行“去粗取精、去伪存真”的一般性处理。经过审查、比较,分清主次、轻重、间接和直接,对材料进行筛选和取舍。

第二,对材料进行辩证的思考。把经过一般处理的调查材料,进行“由此及彼、由表及里”的思考。运用马克思主义的辩证方法,即分析事物矛盾的方法,把分析和综合、抽象和概括、归纳和演绎、历史和逻辑结合起来,连贯地思考,系统地研究,得出关于事物的本质及其规律性的认识。

此外,在对材料进行辩证思考时,还应注意吸收和运用科学发展到现代所形成的一些具体的科学研究方法,不断充实丰富马克思主义的辩证方法。

二、按辩证法的全面性要求办事的方法

要做好领导工作,领导者不仅要坚持一切从实际出发、认真调查研究的方法,而且要学会全面地、联系地、发展地观察和处理问题,坚持按辩证法的全面性要求办事。这是因为,马克思主义的唯物主义和辩证法是一致的、统一的、不可分割的,而且客观世界中的一切事物本来就是互相联系的、按一定客观规律而发展着的。所以,必须尊重客观规律,如实反映客观实际,按辩证法的全面性要求办事。

按辩证法的全面性要求办事,要求做到以下几点:

1. 学会用联系的观点去观察和处理问题

唯物辩证法告诉我们:客观世界的一切事物都不是孤立存在的,而是相互联系、相互制约的。联系是事物存在的条件,是事物运动和发展的前提。所以,只有研究一事物与他事物以及事物内部各方面、各要素之间的多种多样的联系,并善于从复杂的联系中去把握事物的本质联系,才能避免认识的主观性和片面性,真实揭示事物的内在规律。

2. 坚持“两点论”,学会“两手抓”和“两条腿”走路

一切事物的最本质的联系,就是对立面的统一,都存在着既相互对立又相互统一的两个方面。“两点论”的方法,就是矛盾分析的方法。要善于全面地把握对立的两个方面,不能顾此失彼,以偏概全。既要看到正面,又要看到反面;既要考虑到全局,又要照顾到局部;既要认识有利条件,又要看到不利因素。同时,还要善于把握对立面的相互依存、相互制约、相互渗透的关系,不要绝对化、走极端、非此即彼;要正确把握二者在一定条件下的互相转化,防止单打一的形式主义和片面性。

3. 分清矛盾的主要方面和次要方面,善于看到主流,抓住重点

矛盾的主要方面,即居于支配地位、起主导作用的方面,是两点中的重点;矛盾的非主要方面,即居于被支配地位、起次要作用的方面,是两点中的非重

点。二者在一定条件下可以互相转化，事物的性质也相应发生变化。因此，不仅要看到矛盾着的两个方面，而且要分清主次、重点和非重点。要抓主流、抓重点，以带动全局，但同时也不要忽视支流、非重点，要防止一种倾向掩盖另一种倾向。

4. 具体问题具体分析，正确理解和处理一般与个别的关系

所谓个别，指个别的事物或个别事物的个性、特殊性，即事物的本质。所谓一般，指一般事物或各种事物所具有的共性、普遍性。马克思主义认为，人们认识事物总是先认识个别的事物，再认识一般的事物，然后，再以对一般事物的认识为指导，去进一步认识个别事物，解决具体问题。这就是人们认识发展的一般规律。因此，从个别到一般，再从一般到个别，是马克思主义的科学的思想方法和工作方法，是马克思主义认识论在实际工作中的运用和发挥。要实现从个别到一般，即从个别事物中抽象出共性、普遍性的东西，达到对一般事物的普遍规律的认识，主要依靠典型试验、典型调查；要实现从一般到个别，即运用对事物普遍规律的认识，具体地解决实际问题，主要通过局部试验和逐步推广的办法。总之，个别和一般既互相联系、互相区别，又在一定条件下互相转化。因此，领导者在工作中要全面理解个别和一般的辩证关系，并运用它去观察、认识和解决各种问题。

三、坚持群众路线的方法

群众路线的领导方法，实质上是关于如何正确处理领导与群众之间关系的方法。所谓群众路线就是一切为了群众，一切依靠群众，从群众中来，到群众中去。

1. 一切为了群众——实现领导与群众相结合

领导者必须要善于集中群众当中的正确意见，然后把这些正确的意见同领导的意见结合起来。因为在实际工作中，领导者往往是从上面看问题，而群众往往是从下面看问题，如果不把这两方面的意见结合起来，就很容易产生工作偏差。因此，收集群众意见要广泛，分析群众意见要细致，综合群众意见要科学。

2. 一切依靠群众——科学地组织群众

首先，要充分动员群众，调动群众的积极性。领导者要坚持把群众的情绪、愿望和要求作为领导活动的第一信号。一切想着群众，一切为了群众，一切依靠群众，把群众拥护不拥护、赞成不赞成、满意不满意作为想问题、办事

情、做决策的根本出发点。其次,要科学地组织群众,发挥群众作用。历史经验告诉我们,组织群众要根据不同时期的不同任务和条件采取不同的方式和方法。在革命战争时期,中国共产党用疾风骤雨式的群众运动方式去完成革命任务,获得了成功。但是,这种方式在现代化建设中就不适用了。因为开展群众运动不是贯彻群众路线的唯一形式,不能把群众路线和群众运动等同起来。所以,领导工作必须因地制宜、灵活运用各种不同的方式和方法,最重要的是对群众的力量进行科学安排,使其互相配合,协调发展。

3. 从群众中来——集群众意见为领导意见

从群众中来,就是要深入到群众中去,通过细致周密的调查研究,把来自各个方面分散的、不系统的群众经验、要求和期望等集中起来。“集中”的目的是把群众意见上升为领导意见,进而上升为一般的指导思想,做出正确决策。从群众中来的过程,是充分利用“内脑”和“外脑”进行科学分析、升华提高的过程。

4. 到群众中去——化领导意见为群众实践

到群众中去,就是将领导意见即路线、方针、政策等变为广大群众自觉行动的过程。领导的意见是否正确,只有在群众实践中才能得到检验、丰富和发展。要充分发动群众,采取群众容易理解和接受的方式,对群众进行宣传、解释和动员,将上级领导的指示变为群众的自觉行动。

四、信息技术方法(互联网方法)

进入新世纪以来,信息科学技术发展日新月异,在国家治理、社会治理、商业模式创新等方面应用越来越广泛。特别是随着人工智能、大数据、云计算、互联网等技术的迅速发展,信息技术方法在领导工作中的应用日益广泛和深入,这要求各级领导者要尽快掌握和善于运用有代表性的现代科学技术方法。

一要掌握系统论方法。它是基于系统思维的领导方法,是根据领导活动的系统性特征,从领导活动的整体性出发,对领导活动的空间结构和运行过程进行最优谋划、最优设计、最优选择和最优控制,从而实现系统功能和整体效果最大最优的一种科学方法。系统领导方法主要包括总体规划和统一部署的方法,目标导向和资源优配的方法,统筹兼顾、协调各方的方法,标本兼治、整体解决的方法,集约化管控和一体化处理的方法,配套性改革和协同性联动的方法,等等。

二要掌握信息论方法。即运用信息化的观点和技术,把系统看做借助于信息的获取、传递、加工处理和反馈而实现其有目的性运动的一种研究方法和工作方法。信息方法对领导工作有着不可忽视的重要意义,能够为科学决策提供重要基础和先进手段。领导决策正确与否,组织指挥效果如何,关键在于是否建立了完整的信息工作系统,信息渠道是否畅通无阻。一般来说,信息工作方法包括以下几个相互联系的环节:信息输入、信息加工、信息输出、信息反馈。

三要掌握控制论方法。即把人的行为、目的以及生理基础(包括大脑与神经的活动)同电子、机械运动联系起来,在信息和信息反馈原理的基础上,解决控制与被控制的矛盾,使事物的发展按照既定目标稳定运行的方法。控制论方法的主要依据是信息反馈原理。在领导工作中运用控制论方法,要求领导者对事物之间的信息联系进行辩证分析,从领导对象发展的各种可能性中选择某种状态作为目标,并通过对领导对象施加主动的、积极的影响,使领导对象不断克服偏离目标的现象,沿着既定的方向或围绕既定的目标前进。

四要掌握大数据方法。大数据技术的快速发展与广泛应用,对领导者的信息化领导力提出了新的要求与挑战。信息化领导力既是领导者运用信息技术影响部门工作人员共同实施组织管理目标,以提升组织创新能力的过程,也是领导者运用信息技术与大数据处理组织事务,以提供高质量组织服务的过程。它是大数据时代领导力的重要组成部分,也是领导者运用信息技术履行领导职能的时代要求和具体体现。目前,我国各级领导者在数据敏感性、网络沟通、协同整合以及信息安全意识方面仍存在着许多不足。因此,必须加强领导者的信息化培训,整合多元网络沟通模式,引入信息化领导力考核要素,创新信息化工作方式。

第九章　领 导 艺 术

领导艺术就是指领导者在履行领导职责过程中，灵活运用各种领导原则、领导条件、领导方法的技能技巧。领导艺术具有创造性、随机性和个性化等特点。领导者要学会并掌握基本的领导艺术，不断提高领导水平。

第一节　领导艺术概述

一、领导艺术的含义

毛泽东曾说："领导人员依照每一具体地区的历史条件和环境条件，统筹全局，正确地决定每一时期的工作重心和工作秩序，并把这种决定坚持地贯彻下去，务必得到一定的结果，这是一种领导艺术。"①在领导活动中，常常出现这种情形：面对基本相同的工作任务，有的领导者得心应手、事半功倍；有的领导者则勉强应对、事倍功半。背后的原因之一，就是领导者素质和领导艺术水平的差异。可以说，领导艺术是决定领导事业成败的关键因素之一。

所谓领导艺术，是指领导者在一定的知识、经验、才能和气质等因素的基础上逐步形成的，创造性地运用各种领导原理原则、资源条件和方式方法的技能技巧。其中，领导者的知识、经验、智慧、才能等因素是领导艺术得以发挥的

---

① 《毛泽东选集》第 3 卷，人民出版社 1991 年版，第 901 页。

前提;对领导原则、条件、资源、方法等纯熟巧妙并富有创造性地运用,是领导艺术的实质;领导风格和领导者创造性的实践所塑造的"美"的形象,是二者结合的结果,是领导艺术的外在表现。因此,领导艺术是非规范化、非程序化、非模式化的领导行为,是领导者把握领导规律、履行领导职责的能力达到纯熟的一种境界。

二、领导艺术的定位

领导艺术与领导经验、领导科学以及领导方法既有区别又有联系。

(一) 领导艺术与领导经验

经验一般指感性认识和习惯做法。领导经验就是领导者从领导实践中获得的各种感性知识,总体上比较粗糙和表面化,不够深入,不够系统。领导艺术虽然有经验因素或经验性特点,但它显然高于一般的领导经验,是领导者灵活运用工作经验和领导科学知识的综合能力的表现。因此,领导艺术源于并高于领导经验,是对丰富的领导经验的系统总结、理性升华和创造性应用;领导经验有待于发展为领导艺术,是领导艺术得以形成的重要基础和得以展现的实践载体。

(二) 领导艺术与领导科学

科学是实践经验的结晶,是系统化的知识体系。领导科学是对领导活动的普遍经验进行系统总结而形成的原理和原则,是关于领导活动基本规律的知识体系,具有系统性、稳定性和普遍指导性等特征;领导艺术则是领导者以一定的知识和经验为基础,在长期领导实践中形成的灵活运用领导原理原则、资源条件和方式方法的创造性技能技巧,具有经验性、权变性、创造性和个性化等特征。因此,一方面,领导科学是领导艺术的基础,领导者的领导科学知识越是系统全面和深厚扎实,理论联系实际的能力越强,领导艺术就越是臻于完善和纯熟;另一方面,领导艺术是领导科学的重要来源和灵活应用,领导者的领导艺术水平越是高超,非模式化的领导经验和技能越是丰富,那么包含其中的系统化知识就会愈加成熟,领导活动的规律性就越是得到彰显,从而领导科学的知识体系就会更加完善和成熟,更加具有普遍的指导意义。可见,领导艺术与领导科学既有区别又有联系,是对立统一、相互促进的关系。

(三) 领导艺术与领导方法

领导艺术与领导方法都属于领导科学的方法论范畴,都是领导者开展领导活动的手段。从这个意义上讲,它们是统一的、紧密联系的。领导方法是领导者为履行领导职能、达成领导目标而采取的各种措施和手段的总和,具有目的性、客观性、静态性和条件性、时效性等特征。领导艺术则是对领导方法的具体的灵活的运用,但不是简单地再现,往往意味着突破和创新。与领导方法相比较,领导艺术具有灵活性、权变性和主体差异性等特征。领导方法大都体现在对常规事件的程序化处理过程中,一般情况下是稳定的、不易变化的;而领导艺术却多数体现在对非常规性事件的非程序化处理过程中,它往往因人、因事、因时、因地而异,具有很大的随机性和灵活性。因此,领导者不能对领导方法进行简单、机械地运用,而要根据变化了的情况,针对实际的需要,灵活、创造性地解决问题。只有这样,才能产生高超的领导艺术。可见,领导方法是领导艺术的基础;领导艺术是领导方法的灵活应用,二者对立统一,相互促进。

三、领导艺术的特征

毛泽东曾经指出:“对于物质的每一种运动形式,必须注意它和其他各种运动形式的共同点。但是,尤其重要的,成为我们认识事物的基础的东西,则是必须注意它的特殊点,就是说,注意它和其他运动形式的质的区别。只有注意了这一点,才有可能区别事物。”①领导艺术之所以被称为“艺术”,就在于它的与众不同。

(一)经验性与科学性的统一

无论领导者的领导艺术如何高超、如何巧妙,总是不可避免地带有经验的痕迹,但是这种经验并不是无规律可循、高不可攀的东西,它是无数领导者经过多年的实践探索而逐渐形成的一套比较完整的知识体系以及运用这种知识体系的技能技巧。这套知识体系在实际运用中可以熟能生巧并升华为艺术。这就是说,领导艺术一方面以领导者拥有一定的领导科学知识为基础,另一方面又以自己的经验总结不断丰富和发展领导科学知识。因此,领导艺术具有科学性,更彰显其经验性,是科学性与经验性的统一。

(二)原则性与灵活性的统一

领导艺术当然是一种灵活性的体现,但却不是随心所欲的行为,而是原则性与灵活性的统一。原则性是指领导工作遵循的总的方向和总的规范,灵活性则是指达到总方向的具体方法和措施。如果抛弃了原则性,只讲灵活性,领导艺术就会蜕变为不择手段的政客权术。只有在坚持正确原则的基础上,根

① 《毛泽东选集》第1卷,人民出版社1991年版,第308页。

据变化了的形势，采取灵活多变的措施，高效率地达成组织目标，才被称为高超的领导艺术。可见，领导艺术就是对领导原则加以灵活运用的技能技巧，是原则性与灵活性的统一。

（三）共性与个性的统一

领导者在实践活动中总要运用一定的知识和经验，而这些知识和经验是无数人通过实践证明的具有普遍指导价值的原则和方法，体现为领导艺术的共同基础、共性特征。但是，由于个人素质、阅历、知识结构等各不相同，领导者运用这些原则和方法便会表现出不同的风格、不同的技能技巧，体现为领导艺术的个性内容、个性特征。因此，领导艺术是共性与个性的统一。

（四）规范性与创造性的统一

领导工作既要坚持开拓创新，又要保持规范稳定。领导者在领导活动中会遇到常规事件和非常规事件。领导工作的规范性主要表现在领导者运用程序化、模式化的方法处理常规事件；领导工作的创造性则主要表现在领导者运用创造性才能和方法处理各种非常规事件，善于打破常规，勇于标新立异，追求最佳效果。总之，领导艺术是在坚持规范性原则基础上的一种风格独特的领导技巧，是规范性与创造性的统一。

（五）明晰性与模糊性的统一

明晰性与模糊性的关系，可以理解为定量分析与定性分析的关系。模糊性是指对事物之间的关系难以完全用定量的方法描述或单纯用定性的方法分析，处于“模糊区间”。艺术的魅力就在于它的模糊性，领导艺术也不例外。领导工作不能也不必要一味地追求确定性和明晰性，清晰、明察秋毫与含糊、模棱两可在领导工作中都具有合理的价值，需要视具体情况而灵活变通。美国著名领导学家华伦·本尼斯曾这样评价：“领导艺术就像美，难以界定。当你发现时，就知道美在何处了。”然而，需要注意的是，领导艺术的模糊性不是糊涂性，它仅仅是对于不需要清楚的不苛求清楚，不必须量化的不苛求定量而已，但模糊的背后仍然蕴涵着客观规律的科学性和条理性，绝非无原则、无规矩地任意妄为。所以，领导艺术是明晰性与模糊性的统一。

第二节 领导艺术的内容与形式

领导艺术的内容和形式是十分丰富的，贯穿于领导活动的各个方面。本节主要介绍的是授权艺术、沟通艺术、协调人际关系艺术、语言艺术、运筹时间的艺术、驾驭会议的艺术、处理突发性事件的艺术等。

一、领导授权艺术

（一）授权的含义与类型

领导授权艺术是大型组织中领导者为提高工作效率、调动下属积极性而采取的一种领导用权技巧。所谓授权，是指领导者根据工作需要，在职权范围内委托授予下属处理特定事务的权力，使下属在其指导和监督下拥有相当的自主行动权，保证有效完成任务的一种领导行为。

从不同的角度来划分，领导者的授权便有不同的类型。

1. 根据授权的具体内容，可以划分为以下几种类型

第一，刚性授权。就是指领导者对所授权力的大小、范围、时限，对所托付事务完成的要则等均有明确的规定与要求，被授权者必须严格遵守、照章行事，不得随意自主处置的授权方式。这种方式一般适用于对一些重大事项的授权。

第二，弹性授权。这种授权方式是相对于刚性授权而言的。它是指领导者在授权时对下属只指示一个大纲或轮廓，使被授权者拥有较大的自主权，可以对完成所托事务的具体方法等进行自主确定，随机处置。这种授权方式一般比较适用于下列情况：下属精明强干，所处理事务复杂多变，领导者对情况不甚清楚，需要充分发挥下属主动性和创造性。

第三，惰性授权。就是领导者把不必要亲自处理的繁杂而琐碎的事务，或者是领导者自己也不知道如何处理的一些技术性事务交由下属去处理的授权形式。惰性授权其实并不是领导者偷懒、图轻闲、回避问题，而是通过甩掉一些细枝末节的、技术性的、事务性的繁琐事务而专心于更重要的工作。

第四，模糊授权。这种授权方式与弹性授权有些相似，只是授予被授权者的权力限度和权力大小比较模糊，没有明确具体的规定。在授权时，只向被授权者提出“做什么”和“达到怎样的效果”的要求，至于下属用何种方法去实现目标则由下属自己选择和确定，领导者不加干预，以此使被授权者拥有充分的自主权，激励被授权者的工作热情，调动其积极性。

2. 根据授权行为的具体形式，可分为以下几种类型

第一，口头授权与书面授权。所谓口头授权，是指领导者将某项工作或某一方面的权力和责任口头授予下属。口头授权多属临时性授权或随机性授权。所授权力往往随着工作任务的完成被上级收回或自行失效。所谓书面授

权,是指将权力以书面形式授予下属的一种方式。这种授权比较庄重,有效期相对较长。

第二,个人授权与集体授权。在领导活动中,常有一些领导者自行决定将自己所拥有的一部分权力下放给下属,或口头或书面,或临时或长期。这种授权即为个人授权。个人授权往往伴随着该领导者被调离原岗位而被新的领导者收回。在领导活动实践中,更多见的则是集体授权,即经过集体讨论决定,将某一方面或某一部分权力授予某人。这种授权多是常规的、行文的,既可以随任命干部同时授权,还可以在非任命(即对一般干部)时授权。集体授权属常规授权的一种。

第三,长期授权与短期授权。任何授权都是有期限的。根据授权的时间长短,可分为长期授权和短期授权。长期授权是指下属对权力的使用期相对长一些,短期授权则是指下属对权力的使用期相对短一些。授权使用期的长短均因工作的需要和条件的许可而定。

第四,逐级授权与越级授权。按授权者与被授权者之间的关系划分,授权可分为逐级授权与越级授权。逐级授权是指直接上级对直接下属所进行的授权;越级授权则是间接上级对间接下属进行的授权。在领导工作中,授权应该是自上而下逐级进行的,越级授权一般来说是应该尽量避免的。因为越级授权往往引起被授权者直接上级的不满,也容易使被授权者产生顾虑,影响其放手开展工作。然而,事情总是相对的,越级授权并非绝对不好,相反,在遇到某些紧急情况或非常情形时,越级授权往往是不可缺少的,它有利于迅速解决某些紧迫的问题。

(二)领导授权艺术要点

领导授权艺术的要点一般包括:

1. 围绕目标,明确要求

领导授权要以组织的目标为依据,对下属分派任务和委任权力都应围绕组织的目标来进行,只有为实现组织目标所开展的工作才能赋予相应的职权。授权要体现明确的目标导向,分派职责时要明确下属应做的工作是什么、达到的目的和标准是什么、对于达到目标的工作应如何奖励等。只有目标明确、要求具体的授权,才能使下属明确自己所承担的责任。

2. 因事择人,视能授权

授权的目的是有效推动事业发展,实现工作目标,因此,选择合适的授权对象非常重要。要坚持因事择人,视能授权,将授权对象能力水平的高低和品德优劣等作为重要依据。不能不顾工作需要,“因神设庙”,把授权单纯当成对下属的一种奖励或搞任人唯亲的机会;也不能超越下属能力和水平的限度,下属有多大能力和水平,就适合授予多大的权力,防止大材小用和小材大用,避免有才不用和无才宠用。因此,授权之前,领导者必须对下属的能力和水平进行认真的考核,切不可盲目授权。正如不是所有的领导工作都可以授予他人一样,也不是所有的下属都能够成为被授权人,拟授予的权力一定要与被授权人的职业道德、责任意识、胆识魄力、专业技能、合作精神、个性气质等诸多因素协调匹配。

3. 把握尺度,适度授权

授权的关键问题是如何把握授权的"度"。领导者授权必须要把握好"度",主要权力不能授予他人,事关大局的权力不能授予他人,如重要决策权、目标修订权、主要监督权、法定协调权等。领导者授权应该一事一授,除特殊情况,一般不要同时把几件事情托付给同一个下属。

4. 尊重分工,逐级授权

除对极特殊的、突发性事件的处理可以越级授权外,一般应该尊重组织体系的隶属关系和分工原则,逐级授权,即领导者只能对直接下属授权,不能越级授权。否则不仅给中间层次领导者的工作带来被动,而且容易造成管理秩序的混乱,产生权力冲突,影响上下级协调,干扰组织正常运行。

5. 民主监督,公开授权

由于授权是一种组织行为,不是领导者的个人行为,因此,领导授权过程及内容要做到公开,包括领导者授予下属什么权力,授予多大权力,代理什么事情,履行什么职责,规范的时限等,这些都要公之于众。这样既可以激励被授权者,便于被授权者开展工作,也可以使被授权者更好地接受民主监督。否则,授权容易演变为拉帮结伙、搞宗派主义等不正当活动。

6. 强化责任,可控授权

授权不仅要适度和公开,还要保持可控性,即要确保所授之权不被滥用,并能够及时收回。授权不是放权和弃权。一方面,领导者要对被授权者在授权的同时赋予责任,保证权责对等;另一方面,领导者仍然对被授权者负有检查、监督、指导的权力,并承担连带责任。

二、领导沟通艺术

有效的领导来自有效的沟通。美国著名传播学家克雷格·约翰逊(C. E. Johnson)在《领导学:沟通的视角》一书中对领导作出了以沟通为基础的定义："领导是为了满足共同的群体目标和要求而改变其他人态度和行为的人类(象征性)沟通。"①从一定意义来说，领导活动本身就是一种信息沟通过程。因此，领导者沟通艺术的水平和技巧往往会直接影响领导活动的绩效。

领导者的沟通总是通过一定的形式表现出来，如接待、拜访、谈判、表扬与批评、劝说与疏导、电话与信函等，这些都是沟通的具体形式。

(一) 领导者的接待艺术

接待活动是领导者最基本的沟通形式。如何使接待活动取得更好的效果，可以从以下几个方面考虑：

1. 明确接待的工作环节和礼仪要求

首先，要做好准备。来宾有应邀而来的宾客和因事登门的宾客。对于主动来访者的接待，始于登门之时，而对于应邀来访者的接待则从应邀者接受邀请开始，指导工作人员预订房间、安排汽车、准备迎接宾客，同时，根据客人的地位和身份，安排地位相当的人到机场、码头或车站迎接，或通知、协调有关单位的领导前来迎接，营造一个隆重而亲切的氛围，以示对客人的敬重。

其次，要互相介绍。如果是熟悉的人，见面无须自我介绍了。但如果大家尚不认识，应把双方有关人员介绍给对方。首先是东道主介绍自己一边的人，然后是主宾介绍其随行者。如果双方是初次见面，作为东道主的领导者要谦虚有礼地进行自我介绍，有名片的则双手将自己的名片恭赠给客人，口头自我介绍的内容有姓名、身份、服务单位；为他人做介绍时应伸手示意，手掌微微上翻，以示尊重、友好。介绍时，双方应微笑点头，相互致意。周全而礼貌的介绍，可以加深了解、增进感情，同时也显示出自己的知识、修养和风度，便于赢得大家的好感。

2. 掌握接待中的沟通技巧

(1) 领导者要有接待的风度。风度不仅是指形象、仪表等外在表现，还包括气质修养、知识底蕴等内在因素，后者尤其重要，它是体现领导魅力的一个重要方面。微笑彰显风度。面带微笑接待客人可以拉近距离；面带微笑讨论棘手问题可以消除紧张气氛；面带微笑批评或赞扬，使人感到善意和诚心。

(2) 领导者要善用倾听的技巧。倾听的实质就是多给对方说话的机会，以便在最短时间内把握对方心理状态，了解对方要传达的信息或诉求，然后有针对性地回应，取得良好的交谈效果。倾听的方式可以概括为以下五种：第

---

① [美]米歇尔·海克曼、克雷格·约翰逊：《领导学：沟通的视角》(第三版)，王瑞华译，上海人民出版社2004年版，第13页。

一，鼓励式倾听。面对谈话者尤其是羞怯的谈话者，宜用微笑的表情、专注的目光、赞赏地点头等表示呼应，显示出兴趣、理解和认同等，促使对方连贯地谈下去。第二，问询式倾听。就一些重要信息或不清楚的地方不时插话，及时询问，表示认真和重视，积极求证，以免误解。第三，理解式倾听。交谈中使用理解的方式较多，也较自然。如，可以指出谈话者的某些观点与自己的看法一致；或者用自己的经历说明对谈话的理解；也可以适当地用"是""对"等表示肯定；有时也可以复述或解释。第四，概括式倾听。领导者经常接待群众来访。群众在反映意见时，涉及的面很宽，表达又可能"云山雾罩"，甚至因为情绪、表达习惯、特定语句搭配等影响表达的系统性、完整性与明晰性，所以，领导者必须学会用概括的方式倾听群众意见，在与群众交谈中善于概括信息的内容，分清热点、重点、焦点、盲点、源点、缺点等。第五，反驳或沉默式倾听。适当地使用反驳或沉默，可以回应谈话。谈话双方不可能总是意见一致，对同级与上级诚恳地表示自己的不同观点，也是一种负责的表现；对下级则需要考虑对方的情绪，不要使人误解。谈话中，沉默经常被认为是应该避免的，但适时的沉默却表示你在思考，是一种重视对方意见的表示，当然也可能是一种希望转换话题的暗示。

(3)掌握说服人的办法。"说服"工作是领导者职责的重要组成部分，掌握并精通"说服人"的学问，也是对领导者接待工作的基本要求。所谓"说服人"，就是要使自己(主体)的想法变成他人(客体)的行动。说服别人实质是寻找交谈的共同点，就是使自己与对方站在同一方向的起点上，产生同一方向的作用力。常见的说服方式有迂回、求同、暗示等。常见的说服技巧有：用高尚的动机来激励；用热忱的感情来感化；通过交换信息促其转变；激发对方急切的意愿；提高对方的"期望心理"；将批评变成关怀，用间接方式去说服；掌握对方的心理特征，创造良好的交谈环境和氛围等。

(二) 领导者的谈判艺术

谈判是领导工作中常见的内容，也是一门学问。谈判的艺术性体现在：谈判双方遵循互利共赢的原则，因时因事因人采取灵活多变的方式、姿态、战术，以求最大限度维护各自利益并达成谅解与合作。

1. 谈判前的准备

谈判前的准备包括选择组团人员，准备技术资料，调查同行业情况，收集对方情报，掌握和分析对方领导层及谈判人员的性格、爱好和立场、观点等。收集对方的情报信息越多、越有价值，谈判中越能占据主动，进退自如。谈判前的最后一项工作是拟订谈判的提纲，确立谈判的立场，这项工作要求周密、严谨、扎实、认真。上述准备工作,虽然大多由工作人员完成,但是,领导者必须亲自布置并重点掌握,因为毕竟代表单位谈判的主体是领导者。

2. 谈判过程

谈判过程是双方面对面地展开知识、信息、修养、智慧、口才、风度的综合较量,双方的言行互相影响、相互作用。因此,在谈判开始时,就应"先发制人",把握谈判的主动权,拥有强大的支配力。具体的做法有:以发展远景吸引对方;用实例和数据指出对方的不足,消减对方对谈判结果的高期望值,但要把握分寸,以免引起反感使谈判陷入僵局;还要运用语言表达技巧压倒对方,如风趣幽默的表达方式、严密合理的逻辑推理、适时转移主题、避重就轻等。

3. 谈判的结束

巧妙而圆满地结束谈判,同样需要技巧。如果谈判中遇到对方强力拒绝时,应尽最大努力争取,让对方充分了解自己的优势和诚意,但也不可强求。谈判中占上风者要切忌得意忘形,过早亮底,对方有时会在签字前的最后时刻,以某种借口拒绝签字,或附加其他条件,使谈判前功尽弃。因此,谈判应坚持到最后一刻才亮出自己的底牌。在谈判即将签约时,谈判者要迅速地把口头达成的共识全部写入条款,不能遗漏,并尽快交给对方审查,及早结束谈判,免得节外生枝。

(三)领导者的表扬与批评艺术

1. 表扬奖励的技巧

表扬奖励可以起到树立典型、示范引导、鼓励竞争、激发潜能的作用。

第一,表扬的内容要实事求是,恰如其分,不要随意提高。任意拔高和夸大会引发其他部属的逆反心理。表扬的内容要具体,泛泛地表扬起不到激励作用。第二,表扬的态度要诚恳热情、发自内心,体现共享的快乐,不要冷漠敷衍、言不由衷。虚情假意式的表扬不仅起不到积极作用,反而会引起当事者的反感。第三,表扬的时机要注重时效性。不及时、时过境迁或拖得太久,人们的印象就会淡漠,表扬奖励的激励作用就会减弱。第四,表扬的方式要不断变化,过于单一或一成不变的奖励方式会钝化人们的反应,消解表扬奖励的效应。因此,表扬的效果要不断延伸,善于利用各种庆典、表彰活动,使家属分享荣誉;表扬奖励后应适当指出(以个别交谈为好)其不足之处,使其保持清醒头脑;有时间接表扬效果会更好;适应表扬对象的个体差异,增强表扬的针对性和有效性。第五,表扬的过程要注意整体效果,不要因为表扬了个别人而挫伤多数人的积极性。第六,表扬的手段要坚持物质奖励与精神激励相结合,而且要配合得当，不可偏废。

2. 批评惩处的技巧

批评和惩处能起到警示威慑、定向控制、行为矫治和环境净化的作用。

第一，客观具体。领导者不能道听途说、轻信谣言，要弄清真相，尊重事实，实事求是，而且批评内容要具体，纠正问题要有措施。第二，掌握尺度。要分析情节，理解动机，根据被批评者的反应，掌握批评的火候。喋喋不休的说教，会使人腻烦，也会降低批评效果。第三，把握时机。要善于把握批评惩处的最佳时机，注重批评的效果。第四，区别对待。要根据不同的对象特点，分别采取暗示、提醒、触动、严厉等不同的批评方式，因人制宜，对症下药。第五，就事论事。对于已经做过结论的过错，不翻旧账，不再重提，不搞所谓"新账老账一起算"。第六，范围适当。根据问题性质和影响，确定批评的范围。若要大会公开点名批评，最好事先使其有思想准备，不搞突然袭击。第七，先扬后抑。适当肯定对方的优点和长处，使其更容易接受中肯的批评。第八，允许申辩。得理还要让人。允许被批评者说明情况，申述理由。第九，勉励进步。本着惩前毖后、治病救人的方针，不歧视，不偏见，勉励对方打消顾虑，放下包袱，轻装前进。第十，勇于负责。领导者在批评下属时，也要多做自我检讨，承担领导责任。

（四）领导者劝说与疏导的艺术

疏导方针是思想政治工作的基本方针。劝说和疏导是面对面的双向沟通。

1. 劝说的技巧

劝说的沟通方式要求领导者细心洞察他人的心理状态，把握对方的思想脉搏，通过说理和劝导使其改变态度。第一，对症下药。劝说的内容要有针对性，以对方最关心的问题作为劝说的重点。第二，共同语言。努力拓展双方的共识领域，寻找共同语言，提高对方接受度。第三，分散注意。采用迂回的方法，避开敏感话题，分散其注意力，放松其紧张心理，缓解僵局。第四，以诚相见。淡化领导者的地位身份，使双方处于人格平等的气氛，轻松愉快，坦诚相待。第五，晓之以理。寻找并表扬对方的长处，结合自己的经历进行现身说法，打动对方的感情，同时进行晓之以理的劝导。第六，选择时机。尽量避开严肃的气氛和场合，寻找轻松愉快的气氛和时机，在随意闲谈中进行劝导。有些事情，可以采取冷处理的办法。第七，以退为进。当对方对劝说的内容一下子很难接受时，可采取分步深入、以退为进的方式，优先选择对方容易接受的内容进行劝导，适当地承认对方观点的合理性，再以退为攻。第八，幽默风趣。

幽默能起到调节气氛的作用,有利于打破僵局,使劝说得以更轻松地进行。

2. 疏导的技巧

疏导的沟通方式就是通过疏通和引导,使当事人消除顾虑,走出误区,引导思想,舒缓情绪,促其合作。第一,正面疏导。摆事实、讲道理,用正确的观点、科学的道理、典型的事例进行循循善诱、晓之以理的劝导。第二,批评疏导。选择适当的时机和场合,抓住根本问题,或单刀直入,或旁敲侧击,引起重视,促其反省。第三,示范疏导。通过言传身教和典型示范等方式,对受教育者产生潜移默化的作用,使其明晓事理、幡然悔悟。第四,感情疏导。关心对方,传达善意;理解对方,感情融通;求同存异,建立友谊。

领导者在运用劝说和疏导的技巧时,需要做到"十要":要抓住苗头,防微杜渐;要有的放矢,对症下药;要因人而异,区别对待;要言传身教,以身作则;要循循善诱,启发悟觉;要动之以情,晓之以理;要说服为主,批评为辅;要典型示范,舆论引导;要形式多样,生动活泼;要允许反复,耐心细致。

(五)领导者电话与信函沟通的艺术

现代社会,各种高科技的手段拉近了人与人之间的距离,即使远隔天涯,也可以通过现代通信技术近若比邻,其中电话和信函是最常用的沟通工具。

电话沟通是领导者沟通手段中最常见的方式。因此,领导者掌握电话沟通的技巧和办公室的电话礼仪是很有必要的。

1. 电话机旁应备记事本和笔。按照人的遗忘规律,经过 9 个小时以上,遗忘率会高达 70%,日常琐事遗忘得更快。领导者每天需要处理的事情很多,重要事项需要及时做记录。所以,电话机旁应备好记录本和笔,随时记录重要事项。

2. 先整理电话内容,后拨电话。干练的领导者打电话前,应该把想说的事情逐项地整理记录下来,然后再拨打电话,边讲边记录,随时检查是否有遗漏。特别是与上级通话时,更不能想到什么说什么,丢三落四,而且要尽可能在三分钟之内结束,不要拖拉。

3. 注意语速和语调。急性子的人听慢话,会觉得断断续续、有气无力,颇为难受;慢吞吞的人听快语,会感到焦躁心烦;年长的人听快言快语,难以充分理解其意蕴。因此,讲话的速度并无定论,应视对方情况,灵活掌握语速,随机应变。领导者适当地提高声调显得富有朝气、爽朗干练。

4. 经常复述。由于电波只能传播声音,无法看见对方的表情和口型,为了防止听错电话内容,一定要当场复述。领导者无论是接受上级任务,还是向下级部署任务,最好对容易混淆、难以分辨的词语放慢速度,逐字清晰地发音。

特别是同音不同义的词语及日期、时间、电话号码等数字内容，最好养成听后立刻复述、予以确认的良好习惯。

5. 不要使用简略语、专用语。简略语、专用语一般都限于部门内部使用，第三者可能无法理解，乱用简称、术语会给对方留下不友善的印象。特别是与非主管领导电话通话时，不但不能正确地表达思想，还有可能造成误会和歧义。

信函也是领导沟通形式之一。信函能够缩短双方的时空距离，密切彼此之间的联系。因此，领导者千万不要忽视信函的作用，特别是电子邮件的作用。在信息社会的时代，传统信函的使用率虽然大大减少了，但其作用仍然不可忽视，特别是电子邮件作为新的信函沟通方式，具有方便快捷特点和普遍应用价值。领导者写信函时，一要注意格式。信函包含日期、收信者的姓名、地址、称谓、结束语、签名等。二要注意信函的内容。信函内容应该主题突出，层次分明，语言简洁、准确。

三、领导者协调人际关系的艺术

领导工作的一个重要内容就是协调人际关系，增强组织凝聚力。协调人际关系就是通过对人际关系的梳理和调整，使之顺畅和谐，从而优化人际环境。

在组织体制内，领导者面对的主要的人际关系包括与上级的关系、与同级的关系、与下级的关系、正职与副职领导的关系。

（一）协调与上级关系的要点

协调好与上级的关系，有利于维护上级权威，取得上级的信任和支持，保持和谐的上下级关系，保证领导工作的顺利进行，也有利于领导者的健康成长。

第一，遵守组织原则，自觉维护上级权威，学会表达不同意见。不要轻易与上级领导发生正面冲突，不要试图动摇上级的权威。对上级没有做出最终的决定而是向下属征求意见的事项，要本着对上级高度负责的精神，积极献言献策；对上级已经做出决定的事项，要坚决执行，有不同意见可以暂时保留，但在集体决定没有修改之前，仍然要服从和执行，不得消极怠工，并且通过创造性的工作把上级决定可能产生的风险或副作用降到最低。

第二，领会上级精神，回应上级要求。下属要注意准确领会和积极回应上级的工作思路、工作要求，主动围绕上级确定的中心工作和总体部署，找准本单位或本部门的组织定位和职责分工，做好理解、动员和实施工作。根据上级要求，结合单位实际，制订工作方案，报上级批准，请上级指导。

第三，大事多请示，小事不打扰。对工作中的重大事情，要遵守组织纪律，主动思考谋划，及时请示汇报；对常规工作和分内事情，要勇于负责，不等不靠，积极作为，主动履职，为上级领导分忧解愁，尤其不能轻易把矛盾上交。

第四，注重沟通交流，取得领导信任。应该运用有效的方式方法，使上级领导了解自己所承担的工作的重要性和可行性，这是获得上级支持和帮助的重要途径。在这方面，常用的方法有：反复强调，加深印象；多方求援，侧面疏通；展示经验，事实启迪等。

第五，经常自我反思，寻找工作差距。应该准确测度出上级领导的指导思想和战略意图与自己微观、局部的指导思想和战术意图之间存在的"认识误差"和"行为误差"，并尽力拿出使二者趋于一致的可行方案。

第六，努力学习，熟悉业务，以内行的身份为上级当好参谋和助手。

第七，开拓进取，踏实工作，用优异的成绩赢得上级的重视和信赖。

第八，调整心态，正确对待存在个性缺陷的上级，努力消除上下级关系中的"心理屏障"。下级对上级的尊重和服从，反映了下级对待组织的态度。特别是当上级领导存在某种个性缺陷时，更需要下属调整自己的心态，以顾全大局的精神和宽容的胸怀积极处理上下级之间的组织关系和工作关系。

（二）协调与下级关系的要点

领导工作的有效运行需要领导者与被领导者的良性互动。领导者的权威来源于下属的服从，领导者的业绩来源于下属的奉献，领导者的责任需要下属的分担，领导者的口碑来源于下属的传扬。所以，领导者必须重视协调与下属的关系，充分调动下属的积极性，激励和保持下属的工作热情。

第一，加强自身修养，塑造良好的领导者形象，努力满足下属的"形象期待"，做一个受下属欢迎的领导者。领导形象是领导者综合素质的反映。良好的领导形象是组织凝聚力的源泉，它往往能激发下属对未来的希望和信心，是调动和保持下属积极性的有效手段，是协调上下级关系的重要资源。领导者应该准确了解下级希望有一个怎样的"上级"，他们一般希望从上级那里得到什么帮助，然后尽力使自己"接近"他们心目中的"理想上级"，塑造良好的自我形象。一般情况下，下级都希望有这样一个"理想"的上级：工作上职责清楚，赏罚分明；生活上关心体贴，甘苦与共；作风上深入实际，谦虚民主，等等。同时，多数下级都希望从上级那里得到以下三方面的帮助：一是工作上能够用己所长，避己所短，尽量将自己安置在良好的人际环境中，从事自己比较擅长的工作。与此同时，积极为自己提供更新知识的学习机会。二是生活上帮助解决自己难以克服的困难。三是关键时刻拉人一把，而不是推诿搪塞甚至落井下石等。符合上述要求的领导者形象应该是：思路清，决策稳，关系顺，用人准，素质高，办事公，作风实，立身正。表现在工作上，就是要团结协作，顾全大局；廉洁奉公，率先垂范；公道正派，宽宏大度；作风民主，办事果断；实干创业，开拓进取。

第二，针对下属的心理特征和情绪变化，因势利导，不断进行科学的反馈调节。一方面，绝大多数下属在接触上级时，一般都具有一些共同的心理特征。作为领导者，应该设法满足下属的共性心理需要，从而有效调动其积极性和创造性。另一方面，领导者应积极观察下属的情绪变化，尽早帮助他们排除各种不利因素的困扰，使其走出情绪低谷，以良好的精神状态积极投入到工作中去。下属共同的心理特征归纳起来有：愿意与上级保持一致；主动显示成绩，掩饰过失；追求人格平等，渴望获得尊重；希望得到领导的理解，赢得领导的信赖；愿意参与领导工作，希望得到表现机会；愿意展示才能，为领导分担责任。针对下属的共性心理特征，领导者应采用下列技巧：只要条件允许，应尽量同下属一起研究工作，鼓励他们直率地说出不同意见；当下属完成工作任务时，领导者应主动表示祝贺，并及时予以表扬和奖励；听下属汇报工作时，应尽量有选择地听完其具体过程，并适时地暗示或明白表示上级知道下属的某些工作情况；对下属偶尔出现的小过失，只要本人已经知道改错，领导者最好佯装“不知”，给下属弥补的机会；要谦虚学习，平等待人，给下属表现的机会，尤其要谨慎对待下属的创新意见；运用各种有效方式，向下属传递“充分信赖”的信号；经常在闲暇时间接近下属，随便闲聊时有意识地表示理解下属的工作动机等；工作中出了问题，领导者要敢于分担责任，切忌让下属当“替罪羊”；对下属不必统得过死，管得过严，要给他们表现的机会；领导者还要善于观察下属情绪的变化，帮助下属排除消极情绪的影响，使下属在工作中保持积极的态度和良好的情绪。

（三）协调与平级关系的要点

平级即同级，指的是领导系统中地位平等的角色关系，同级之间既是分工基础上的合作者，又是工作中潜在的“竞争者”。

第一，明确分工，减少职责交叉。

第二，顾全大局，克服本位主义。

第三，沟通交流，避免相互误解。

第四,团结合作,克服组织内耗。

第五,理性竞争,避免两败俱伤。

第六,讲究方法,学会巧妙处事。

(四)协调正副职关系的要点

正职与副职是领导班子中的基本角色,二者关系的协调是领导活动中非常重要的问题,关系到领导班子建设和单位的人际和谐。

第一,明确正副职的关系定位。在领导班子中,正职和副职虽然扮演的角色和所承担的职责不同,但都是领导集体成员。副职不是一个独立的层次,一般情况下副职不能直接对上和对外。从组织上说,二者是领导与被领导的关系;从工作上说,二者是分工与合作、协助与被协助的关系;从程序上说,二者是集中与民主的关系。

第二,遵守正副职的行为规范。各级领导班子中的正职,是正副职关系中的矛盾主导方面,对班子团结起着决定性作用。当好正职的行为规范应该是:统揽不包揽,善谈不空谈,敢断不武断,大度不失度。既要学会当家作主,又要善于发扬民主;既要独立自主,又要以己为主。正职领导者既要全面负责又要充分授权;既要敢于拍板又能接受监督;既要统一指挥又要尊重副职分工。当好正职领导,必须认识到:全面负责不等于包揽一切,中心地位不等于封建家长,核心作用不等于独断专行。副职是领导班子中正职领导者的助手,一般按照工作分工,协助正职负责某一方面的工作。副职的行为规范应该是:揽事不争权,务实不务虚,敢为不乱为,干事不误事。工作多请示多商量,不擅自做主;积极献言献策,不喧宾夺主;善于表达不同意见,不声大压主;努力工作不断进取,不功高盖主。当然,这里所说的“主”是借用约定俗成的说法,指代正职领导者。

第三,健全领导班子工作制度。包括领导分工制度,集体决策制度,工作例会制度,民主学习制度,失误问责制度等。

第四,加强个人修养。正职与副职要相互理解、相互支持、相互协调。政治上相互信任不猜疑,思想上相互沟通不堵塞,工作上相互支持不拆台,有了失误相互理解不指责,生活上相互关心不冷漠。正职一般处于矛盾的主导方面,更要积极主动,做团结的模范、沟通的核心、协调的表率,并努力使副职增强安全感——思想上充分信任,工作中大胆授权,方法上多商议少命令。当然,正职对副职也要严格要求,做到授权不放任、亲密不庸俗、体谅不迁就、撑腰不放纵、关心不偏袒。

四、领导者的语言艺术

领导者语言一般具有权威性、准确性、激励性和时代性等特点。领导者语言艺术就是强调提高语言表达技巧，充分体现上述语言特点要求，使听者有所学、有所获、有所悟。因此，领导者的语言艺术就是指在领导活动中，领导者将自己的思想、观点、意见、建议等，运用最生动最有效的表达方式传递给听者，从而对听者产生最佳的影响效果。所谓“良言一句三冬暖，恶语伤人六月寒”，说明了语言在人际交往中的重要性。“一言可以兴邦，一言可以丧邦”，刘勰在《文心雕龙》中指出：“一言之辩，重于九鼎之宝；三寸之舌，强于百万之师。”因此，良好的语言艺术是领导者的基本素质之一。

（一）看清对象，有的放矢

领导者讲话时，要充分尊重受众的选择权。要了解听众的成分，并根据其社会角色、心理期待、文化层次、知识水准、年龄性别、人数多少等因素，来考虑自己的讲话角度和观点主张，把握讲话的理论深度和听众的接受程度，以抓住多数人的视听心理，提高讲话的针对性。

（二）适应场合，协调得体

领导者讲话、报告、请示、汇报、演说、谈心、讨论、谈判、表态、贺喜等，经常面对不同的场合，置身于不同的环境氛围，扮演不同的角色，所以，在语言表达的手法、技巧、用词、语气、表情、风度等方面，要协调得体，择机而行，即所谓“到什么山上唱什么歌，到什么场合讲什么话”，努力使领导者的语言适应不同的场所和不同的氛围，与讲话的环境和气氛相协调。

（三）设计开头，一鸣惊人

把握好听众情绪，设计好讲话的开头，是领导者讲话成功的前提。一般来讲，在领导讲话的最开始，听众的心理和注意力都比较集中，期望值和好奇心也很高，在这个黄金时段讲好“开头语”是很重要的。领导者讲话的开头一般有以下多种方法：用引人入胜的故事开头，用令人震惊的事实开头，用权威或名人的话引出话题，用展示物品来吸引听众的注意力，从涉及听众切身利益的话题开始，从身边的环境说起，以交代讲话主题开始等。总之，要根据内容、环境、场合，破除千篇一律的模式，以新颖的开头，达到一鸣惊人的效果。

（四）紧扣主题，突出中心

领导者要善于围绕主题，突出中心思想，尤其是长篇报告和限时讲话，不能东拉西扯，信口开河。要做到主题鲜明，中心突出，条理清楚，主次分明，详略得当,逻辑严谨。对先讲什么、后讲什么、重点是什么,要心中有数,游刃有余。

(五) 恪守逻辑,论证有力

领导者的讲话不同于一般性的说话,它肩负着传达上级精神、明确工作要求、统一人们思想、武装群众头脑、鼓舞下属士气的使命与责任。因此,领导者的讲话必须有说服力和感染力,要恪守逻辑的严谨性,做到言之有物,言之有理,入耳、入脑、入心。要依据扎实可靠的论据资料和清晰明确的表达逻辑支撑自己的立场和观点。

(六) 符合角色,把握分寸

任何一个领导者,处于不同的场合、不同的环境和不同的岗位,面对不同的对象,所扮演的角色也是不尽相同的。所以,领导者讲话要符合特定的角色规范,把握讲话的分寸。要善于根据不同情况,讲符合身份的话,讲恰当的话。从级别关系上要分清上级、同级、还是下级;从主次地位上要分清主角还是配角,是主讲还是辅讲;从时间顺序上要弄清先讲还是后讲、多讲还是少讲;从内容上要分清对上汇报还是对下要求,是表态还是发言,是讨论问题还是交谈交心,是对等谈判还是就职演说;从场合和气氛上要体会是庄重严肃还是活泼喜庆。诸如这些,领导者在讲话之前,一定要找准切入点,明确自己的身份,把握讲话的策略,注意讲话的分寸,防止出现表达不对、不妥、不当、不够等有失分寸的情况。

(七) 控制篇幅,长短适宜

领导者在讲话时,要根据内容、主题、环境、对象、场合、时间等因素,注意把握讲话的篇幅。该长则长,该略则略,该省则省,宜减则减,宜细则细,无论长话或短话,都要注意语言的简化和准确,善于把握时机和听众心理。不说与主题无关、重复啰嗦的废话,不说言之无物、无的放矢的空话,不说违背事实、言不由衷的假话,不说"穿靴戴帽"的套话。大力提倡讲真话、讲实话、讲新话、讲短话的"话风"。

(八) 重视结尾,留有余味

一篇好的讲话,精彩的结尾也很重要,决不能虎头蛇尾。当然,文无定法,结尾的方式很多,达到言有尽而意无穷的境界就是好的结尾。有的结尾振聋发聩,把讲话推向高潮;有的结尾发出号召,使人精神振奋;有的结尾总结全篇,画龙点睛,使人受益匪浅;有的结尾语重心长,发人深省;有的结尾提出疑问,引人思考;有的结尾提出希望,表达信心,使人明确方向,备受鼓舞。

上述领导者的语言艺术要点,在领导者的公众演讲和即兴讲话等不同场合有不同的应用,这里限于篇幅,不再展开赘述。

五、领导者运筹时间的艺术

美国著名管理学家彼得·德鲁克在《卓有成效的管理者》一书中把"记录时间""管理时间"和"统一安排时间"作为卓有成效的管理的基础,认为时间是最珍贵的资源,如果我们不去管理时间,那么其他任何东西都没有管理的必要了。时间是一种宝贵的资源,但又不同于一般的资源,它无法储存,没有替代品,是最稀缺的资源。马克思曾经指出,一切节约归根到底归结为时间的节省。领导工作,首先要从领导者有效管理时间开始。在领导工作中,能否科学地运筹时间,直接影响着领导绩效的高低。因此,领导者必须掌握运筹时间的艺术。

运筹时间就是指在同样的时间消耗条件下,为提高时间的利用效率而进行的一系列管理控制过程。有效运筹时间的艺术就是领导者通过一定的方法和手段对时间进行创造性的管理和控制的艺术。

领导者运筹时间的艺术要点包括集中时间的艺术、扩大时间容量的艺术、优化时间利用的艺术和节约时间的艺术等。

(一)集中时间的艺术

集中时间就是把分散的、零星的时间聚集成一个整体来使用。集中时间既是完成重要领导任务的客观需要,是提高工作效率的基础,还是提高时间利用率的一种好办法。许多领导者成功的秘诀之一就是善于集中时间、集中精力,善于利用整块的时间、集中精力做重要的事情。德鲁克提出把握时间的方法之一就是集中精力在少数领域,否则,将一事无成。

(二)扩大时间容量的艺术

扩大时间容量就是通过科学合理地安排和分配时间,在有限的时间内做更多的事情。提高时间的利用效率,就等于扩大了时间容量,等于延长了人的生命。扩大时间容量的基本方法主要有两种:第一是织网法,即领导者通过科学方法统筹安排工作、学习和生活,使其形成一个时间与事项紧密联系、有效结合的网络,更加充分地利用时间。第二是压缩法,即领导者根据领导目标,全面审查自己的活动安排,取消和减少不必要和可做可不做的事项,合并相同相似的事项,简化繁杂的事项,精心安排时间。

(三)优化时间利用的艺术

优化时间,就是领导者科学分配和合理利用时间资源,使其发挥最佳的效果。一般来说，领导者可掌握和利用以下几种方法：一是优化总体安排，即领导者对一个阶段的时间安排要全盘考虑、周密计划、合理划分、统筹协调，使时间的利用在总体安排上达到最优。二是优化工作时间预测，即领导者根据过去时间利用的资料和现在掌握的情况，估计和推测时间利用的未来效果，从而选择最有价值和最优方案的事项。三是优化工作程序，这种方法又叫"ABC时间管理法"或分类安排工作法，即把有限的时间集中于关键和重要的工作上面，以期获得好的工作绩效。具体来说就是将事情按照轻重缓急分为A、B、C三类。A类最重要，是必须做的；B类次之，是可以做的；C类又次之，是可做可不做的。这样就可以保证领导者把时间精力集中在重大的任务上。四是优化时间使用价值，就是领导者最大限度地发挥时间的作用，这种方法又叫生理节律法，就是根据领导者的生理节律合理地安排时间和工作，在精力状况最好时安排最重要最复杂最艰苦的工作；在精力状况较差时安排比较轻松的工作；在精力状况处于低潮时则安排休息、娱乐等。

（四）节约时间的艺术

领导者除了有效利用时间之外，还应该克服浪费时间的不良习惯，掌握节约时间的艺术。具体来说应该掌握以下技巧：一是制订合理可行的工作计划，精心安排时间，做到有条不紊。二是精简会议。实践证明，无效率的会议既浪费时间，又浪费社会财富，还败坏党风和政风。要节约时间就必须精简会议，"有效地开会，开有效的会"，严格控制会议数量，提高会议质量。三是善于授权。领导者通过有效授权，充分发挥下属的自主性和积极性，避免事必躬亲，防止陷入琐碎繁杂的事务之中难以自拔。四是善于利用现代办公自动化技术。"工欲善其事，必先利其器"。领导者掌握办公自动化技术可以达到事半功倍的良好效果，也是节约时间、提高时效的重要保证。

六、驾驭会议的艺术

要进行有效的领导活动，会议是不可缺少的，但如何开好会，时间花费少、效果好，这既是一门科学，又是一门艺术。

（一）开会必须遵循的原则

召开会议必须遵循的原则主要包括：

1. 超前性原则。会前准备工作很重要。开会前要明确会议目的，确定议题、程序和开会的方式方法；选定出席人员；确定会议的时间、地点。要把会议目的、议题、要求等事先通知参加者，便于与会者提前做好准备。会前应收集意见,准备必要的资料,做好会场的布置等。

2. 有效性原则。一是会议期间要提高效率,力争用最短的时间解决尽可能多的问题。二是会议要讲究效果,会中有议,议而有决,真正达到会议目的。

3. 善后性原则。议后有决,决而有行,行要有果,结果反馈,检查落实,使会议产生较长期的影响。

(二) 严格控制会议规模

会议的规模要与会议的性质和目的相适应。控制会议规模的方法包括:与会议无关的人员不必到会;能合并的会一定合并,能开小会的不开大会;根据会议议题的内容及其顺序,允许有中途退席或中途出席的;有的人仅需获知会议结果而不必参加讨论,可在会后通知他们;泡会议、磨时间的人,应劝其退会。

(三) 主持会议的技巧

1. 严肃会议作风

严肃会议作风要做到五个"不":准时开会不迟到,认真对待不私聊,慎重发言不乱说,解决问题不拖拉,发扬民主不专断。只有与会者自由地表达意见,才能更好地集思广益。否则,就会出现"领导讲话念稿子,回去传达翻本子,贯彻落实一阵子"的现象。

2. 控制会议进程

首先,领导者组织会议时要明确自己的职责,以最有效的方式解释议题,引导大家围绕议题展开议论,为通过理想的决议而努力。其次,要分清会议的性质,以免逢会必到,到会必讲,每讲必长的毛病。最后,还应控制会议的时间。准时开会,适时闭会;制止马拉松式的长篇发言,引导离题者紧扣议题;合理安排议题的顺序;提高讲话水平,有话则长,无话则短,言简意明。

3. 处理会议问题

首先,正确处理"冷场"。领导者要仔细说明议题,进行启发、引导;用有趣的话题去吸引,或安排有威信者先发言。其次,正确处理"离题"现象。可以接过离题议论中的某一句话,或插上一句话使其自然转回;或联系议论中的某一层意思,提出新的话题,使议论者在有意无意中回到正题上来。再次,正确处理会议上的"争执"。如果争执是由逻辑问题所致,可先肯定各方的有理之处,然后指出逻辑上的错误。如果是含攻击成分的争吵,可以用目光、手势示意,或起身以引起注意,或直接仲裁,或暗示有威信者发言调停。另外,对不同类型的与会者,要学会区别对待。

4. 制订会议守则

列宁生前曾专门为人民委员会倡导和制订了开会的纪律。其内容有：(1)只请与议论问题有关的人参加；(2)不许迟到，无故迟到半小时，罚款五卢布，半小时以上罚十卢布；(3)开会有事只许递纸条，禁止说小话；(4)给报告人的时间是十分钟；(5)给发言人的时间，第一次是五分钟，第二次是三分钟；(6)发言不得多于两次；(7)对议程赞成或反对的每次表决，占一分钟；(8)例外情况按人民委员会的特别决议处理。从上述规定，我们不难看出列宁是非常珍惜时间和重视纪律的，他反对讲废话，反对办事拖拉的官僚主义作风，这很值得我们一些领导者学习。

七、处理突发性事件的艺术

在现代领导活动中，领导者常常会面临一些不可避免的突发性危机事件，有效应对突发性事件成为领导者的重要职责之一。

突发性事件是指突然发生的、超越常规的、具有重大社会影响的事件。突发事件一般同时具备三个条件：一是突然发生，难以预料；二是问题极端重要，关系安危，影响巨大，必须立即处理；三是首次发生，超越常规，无章可循。美国著名管理学家赫伯特·西蒙(Herbert A.Simon)指出，突发事件的实质，是非程序化决策问题。处理突发事件是一种非程序化决策过程。领导者在突发性事件的处理过程中发挥着极其重要的作用。

领导者处理突发事件的艺术要点包括：

第一，敏锐洞察，迅速确认事件的性质。领导者必须具有敏锐的洞察力，具有高超的信息收集、处理和分析能力，能够迅速区分和确认突发事件的性质。

第二，以人为本，全力救治受伤人员。人的生命是最宝贵的。领导者在处理突发性事件时，必须坚持以人为本的原则，把人的生命安全放在第一位，全力以赴、不惜一切代价救助受伤人员，关心、安抚遇难者家属。

第三，主动出击，迅速控制事态。组建应急机构，配备精干人员，迅速开展工作，有效控制事态，使其不扩大、不升级、不蔓延，这是成功处理突发性事件的关键。久拖不决，是突发性事件处理的大忌。

第四，果断决策，把握全局。领导者最好能够亲临现场，最大限度地获知真实的情况，并根据所获知的信息准确判别形势，把握全局，果断做出正确决策。

第五，打破常规，化解危机。突发性事件的性质和特点决定了领导者对突发性事件的处理不可能按常规进行,也无先例可循,这就要求领导者敢于打破常规,敢于冒险,善于冒险,充分发挥主观能动性,创造性地化危机为转机和生机。

第六,加强沟通,主导舆论。进行无障碍的沟通、确保信息的通畅,这是领导者成功处理突发性事件的重要基础。领导者要把突发性事件中发生的人员伤亡情况以及救助情况通过媒体及时准确地通报,争取社会各界的理解、支持与合作,主导舆论,避免谣言传播。

第七,整合资源,协力行动。突发性事件的处理是一个复杂的系统工程,领导者需要整合多种资源和各方力量共同应对。善于动员整合社会各界力量,尤其是专家、社会中介组织、媒体、企业等方面的智慧和力量,群策群力,协力应对。

第八,重视善后处理,力戒重蹈覆辙。善后处理,关系到组织未来的生存与发展。领导者要重视突发性事件的善后处理工作:认真彻查事件发生的原因;评估事件造成的损失;恢复生产生活;及时补偿损失,稳定民心;变革和完善相关体制机制;增强危机意识,消除危机隐患,力戒重蹈覆辙。

第三节 提高领导艺术水平的途径

领导艺术是领导者对领导原则、领导方法的灵活运用,是领导者综合素质的创造性发挥。领导艺术水平如何,关系到领导活动是否顺利和领导绩效的高低。因此,各级领导者必须千方百计提高领导艺术水平。

一、提升工作动机,保持领导艺术的先进性

保持领导艺术的先进性,必须提升和维系领导者高尚的工作动机。领导者强烈的事业心和高度的责任感是维系领导者工作热情、推动领导工作创新发展的巨大的内在动力,是领导艺术先进性的主要保障。如果领导者缺乏崇高的理想、强烈的责任感和高尚的思想品德,以权谋私、贪图享乐、追名逐利,就会堕落成为玩弄权术、阳奉阴违、见风使舵、心术不正的政客与阴谋家,就毫无领导艺术的真、善、美可言。因此,领导者必须把握领导艺术与政客权术的本质区别,划清两者之间的界限。政客权术通常是指某些掌握权力的政客为了谋取个人和小集团的利益,依仗权势,耍弄计谋、玩弄权术的行为,而领导艺

术则从属于事业目标，服务于社会发展，致力于时代进步；政客权术表现为假、恶、丑，而领导艺术则表现为真、善、美；政客权术是腐蚀剂，破坏组织团结，危害社会安宁，败坏社会风气，泯灭人间正义，而领导艺术不仅有助于领导绩效的提高，有助于领导目标的实现，而且有利于社会的进步和发展，有利于增进人类的福祉；政客权术随着民主法治、政治文明的不断发展，随着社会的不断进步会逐步退出历史舞台，走向衰微和消亡，而领导艺术则具有顽强的生命力，随着时代的进步和社会的发展而不断进步和提高，拥有美好广阔的发展前景。领导者只有真正领悟和运用领导艺术，抛弃政客权术，才能保持领导艺术的先进性。

二、运用现代技术，提高领导艺术的科学性

在领导决策从经验型向科学型转化，系统论、信息论、控制论等现代应用迅速发展，电子计算机、通信技术等现代信息传播工具介入社会生活的时代，办公自动化、电子网络等技术在公共部门得到了广泛应用。领导者要提高领导艺术水平，就必须大量吸收和运用现代科学技术知识，迅速而准确地收集和处理领导工作的信息，把领导艺术建立在科学的基础之上。要建立起用电子计算机处理领导事务的高效能的领导信息系统，提高工作的有效性和科学性，避免武断性、盲目性和随意性。

三、加强素质修养，增强领导艺术的创造性

创造性的领导艺术不是无源之水、无本之木。领导艺术的源泉就是领导者在社会实践中形成并表现出来的较高的素质修养。没有较高的领导者素质修养，就没有高超的领导艺术。领导者的政治素质、法律素质、能力素质、道德素质和知识素质等是领导艺术得以产生和发挥的前提和基础。为此，领导者既要增强政治责任感，树立崇高的理想和信念，做到勤政为民，公正廉洁，忠于职守，具有高尚的品德和情操，还要刻苦学习，认真钻研，掌握渊博的知识，并且能够融会贯通，学以致用。领导者要不断加强综合素质的培养和提高，注意领导经验的积累和升华，结合自己所担负的工作任务、面临的环境和条件，提高分析问题和解决问题的能力，从而增强领导艺术的创造性。

四、总结实践经验，把握领导艺术的规律性

领导艺术作为一种从事领导工作的技能、技巧，在很大程度上依赖于领导经验。领导经验来源于领导实践，因此，领导者既要勇于实践，在实践中千锤百炼，增长才干，提高能力，又要认真总结经验教训，不断反思实践中的成败得失，将感性认识升华为理性认识，把握领导艺术的规律性。一方面，领导者应该不断总结成功的经验，并把它上升为理论，使之条理化、系统化。另一方面，科学总结失败的教训，分析原因，制订弥补损失、避免失误的对策。只有这样，才能不断提高领导艺术水平。

第十章　领导激励

领导激励既是领导活动的重要职能，也是实现领导职能的重要手段。领导者的激励是充分发挥下属主动性、积极性和创造性的必要途径。认识和理解领导激励的相关理论和原则，掌握领导激励的方法和技巧，具有非常重要的意义。

第一节　领导激励概述

激励是一种重要的领导职能，是领导者采取有效措施激发和鼓励下属实现领导目标、提高领导绩效的过程，它在领导活动中发挥着不可替代的重要作用。

一、领导激励的含义和过程

（一）领导激励的含义

根据《辞海》的解释，“激励”就是“激动鼓励使振作”。激励（Motivate）作为心理学中的一个基本概念，指激发人的动机的心理过程。从广义而言，激励就是调动人的积极性的过程；从狭义而言，激励就是一种刺激，是促进某种行为的手段。

领导活动中的“激励”，是指领导者为履行领导工作职能、实现领导工作目标，采取各种方法，遵循人的行为规律，激发被领导者的动机，鼓励被领导者符合组织目标的态度和行为，充分调动被领导者的主动性、积极性和创造性的过程。简言之,就是领导者采取有效措施激发和鼓励下属实现领导目标、提高领导绩效的过程。领导激励的要点是正确地诱导并满足被领导者的需要,激发其正向的行为动机和行为取向,使其将实现组织目标的过程与实现自身价值的过程统一起来,从而增强被领导者对组织的满意度,并转变成积极的工作态度和高效的行为方式。

行为科学理论认为,一个人的工作业绩不仅取决于工作能力,而且取决于工作动机及其被激发的程度。从心理学角度看,人的行为都是受到一定的激励而产生的。每个人的实有能力和工作中发挥出来的能力不完全是一回事,人在不同的工作状态下,才能发挥的程度是很不同的。在现实生活中,常常可以看到这样一种情况,一些能力相当的人会取得效果不同的业绩,甚至能力差的人还有可能比能力强的人做得更好。这实际上与领导者对下属的激励有很大的关系。领导者如果能有效运用激励方法和技巧,往往会使下属呈现出高昂的工作热情和投入的工作状态,并最大限度地发挥能力水平,取得出色的工作成绩。因此,领导者的一项重要职责就是采取一切有效措施,激发和强化下属的工作动机,发掘其潜能,鼓励其创造。

(二) 领导激励的基本过程

从心理学的角度来说,人的行为发生的过程,一般包括四个阶段:产生需要,促发动机,做出行为,指向目标。人的行为都是因需要而发生的,当某种需要产生时,心理上就会出现一种不安和紧张状态,即内驱力,于是,促发了动机的产生。所谓动机就是因需要而产生的心理内驱力,动机支配人们的行为,行为指向特定的目标;当目标实现以后,需要得到满足,心理的紧张状态解除,随后又会产生新的需要和动机,周而复始。如下图所示:

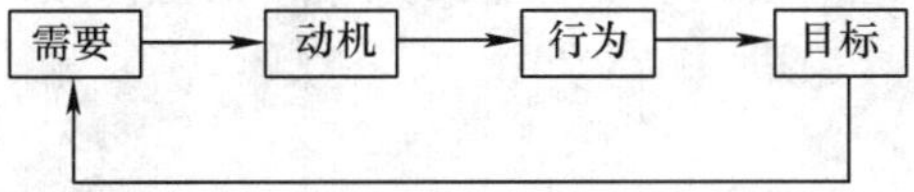

领导激励就是通过创造各种外部条件去刺激人内在的心理状态,利用某种外部的诱因调动人实现自身需要的积极性和创造性。简单地说,领导激励就是使外部的刺激内化为个人自觉行动的过程。外部适当而健康的刺激可以使个人完成目标的行为总是处于高度的激活状态,从而最大限度地发挥人的潜能,这种潜能无法直接测量,只能根据人们的实际行动进行推测。

适应人的行为发生机制,领导激励的过程应包含以下环节:洞察需要,激发动机,引导行为,确定目标。

1. 洞察需要

需要是人的行为的原动力。洞察需要是领导激励的起点。领导者要实施激励,首要的前提是洞察下属的需要。因为人的需要(意欲)是人产生动机、做出行为的内在驱动力。德国哲学家叔本华曾在《爱与生的苦恼》中说:“人由意志产生意欲,由意欲产生动机,由动机产生活动”。因此,能否洞察下属的需要,就成为领导激励是否成功的决定性因素。

所谓需要,是指人对某种目标的渴求或欲望。它是个体的一种主观状态,是人们对客观条件需求的反应,包括食、衣、住等生理需要和交往、友爱、安全、实现理想等社会需要。人的需要有四个特点:第一,需要具有客观性。这不是指需要的性质,而是指需要的存在状态。无论你察觉与否和承认与否,需要都客观存在着,它是生命的伴随物,生命存在,需要就存在;生命终止,需要随之消失。第二,需要具有动力性。需要作为客观需求的主观反映,并不是纯粹消极的、被动的过程,而是在人与客观事物的互相作用过程中,在积极地认识和改造客观事物的活动中产生的。需要本身就是促进人们行为的基本动力。当人们原有的需要满足以后,又会产生新的更高层次的需要。这样,需要不仅在没有得到满足时是行为的动力,而且在得到满足后仍然是行为的动力。第三,需要具有多样性。人的需要是多种类、多层次的。既有物质需要,也有精神需要;既有生理需要,也有心理需要;既有低层次的需要,也有高层次的需要;既有眼前的现实的需要,也有将来的长远需要。第四,需要具有社会历史制约性。人的需要是随着社会历史的发展而发展的,是随着生产力的进步而变化的,需要的内容与满足需要的方式都是变化的,是受各种条件限制的。

领导激励理论认为,领导者下属正当需要的满足程度直接决定了下属积极性发挥的程度,因此需要是行为产生的原点,也是激励的逻辑起点。设法去满足下属的需要,领导激励才有效果。

2. 激发动机

激发下属的动机是领导激励的关键。动机(Motivation)是人的行为的内在驱动力,推动着人们从事某种活动,达到一定目标。通俗地说,动机就是人发动行为、维持行为、加强行为、引导行为以及停止行为的全部心理过程。动机主要是个人因素与情景因素互动的结果。个人因素主要是个人的需要;情景因素主要包括管理者的行为以及工作和组织的状态。

动机和需要都是人们内在的一种心理因素,动机是在需要的基础上产生的,是需要的表现形式,但动机本身并不是需要,两者的区别在于:需要是人们活动的积极性的源泉,动机是推动人们活动的直接原因。需要并不能直接转化为动机,只有当能够满足需要的对象和目标出现时,需要才会转化为动机。人们的需要有多种,动机也有多种。在一定时期内,多种动机中只有一个最强烈的动机能够引发人们的行为。而当这一最强烈的动机所指向的目标实现了,一种需要满足了,这个动机的强度就会随之减弱或消失,其他动机就强烈起来。

动机一旦产生,便推动和引导着个体行为。对于领导者而言,了解下属的需要,激发下属的工作动机,以及根据该动机施以激励,这是一件相当重要的工作。整体而言,不同的个人因素和情景因素所造成的互动,使得每个人在面对工作时,其动机都有很大的差异,要求领导者采取的激励方式也应随之改变。领导者如果能够激发下属正确的动机,就会使下属产生有利于组织目标和组织利益的行为。反之,如果下属错误的或不合理的动机被激发出来,便会产生对组织目标和组织利益不利的行为,影响其他组织成员的情绪,降低工作效率,甚至会破坏组织的稳定。因此,领导者要辨别清楚下属的动机是否正确、合理。

3. 引导行为

引导下属的行为是实现领导激励目的的保障。人的行为属于外在的因素,是动机在人的行动上的外在表现形式。外在的行为比内在的需要、动机易于识别和掌握。领导者在引导下属行为时要注意以下事项:

第一,鼓励和强化正确的行为。发现组织成员的行为符合组织的利益和需要,立刻给予表扬、奖励等肯定性支持和评价,及时强化这种行为。如果领导者奖励某些行为,如高质量的工作等,这些行为就可能增多;如果领导者始终不去理会下属的工作绩效与贡献,那么就不能期望下属有持续的、很高的工作绩效。

第二,及时批评和惩罚错误行为。错误的行为是指与组织期待相背离的行为,它不利于组织目标的实现。领导者如果不及时批评错误的行为,那么就不能产生对正确行为的鼓励。惩罚错误行为和鼓励正确行为是一个问题的两个方面,必须结合起来同时进行。

第三,建立行为规范,形成组织的特定行为风格。领导者要通过对下属的奖励和惩罚,让下属知道在这个组织中哪些行为是合适的、正当的、值得鼓励的;哪些行为是不合适的、错误的、要受到惩罚的。在此基础上,将这些奖励或惩罚的根据、原则、条件、措施和标准等上升为制度,形成导向性和规范性的制度体系,并取得下属的认同,发挥对下属行为的引领和强化作用。

第四,树立榜样,以身作则。俗话说,“喊破嗓子,不如做出样子”。领导者要求下属如何行为,自己首先就应该如何行为。领导者的行为具有言传身教之功效,是对下属最好的激励方式。

4. 确定目标

确定目标实际上就是在考察个人需要和动机的基础上,将个人目标和组织目标统一在一起,使组织目标和成员个人目标达到相对的平衡。

目标在心理学上被称为“诱因”,是用来表示人所期望达到的目的或成就,对人的行为起着引发、导向和激励的作用。行为科学强调通过目标的设置来激发动机、引导行为、满足需要。领导者通过设置适当的、合理的组织目标,形成利益机制,辅之以组织文化的影响,引导下属确立符合自身情况的并与组织目标相符的个体目标,使下属自愿地将个人利益和组织利益统一起来,使个人的奋斗目标与组织的目标相一致。下属在努力实现组织目标的过程中,也直接或间接地实现了个人的目标,满足了个人的需要。这样,下属在工作中的积极性就会被激发出来并保持下去。

二、领导激励的作用

(一)领导激励是调动下属积极性的重要方法

领导激励的出发点和落脚点就在于调动下属的主动性、积极性和创造性。心理学研究表明,人的一切行为都是受到激励而产生的。激励是打开人们心扉的钥匙,是启动人们行为的键钮。每个人不仅需要自我激励,而且需要得到同事间的互相激励,需要得到组织和上级的有效激励。为了更好地调动下属的积极性,使下属认识到自己工作的价值,并保持积极的工作状态,领导者必须善于对下属进行激励,使他们心情愉快地、自觉地、充满信心地完成组织的任务。

管理心理学家列了一个著名的公式:绩效=f(能力·激励)。这个公式表示,工作绩效是能力与激励乘积的函数。它说明了人们在能力相同或相近的情况下,其工作绩效的高低大小取决于激励的效果。如果一个人工作能力很强,但积极性受挫,主动性受限,创造性受压,那么,工作成效就一定不会好。相反,如果一个人的工作能力不是特别强,但积极性受到鼓励,主动性受到表扬,创造性受到肯定,那么,态度和行为就会由被动转化为主动,由消极转化为积极,由“要我做”转变为“我要做”,从而使生命潜能得到充分发挥,工作成效一定明显改善。

（二）领导激励是引导正确行为的重要手段

领导激励是一种对动机和行为的肯定，它表明了什么样的动机和行为会受到尊重和表扬；也传达了组织上和领导者提倡什么、反对什么；还指导着下属怎样创造价值和怎样取得成功。因此，领导激励会起到价值的导向作用和行为的约束作用。在领导激励的影响下，会涌现出代表组织所期望的态度和行为的典型，典型会产生榜样和示范的作用，激励大多数人产生正确的效法行为，做出巨大的贡献。

（三）领导激励是实现组织目标的重要保障

人才资源的开发和利用是影响组织目标实现的关键因素。领导者有效地运用激励手段，能够起到开发组织人力资源、保障组织目标实现的作用。因为，有效的领导激励能够吸引人才——提供舞台聚集各方英才；有效的领导激励能够留住人才——创造条件发挥人才作用；有效的领导激励能够用好人才——人事相宜实现人才价值；有效的领导激励能够发展人才——竞争机制提高人才素质。

（四）领导激励是提高工作效率的重要动力

领导者通过实施激励可以强化下属的行为，进一步激发下属的创造性和创新精神，从而保证工作的高效率。美国哈佛大学的心理学教授威廉·詹姆士（William James）在《行为管理学》一书中阐述了激励对于调动职工的工作潜力和提高工作效率的重要作用，指出按时计酬的员工仅能发挥其能力的20%～30%，受到充分激励的员工其能力可发挥至80%～90%，其中50%～60%的差距是激励的作用所致。这就是说，同样一个人在通过充分有效的激励后所发挥的作用相当于激励前的3倍至4倍。可见，即使能力再高的人，如果缺乏足够的动力，其工作绩效也不会很高；而充分有效的领导激励则会调动下属的工作潜力并能有效地提高工作效率。

（五）领导激励是增强组织凝聚力的重要途径

领导者正确运用激励可以增强组织的向心力、凝聚力。向心力和凝聚力表现为整个组织对下属的吸引力，以及组织成员间的相互吸引力，它表明下属对组织的满意程度和忠诚度。首先，激励使下属感受到组织的尊重和信任，产生强烈的归属感、认同感和自豪感，更加热爱和关心组织，更加愿意把自己的才能充分发挥出来。而下属才能的发挥过程又可以使自己发展的需要、成就的需要得到满足，进一步强化对组织的归属感和责任感。其次，下属从领导者以身作则的言行和领导激励所产生的和谐的上下级关系中，进一步增加对领导者的信任感，更加热爱本组织，更加愿意投入组织事业的发展之中。

第二节　领导激励的基本理论与原则

有效的激励离不开正确理论的指导。要进行有效的领导激励,领导者必须掌握基本的激励理论,必须遵循基本的激励原则。

一、领导激励的基本理论

自 20 世纪 50 年代以来,许多管理学和领导科学学者从不同的角度探索了如何对人进行激励的问题,并提出了众多的关于激励的理论。这些理论为领导者正确、合理地履行激励职能、有效运用激励手段提供了指导和借鉴,成为领导激励的理论基础。

对这些理论可以从不同的角度进行各种归纳和分类,比较流行的分类方法是按其所研究的激励侧面的不同及其与行为的关系的不同,把各种激励理论归纳和划分为内容型激励理论(Content Perspectives on Motivation)、过程型激励理论(Process Perspectives on Motivation)、行为改造型激励理论(Behavior Modification Perspectives on Motivation)和综合激励模式理论(Integration Perspectives on Motivation)四大类。本书选取七种激励理论作简要的介绍。其中,马斯洛的需要层次理论、麦克里戈的 X 理论和 Y 理论以及赫兹伯格的双因素理论属于内容型激励理论,弗洛姆的期望理论、亚当斯的公平理论和洛克的目标设定理论属于过程型激励理论,斯金纳的强化理论属于行为改造型激励理论。

(一)马斯洛的需要层次理论

美国行为科学家亚伯拉罕·马斯洛(Abraham H.Maslow)提出了需要层次理论与优势需要理论。马斯洛在《人类动机理论》一书中,把人的各种需要归纳为五大基本需要,并按照其重要性和先后次序排列成一个人类需要的五级阶梯。他认为,人的需要由自低而高的五级层次构成,即生理、安全、交往(爱和归属)、尊重(获得赏识和认可)、自我实现(成就和自我发展完善);只有尚未满足的需要才能影响行为,也就是说,已经满足的需要不再起激励作用;高级的需要须在低一级需要相对满足的基础上才可能产生。

第一,生理的需要。即人类最原始的生理需要和人类维持生存最基本的物质需要,如衣、食、住、用等。人们为了能够继续生存,首先必须满足基本的生活需要,如果这些基本的需要不能满足,生存就发生问题,也就谈不上其他需要。因此,人的需要首先是这些生理的需要和基本物质生活条件的需要。

第二,安全的需要。即避免人身危险,不受丧失职业、财产、食物和住所等威胁,未来生活有保障,以及劳动安全、生活安宁等。基本生活条件具备以后,生理需要就不再是推动人们工作的最强烈的力量,取而代之的是安全的需要。这种需要又可以分为两类:一类是对现在安全的需要,另一类是对未来安全的需要。对现在的安全需要,就是要求自己所面对的社会生活的各个方面均能有所保证,如就业安全、生产安全、人身安全等;对未来安全的需要,是希望未来生活能有保障,如社会生活中的立法、储蓄、保险等就是满足未来安全需要的行为。

第三,交往(爱和归属)的需要。即属于个人对情感和归属的需要。马斯洛认为,人是社会的人,人们的生活和工作都不是独立进行的。因此,人们希望有所归属并为别人所承认。人们希望在生活中受到别人的注意、接纳、关心、友爱和同情,渴望与同事、伙伴之间有着深厚的情谊、融洽的关系,即把自己归属到一个群体或组织之中,获得友爱和良好的人际关系。一个人如果长期处于团体之外,便会产生一种孤独感,精神上不免受到压抑,这就是交往需要的反应。这种需要对于一个已经满足了基本生理需要的人来说最为强烈。

第四,尊重(获得赏识和认可)的需要。即人的自尊、尊重别人和被别人尊重的心理状态。马斯洛认为,人一旦满足了归属的需要,就更加强烈地要求受到别人的尊重,希望自己有稳定牢固的地位,得到别人的高度评价。因为人人都有自尊心,都需要他人的认可、尊重和重视。这种需要将会产生诸如权力、威望、地位和自信等方面的满足,尤其会产生两种情况下的追求:一是内在地渴望有知识、有实力、有成就,能胜任工作,渴望独立的人格和自由的天地;二是外在地渴望个人成就能够得到他人认同。成就有人认可,行为有人欣赏,为人得到好评,以及同性的尊重,异性的羡慕,社会的赞誉等,以期提高自己在社会中的地位和影响。

第五,自我实现(成就和自我发展完善)的需要。根据马斯洛的需要层次理论,这是最高层次的需要。这种需要就是一种个人能力能够充分发挥的愿望,即最大限度发挥个人潜能并有所成就。可见,自我实现的需要是一个人情感、思想、愿望、醒悟、能力和个性特征不断完善、充分调动个人潜力、促进个人潜能的拓展、实现自我理想和抱负的一种趋向。由于每个人的抱负不同,自我实现的水平和层次也不相同,满足自我实现需要的途径也因人而异。

马斯洛认为,需要各层次间的相互关系表现为:首先,这五种需要从低到高依次排列,但这种次序不是完全固定的,而是可以变化的,也有种种例外的情况。其次,一个层次的需要相对满足了,就会向高一层次发展,这五种需要不可能完全满足,愈到上层,满足的机会愈少。再次,同一时期内可能同时存在几种需要,因为人的行为是受多种需要支配的。但是每一时期内总有一种需要是占支配地位的。任何一种需要并不会因为下一个高层次需要的发展而消失,各层次的需要相互依赖与交织,高层次的需要发展后,低层次的需要仍然存在,只是对行为影响的程度减轻而已。最后,需要满足了就不再是一种激励力量。即某种需要一旦满足,也就不再是一种优势需要了,要激励就必须有新的刺激。

马斯洛的需要层次理论为领导者运用激励提供了一个基本的理论假定,为领导者的激励活动提供了一幅清晰的画面。领导者必须对下属需要层次的提升及其实现的限度有着透彻的了解,从而有的放矢地进行激励活动。

需要层次理论告诉我们:第一,若想激励某人,就必须了解他目前所处的需要状态和层次,以及满足的恰当措施。第二,对人的需要不能一下子全盘满足,因为需要一旦得到满足就丧失了激励功能。第三,需要是分层次的,低级需要得到充分满足时,高级需要的满足就更具激励性。第四,激励是没有终点的,领导者应该奉行"连续激励"的原则,使下属的潜能得到递进式的发挥。

(二)麦克里戈的X理论和Y理论

道格拉斯·麦克里戈(Douglas M. McGregor)的X理论和Y理论认为,管理者对下属的管理行为主要是基于对下属人性的假设,不同的人性假设会导致不同的管理行为。基于此,麦克里戈提出对于人性的两种不同假设:一是对人性采取一种负面的观点,称之为X理论(Theory X);另外一种观点是正面的,称之为Y理论(Theory Y)。

X理论认为:员工天生就不喜欢工作,对组织需要漠不关心,如果可能的话,他们会尽量避免工作,逃避责任,而且缺乏雄心壮志,宁愿被领导,强调安全感,反对变革。因此,管理者必须施以强迫、控制或是处罚的威胁来达到所要追求的目标,应该尽量采用正式的指挥方式,指挥员工、激励员工、控制员工的活动,矫正他们的行为,使其适合于组织需要。

Y理论认为:人并非天生不喜欢工作,逃避责任、丧失进取心、强调安全感,这些通常是后天经验的结果,并非人天生的本性。员工将工作视为如休息和游戏般自然,当他们认同责任和组织目标时,会自我要求和自我控制,一般而言,他们都会学习如何接受责任,甚至主动去承担责任。而且,在现代工业社会的条件下,一般人的智慧、潜能只是部分地得到了利用和发挥。因此,外界控制和惩罚的威胁并不是实现组织目标的唯一手段。动力、发展的潜力、承担责任的能力、指挥自己行为的能力使其产生实现组织目标的意愿,所有这些都正常地存在于人们当中,管理者不应该不理会它们,认识和发挥人的这些特性是管理者的职责。所以管理者的主要任务是安排好组织条件和工作方法,使人们的智慧和潜能能够充分发挥,更好地为实现组织的目标和自己的具体的个人目标而努力。

从上述分析来看,X 理论完全依赖对人的行为的外部控制,偏向于认为个人主要受生理需要与安全需要的支配;而 Y 理论则重视依靠自我控制和自我指挥,偏向于认为是社会与尊重的需要支配着个人的行为。大部分学者都相信 Y 理论比 X 理论更有效,因此一般都认为若能让员工参与组织决策、赋予员工更大职责且承担富有挑战性的工作,以及保证良好的群体互动关系等,都会产生较大的员工激励效果。不过,并没有实际的数据足以证明哪一种假设较为有效,亦即无法证实哪一种理论的假设能够更加激励员工。在现实中,也不乏采纳 X 理论而获得成功的例子。因此,X 理论与 Y 理论的适用可能受情景的不同而有所差异。

(三)赫兹伯格的双因素理论

心理学家弗雷德里克·赫兹伯格(Frederick Herzberg)提出了激励—保健理论(motivation-hygiene theory),亦称为双因素理论(Two-factors Theory)。他认为,个人与工作的关系是一种基本关系,他对工作的态度在很大程度上将决定其成败。赫兹伯格做了这样一个调查:即人们想从工作中得到什么。结果表明,人们将对工作满意(Satisfaction)的因素归于自己,而把不满意(Dissatisfaction)的因素归于外部和组织。领导者消除工作中的不满意因素并不必然带来满意,因为不满意的对立面并不是满意。由此可见,带来工作满意的因素和导致工作不满意的因素是不相关的,两者是截然不同的。因此,领导者努力消除带来工作不满意的因素,可能会带来平衡,却不一定有激励作用。

赫兹伯格把政策、监督、人际关系、工作环境和工资这些因素称为保健因素(Hygiene Factors),认为这些因素只能成为不满意因素而不起激励作用。换句话说,假如这些因素在工作环境中大量存在,而且条件优越便不致引起下属的不满,但这类因素的存在并不能使人们在思想上产生满意感,因而不能起到激励作用。然而,这些因素却是非有不可的。如果缺少这类因素,就会引起不满。另外,赫兹伯格把成就、赏识、工作富有挑战性、晋升和工作中的发展等与工作内容有关因素称为激励因素(Motivation Factors)。他认为,有了这些因素的存在,可以使组织成员产生满意感,从而具有激励的作用。如果领导者想在工作中达到激励下属的目的,就必须强调成就、认可、工作本身、责任和晋升等激励因素。可见,激励—保健理论揭示了人们对工作的感受存在着激励和保健两种不同的因素。

双因素理论告诉我们:第一,领导者若想持久而高效地激励下属,必须使下属能从工作中感受到成就、责任和成长。同时,领导者还须经常给予下属表扬和赏识,使他们感到自己受人重视和尊重。第二,领导者不应该忽视保健因素,否则会使下属产生不满而影响领导效能。第三,不能将保健因素和激励因素绝对化。在一定的条件下,保健因素和激励因素是可以转化的,对于不同的人来说,激励因素也有保健的作用,保健因素也有激励的作用。

(四)弗洛姆的期望理论

心理学家维克多·弗洛姆(Victor H.Vroon)的期望理论(Expectancy Theory)认为,人们从事任何工作的行为倾向的强度取决于个体对于这种行为可能带来的结果的期望强度,以及这种结果对行为者的吸引力。具体而言,当个人认为努力工作会带来良好的绩效评价时,就会受到激励而付出更大的努力;良好的绩效评价会带来组织奖励,如奖金、加薪或晋升;组织奖励会满足员工的个人目标。期望理论的关键是了解个人目标以及努力与绩效、绩效与奖励、奖励与个人目标满足之间的关系。因此,激励作用主要依赖于个体对结果的喜欢程度或期望程度,以及达到目标的可能性之大小。其著名的公式为:

$$P(\text{激励强度}) = V(\text{效价}) \cdot E(\text{期望值})$$

效价即个人对于某一特定结果的偏好程度,即是否具有价值以及价值大小的主观量度。期望值是个人对通过特定活动实现预期成果的可能性大小的判断,只有经过努力可以实现的目标对人才有激励作用。当个人对实现某一目标认为是无足轻重时,效价为零;而当他认为目标实现反而对自己不利时,效价是负的。这两种结果当然都不会有激励作用。同样,如果期望值为零或负数时就不会激励一个人去实现目标。而且,不同的人对待同一事情有不同的效价和期望值,比如晋升激励对两个表现不同的人,引发的期望值是不一样的。要使激励起到强大作用,应研究被激励者的效价和期望值,并依据具体情况尽可能调节到较高的水平。期望理论认为,不存在一种适用于所有人的激励原则,或者说没有一种激励原则具有普遍适用性。因此,要取得良好的激励效果,必须针对特定的人采取有针对性的反馈调节。

期望理论告诉我们:个人和环境的组合决定了一个人的行为,仅有个人或者仅有环境是不可能决定一个人的行为的;不同的人有着不同的需要和目标;人们根据自己对一个假设行为所导致的期望被满足的程度,来决定自己在组织中的行为;人们倾向于做那些他们认为期望能够得到满足的事情,而避免做那些将产生他们不希望的后果的事情。因此,领导者必须考虑到各种不同情况,为领导活动设计出有利于目标实现的环境。

(五) 亚当斯的公平理论

激励中的一个重要因素就是报酬结构带给个人的公平感。美国心理学家亚当斯(J.Stacey Admas)于20世纪60年代首先提出了公平理论(Equity Theory),也称社会比较理论。这种激励理论主要讨论报酬的公平性对人们工作积极性的影响,注重公平在激励过程中的作用。这一理论的本质可以用公式表示如下:

$$\frac{\text{个人所得的报酬}}{\text{个人的投入}}=\frac{\text{(作为比较的)另一个人所得的报酬}}{\text{(作为比较的)另一个人的投入}}$$

亚当斯认为,个人在组织中更为关注的并不是获得的报酬的绝对值,而是与别人相比较的相对值,并对公平与否进行判断。相对报酬的公平感对行为动机和工作积极性的影响甚大。个人对自己的投入与产出和其他人的投入与产出的关系做出判断,如果人们感到自己的产出与投入比和其他人的产出与投入比不适当时,就会产生不满,影响工作效率和对组织的信任;如果人们觉得报酬是公平的,就会继续维持同样的积极性;如果人们认为个人的实际报酬要比所认为的公平的报酬还要大,他们可能会更加努力地工作。如下图所示:

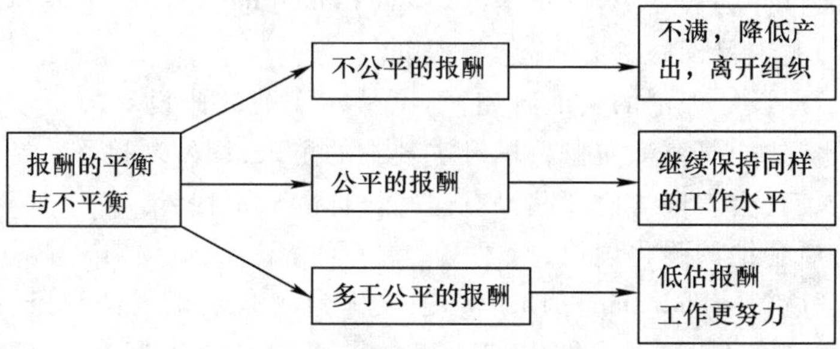

公平理论告诉我们,分配公平对员工的满意度有较大的影响,领导者应该特别注重公平在激励过程中的影响和作用。首先,领导者要尽可能公正无私地对待每一位员工,尤其在工资、奖金、职称、晋升等涉及切身利益的问题上要公平合理;其次,领导者应该排除现实中客观存在的不公平状况,改革不合理的奖励分配制度,打破平均主义,实现分配过程中的公平公正。

(六) 洛克的目标设定理论

洛克(Edwin A. Locke)在1960年提出目标设定理论(Goal - setting

Theory)。其主要观点认为,管理者可以通过设定一些为部属接受和认同的特定目标,来指引下属的行为和绩效。同时,管理者可以通过对下属提供目标达成程度的回馈信息,来使目标成为一个有效的激励因子。根据这样的观点,目标设定理论认为管理者可以不需要直接控制下属的行为,就能够改善组织绩效。根据目标设定理论的观点,目标难度和目标清晰度是影响下属绩效的两大因素。

目标难度(Goal Difficulty)是指一项目标的挑战和需要努力的程度。目标难度会影响下属对于目标的接受和认同。当下属接受与认同一项目标时,他们会愿意付出必要的努力来达成该目标。然而,当一项目标太简单或者太难时,目标不会被接受或认同,因此,目标便失去了激励的作用。

目标清晰度(Goal Specificity)是指一项目标的明确与清楚的程度。相对于模糊的目标,清晰的目标是比较有效的激励因子。清晰的目标可以将下属的注意力和努力都集中在一个较为明确的范畴中,使得一切的努力都指向目标的达成。目标清晰度可以使下属容易判断努力与绩效的关联性,并依据这样的绩效回馈,比较容易采取修正和调整的动作。

由于目标设定理论得到实证上的支持,后来便有了扩大的目标设定理论的出现,认为组织绩效除了受到目标难度和目标清晰度的影响外,还受目标接受度和目标承诺度的影响。目标接受度(Goal Acceptance)是指下属将该目标视为他自己目标的程度;目标承诺度(Goal Commitment)则指下属对该目标的认可程度和实现目标的决心、信念的程度。

有关目标设定理论的实证研究,不论是在实验的假设环境下还是在真实的环境下,多数的研究都支持目标设定理论的主张,均发现接受特定目标与困难目标的人们,会表现得比那些没有这些目标的人更优异。

(七)斯金纳的强化理论

强化理论(Reinforcement Theory)也被称为刺激理论或诱导条件论,由哈佛大学心理学家 B. F. 斯金纳(B. F. Skinner)提出。他认为,可以通过对工作环境的专门设计,并对取得较好业绩的员工加以赞扬,对成绩差的员工加以惩罚,使员工受到激励。强化理论所体现的是一种工作绩效与奖励之间的客观联系,得到奖励的行为倾向于重复出现,而没有得到奖励的行为则倾向于不再重复出现。

所谓强化,就是对人们行为后效的刺激,在性质上加以选择、在强度上加以处理的过程。根据强化的性质和目的,强化可以分为积极强化和消极强化。所谓积极强化(Positive Reinforcement),就是奖励那些符合组织目标的行为,以便使这些行为得到进一步加强,从而有利于组织目标的实现。所谓消极强化(Negative Reinforcement),就是惩罚那些不符合组织目标的行为,以使这些行为削弱直至消失,从而保证组织目标的实现不受干扰。

强化理论告诉我们,通过强化可以改造人的行为。在领导激励行为中,领导者可以通过提供金钱、晋升、赞赏、发展机会等因素来强化员工行为的延续性(积极强化),也可以通过批评或惩罚来使违背组织目标和领导者意图的或产生消极作用的行为得以消失、杜绝(消极强化)。总之,就是诱导员工做出有利于组织目标和领导者意图的积极行为。

二、领导激励的基本原则

领导者要正确有效地运用激励手段,充分发挥下属的积极性、主动性,必须遵循以下几个原则:

(一) 针对性原则

所谓激励的针对性原则,也即差异性原则,是指领导者所使用的激励种类、激励方法和激励措施要针对激励对象的客观实际和心理需要,例如,《三国演义》中诸葛亮智激周瑜、关羽,之所以生效,是因为熟悉周瑜、关羽的心理需要,使得激励具有很强的针对性。领导者在运用激励时,首先要对激励对象进行差异性分析,充分考虑激励对象的具体情况和条件,尤其要了解和掌握激励对象的心理需求的性质和层次水平,然后考虑激励的措施、方法和手段,使其对应起来,从而保证领导激励行为收到预期的效果。具体来说,领导者要善于把握群体成员的不同需要,将心理需要按内容和层次分类排队,并依据事业的发展和社会环境等相关因素可能发生的变化,预测需要的动态发展,然后根据已经掌握的心理预测情况,研究确定激励方法的具体运用,从而摆脱激励中的盲目性。

(二) 导向性原则

领导者必须要确定激励方向,这是领导者激励下属的一个最根本的原则。所谓激励方向是指针对什么样的内容来实施激励,它对激励的效果有显著的影响作用。根据马斯洛的需要层次理论,人的需要并不是一成不变的,它是一个由低到高的发展过程,不同的需要多数时间是同时并存的,但在不同的时期,各种需要的刺激作用是不同的,每一个时期总存在一种起最大刺激作用的优势需要。这一理论表明,激励方向的选择与激励作用的发挥有着非常密切的关系。当某一层次的优势需要基本得到满足时,激励的作用就难以继续保持,只有把激励方向转移到满足更高层次的优势需要,才能更有效地达到激励的目的。需要指出的是,激励方向选择是以优势需要的发现为前提条件的,因此,领导者在领导实践中要努力发现不同阶段的优势需要,正确区分个体优势需要与群体优势需要,以提高激励的效果。

(三)有效性原则

激励的有效性原则,简单地说是要保证领导激励的可靠有效。保证激励的有效性,除了上述针对需要的要求外,还决定于以下几个方面:

第一,激励条件或标准的掌握。如果条件或标准过高过严,就会使一部分人的心理需要未能满足,引起失望;过低过宽,则降低了激励的作用。

第二,激励方式的选择。如果方式不当,不能对应需要,不被激励对象重视,则不能起到应有的作用,甚至会使激励走向反面,产生副作用。

第三,激励面的掌握。既要反对平均分配即"大锅饭"的廉价奖励,也要避免激励中的只对个别人"开小灶"的现象。

第四,激励对象宣传的程度。若无一定的形式和声势,就不能产生群体响应和效果;但若是搞形式主义,也会使人产生反感,从而抵消激励的作用。

第五,激励尤其是奖励的及时性。激励是有时效的,如果下属取得了较好的工作绩效,而奖励的时间过分延误,这种奖励也就失去了激发其后续工作绩效的潜力。及时到位的激励可以提高其有效性。

(四)公平性原则

公平是人类内心世界最根本的要求,在领导激励中对其把握的好坏可以促进或者阻碍员工实际工作绩效的取得。公平理论告诉我们,人们的工作动机和积极性,不仅受到所得的绝对报酬(即自己的实际收入)的影响,而且还受相对报酬(自己的收入与他人收入的比较)的影响。一个人工作积极性的高低,不仅取决于他所得到的报酬和评价是否与所做的贡献成正比,而且取决于与同行、同事相比是否感到公平合理,以及组织给予的承诺是否兑现等。如果员工感到自己所付出的劳动与自己得到的报酬成正比,就会感到领导处事公平,心情就舒畅,工作的干劲就高;反之,如果员工感到自己所付出的劳动与自己得到的报酬成反比,就会感到领导处事不公平,心情就会沮丧,工作的积极性就会低落。古人云:"不患寡而患不均","赏不可不平,罚不可不均",讲的就是这个道理。

因此,领导者在激励过程中要注意激励的方式、方法和手段的公平性。在运用激励手段时,必须坚持各尽所能,按劳分配、多劳多得的原则,不断改革和完善分配制度,在机会均等、公平竞争的前提下,注意奖得公平、罚得合理,这样才能使大家感到心情舒畅,有利于充分调动积极性。

(五) 适度性原则

适度性就是适当的激励程度。激励程度主要是指激励量的大小,即奖赏或惩罚标准的高低。激励程度是激励机制的重要因素之一,与激励效果有极为密切的联系。能否恰当地掌握激励程度,直接影响激励作用的发挥。激励过度和激励不足都不能达到激励的预期目的,有时甚至会起反作用,挫伤员工的工作积极性。如果设定的激励程度偏高,又会使被激励者产生过分满足,感到轻而易举,丧失上升的动力;如果设定的激励程度偏低,就会使被激励者产生不满足感、失落感,从而丧失继续前进的动力。所以,要求领导者要从量上把握激励,做到恰如其分,程度适中。

(六) 物质激励与精神激励相结合的原则

物质激励和精神激励虽属于两种不同的激励系统,但它们之间并不是相互排斥、相互矛盾的,而是紧密联系、互为补充、相辅相成的,只有二者的有机结合才能构成激励的完整内容。物质激励具有实在性和强效性,能够满足人们生存的需要,但是纯粹的物质激励容易使下属只专注于激励本身,对有利益的事情不折不扣地完成,对无利可图的则不闻不问,无法给下属长久的成就感,也不能充分激发下属的创造性和想象力。精神激励具有教育性和长效性的特点,能导致积极行为的产生,在一定的条件下还会胜过物质激励。因此,领导者在重视物质激励的同时,更要强调精神鼓励,通过描绘组织远景、充分授权,激发下属自我实现的热情和成就感。然而,精神激励需要借助一定的物质载体,而物质激励则必须体现一定的精神价值。因此领导者应该将两种手段有机结合在一起,既不能完全依靠物质激励,认为“奖金万能”;也不能仅靠精神激励,强调“精神万能”。

(七) 奖惩结合的原则

奖励和惩罚是领导激励的两种不同的方式和手段。通过奖励,强化某种符合组织目标和领导者意图的积极行为,使这类行为能够重复发生;通过惩罚,遏止某种与组织目标和领导者意图不相符合的消极行为,使这类行为不再发生,从而达到保证领导活动正常进行、领导目标圆满实现的目标。单一的奖励或者是单一的惩罚,可能在一段时间内能起到较好的激励作用,但是时间长了,其激励效果会逐渐弱化。人们曾经用“胡萝卜加大棒”来暗喻运用这两种手段诱发人们做出领导者所要求的行为。作为领导者,应该善于综合奖励和惩罚,达到最佳的激励效果。

第三节 领导激励的方式方法

一个成功的领导者除了高度重视激励的作用和善于运用激励的原则外，还应该学会灵活运用恰当的激励方式和方法，掌握一些激励的技巧。

一、领导激励的基本方法

（一）行为激励

在各种激励方式中，领导者行为激励是最为有效的激励方式。领导者的行为往往是被领导者学习和效法的对象，这是由领导者所处的统帅地位、权威作用、传统习惯和心理定式等因素决定的。这些因素的存在，使得领导者的行为具有示范效应。

现代领导者在组织中居于主导地位，领导者行为是影响被领导者积极性的重要因素。领导者通过自己的行为示范刺激和影响被领导者的思想和行为，并逐渐被其认同与模仿，从而转化为被领导者的"自我强化"，纳入自身的心理结构之中，达到内化的目的。一个才华出众、品德高尚、作风正派并善于以身作则的领导者，就比较容易成为群众的精神寄托，就会吸引更多的人才，使群体内成员凝聚成巨大的合力，释放出巨大的能量。正所谓"其身正，不令而行；其身不正，虽令不从"。因此在领导激励中，以身作则是最重要的秘诀和法宝。领导者必须充分认识这一道理，并在激励中不断践行。

领导者高尚的品德，强烈的事业心和责任感，公正公平的处事态度，渊博的知识、丰富的经验、优越的个人才能，以及领袖的风范和魅力等都是领导者行为激励的基本条件。这些条件足以使领导者成为组织的中心，成为群体崇敬、爱戴和竞相学习仿效的楷模，其行为举止产生的激励力量是无穷的。

（二）目标激励

所谓目标激励，就是组织和领导者为激励对象确立符合切身利益的、能够鼓舞人心的目标，通过目标的设置来激发人们的动机，引导人们的行动，激发人们为实现目标而奋斗的激励方式。目标具有定向、引导和激励的作用，只有不断地启发一个人对高目标的追求，才能使其产生奋发向上的内在动力。正所谓"上下同，欲者胜"。

西方行为学家强调，目标是行为的方向，行为都是围绕目标而展开的，如果目标不确定,行为就会出现混乱,激励则会盲目。目标激励贯穿领导活动的始终。目标实施前,领导者要善于用目标激励人们献计献策;目标实施中,领导者要善于用目标激励人们显现才能做出贡献;目标实施后,领导者要总结经验、实施奖励,激励人们奔向新的目标。因此,目标激励就是把各个时期的任务目标化,以激励和发挥人的积极性和创造性。

在目标激励方式的应用过程中,应注意以下几点:第一,目标的设定要符合组织发展方向,契合组织战略规划。领导激励的根本目的就是激发下属追随领导者的行为动力,若目标设定有偏差,则激励的结果使下属的行为容易偏离组织目标,于是领导激励无效甚至是反向激励。第二,重视组织目标与成员个人目标的协调一致。组织目标与成员个人目标既有一致性,又有差异性。领导者要善于使成员的个人目标同组织目标结合起来,使组织目标能包含人们更多的共同要求,使更多的人能从组织目标中感受到自己的切身利益,从而把组织目标的完成看成是与自己休戚相关的事,出色地完成组织目标。第三,目标设定要把握挑战性和可行性的统一。在一般情况下,目标应适当高于个人能力与水平,使其带有一定的挑战性。但同时也不能脱离个人能力的实际情况,要有一定的可行性。缺少挑战性与可行性的目标,就失去了激励的作用,或者使激励效果打了折扣。

(三)工作激励

工作激励是指领导者把工作本身作为激励的内容和手段,以提高下属工作的积极性和创造性的一种激励方式。赫兹伯格的双因素理论认为,工作本身就是一种非常重要的激励资源,它是调动人的积极性的最本质、最活跃、最有效的因素。领导者的重要责任就在于启发和增强下属对工作的兴趣或者对工作结果的兴趣。这就要求领导者努力做到:

第一,给下属安排与其自身素质、能力、兴趣、追求相匹配的工作。人们总是喜欢从事自己感兴趣的事情和自己能够胜任的工作。因此,把合适的人安排到合适的岗位上,是工作激励的第一要义。

第二,让下属了解本职工作的重要性。在现代工作条件下,由于分工细致,人们往往对本职工作与整体工作的联系、本岗位工作的重要性认识不足。要通过各种途径让下属了解整体工作与本职工作的紧密联系,了解本岗位工作与最终工作结果的关系,从而看到本岗位工作的重要性,激发他们对工作的认同与热情。

第三,增加岗位工作的挑战性。一个人如果整天从事驾轻就熟的工作,缺乏创意和挑战性,长此以往,工作兴趣就会低落。因此,在明确工作意义与价值的同时,领导者应适当安排给下属有一定难度的工作。这样,就能使下属在任务完成过程中以及任务完成后,获得从事创造性工作的满足感和成就感。

第四,使工作范围扩大化、工作内容丰富化。领导者应注意增加下属工作的种类,让其同时承担几项工作或周期更长的工作,以消除由专业分工造成的工作单调乏味的状况;或者将一项较完整的工作交给一个人去独立完成,使下属因有能力独立完成专项工作而得到心理上的满足,从而激发工作兴趣。

第五,使下属对工作有更多的自主性。领导者应尽可能地创造条件,让下属在自己的职责范围内,有更多的自由选择合适的工作方式,如工作目标的确立、工作计划的安排、工作方法的选择、工作结果的检查等,以增进下属的责任意识,充分发挥个人才能,不断满足自尊需要。

第六,提供给下属更多的参与管理的机会。领导者应给予下属更多地参与制定组织目标、规章,管理各种政务、事务以及发表自己意见、建议的权利与机会。其良好的心理效果有三个方面:一是有助于提高参与者的归属感、自我价值感和成就感;二是有助于领导者广开思路,集思广益,增强组织决策的正确性;三是有助于组织活力的增强,建立上下左右和谐的人际关系,从而使下属对工作的认同与追求建立在一个更高的层次和水平上。

第七,让下属及时获取工作结果的信息。这是一个工作反馈问题。人们都十分关注自己的工作成果。因此,领导者应通过各种方法把工作结果告诉本人,好的及时肯定,鼓励他们把工作做得更好;差的及时指出,促使他们改进工作。所以,建立信息反馈制度是工作激励的重要方面,它能在下属获取成就感的同时,提高工作的责任感与兴趣。

第八,以工作绩效作为评价贡献、决定奖惩的主要依据。领导者在奖励、提职、晋级等涉及下属利益分配的敏感问题上,应重视工作成绩与工作效果,要以工作绩效作为衡量下属贡献大小、决定奖惩幅度的主要依据,这样才会产生更大的激励作用。

(四)榜样激励

所谓榜样激励,就是通常所说的典型示范,通过树立先进典型,使下属学有榜样,赶有目标,形成你追我赶的良好氛围的激励方式。榜样是人的行动的参照系。我们常讲榜样的力量是无穷的,就是因为典型人物的行为,能够激发人们的情感,引发人们的"内省"与共鸣,他们的行为常常被其他人学习和仿效,从而起到强烈的示范作用,就像一面旗帜,引导人们的行动。领导者如果能够建立起科学、合理的"参照系",就会把下属的行为导向组织目标的实现。发挥榜样的激励作用,能够促中间带落后,推动各项工作的开展。

所以，领导者在注重发挥自身表率作用的同时，还要树立好先进典型。善于发现、重点培养、大力宣传、积极保护本单位的先进典型，使榜样激励由点到面，由表及里，自上而下，自下而上，以达到最佳的激励效果。当然，榜样也不是僵死的“样板”，也不是十全十美的圣贤，而是从人的群体行为中孕育、成长起来的，被群众公认为思想进步、品格高尚，工作出色的人。那种仅凭领导者的好恶，人为拔高的榜样，不仅起不到激励作用，反而会引起下属的反感，挫伤下属的积极性。因此，领导者在实施榜样激励时要注意把握好榜样激励艺术的运用，以便更好地发挥榜样的激励作用。

领导者在实施榜样激励时，要注意以下几个原则：第一，要重视榜样激励的动机。实事求是地宣传榜样事迹，激发其他人学赶榜样的动机。第二，要引导下属正确对待榜样，不可求全责备，不可使榜样人物自身承受不必要的压力。第三，要分析榜样形成的条件和成长过程，为下属指明学习榜样的正确路径。第四，要关心榜样的成长，创造榜样不断成长的条件，使其不断进步。第五，要保护榜样，对那些中伤、打击榜样的错误言行要进行批评和教育，防止狭隘心理和嫉妒心理的产生与蔓延。

（五）情感激励

情感激励主要是满足人们交往和友谊的需要，建立起良好的组织内部关系，从而调动人的积极性，提高工作效率的激励方式。这就要求领导者与组织成员在思想、工作、生活等各方面相互沟通、关心和爱护，友好交往，以增进彼此的了解和信任，使下属在宽松上进的组织环境中心情舒畅地工作。

20 世纪 30 年代，受世界经济危机的影响，日本松下公司发生严重亏损，一度陷入经营困境。公司有关部门向公司高层提出了减产裁人的应急计划，但总裁松下先生最终只批准减产，不同意裁人。松下先生的理念是，亏本不能亏员工，不能让员工成为经营风险的牺牲品，要与员工风雨同舟。公司员工为松下先生的诚意和善心所感动，千方百计为公司推销产品，帮公司渡过了难关。日本许多企业都继承了这一传统。

古人云“士为知己者死，女为悦己者容”，“感人心者，莫过于情”。因此，现代领导者，不仅要注意以理服人，更要强调以情感人，恰当地运用情感激励。

（六）尊重激励

尊重激励，是指领导者采取恰当方式满足下属希望被肯定、被尊重的需要的激励方式。人们普遍具有获得尊重的需要，这种尊重既包括人们内在的自重，也包括来自外部的社会尊重。领导者对组织成员的尊重和信任，可激发起下属强烈的自尊心。因此，不论职位高低，领导者都应一视同仁地对待下属，满足下属尊重的需要，激发下属的工作热情。

尊重激励一般包括以下内容：第一，支持人们的开拓进取精神，尊重他们的独到见解，爱护其积极性和创造性。第二，信任下属的工作能力，放手让其大胆工作。第三，让下属承担与其才能相应的责任，给他们提供施展才华的机会与舞台，以满足其成就感，激发其献身精神。第四，当工作出现问题和差错时，领导者应勇于为下属承担责任，不诿过于人。

（七）荣誉激励

荣誉激励是一种较高层次的激励方式。它指的是领导者根据人们希望得到社会的承认和集体的尊重的心理需要，对那些为社会或所在组织做出贡献者给予相应荣誉称号和奖励的一种激励方式。荣誉激励一般通过组织决定对工作表现突出、贡献较大或社会地位和威望较高的人授予某种荣誉和称号，予以表彰，如劳动模范、先进工作者等，还包括授予某种荣誉职称，如名誉教授等。这样既可以使荣誉获得者心理上得到满足，正确的思想和行为得到巩固和提高，并经常以此鞭策自己；又可以为其他人树立学习的榜样和奋斗目标，产生较大的社会激励效应。荣誉激励是组织对个体或群体的崇高评价，是满足人们自尊需要，激发人们奋力进取的重要手段。荣誉激励成本低廉，但效果很好。这一激励措施有效地利用了下属的荣誉需求，取得了良好的激励效果。

（八）物质激励

物质激励是指领导者采取一定的措施，以货币、奖品等实物奖励为主要形式，使下属得到一定价值的物质利益，满足下属的某种物质需要而采取的激励方式。物质对人的生存和发展具有基础性作用，对人的行为产生导向性作用，由此也决定了物质激励的有效性。领导者必须重视运用合理正确的物质激励手段来满足下属的物质需要，从而调动其积极性，提高领导绩效，顺利实现组织目标。物质激励的形式视具体物质需求的对象物而定，一般包括工资、奖金、住房、物质工作条件，等等。

除了以上几种激励方法外，常用的激励方法还有：参与激励、晋升激励、培训激励、成果激励、危机激励、产权激励等。这些方法都值得我们学习和借鉴。

二、领导激励技巧举要

韩信背水布兵，项羽破釜沉舟，是利用“置之死地而后生”这一战术来激励士兵与敌人决一死战的勇气；勾践恤卒，吴起吮疽，是通过“爱民如子”的行为来激励士卒奋勇向前的士气；拿破仑则是通过激发军队的崇高荣誉感来激励官兵英勇作战的精神。这说明，为了更好地发挥激励的作用，领导者在运用激励原则和激励方法的同时，还应灵活掌握和运用一些激励的技巧。

（一）了解和满足下属的心理需要

领导激励，是通过刺激下属的动机需要，调动下属的工作积极性来完成的。所以，领导者必须首先从体察人心入手，把握下属的心理脉搏，把工作做到人的心坎上，以获得理想的激励效果。一般来说，下属有一些共同的心理：

第一，愿意保持一致的心理。下属不愿轻易表露出与上级不同的意见和看法，总是尽量揣摩上级的意图，然后谨慎地发表与上级接近一致的意见和看法。在不涉及重大原则问题和切身利益问题时，他们是绝对不愿意与上级发生矛盾的。因此，领导者要积极在下属中树立良好形象，与下属搞好关系，靠良好的领导行为和形象，来激励下属自觉自愿地完成上级所交给的任务。

第二，希望得到承认的心理。下属希望自己能够在上级心目中有着一定的地位，希望自己的劳动、成绩、艰辛得到上级认可。因此，领导者应该尽量满足下属的荣誉感、成就感的需要。当他们取得成绩时，应及时地在不同场合予以表扬和祝贺；当他们工作中出现困难和问题时，也要积极创造条件帮助其解决困难，暗示或明白表示知道下属所做的工作，使他们在心理上得到慰藉和平衡。

第三，追求平等和公平的心理。下属在心理上强烈希望能够得到上级的承认和肯定，渴望领导能够尊重自己的人格，了解自己的能力，采纳自己的意见。同时要求上级在对待自己和他人之间处事公正，不厚此薄彼。因此，领导者应该努力在本组织中树立平等待人、公平处事的良好形象，使下属确信自己在这种环境下工作是不会吃亏的。

第四，渴望获得理解和信任的心理。上级的理解与信任是下属积极工作的强大动力。任何下属只要能够获得上级的理解和信任，就是交给他的工作再苦再累，他也心甘情愿地努力工作。否则，他就会丧失工作的热情。因此，领导者要运用各种方式，向下属传递“充分信赖”的信号。诸如交给下属某项重要而又艰巨的任务；坚决驳斥他人对下属的片面指责；免检下属所从事的某项工作；有意识表示理解下属的工作动机和所作所为等。只有当下属切实感到上级领导者对他充分信任和理解时，才会产生一股强大的动力，忘我地进行工作。

第五，愿意参与领导过程的心理。下属对上级的各项领导工作都很关心，具有参与领导过程的心理需求，希望能够通过参与领导过程实现自己的美好愿望。因此，领导者在领导过程中应充分地吸引下属参加，让他们充分发表意见，虚心采纳他们的合理化建议。这样做能够使下属增强责任感、进取心和凝聚力，最大限度地调动起下属的积极性和创造性。

第六，希望适度自由的心理。由于每个人都有不同的兴趣、爱好、特长和追求，几乎每个下属在上级统一制定的“大目标”以外，都有自己个人的“小目标”。下属都希望上级的管束最好不要过紧，应给予其适当的自由。因此，领导者对下属不要统得过死、管得过严，在抓好大事的前提下，给予下属适当的自由。要让他们根据自己不同的兴趣、特长和追求，去奋力实现个人目标。

（二）把握激励的最佳时机

心理学研究表明，人的情绪具有短暂性和时效性的特点，领导者要及时把握激励的最佳时机，积极引导下属将消极情绪转化为积极情绪，永远保持高昂的生活态度和工作热情，方能收到事半功倍的效果。经验证明，以下就是激励下属的最佳时机。

第一，当下属刚刚进入一个新的环境时。管理心理学认为，组织环境不同，人的行为也往往不同。即使一个较为后进的人，当他面临一个新的组织环境时，也很容易唤起他的自尊心，暗自提醒自己，要做出好样子，给领导和同事留下一个好印象。在这种心理状态下，领导者及时地进行激励最容易收到良好的效果。一个高明的领导者应该善于利用人们进入新环境时所表现出的这种美好的心愿，恰如其分地向他们灌输新环境的价值观、团体精神和献身精神，引导他们为本组织的既定目标而奋斗。

第二，当下属具有强烈的需求愿望时。需求是人们进行一切社会活动的内在驱动力，它在很大程度上决定人们的行为动力和行为选择。实践表明，当人们对某种利益存在某种需求时，其内心就会产生相应的愿望，并力图使之成为现实。在这种情况下，领导者如能不失时机地关心下属上述合乎情理的需要，并在可能的条件下给予积极支持，及时为其实现自身愿望创造条件，全部或部分地解决其需要，就能有效地保持下属的工作热情，提高工作效率。

第三，当下属处于困境时。工作上的困难，生理上的病变，事业上的受挫，都会使人陷入生理上和心理上的困境。处于困境中的人，会产生一种获得理解和帮助的强烈期待。此时，若领导者能够及时对下属表现出理解和关爱，尽最大的努力为其排忧解难，就会产生最佳的激励效果。

第四，当下属的物质和精神方面的需求得到某种程度的满足时。人的需要是分层次的，一种需要满足了，人们还会向更高层次的需要奋进。所以，领导者就应该不失时机地抓住下属在某种需要得到满足时的喜悦状态这一时机，或是交给他更重要的工作任务，或是引导他向更高的目标奋进。

第五,当下属产生悔过之意时。过错之后多数人都会产生悔过之意,当一个人有了过错幡然醒悟之时,既是他知错改过的开端,也是领导者激励的良机。领导者应善于发现这种悔过的任何微小征候,因势利导,不失时机地对其进行强化激励,对那些直接找领导者认错的人,领导者不能歧视、冷漠,而应及时肯定他的认错态度,热情帮助他尽快改正错误;对于已经开始用行动改过的人,领导者要因势利导,积极为改过者开“绿灯”;对于那些积习过深、改过决心不够的人,要耐心教育,多加鼓励和引导,帮助他们树立改正错误的信心。

(三)注重强化激励效应

近年来,在领导活动中各种激励措施和手段的运用,都收到了一定的效果。但是在某些方面也存在着激励效应弱化的现象。其主要表现和原因是:一是奖惩过滥,弱化了激励的吸引力和威慑力;二是奖惩无对应性,不兑现,弱化了人们对激励的信任度和积极性;三是一些激励措施不合理,缺乏科学性和可行性,调动不了大多数人的积极性;四是奖惩缺乏公平性,只凭长官意志办事,降低了激励的法制性和权威性,失去了激励的应有作用。要防止和克服这些问题,需要注重强化激励效应,具体来说,应着重做好以下几个方面工作:

第一,加强激励的针对性。激励是针对人的需要而进行的一种心理刺激过程。要想调动人的积极性,就要了解他有哪些方面的需求,有针对性地给予激励,才能收到良好的效果。如果领导者对下属的需求不了解,所使用的激励方式与激励对象的心理需要不对应,就起不到激励作用,甚至会走向反面。

第二,加强激励的严肃性。激励是一项严肃的工作,领导者应当认真对待,通过肯定和承认下属的工作业绩,使下属体会到自己行为的价值,增强工作的信心。如果领导者拿激励当儿戏,重奖轻罚,出尔反尔,以权谋私,拉帮结派,甚至把激励作为利用下属的一种权术,就会严重挫伤下属的积极性。

第三,加强激励的科学性。激励的效能来源于激励手段的科学性和可行性。所以,领导者在激励过程中所运用的手段和措施本身要为广大对象所认可,奖得心服,罚得心甘。要达到此目的,领导者必须深入调查研究,反复征求群众意见,制定出科学可行的激励制度和措施,实事求是地灵活运用多种激励方法和艺术,不能哗众取宠,愚弄上级和群众。

第四,加强激励的政策导向性。激励的过程就是行为导向的过程。领导者要想把下属的行为引向自己期望的方向,必须注重政策导向的作用。一个单位必须在奖金分配、职务晋升、职称评定等方面制订一系列有吸引力的政策,充分体现奖优罚劣、按劳取酬的原则,这样才能充分调动广大员工的积极性。没有这种政策导向和倾斜措施,很难收到预期效果。而这种政策导向作用的发挥,必须以完善的公平竞争机制和健全的考核、奖惩制度作为前提条件。这也是充分发挥激励作用,防止激励效应弱化的根本途径。

(四) 综合运用多种激励方式

人的需要有很多层次和种类,因而需要综合运用多种不同的激励方式才能达到预期的激励目的。其原因主要有:第一,不同的人有不同的追求目标,具有不同的生理需要和心理需要。第二,同一个人在不同的发展阶段和不同的环境中,其需求也是不一样的。随着个人的成长和发展,需要也在不断发生变化,并且不同阶段有不同的优势需要。第三,心理学家研究发现,在对同一个人使用同一种激励方式的情况下,激励的次数与效力成反比。第四,激励机制本身就是一个开放的系统,要随着时代、环境、观念的变化而不断变化。

因此,领导者必须认识到仅仅用一种激励方式是无法满足人们的多种不同需要的,也不能依靠一种激励方式永远地满足某个人的需求。从总体和长远看,如果只运用其中一种,不一定能收到良好的效果。所以,一个出色的领导者必须能够综合运用多种激励方式,采取多种激励手段,不断满足下属的各种需要,实现激励的预期效果。综合运用多种激励方式,要注意以下几点:

首先,充分考虑下属的个体差异,实行差别激励。领导者必须不断深入了解每个下属的实际需求和期望,想办法了解下属的个性需要,分清哪些是主要的和次要的,哪些是现在可以满足的,哪些是今后努力才能做到的。然后,根据下属不同的类型和特点制定激励措施,以期收到最大的激励效果。

其次,充分认识各种激励方式的特点和优势。领导者综合运用各种激励手段的前提,是能够充分认识各种激励方式的特点和优势。例如,运用工作激励,培养下属对工作的热情和积极性;运用参与激励,形成下属对组织的归属感、认同感,可以进一步满足自尊和自我实现的需要;运用荣誉激励,满足下属的荣誉需求,可以取得良好的精神激励效果等。

再次,正激励与负激励相结合。正负激励都是必要而有效的,不仅作用于当事人,而且会间接地影响周围其他人。领导者激励下属必须坚持以正面激励为主,以负面激励为辅,通过积极的、正面的激励保持下属的蓬勃朝气、昂扬锐气和浩然正气,形成团结向上、奋发有为、开拓进取的良好局面。

最后,激励个体与激励群体相结合。个体是群体的组成单位,处理好激励个体与激励群体的关系,有助于正确发挥个体与群体的作用。如果只注重对群体的激励,可能造成平均主义;如果长期把重心放在少数个体身上,有可能影响多数人的积极性。因此,在激励的顺序上应先激励个体,然后再激励群体;在激励手段上,可先用单一手段,然后再采用综合激励手段;在满足激励需要上,要先满足低层次的需要,然后再不断满足高层次的需要。

领导激励的技巧很多,本书不能一一列举穷尽。总之,领导者在激励时必须充分了解下属的心理需求,有针对性地采取多种激励手段,把握各种时机来激发下属的积极性、主动性和创造性,从而达到激励手段与效果的一致性。

第十一章 领导绩效

领导活动是人类有目的的社会活动。领导目标的实现程度就是领导绩效。从根本上来说,领导科学研究的目的就是为了提高领导绩效,更好地实现领导目标。领导绩效是领导活动的出发点和归宿,是领导者能力和领导活动成效的集中体现。领导绩效考评,既是有效评价领导能力的重要手段,也是激励和督促领导者提高素质修养的重要方法。

第一节 领导绩效概述

领导绩效反映的是领导者实施领导活动的能力和效果,是领导活动的出发点和归宿。领导绩效对组织和领导者都具有十分重要的意义。

一、领导绩效的含义

(一) 绩效的含义

绩效的中文意思是成绩与效果,是指人们开展某项工作或从事某项活动所取得的成绩和效益。

绩效这一概念最早被用于社会经济管理领域,后被广泛应用于人力资源管理和公共管理领域,用来衡量和评估个人、组织活动的效果效益。简单地说,绩效就是指一定的行为主体在管理工作和活动中表现出来的能力和取得的成就或效果。绩效主要由能力、目标、成本、效率、效果、效益等要素组成。

能力是指管理者在管理活动中主观能动性的发挥程度,是管理者综合素质的反映。管理者能力高低对于管理目标的实现至关重要,绩效其他要素的实现都必须以领导者的能力为支撑。

目标是管理活动所要达到的预期目的,是构成绩效的核心内容。目标正确与否是决定能否取得绩效的关键,绩效所实现目标的程度是衡量绩效的客观尺度。

成本是指为了达到某个目标或解决某个问题而投入和付出的各种资源的总和。一般而言,成本主要表现为人力、物力、财力、信息、时间等的投入与付出。任何管理活动都必须投入一定的资源才能取得一定的绩效,高绩效意味着用较小的成本取得较大的产出。

效率是指管理者在单位时间内所完成工作的数量,是取得的工作实绩与所用时间之比,即完成一定任务的速度。高效率意味着在投入一定的情况下,用较少的时间获得了较大的产出。效率可以比较准确地反映出管理者在一定时间内实现目标的程度或取得的成果数量。

效果是管理者的行为作用于特定对象和客观环境所取得的结果或直接成效,是管理活动的直接反映。它所关心的问题是“情况是否得到改善”,目标是否实现,在多大程度上实现,以及以什么代价实现。

效益是实施管理活动所产生的价值,即管理活动的最终成果及其对社会的影响。效益不仅表现为管理活动的最终成果,还表现为所创造的社会价值,表现为对社会产生的一系列作用、影响及其程度。效益侧重于管理活动所产生的好的结果,对社会的积极作用和影响。

（二）领导绩效的含义

领导活动作为一种高层次的社会管理活动,其产生的结果就是领导绩效,也叫领导效能。所谓领导绩效就是指特定的领导主体在一定时期内实施领导活动所表现出来的能力和取得的效果的总和。领导绩效主要包括领导能力、领导目标、领导成本、领导效率、领导效果、领导效益等因素。对领导者个体来说,领导绩效是领导者个人素质能力和作风通过实践所产生的综合效应,是衡量领导水平高低的重要尺度,是组织和群众评价领导干部的客观依据。对领导集体来说,领导绩效是领导体制和制度运行的集中展示,是集体智慧和整合力的综合体现。

领导工作是一种特殊的复杂的社会活动,它涉及方方面面的因素,受多种条件的制约,因此领导绩效是一个高度综合性的复杂体系。它既是领导者履行职能、完成领导任务的活动过程,又是领导者能力和水平在领导活动中的集中体现;既是领导者实施领导活动、实现组织目标的质量、数量指标的体现,又是领导者实施领导所产生的客观价值——对组织、对社会贡献的实际体现，是领导活动投入的成本与产出的比率。同时，领导绩效既受到领导者自身政治思想素质、文化知识素质、法律道德素质、能力素质和身心素质等主观因素的影响，又受到工作环境条件等客观因素的制约；既受到组织中上级、同级、下级领导者以及被领导者的影响，又受到组织外部环境因素的影响，是多种因素综合互动的结果。

二、领导绩效的特点

领导绩效具有客观性、综合性、动态性、具体性、公共性、基础性和继承性等特点。

客观性，主要指绩效形成的过程和产生的结果是客观的，并往往以特定的物质或精神成果的形式表现出来。

综合性，主要指影响绩效因素的多样性，领导绩效是多种因素综合作用的结果。

动态性，即工作绩效会随时间的推移而发展变化，原来较差的绩效，经过努力和改进，会转好；而原来较好的绩效，会由于懈怠而降低。

具体性，是指一定的绩效总是在特定的时间和特定的条件下产生的，并且绩效及其考评受到特定因素和各种具体条件的制约。

公共性，就领导绩效的性质而言，它在本质上反映的是实现公共利益、组织目标的程度，它是领导者和被领导者共同努力的结果。虽然领导绩效考评是针对领导者的绩效而言，但并不意味着它仅仅是领导者工作的结果。领导绩效的目的是为了实现组织目标，实现公共利益的最大化，归根结底是为人民谋利益。

基础性是就领导绩效价值的重要性而言的，领导绩效不仅对领导者个人，而且对一个组织、一个地区都具有深远和广泛的影响。领导绩效是领导者和组织发展的基础。

继承性是指任何领导绩效的产生和创造，都离不开前人的工作基础和积累，同时，任何领导者的工作绩效，在客观上又都为后人的工作提供一定的基础、创造一定的条件。社会的发展、组织的壮大正是这样不断积累的结果，而这种发展就表现为领导绩效的历史继承性、连续性的特点。

三、领导绩效的基本内容

由领导活动的复杂性所决定，领导绩效包含着十分丰富的内容，人们可以从不同的角度，根据不同的标准将其划分为不同类型，而不同类型的领导绩效又具有不同的内容特点。从领导绩效的内容来看，可以把领导绩效划分为政治绩效、经济绩效、社会绩效、文化绩效、生态绩效等。从领导绩效的主体来看，可以把领导绩效划分为个体绩效和组织绩效。在此，我们主要从领导的基本职能来进行划分，领导绩效可分为用人绩效、决策绩效、办事绩效、时间绩效、整体贡献绩效等。

1. 用人绩效

人是一切活动中最核心、最关键的因素，选才用人是领导的一项重要职能，也是领导活动的关键环节。用人绩效是指领导者对下属的选拔、配备、使用等方面的能力和效果，它主要体现为领导用人的准确程度（人与事的适应程度）以及下属积极性的发挥程度。领导者用人的理念、原则、依据和标准不仅影响着人才的选拔和使用，而且对于整个领导过程尤其是对领导目标的实现程度具有重大影响。也就是说，领导者的用人绩效直接影响着领导活动的整体绩效和领导目标的实现。一般而言，领导者的用人绩效与领导目标及整体贡献绩效之间呈正相关关系。因此，在用人过程中，领导者只有科学合理地任用所需人才，充分发挥下属的积极性、创造性，才能产生较高的领导绩效。

2. 决策绩效

决策是领导活动的起点和关键，并贯穿于领导活动全过程，它是领导者为实现领导目标而制定并实施的各种方案、对策和措施等。领导者的决策绩效指的是领导者在制定并实施有关政策和方案中所体现的能力和达到的效果。它一般表现为领导者决策的合理性、科学性、及时性、可行性和有效性等方面。决策绩效的高低在一定程度上反映了领导者洞察问题、分析问题以及提出科学合理地解决问题的对策措施的能力，这是领导者进行正确领导和高效领导的基础，也是其领导能力的体现。

3. 办事绩效

办事绩效是指领导者履行职责处理日常事务的能力、效率和效益。办事绩效的高低在很大程度上直接影响到整个领导活动及领导目标的实现。在具体实践中，因受到各种因素的制约，很难对领导者处理日常事务的成效进行定量化的衡量，但我们可以从如下几个比例关系来进行评判：一是领导者已解决问题的件数与应解决问题的件数之比;二是解决重大问题的件数与处理一般问题的件数之比;三是正确解决问题的件数与处理问题失误的件数之比。在这些比例中,比例越高则说明领导者的办事绩效越高。当然,在衡量和评价领导者的办事绩效时,除了从定量的角度分析外,还可以进行定性分析和评价。

4. 时间绩效

时间是最稀缺的资源,它的供给没有弹性,没有替代品,具有一维性特点。正如马克思所言,一切节约归根到底都是时间的节约。时间的合理有效利用对领导者意义重大。领导者的时间绩效是衡量领导者是否进行有效管理、是否合理利用时间的尺度,领导者能否合理地利用时间反映了其时间绩效的高低。一般而言,领导者的时间绩效越高,对整个组织及目标的贡献就越大。但是,这并不是说认识到时间的重要性并懂得抓紧时间、拼命干就能产生出更多的成果、获得更大的成效,因为在时间的利用上,还存在着一个科学合理的安排问题,凡事都有轻重缓急之分,所以领导者应该抓紧时间、集中精力处理属于自己职权范围内的要事、急事、大事,而不必事无巨细地"躬亲",一些小事或不太重要的事务可放手由下属去做,学会有效授权艺术,这才可能赢得时间去思考和解决更为重要的事情,从根本上提高时间绩效。

5. 整体贡献绩效

领导者是领导活动的主体,既包括个人,也包括由若干个人组成的领导班子。领导者的整体贡献绩效主要体现在领导者和被领导者所追求的共同目标上,它是指组织整体目标的实现程度。任何一个组织内部都存在着分工与协作,领导绩效不仅反映在个人所主持、负责的部门工作和单个任务中,更重要的是反映在全局工作和整体协调上;不仅反映在领导过程的阶段性成果上,而且更重要的是体现在最终目标的实现程度上。领导者的用人绩效、时间绩效、办事绩效以及决策绩效,最终都体现为组织的整体贡献绩效。因此,整体贡献绩效的高低是衡量领导绩效的最重要也是最基本的尺度。

四、领导绩效的作用

领导绩效在领导活动中具有重要的地位和作用,对组织的发展和社会的进步,对领导者和被领导者都有着十分重要的意义,主要表现在以下四个方面:

(一)领导绩效是领导活动的出发点和归宿

一切领导活动都以实现一定的组织目标、推进组织和社会的发展,即取得一定的领导绩效为目标。领导绩效是领导活动的出发点,领导者所进行的各项工作,如决策、用人、协调、沟通、监督、控制等,都须以提高领导绩效为出发点和归宿,领导绩效贯穿于领导活动的全过程。领导活动是一种高度综合性的复杂工作,影响和制约领导活动的因素具有多样性、变动性、复杂性,领导者要考虑和处理的问题很多,但最关键的是要把握住领导目标和领导绩效的一致性这个核心。目标明确了,出发点正确了,就为领导活动的成功奠定了基础。

(二)领导绩效是衡量领导工作成效的重要尺度

领导活动的成功与失败对组织和社会的发展具有极其重要的影响,如何衡量一项领导活动的成败呢?其标准是多种多样的,但最根本、最有说服力的尺度就是领导绩效。一般来说,领导绩效的大小、高低、多少直接表明领导活动的成败。领导绩效高、绩效大、绩效多,表明领导工作是成功的、有效的,领导者是称职的、有能力的,领导目标和思路是正确的,领导方法是对路的。反之,领导绩效低、绩效小、绩效少,在很大程度上说明领导活动是不成功的,领导者的能力水平是有待提高的,领导方法是有待改进的。

(三)领导绩效是评价、选拔、任用领导干部的主要依据

评价领导工作绩效的过程,实际上也就是考察领导者的过程。任何一项领导工作,都是领导者素质能力、思想意志的外化,通过对领导绩效的考评,不仅可以了解领导者的价值理念、思想作风、能力状况、方法艺术水平,而且还能发现领导者具有的潜在能力。所有这些,都是评价、选拔、任用领导干部的重要依据。因为领导绩效是领导者在一定的客观环境中,通过发挥主观能动性,在运用自身素质能力认识环境、改造环境的基础上所取得的成效,所以,通过对领导绩效的考评,可以比较客观全面地了解领导者的素质能力,为考察、识别、选拔任用领导干部提供依据。

(四)领导绩效是领导工作发展的驱动力

领导绩效不仅是推动领导者不断前进的基础和动力,而且也是组织不断发展与壮大的源泉。一个有事业心与责任感的领导者,总是自觉地把创造一定的领导绩效作为奋斗目标。这种奋斗目标的实现,既是领导者自身价值的展示,也是其不断创造更高绩效的基础和动力。领导绩效的取得,标志着组织目标的不断实现,为组织的生存与发展奠定基础。一个领导者所创造的领导绩效往往可以鞭策、影响和促进其他领导者的效仿,推进全体领导者能力和水平的提高。同时,领导绩效还能够激励员工,鼓舞士气,凝聚人心,促进团结合作。因此,领导绩效对于促进领导工作的发展是一个强大的推动力。

第二节 领导绩效考评的意义和内容

领导绩效考评就是对领导活动的成效进行考核考查和测量评价的过程。领导绩效考评是领导活动中十分重要的环节，是考核评估领导者的一个重要手段，是领导者开展领导活动的重要导向。

一、领导绩效考评的概念

简单地说，领导绩效考评就是对领导绩效进行考核考查和测量评价。它是领导活动中技术性最强的环节之一，也是领导者和被领导者最为关心的内容。领导绩效考评是领导活动中最为棘手的任务之一，既复杂又敏感，既重要又困难，是理论和实践的结合，是主观与客观的统一。领导绩效考评既是重要的领导活动，又是提高和改善领导能力和水平的管理手段。因此，正确理解领导绩效考评就显得格外重要。

领导绩效考评，从词义上看，就是在对领导结果进行考查、测量的基础上，评估和评价领导者的能力和水平。考查，就是考以标准，查以实际，把领导的实际工作结果与事先确定的领导目标、绩效标准进行对比对照，找出差距，发现问题。在前面的内容中，我们讨论了领导本质、领导职能、领导原则、领导理论、领导素质等，都是在应然的理论层面上谈论领导者“应该如何做的问题”，知道应该怎样做当然是做好一件事情的前提，但实际上做得怎样则更为重要，仅仅会纸上谈兵是远远不够的。领导者实际上做了什么、做的结果如何，这是一个客观的实然性问题，它能客观公正地反映出领导者的实际能力和水平。对领导绩效的考查，就恰恰是对领导者开展领导活动所取得的实际结果和效果进行的考核，是对领导者实际上做得怎么样进行考评。

领导绩效考评，实际上内在地包含着两个相互依存的具体环节，即测量领导效果和评价领导能力。领导效果的测量是领导能力评价的基础和手段，领导能力的评价是领导效果测量的直接目的。

领导效果的测量是以一定的领导目标为参照系的。目标决定了领导活动的方向和价值。领导目标的科学性、合理性和可测量性是领导绩效考评的基础，在一定程度上决定着领导绩效考评的科学性、公正性、合理性，即决定着考评的效度和信度。

领导能力评价是建立在对领导效果进行科学测量的基础之上的。对领导绩效测量的信度和效度影响到领导能力评价的公正性和客观性。对领导能力的评价是一个十分复杂而重要的问题,考评涉及价值取向的问题,是主观性与客观性的统一。评价是否公正客观,不仅直接影响到被评价者,而且也影响到其他的领导者,影响着领导活动的导向和组织的未来发展。因此,领导能力的评价是一件非常重要而严肃的活动,必须建立在对实际的领导绩效进行科学测量的基础之上,尽量做到公正、客观、合理。

根据以上的分析可知,领导绩效考评就是考评主体为了达到一定的目的采取特定的方法对被考评者的领导效果进行测量并对其领导能力进行评价的活动。它是考评主体运用一定的方法、标准和程序,对领导者的业绩、成就和实际作为进行考核和评价的过程。一方面,领导活动所产生的结果一经变为现实就是客观的,是不以任何人的主观意志而改变的,而对领导绩效的考评,是考评者在一定的价值观和原则指导下,运用一定的方式方法,对领导结果进行的考核与评价,具有明显的主观性,因此,领导绩效考评是一种主观性和客观性相结合的过程。另一方面,领导绩效考评本身不是目的,而是手段,是通过对领导绩效的考评,引导规范领导者的行为,激励鞭策领导者自觉有效地提高领导素质,改善领导方法,提高领导水平。因此,领导绩效考评是优化领导素质、改善领导方法、提高领导绩效的重要途径和方法。

二、领导绩效考评的意义

领导绩效是各种因素综合作用的结果,领导绩效考评涉及领导活动的各个环节,涉及领导制度、领导素质、领导方法、领导作风等问题,因此,通过领导绩效考评可以发现领导过程中各个环节所存在的问题,分析原因,找出差距,激励和鞭策领导者在各个环节不断努力,不断提高领导绩效。总之,领导绩效考评具有十分重要的意义。

(一)领导绩效考评有助于明确领导活动的正确导向

领导绩效考评具有导向作用。领导绩效考评不是为考评而考评,而是通过考评树立一种导向性,引导人们的行为,以此达到改善领导作风、优化领导素质、增强领导能力、提高领导绩效的目的。绩效考评是绩效管理的一个关键环节,通过建立考评的标准、确定考评的内容、明确考评的方法,帮助领导活动明确方向和目标,引导领导者自觉地提高工作绩效。

（二）领导绩效考评有利于强化对领导者及其领导活动的监督

领导绩效考评就是建立一套系统的考评指标体系，对领导者履行各项领导职能所产生的现实性结果进行的考核评价活动。实际上，领导绩效的考评过程，就是领导环节与过程的再现，就是对领导行为进行检查与分析的过程。通过绩效考评，可以发现问题，找到差距，防止领导活动中的消极行为，纠正领导活动中的越轨行为，保证领导活动的正确性和有效性。因此，领导绩效考评过程，实质上就是对领导者及其领导活动的一种监察督促行为。领导水平的高低、能力的大小、作风的好坏，不能由领导者本人说了算，也不能完全由被领导者的自由议论来定，而必须由组织化、程序化的考核评估来确定。在考核过程中，要把领导者在各方面的表现和领导活动的各种情况公之于众，动员和吸收被领导者及社会公众积极参与，考核成本与效果，评价功过与是非，并在考评结果的基础上对领导者进行公平合理的奖惩，从而形成竞争机制，实现对领导者及其工作的监督，有效遏制和纠正领导者的不良行为，纠正或避免领导活动的偏差。

（三）领导绩效考评有助于领导制度的创新

领导体制的改革与创新、领导制度的变革与完善，其目的都是为了提高领导绩效。同时，领导绩效是否能真正得到提高，又是检验领导制度是否科学合理的重要标准。包括领导体制在内的领导制度问题是带有根本性、全局性、稳定性和长期性的大问题。健全完善的领导制度，无疑是领导活动得以成功和领导绩效得以提高的重要保障。通过领导绩效考评，可以横向比较不同类型的组织之间的绩效，发现本组织领导制度方面存在的问题，在学习借鉴其他组织的好制度基础上，进行本组织的制度创新和体制变革；可以纵向比较不同阶段工作的好坏和各种问题背后的原因，发现体制障碍和制度漏洞，自觉进行领导体制的改革和领导制度的完善。

（四）领导绩效考评有助于改善领导作风

领导绩效考评是以结果为本的管理理念的落实。传统的领导活动模式比较注重投入，而忽视产出和结果。而现代领导活动则注重绩效管理，重视领导活动的结果和绩效。领导作风的好坏，是影响领导绩效高低的重要因素之一。一般来说，优良的领导绩效与良好的领导作风是密切相关的。因此，通过对领导绩效的考评，在一定程度上可以促进领导作风的改善，有效遏制形式主义、官僚主义和主观主义的盛行，整肃领导者弄虚作假、华而不实的风气，打击“数字出官、官出数字”的歪风邪气，改变“说你行，你就行，不行也行；说你不行，就不行，行也不行”的独断随意行为，从根本上改善领导作风。

（五）领导绩效考评有助于改进领导方法

领导方法是实现领导目标、完成领导任务的手段和中介，离开一定的领导方法，要实现领导目标是不可能的。领导绩效的取得需要具备很多条件，科学有效的领导方法是必不可少的重要条件之一。方法得当，事半功倍；方法不当，事倍功半。通过领导绩效考评，可以总结经验，吸取教训，进行方法上的改革与创新，使所采用的领导方法更具有针对性、可行性、实效性和科学性。

（六）领导绩效考评有助于提高领导者素质

领导绩效考评是对领导活动的全过程、对领导者素质能力的各方面所进行的考查检验；领导绩效本身就是领导者素质能力的外化与展示。通过对领导绩效的考评，可以发现领导者素质能力的优势与不足，从而使领导者保持对自我的清醒认识，主动自觉地加强学习与锻炼，提高和完善自己的素质修养，更好地胜任领导工作，履行领导职能。

（七）领导绩效考评有助于发现和培养人才

领导绩效是领导者素质能力在实践中的外化和对象化，领导绩效考评就是对领导者的素质能力外化和对象化的结果进行的考评，实质上是对领导者的素质能力的综合全面考查与评估。通过领导绩效考评就可以客观地衡量一个领导者是否胜任领导工作，是否具有较强的领导能力，还可以发现领导者是否有较大的潜力。因此，通过领导绩效考评，不仅可以为领导培训提供依据，还可以为组织发现、培养和使用领导人才提供根据。

三、领导绩效考评的内容

领导绩效考评的内容就是考查和评价领导活动所产生的各个方面的结果。由领导活动的特点所决定，领导绩效考评的内容是十分丰富和复杂的。领导者既是个体性的又是集体性的，领导绩效既是领导者个体努力的结果，也是领导集体共同奋斗的成果。领导者个体绩效与领导集体绩效相辅相成。领导者的个体绩效，是领导集体绩效的一部分。考评领导绩效可以从领导者个人绩效和领导班子的集体绩效两个方面来进行。2004 年，中共中央组织部制定颁布的《体现科学发展观要求的地方党政领导班子和领导干部综合考核评价试行办法》中提出，对领导干部的民主测评按照“德、能、勤、绩、廉”五个类别设置测评内容和评价要点。2013 年 12 月，中共中央组织部印发《关于改进地方党政领导班子和领导干部政绩考核工作的通知》，强调要完善政绩考核评价指标。根据不同地区、不同层级领导班子和领导干部的职责要求，设置各有侧重、各有特色的考核指标，把有质量、有效益、可持续的经济发展和民生改善、社会和谐进步、文化建设、生态文明建设、党的建设等作为考核评价的重要内容。强化约束性指标考核，加大资源消耗、环境保护、消化产能过剩、安全生产等指标的权重。更加重视科技创新、教育文化、劳动就业、居民收入、社会保障、人民健康状况的考核。根据这样的思路，我们主要从领导者个体的绩效考评和领导集体绩效考评两个方面来探讨领导绩效考评的内容。

（一）领导者个体绩效的考评内容

对领导者个体绩效的考评主要涉及德、能、勤、绩、廉五个方面。这与中国共产党选拔使用干部德才兼备的原则及对公务员的考核是一致的。

第一，德的考评。主要指对领导者道德品质的考查评估，主要包括政治素质、领导作风、职业道德等方面。

第二，能的考评。主要指对领导者的业务技能、领导水平、工作效率等方面的考查评估，即对是否胜任现职或升任更高职务的能力的考评，包括预测决断能力、组织指挥能力、沟通协调能力、激励监督能力、应变创新能力等。

第三，勤的考评。主要指对领导者的事业心和工作态度的考查评估。包括工作动机、进取精神、负责意识、履职状态等。

第四，绩的考评。主要指对领导者工作实效的考查评估，是领导绩效考评中的最重要的一项内容。业绩就是领导者在一定的时间内完成工作的数量、质量、效率和贡献。工作实绩是领导者实际为社会做出的并得到社会承认的劳动成果，是一个人能力、素质、知识、出勤等各方面相互作用的结果和反映。

第五，廉的考评。主要指对领导者规范用权、廉洁奉公情况所进行的考查评估。领导者不仅自己要做到廉洁自律，而且有责任教育和管理身边工作人员、下属等要为政清廉、奉公守法。

（二）领导集体绩效的考评内容

现代领导活动的一个基本特征就是实行集体领导，在一些重要领导职能的履行上，实行集体统一领导，如在决策、用人等方面。因此，领导集体绩效考评的内容主要包括以下几个方面：

1. 决策绩效考评

决策是领导者的首要职能。领导活动自始至终都是围绕决策而展开的，决策对领导活动和社会发展都具有极其重要的作用。对领导决策绩效的考评主要是对领导决策的正确性和决策所带来的效益进行考评。其一，考评在一定时期内领导者所做出决策的正确率。通过考查在一定时期领导者做出的决策总量中有多少是正确的，有多少是失误的，有多少是既有成功的部分又有失败的部分,它们所占的比例各有多大,在此基础上进行比较分析,就能比较直观地了解到领导决策的绩效状况。其二,考查领导决策所带来的效益的多少。通过分析决策成本,为实施决策所进行的总投入,决策实施后所取得的总效益、总产出,用总效益除以总投入,就可以知道决策的效益如何,从而对领导决策绩效做出总体的评价。当然,这样的考评实际上是非常复杂的,操作起来也是不容易的。

2. 用人绩效考评

善于发现人才、选拔人才、培养人才、正确使用人才是领导者的重要任务。领导活动的目标,主要是通过领导者对其部属施加影响而实现的,领导活动的成功与否在很大程度上取决于领导者选才用人的正确性和有效性。考查领导者的用人绩效,主要就是要考查领导者发现了多少人才,正确地选拔了多少人才,恰当地使用了多少人才,真正地培养了多少人才。发现的人才越多,培养的人才越多,正确选拔和使用的人才越多,说明领导者的用人绩效越高,组织越兴旺发达,蒸蒸日上;反之,领导者的用人绩效就低,组织活动就差。

3. 办事绩效考评

领导者在组织中扮演着组织、指挥、协调、激励、监督、沟通的重要角色,运用人民赋予的权力,履行职责,解决问题,管理国家和社会公共事务,提供服务,其中最主要的就是处理与其职责相应的公共事务。领导者在任职期间政绩的大小主要取决于办事的绩效,即处理公共事务的成效。对领导者办事绩效的考评,主要就是对领导者完成工作任务、处理公共事务的效率、效果、效益进行考查评价。另一方面可以用单位时间内领导者完成工作任务的情况对领导绩效进行考评。如果领导者在单位时间内处理的事务越多,解决的问题越多,其效率就越高,并且,如果问题处理得越正确、收获越大,副作用越小,其效益效果就越好,领导绩效就越高。这就要求领导者科学地安排时间,合理地分配时间,高效地利用时间。领导者首先要管理好自己的时间,通过提高时间绩效来提高办事绩效。

4. 组织的整体贡献绩效考评

领导者是组织的大脑和指向器,组织的活动一般都是在领导者的直接指挥之下进行的,领导活动不是个人行为,而是一种组织行为。因此,领导绩效最终要体现在组织的整体贡献的大小上。领导绩效是在整个组织的整体协调活动中产生的,领导者的谋划、指挥、动员,被领导者的认同、配合、努力,形成一股无形的合力,推动着组织目标的实现。因此,领导者及其组织的其他成员在完成工作任务过程中所做出的整体贡献的大小,是衡量领导绩效的一个重要内容。对组织的整体贡献绩效的考评，主要是通过组织目标实现的程度、组织对社会贡献大小等指标来衡量。

从以上分析中我们可以看出，领导绩效考评是一个复杂的系统工程，对其复杂性须有充分的认识，需要做具体、细致、繁杂的工作，需要进行周密的思索、分析和论证。绩效考评的内容包含众多的指标，并且可以从不同的角度运用不同的方法进行考评。

第三节　领导绩效考评的原则和方法

领导绩效考评是一项复杂而重要的工作，为了保证绩效考评的科学性、有效性，必须坚持正确的原则，遵循科学的程序，采用有效的方法。

一、领导绩效考评的原则

科学的领导绩效考评是引导领导干部树立正确政绩观的风向标和指挥棒。党的十八大以来，党中央不断改革和完善领导干部绩效考核评价体制机制，增强领导绩效考评的科学性、针对性和实效性。所谓政绩观就是对领导干部或党政机关施政作为取得的成绩形成的总体看法和基本观点，具体说来，就是对什么是政绩、为谁创造政绩、怎样创造政绩，以及如何衡量政绩等问题的基本观点。科学发展观与科学的政绩观紧密相关，科学的发展观决定并引导着科学的政绩观，科学的政绩观体现并实践着科学的发展观。政绩考核即领导绩效考评是领导活动行为的“指挥棒”，贯彻落实科学发展观必须树立和坚持科学的政绩观，必须以正确的政绩观和科学发展观来统领领导绩效考评。在此基础上，还须遵循以下基本原则：

（一）客观公正原则

领导绩效考评是由特定主体即一定的组织和人员进行的，考评主体的价值取向、态度行为对领导绩效考评的结果具有举足轻重的作用。因此，在领导绩效考评中必须坚持客观公正原则。客观就是实事求是，真实、准确、全面地反映事物的本来面貌。公正就是一视同仁，对任何组织和个人都不抱偏见、成见。这一原则是中国共产党的实事求是思想路线在领导绩效考评中的具体体现。

坚持客观公正的原则，应该做到以下三点：一是考评者要诚实正直，公正无私，严肃认真，尊重事实，实事求是，不以偏概全。考评者在态度上必须认真负责，公正坦诚，从客观存在的事实出发，不把无法克服的客观因素归咎于领导者本人，不用局部观念代替全局观念，不用派性代替党性，不用主观想象代替客观存在，不用道听途说代替事实依据，不用成见、偏见、情感代替原则、制度和程序，不以上级领导者的偏好、喜恶、意志代替客观的实际表现。要客观真实地考核与评价领导者的绩效，不夸大，不缩小，不失真，这是确保领导绩效考评取得成功的基础和前提。二是考评的程序要科学规范，考评的标准要合理统一，考评的方法要适当有效。在考评的程序上要规范有序，严谨正当，符合事物发展的规律，不可随意滥为。在考评的标准上要合理统一，要以领导岗位目标责任制为基础与依托，因为不同部门、层次、地区、岗位有不同的目标要求，领导绩效考评应严格依据这些不同的目标责任制标准来进行，既不要太高，也不要太低；对相同部门、层次、地区、岗位的领导绩效考评，标准要统一，尺度要一致。在考评方法上要求适当有效，考评的措施要有针对性、可行性，坚持原则性与灵活性的有机统一，保障考评结果的有效性。三是考评的材料依据必须真实准确。领导绩效考评是在一定的材料基础上进行的。为了保证领导绩效考评的可信度，考评的材料必须做到全面、真实、准确。只有在充分、全面地掌握了原始记录等第一手材料的基础上，依据一定的程序，按照科学的考评方法，才能得出正确的考评结论。真实性是考评材料的生命。考评结论只能依据考查所得到的资料来撰写，而不能按照领导意图去杜撰。对被考评单位提供的有关材料要谨慎认真，要清除材料里的虚假成分，对其进行全面、仔细的调查研究和审核，保证考评结论的准确真实，使主观评价与客观结果尽量相一致。

（二）民主公开原则

所谓“民主”是指在领导绩效考评过程中，要发扬民主，走群众路线，让下属和公众参与考评、监督考评。在社会主义国家，领导的本质就是服务，领导者是人民的公仆，人民是国家的主人，让人民充分参与国家事务和社会公共事务管理是社会主义民主的本质要求。领导绩效考评工作必须置于人民的监督之下，赋予人民以评价“公仆”的权利。同时，由于领导者工作和生活在下属与群众中间，工作目标的实现程度、职责履行的状况、工作成绩、工作作风和工作能力，下属看得最清楚，了解最透彻，对领导者的表现，群众最有发言权。只有依靠群众，广泛汇集各方面的意见，方能掌握比较全面、客观的考评材料。坚持民主原则，既能使考评结果比较客观公正，又能促使领导者强化“公仆”观念，增强对下属的责任感，改善与被领导者之间的关系，也能使被领导者受到教育,相互理解,互相支持。

所谓“公开”就是指在领导绩效考评过程中,首先,要将考评的对象、时间、内容、标准、程序等事项在一定范围内公之于众,以便有关人员了解、参与并监督。考评的目标、程序及考评结果都应该向群众公开,那种脱离群众监督、封闭式、神秘化的考评方式,很难真实地反映领导者的绩效。应该充分调动群众的积极性,形成积极主动的民主气氛,杜绝绩效考评中的“暗箱操作”。其次,要将考评的结果在告之被考评者本人的同时,在一定范围内公之于众,以便减少或防止考评过程中可能出现的偏差,有助于领导者总结经验教训,提高领导水平,同时也有助于群众掌握考评情况,激发其主人翁精神和工作积极性,便于对领导者及其活动实施监督。

目前在领导干部中试行的民主评议、民意测验等考评方法,正是建立在群众路线基础上的有效之举。实践证明,只要领导者思想端正,使广大群众愿意讲话,敢讲真话,绩效考核一般都能比较客观地反映领导者的真实情况。坚持民主参与的原则,对领导绩效考评中发挥人民群众的监督作用具有重要意义。

(三)全面系统原则

考评是对客观存在的领导绩效状况的主观反映和认识,考评和考评对象的关系,就是反映与被反映的关系。领导活动是一项复杂的宏观性社会活动,涉及面广,影响深远,要对其活动的结果进行考评,就必须坚持全面系统的原则,才能达到比较客观公正的结果。党的十八大以来,更加强调对领导绩效考评要坚持全面系统的原则,即辩证地看主观努力与客观条件、前任基础与现任业绩、个人贡献与集体作用,既看发展成果,又看发展成本与代价;既注重考核显绩,更注重考核打基础、利长远的潜绩;既考核尽力而为,又考核量力而行,全面历史辩证地评价领导班子和领导干部的政绩,不再单纯以 GDP 论英雄。贯彻全面系统原则,要求做到以下几点:

其一,显绩考评与潜绩考评相结合。显绩和潜绩的划分具有多层含义:绩效有直接与间接的表现形态;绩效以显现的物化形态和潜在的非物化形态存在。对领导绩效的考评,既要看直接的绩效,也要看间接的绩效;既要考评比较明显的政绩,又要考评暂时未能收到显著成效却对长远起作用有影响的潜在政绩,这样才能对领导者的绩效做出全面的客观评价。

其二,政治和业务相结合。考评领导绩效,不仅要看领导者的政治立场、政治态度和思想作风,而且要考查领导者的业务水平和能力。政治与业务是相互依赖、相互促进、不可分割的统一整体。政治是业务的统帅和灵魂,而业务是政治的具体体现。在领导活动中如果偏离了正确的方向,业务工作的效率越高,领导者的能力水平体现得越突出,则危害性越大。这并非危言耸听。

其三,眼前和长远相结合。领导活动在客观上既产生短期的立竿见影的结果,又对未来产生深远的影响。因此,对领导绩效的考评,既要看眼前效益,又要看长远效益,不仅要看领导者和他所在的组织完成当前任务的情况,还要看是否对组织今后的发展有长远的战略性考虑和行动,把眼前工作和长远目标结合起来。这是坚持和落实“创新、协调、开放、绿色、共享”五大发展理念的根本要求。

其四,局部和全局相结合。领导活动是一个多层次、多要素、多功能的复杂系统。领导绩效既集中地体现在所领导的单位、部门的贡献上,也体现在组织系统各个部分以及对整个社会的贡献上。因此,在领导绩效的考评中,要把每一个特定的绩效状态放到一个更大的系统背景中去考核评定,把全局与局部结合起来,把领导活动放到国家事业发展的大局中运用系统论的观点进行全面分析,既着眼于全局绩效,同时也不忽视局部绩效,把二者有机地结合起来。

其五,主观和客观相结合。领导活动受各种主客观因素的影响,领导绩效的大小同样也必然受各种主客观条件的制约。主观条件主要是领导者本身的观念、素质和作风等。客观条件主要是上级的支持程度,有关单位及人员的配合和协作程度,环境的状况以及体制、制度的科学合理程度等。所以,考评领导绩效必须对主客观因素进行全面分析,注意领导系统的内部要素与领导环境之间的辩证关系,既要看领导者的素质能力、工作态度、谋略思路等主观因素,又要分析客观自然条件、社会环境、工作基础等对绩效的影响,把领导者的工作思路、领导过程和工作实绩,放在具体的条件和环境中进行分析。

其六,目的和手段相结合。领导绩效的取得是通过采取一定的手段和方法获得的,因此,在考评领导干部政绩时,不仅要看他做了什么,更重要的还要分析政绩的目的和获取手段是否正当。总之,领导绩效要有目的和手段的合法性、合理性、正当性。同时,领导绩效考评的目的是通过考评建立一种有效的激励机制,以此促进领导者素质的提升和领导绩效的提高。因此,进行领导绩效考评不应当孤立地进行,而应与对各级干部的培养、任用、提拔、晋级和奖惩等结合起来。

其七,领导者个体考评与领导集体考评相结合。对领导绩效的考评,不仅要对领导者进行个体考评,同时也要对领导集体进行考评,如此才能对领导绩效形成整体认识。

（四）注重实绩原则

领导绩效考评作为一项复杂的系统工程,包括德、能、勤、绩、廉等各方面的考评,必须坚持以实绩为主的原则,重点考评领导者实际工作的绩效。具体来说,一要通过考查领导者所做工作的数量和质量来确定领导者的真正绩效;二要通过纵向和横向比较来衡量其政绩大小,纵向比较看发展、看创新,横向比较看水平、看质量;三要通过综合效益论优劣,不仅要看政绩所取得的经济效益,更要考查其社会效益;四要正确处理个人绩效与集体绩效的关系。领导者的绩效,包含在单位和领导集体的工作成果之中,但每个领导者的绩效在集体绩效中所占的比重又各不相同。因此,要按照领导干部的岗位分工和实际贡献,搞清楚领导者个人在领导活动中所起的作用。既不能吃"政绩大锅饭",把集体绩效平均分摊;也不能搞"政绩垄断",把全部绩效都算在某一个人的账上,必须实事求是地加以判断和认定。注重考评领导者的实际绩效,强调以结果为导向,可以将领导者的主要精力集中到正确的发展方向上,改变那种"不求有功,但求无过"的保守观念,树立"无功即是过"的观念。

二、领导绩效考评的程序

领导绩效考评的程序主要包括以下几个环节:

（一）准备阶段

周密的思想准备、组织准备和考评方案准备是考评工作的基础和起点,也是考评工作得以顺利进行的前提。

思想准备。就是要做好舆论宣传与思想动员工作,提高广大被领导者对领导绩效考评重要意义的认识,端正态度,扫清思想障碍,消除一些不必要的顾虑。同时,把考评中将要运用的具体方法、手段、标准以及时间安排等公布于众,以期得到多方面的理解、配合和监督。

组织准备。就是要搞好组织领导和工作安排,包括确定考评主体、对象,明确工作进度,成立工作机构,配备人员,明确分工,落实责任,宣布纪律要求等。一般要成立临时的考评工作机构,抽调工作人员,专门负责考评工作的组织实施。组织准备很重要,涉及众多因素和许多环节。如,要甄别并确定考评主体,一般有社会公众、专业评估机构、领导组织自身等。还要分别组织不同方面的评议并做好汇总分析工作,如上级考评、同级考评、本人考评、下级考评、群众考评等。还要把握阶段性的任务,控制好工作进程。

考评方案准备。就是对领导绩效考评的内容、指标、标准、方法、程序、时间安排等进行计划和设计。考评内容要全面和系统;考评指标要明确而具体,具有较强的操作性和针对性;考评标准要恰当适中;考评时间、方法、程序等安排要明确、合理、可行。

（二）实施阶段

实施考评阶段是整个领导绩效考评工作中最重要的阶段。绩效考评的过程实际上就是一个收集信息、分析信息、做出判断、得出结论的过程。其主要任务是利用各种调查手段全面系统地收集领导活动的各种信息资料,并在此基础上进行认真的审核查验、系统的整理分类、统计分析,运用相应的评估方法,对领导绩效进行考评,做出考评结论。

考评者应本着客观、慎重、全面、负责的精神,将被考评的领导者的自我总结与群众评议同平时的日常表现与测评记录联系起来,进行综合的比较、分析和归纳,从定性与定量两个方面,对被考评的领导者在特定时期内的各方面表现做出全面、概括、准确的书面评语。在实施考评的过程中,考评者既要认真按照事先所确定的考评方案有条不紊地进行,又要灵活机动,善于随机应变,妥善处理考评过程中所出现的意外情况。

具体来说,考评主体在考评的过程中要特别注意以下四点:考评者须认真负责,不能走过场,流于形式;考评的材料依据和结论必须真实可靠,真实性是领导绩效考评的生命,不能草率,不能造假;考评工作必须独立进行,不受非正当因素的影响;对考评过程须实施必要的监督,防止疏漏和失误。

（三）结束阶段

这是处理考评结果、撰写考评报告、公布考评结果、利用考评结果、保存考评资料的阶段。通过这一环节,可以进一步增强领导绩效考评的准确性、科学性与透明性。

这一阶段的工作包括:向被考评者反馈考评结论,并认真听取其反馈意见;复核修正考评结论,调解争议;公布考评结果并做好资料存档工作;兑现考评奖惩。

三、领导绩效考评的方法

领导绩效考评方法多种多样,根据领导工作的不同内容、层次和性质,不同系统和部门、不同地区和单位,应分别采用与之相适应的考评方法。我国各级组织、人事部门为实现领导绩效考评的科学化、民主化与制度化,在领导绩效考评过程中,不断地进行实践探索与理论总结,逐渐形成了一套比较完备的考评方法体系，其主要内容包括基本的考评方法与具体的考评方法。

（一）领导绩效考评的基本方法

一是领导考评与群众评议相结合。这一考评方法要求在领导绩效考评的过程中，将领导考评与群众评议结合起来。领导绩效考评一般要在特定的考评组织部门的主持下进行，该组织对测评结果拥有最后决定权。同时，领导绩效考评还须走群众路线，让广大群众参与考评。具体来讲，就是特定的考评组织部门在考评领导者时，要通过不同的形式向群众了解被考评者的相关情况，听取群众的意见和要求，以防止考评的片面性，从而在更深层次上认识被考评者的政治思想、道德品质、工作作风等方面的实际表现。

二是平时考评与定期考评相结合。这一考评方法也可以称为动态考评与静态考评相结合。平时考评即动态考评，是通过经常性的实际观察，跟踪了解领导活动的全过程及其效果的一种考评方法，其实质是动态性考评的积累过程。如了解领导者政策制定与贯彻执行的情况，组织与管理、指挥与协调的情况，自我调控与发挥被领导者积极性与创造性的情况等。总体来说，平时考评具有及时性和连续性的特点，相对比较具体而明确，可信度也比较高。定期考评即静态考评，是按照月、季、半年或一年来考评领导者在特定期限内的领导活动的最终结果，包括领导目标责任制完成的情况及其所领导的地方、部门或单位的发展情况、各项社会发展指标的完成情况、生产力发展情况、人民生活水平提高情况等。比较而言，定期考评重在把握阶段性的现实状态，从而为领导绩效的最终确定提供依据。而平时考评重在深入了解领导者的潜力，从而为正确使用领导者提供科学依据。实行二者的结合，要注意建立领导者工作纪实系统，注意对平时考评的结果进行综合分析，以力求客观与全面。

三是定性考评与定量考评相结合。定性考评是考评主体在民意测评、问卷调查、个别谈话与查看资料等的基础上，主要根据经验和印象，对被考评者绩效的质的方面进行评价和确定的一种方法。定量考评则是考评主体运用现代科学知识与方法，如采用系统工程学、心理学、模糊数学等学科的某些原理与方法，将领导者的德、能、勤、绩、廉分解为若干个指标，并根据各种具体指标，对领导者的德、能、勤、绩、廉进行计量论质、评级记分，从而在数量上相对精确地反映领导者的绩效，并利用电子计算机对考评结果进行整理、计算、分析。采取定性考评与定量考评相结合的方法时，要注意以下两点：一方面，要根据工作任务与工作性质的不同特点，区别对待。能够量化的工作绩效尽量量化，而难以或根本无法量化的工作绩效则不要人为地加以量化，要从质的规定上去进行评价。另一方面，在进行定量考评时，不能搞唯数字论，以防止出现“官出数字”与“数字出官”的情况；而在进行定性考评时，不要搞唯经验论，以避免发生仅凭印象取人的情形。

（二）领导绩效考评的具体方法

1. 调查研究法。这是一种比较传统的、常见的考评方法。在领导绩效考评过程中，使用这种方法，就是考评主体通过各种调查研究的方式，包括典型调查、抽样调查、实地观察、访谈法等，对被考评者的表现及其周围环境进行调查了解并做出一定的评判的过程。这种考评方法适用范围广，操作简单快捷，成本较低，适用性比较普遍。但运用此方法，要注意以下几个问题：其一，调查的目的要明确，内容要清楚，不能无的放矢，心中无底，只是走过场。不能像当前一些领导干部所谓的视察工作，“隔着玻璃看，围着桌子转”，搞形式主义。其二，调查要认真严肃，持之以恒，仔细敏锐，不能让被考查者或者被考查单位牵着鼻子走，得过且过，敷衍了事，做老好人。其三，要反复核查，确保调查所获得的资料真实可靠，并注重“调查”基础上的“研究”，通过去粗取精、去伪存真的加工制作，发现本质联系，得出客观结论，并使考评结论经得起事实和时间的考验。

2. 民意测验法。这是一种现代社会广泛采用的了解社情民意的考评方法。它是采取投票、对话、问卷等方式对民众就被考评者的绩效进行调查的方法。投票法就是由考评者对被考评者的绩效按照优秀、称职、基本称职、不称职，或者优秀、良好、较好、一般、较差、差等几个等级进行投票表决。这种方法可以在组织中的全体人员中进行，也可以在部分人员中进行。这种方法的优点是简便易行，快速高效，省时省力。缺点是投票者之间容易相互影响，使考评结果的准确性难以保证，加之考评的内容和结论过于简单，难以真正了解被考评者的详细情况。对话法就是考评者选择熟悉情况的人员进行谈话或开小型座谈会，以面对面的方式直接了解被考评者绩效的方法。其优点是直观、灵活、快捷、反馈及时；缺点是要求考评者具备较高的综合素质，尤其要掌握基本的访谈技术技巧，并具有敏锐的洞察力，而且适用范围有限。问卷法则是考评者根据考评内容事先设计问卷，然后利用问卷来进行调查的方法。这种方法的优点简便易行、匿名性强、便于定量分析，结果较为客观；缺点是考评结果的有效性依赖于问卷设计的科学性与回答者态度的认真性与严肃性，问卷的回收率不能预先确定。

被领导者对领导者及其绩效了解得比较直接和具体，感受最深，具有优先发言权。运用民意测验法，一方面可以比较准确地考评领导者的绩效，另一方面，可以将领导者及其活动置于被领导者的监督之下，既有利于激发领导者的事业心、进取心与责任心，又有利于调动被领导者的主动性、积极性，增强主人翁责任感。

3. 目标对照法。就是由考评者按照领导活动中事先确定的目标、目标体系以及细化的指标体系，对照检查被考评者完成目标的情况，从而评定其领导绩效的方法。可以说，目标对照法是考评工作中最基本的方法，它渗透于各种方法之中。因为目标具有可分性、层次性、阶段性、综合性、明确性等特点，所以考评时就可以从内容上、层次上和时间上分项、分层、分段地进行，全面地对照检查考评。运用目标对照法进行考评的前提条件是被考评者所在组织或单位事先要有规范、明确和全面的目标体系，并且在这个目标体系中，总目标与次级目标既要有质的要求，也要有量的规定。对无法量化的目标必须力求详细阐明其性质、特征以及完成期限和途径，以提高考评的可行性。为保证考评的客观性，在实际操作中要注意考虑那些领导者无法控制的因素对实现领导目标的影响，如突发性事件与重大的政治变革等。此外，要严防“目标替换”的现象发生，即以领导者决策范围之外的目标替换领导者所要追求的目标。

4. 比较考评法。这种方法就是通过选择一定的参照系来对比被考评者绩效的方法。在使用比较考评方法时，可以从纵向和横向两个方面进行比较。纵向比较主要是通过现在与过去进行比较，现在与可预测的未来进行比较，此次考评情况与上次考评情况进行比较等。横向比较主要包括在同类地区、部门或单位之间的领导者或领导集体之间进行比较，在不同地区、部门或单位的同类或同级的领导者或领导集体之间进行比较等。没有比较就没有评价。所谓绩效大小，不但是与预定目标比较而言，也是与同等条件下的其他领导者比较而言。比较作为考评领导绩效的重要方法，可以多视角、多层次与全方位地进行。这种考评法，既可以增加考评的说服力，又可以促进被考评者在相互比较中发现自身的优势与不足，从而有利于相互促进，扬长避短，可产生很好的激励作用。这一方法的优点是方便易行，简单明了，成本低，见效快。缺点是选择参照系比较困难，领导活动复杂多变，领导活动的可比性不强，在现实生活中，完全相同的组织、环境是没有的，正像没有两片完全相同的树叶一样，因此，不恰当的比较，容易造成考评的简单化和非客观性。

5. 专家考评法。这种方法就是由专业的考评者对被考评者进行考评的方法。专家是指在特定的领域具备较高专门知识、经验和技能的人，在这里主要是指那些熟悉被考评者工作领域和考评方法技能的人员或组织。专家的优势是既“外”又“内”：对于某一领域组织的领导活动来说，当事的领导者是局内人，其他人员包括专家是局外人，具有“外”的优势，没有直接参与决策，可以超脱某些利害关系,能做到旁观者清。说其“内”,是指这些专家具有专业知识和技能,是内行,其专业知识技能使他们超越普通人的局限,容易理解领导活动自身的特殊性。因此,利用专家进行领导绩效考评,是一种比较重要的方法。

6. 统计分析法。就是指把领导活动的目标分解成各项指标,对照工作的实际效果,运用统计数据检查领导任务完成情况,从而评价领导者工作绩效的一种方法。比如,通过对一个市全年社会总产值、工农业总产值、人均国民收入、农民人均收入、上缴税利、地方财政收入、基建投资完成额、粮食总产量、九年制义务教育普及率、人口自然增长率等情况的统计分析,把这些指标与上一年相比算出增长率,必要时还可建立数学模型,就大体可以考评出该地领导者的绩效。这种方法是一种典型的定量分析方法,比较客观具体,但还需与其他方法综合使用,才能更准确有效。

7. 自我述职法。即领导者自我鉴定的方法,就是领导者对一定时期内的工作情况进行总结评价,得出结论,并向上级或其他部门进行汇报的一种方法。例如,某市行政领导班子在年终或任职期满时,向市人大或常委会报告职务履行情况、工作成效、个人所起作用、工作存在问题和今后打算。述职过后,再组织与会者对述职报告进行评论。这种自我述职、自我鉴定,是全面考评领导绩效的一个不容忽视的方法,对于领导者自我约束、自我监督、自我反省和提高领导绩效起着积极作用。

8. 模拟考评法。所谓模拟考评法,就是把被考评者置于一个假设的或者人为设置的类似工作场景之中,要求被考评者按照一定的规则进行模拟操作,同时运用多种方法观察他的行为方式、心理素质、反应能力等,并根据观察的结果来评价其领导绩效的方法。这一方法目前已经成为流行于欧美等发达国家挑选和训练领导者与管理者的重要方式。模拟考评的具体方式包括:(1) 公文处理。这是一种最基本的模拟考评。公文主要由请示、报告、决定、决议、会议纪要、备忘录、人事档案和信函等形式组成,其内容可以包括调整职能机构、协调人际关系、制定长远规划、处理日常公务、管理调度物资等。考评者通过被考评者完成工作的情况来测定其绩效。(2) 模拟会议。就是将五至六名被考评者编成一个小组,指定一个会议主题,进行无主持人方式的会议讨论。要求每个人都要发表意见,讨论结束后每个人均以主持人的身份做一个会议纪要,就讨论的主题做出决定并阐明理由。整个过程由考评者在一旁观察,以对被考评者分析问题、解决问题的能力做出判断和评价。(3) 即兴发言。即通过答辩会或记者招待会等方式进行,即兴发言的题目应根据被考评者的具体情况精心准备，每个人一般应选择两个以上的题目进行发言。通过即兴发言，可以了解被考评者的知识面、思维能力、语言表达能力以及对本行业的熟悉程度等情况。(4) 情境模拟。这是心理测试中经常采用的一种方法，即考评者根据相关的科学理论，设定一个不同于日常工作环境的特殊情境，这一情境一般情况下是封闭的、陌生的，考评者在这一情境之外对被考评者的各种反应进行观察和评价。这种方法一般用来考评领导者的应变能力与心理承受能力等。使用模拟考评的优点在于生动具体，在一定程度上可以突破时空条件的制约，能充分观察被考评者的各方面能力和绩效，但缺点是专业性强，模拟情境的设计要求高，并且在这种静态场景中测试所得的领导绩效不能完全等同于真实的情况，仅可作为一种参考。

综上所述，领导绩效考评方法是多种多样的，是一个丰富繁杂的有机体系，在选择和使用各种方法时，必须从实际出发，具体问题具体分析，讲求针对性、适用性与有效性，并在总结完善的基础上不断发展以形成新的考评方法，从而促进领导绩效考评方法体系日益充实和完善。

主要参考书目

1. 孙钱章主编:《领导新方略》,人民出版社 2000 年版。

2. 袁贵仁主编:《领导者科学思维观》,中共中央党校出版社 2005 年版。

3. 黄强主编:《现代领导理论》,福建人民出版社 2001 年版。

4. 黄强主编:《领导科学》,高等教育出版社 2000 年版。

5. 王乐夫:《领导学:理论、实践与方法》(第三版),中山大学出版社 2006 年版。

6. 朱立言主编:《行政领导学》,中国人民大学出版社 2004 年版。

7. 万良春主编:《新编领导科学教程》(第三版),中共中央党校出版社 2005 年版。

8. 刘峰:《新领导观》,北京大学出版社 2005 年版。

9. 李成言:《现代行政领导学》,北京大学出版社 2002 年版。

10. 刘建军:《领导科学原理——科学与艺术》,复旦大学出版社 2005 年版。

11. 彭向刚主编:《领导科学》,吉林大学出版社 2000 年版。

12. 孙立樵:《现代领导学教程》,中共中央党校出版社 2006 年版。

13. 丁瑜:《领导学纲要》,苏州大学出版社 2003 年版。

14. 张成存:《领导科学概论》,陕西人民教育出版社 1988 年版。

15. 吴维库:《领导学》,高等教育出版社 2006 年版。

16. 高军主编:《领导科学与艺术》,高等教育出版社 2003 年版。

17. 常健:《现代领导科学》,天津大学出版社 2004 年版。

18. 苏保忠主编:《领导科学与艺术》,清华大学出版社 2004 年版。

19. 冯秋婷主编:《新编领导科学简明教程》,中共中央党校出版社 2001 年版。

20. 周三多、陈传明、鲁明泓:《管理学——原理与方法》,复旦大学出版社 1999 年版。

21. [美]哈罗德·孔茨(Harold Koontz)、海因茨·韦里克(Heinz Weihrich):《管理学:全球化视角》(第 11 版),马春光译,经济科学出版社 2004 年版。

22. [美]詹姆斯·库泽斯(James Kouzes)、巴里·波斯纳(Barry Posner):《领导力:如何在组织中成就卓越》(第6版),徐中、沈小滨译,电子工业出版社2018年版。

23. [美]盖勒·C. 阿弗利(Gayle C. Avery):《领导学:模式与案例》,邹琪译,上海财经大学出版社2006年版。

24. [美]理查德·哈格斯(Richard L. Hughes)、罗伯特·吉纳特(Robert C. Ginnett)、弋登·柯菲(Gordon J. Curphy):《领导学》(第7版),朱舟译,机械工业出版社2012年版。

25. [美]乔恩·L. 皮尔斯(Jon L. Pierce)、约翰·W. 纽斯特罗姆(John W. Newstrom):《领导者与领导过程》(第二版),北京华译网翻译公司译,中国人民大学出版社2003年版。

26. [美]加里·尤克尔(Gary Yukl):《组织领导学》(第8版),清华大学出版社2017年版。

后　记

本书2007年9月在高等教育出版社首版,2013年3月再版。本书自出版以来,重印已达20次以上。这充分反映了广大读者对领导科学类书籍的强烈需求和对本书的真诚厚爱。因此,为了更好地满足读者的学习愿望,更好地适应领导工作的实践需要,本书编者在充分吸收读者意见的基础上,结合领导工作面临的新情况、新问题,反映改革发展的新进展、新经验,吸纳领导科学领域的新知识、新观点和新思想,根据出版社的建议,进行第二次修订,以期更好地服务于专业教学和在职培训。

本书由彭向刚担任主编,对全书进行总体策划,把握写作体例,确定写作分工,并负责全书的审核与统稿工作,对每一章都做了逐字逐句的认真审读,提出修改意见或直接作出修改,并在征得执笔人同意的基础上最终定稿。袁明旭、朱丽峰担任副主编,参与讨论并根据分工负责部分书稿的写作。本书的写作分工如下:

彭向刚:第一章、第八章、第九章;

袁明旭:第三章、第四章、第五章、第十一章;

朱丽峰:第二章、第六章、第七章、第十章。

本书是在第二版基础上修订而成。在此,对其他第一版参编人员深表感谢。程波辉老师和马冉同学协助主编参与了部分章节的文字校核工作,同时,本书的编写参考、吸收了国内同行的相关著述和教材的某些内容,特别是首版之前王郅强帮助做了很多工作,在此一并表示衷心感谢。本书的出版得到了高等教育出版社周亚权先生的鼓励和帮助,在此谨致谢忱。

编　者

2018年10月于北京